一個
瑜伽行者的自傳

Autobiography of a Yogi

帕拉宏撒・尤迦南達◎著
Paramahansa Yogananda

王博◎譯

「若不看見神蹟奇事，你們總是不信。」

約翰福音4：48

獻給一位美國聖人

路德・貝本

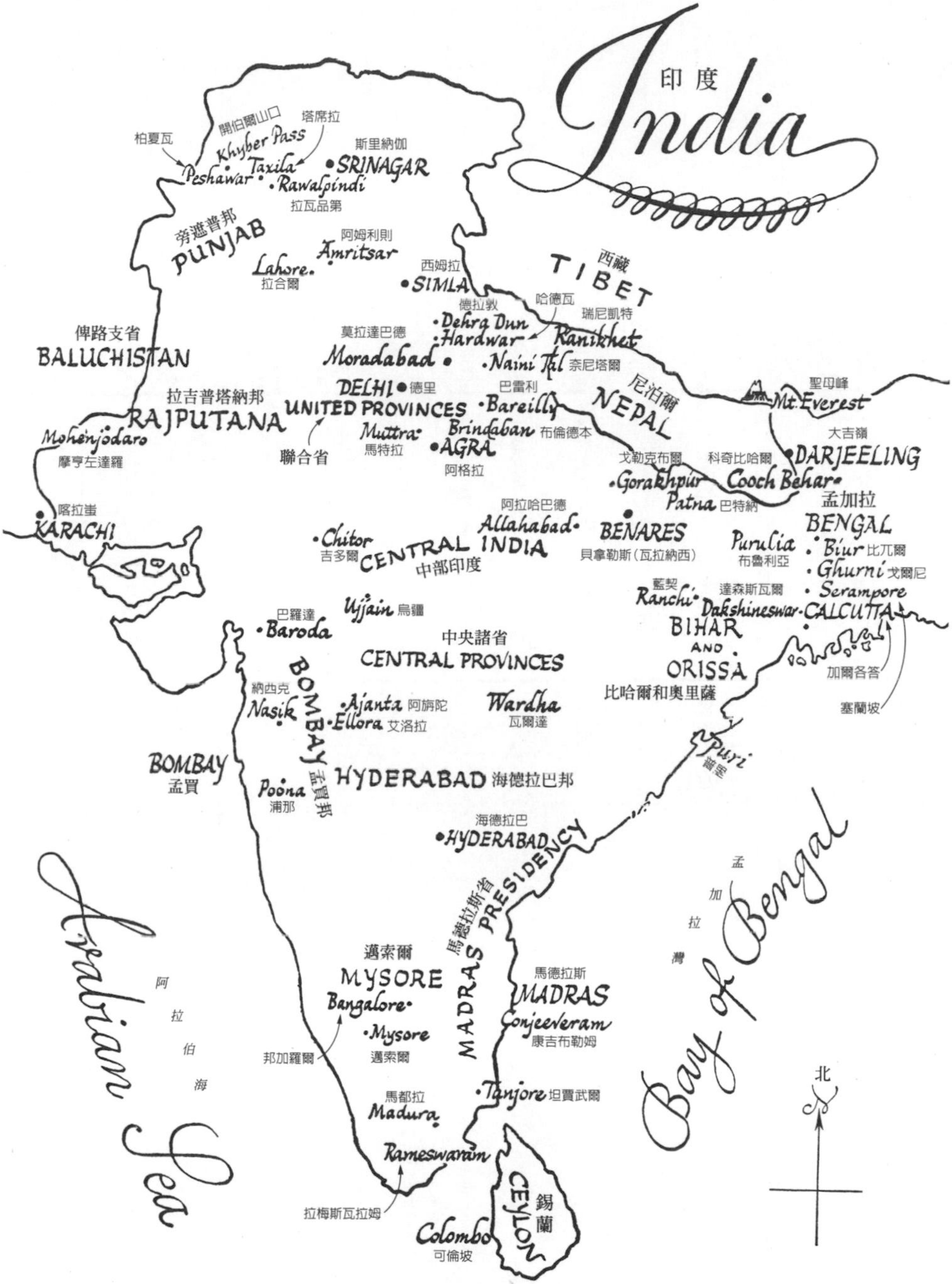

India
印度
開伯爾山口
Khyber Pass
塔席拉
Taxila
柏夏瓦
Peshawar
斯里納伽
SRINAGAR
Rawalpindi
拉瓦品第
旁遮普邦
PUNJAB
阿姆利則
Amritsar
Lahore
拉合爾
西姆拉
SIMLA
西藏
TIBET
德拉敦
Dehra Dun
哈德瓦
Hardwar
瑞尼凱特
Ranikhet
俾路支省
BALUCHISTAN
莫拉達巴德
Moradabad
Naini Tal
奈尼塔爾
DELHI
德里
巴雷利
Bareilly
尼泊爾
NEPAL
聖母峰
Mt. Everest
拉吉普塔納邦
RAJPUTANA
UNITED PROVINCES
聯合省
Brindaban
布倫德本
Muttra
馬特拉
AGRA
阿格拉
Mohenjodaro
摩亨左達羅
大吉嶺
DARJEELING
戈勒克布爾
Gorakhpur
科奇比哈爾
Cooch Behar
Patna
巴特納
喀拉蚩
KARACHI
阿拉哈巴德
Allahabad
BENARES
貝拿勒斯（瓦拉納西）
孟加拉
BENGAL
Chitor
吉多爾
CENTRAL INDIA
中部印度
Purulia
布魯利亞
Biur
比兀爾
Ghurni
戈爾尼
Serampore
藍契
Ranchi
達森斯瓦爾
Dakshineswar
CALCUTTA
巴羅達
Baroda
Ujjain
烏疆
中央諸省
CENTRAL PROVINCES
BIHAR AND ORISSA
比哈爾和奧里薩
加爾各答
塞蘭坡
納西克
Nasik
BOMBAY
Ajanta
阿旃陀
Ellora
艾洛拉
Wardha
瓦爾達
Puri
普里
BOMBAY
孟買
Poona
浦那
孟買邦
HYDERABAD
海德拉巴邦
海德拉巴
HYDERABAD
MADRAS PRESIDENCY
馬德拉斯省
Arabian Sea
阿拉伯海
Bay of Bengal
孟加拉灣
邁索爾
MYSORE
Bangalore
邦加羅爾
Mysore
邁索爾
馬德拉斯
MADRAS
Conjeeveram
康吉布勒姆
Tanjore
坦賈武爾
馬都拉
Madura
Rameswaram
拉梅斯瓦拉姆
CEYLON
錫蘭
Colombo
可倫坡
北

代序

尤迦南達自傳的價值在於它是為數不多用英文寫成關於印度智者的英文書之一，它不是由新聞記者或外國人所寫，而是一位由印度本身培養出來的人所寫的——簡言之，這是一本由瑜伽大師描寫有關瑜伽行者的書。

作為一本介紹印度現代聖人及其非凡能力的書，本書既注重現實，同時又超越時代。我有幸在印度和美國認識了這位傑出的作者——帕拉宏撒·尤迦南達，希望每一位讀者都能給予應有的讚賞和感激。他為我們留下的這份不尋常的生活文獻，無疑是有史以來在西方出版過的書中，最能揭示印度教思想與精神的深刻，以及印度靈性財富的豐盛。

書中描述了多位聖人，我有幸見過其中一位——聖尤地斯瓦爾·吉利。我曾在我的《西藏瑜伽與奧祕教義》一書中公開過這位聖人的畫像。我是在孟加拉灣遇見他的，當時他是一間靠海的修道院的院長，這間修道院極其安靜，聖尤地斯瓦爾主要負責訓練一群年輕的弟子。但他同時對美國、全美洲及英國人民的福祉都非常關心，並問我有關尤迦南達在西方——特別是在加州地區——的傳道情況。一九二〇年，他把這位摯愛的弟子送到西方弘法。

聖尤地斯瓦爾態度溫和，風度優雅，令人喜愛，他能讓追隨者油然對他產生尊敬。無論是否屬於他的團體，每個認識他的人都非常敬重他。我至今還清楚地記得他有著一副高大而挺拔的身材，當時他穿著橘黃色的僧袍前往修道院的入口迎接我。他的頭髮長而微捲，臉上留著鬍鬚。他的身體肌肉結實，身材修長勻稱，精力充沛，步伐敏捷而堅定。他選擇了聖城普里作為自己在塵世的住處，那裡每天都有成群虔誠的印度教徒在著名的「世界之主」賈格納神廟朝聖。一九三六年，聖尤地斯瓦爾在普里闔上了他用來審視人世這短暫存在的肉眼，同時他知道自己的化身已經功德圓滿。

很高興能在此證實聖尤地斯瓦爾神聖高貴的特質，這於我是一件高興的事。聖尤地斯瓦爾遠離喧囂，安於平靜，毫無保留地為群眾獻身，這樣的理想生活，正是他的弟子尤迦南達在本書中所描述的。

伊文思．溫慈博士

《西藏度亡經》、《西藏偉大的瑜伽行者密勒日巴傳》、

《西藏瑜伽與奧祕教義》等書作者

致謝

衷心感激普萊特小姐為編輯本書原稿所付出的長期努力。感謝露絲・桑小姐為本書整理索引，理查・萊特先生允許我摘錄他在印度旅遊時所寫的日記，以及伊文思・溫慈博士的建議與鼓勵。

帕拉宏撒・尤迦南達

一九四五年十月二十八日於加州恩西尼塔斯

1 我的父母及童年

長久以來，印度文化的一個主要特徵就是追求真理，並隨之產生了維繫眾生的「上師[1]—弟子」關係。在我追求真理的道路上，也遇到了一位如基督般神聖的上師，他的生命永恆而美好，彷彿能照亮千年歲月。他是所有那些偉大上師中的一位，這些上師正是印度唯一保留下來的財富。他們在每個世代都會出現，保衛著自己的家園，使印度不致遭到像古埃及、巴比倫那般的滅亡命運。

我最早的記憶可以追溯到我的前世，我還清楚地記得，在遙遠的世代，我曾是倘佯在喜瑪拉雅山雪地的瑜伽行者[2]。

在我的嬰兒時期，我曾感覺非常地無助，我怨恨自己不能自由自在地表達自己，甚至無法正常行走。意識到自己肉體的無能之後，我開始在內心發出虔誠的禱告。雖然我的說話能力很差，但我的耳朵卻逐漸習慣了周圍人的孟加拉語調。很多成年人總以為嬰兒的心智只限於玩具和腳趾頭，這是多麼大的誤解啊！

1 上師就是靈性導師，或稱咕嚕，為梵文guru的音譯，字根gur有提升、昇華、淨化的意思。

2 練習瑜伽者，藉由冥想，達到與神合一境界的古印度科學。

我的父親——巴格拔第·夏藍·高緒——是拿希里·瑪哈賽的弟子。

心裡騷亂但身體卻力不從心，這種感覺讓我經常哭個不停。我還記得家人經常感到迷惑，不知道我為何總是如此苦惱。當然，童年的回憶裡也充滿了很多美好，比如母親的撫抱、第一次呀呀學語、第一次蹣跚學步等，雖然這些早期的進展很快就被遺忘，但卻是我建立自信的基礎。

我這樣的經歷並不獨特，許多瑜伽行者都保持著自己的自覺意識，不會被「生」、「死」輪迴間戲劇性的轉換中斷。如果人只是一個肉體，那麼肉體一旦滅亡，本體也應該結束了。但如果幾千年來先知們流傳下來的教理是真實的，人類的本質應該是精神。那麼人類所謂的「自我」的核心只是暫時與感官相連結而已。

竟然對嬰兒時期有著清晰的記憶，這種事聽起來雖然有些奇怪，但卻並非罕見。後來我在許多國家旅行時，先後從許多人口中聽到他們的早年回憶。

十九世紀末，我出生於印度東北部聯合省的戈勒克布爾，並在那裡度過八年的童年歲月。我們兄弟姊妹一共八個，四男四女。我當時名叫穆昆達．拉爾．高緒[3]，排行老四，是家中的次子。

我的父母親是孟加拉人，屬於剎帝利階級[4]。兩人都具有聖人般的品質。他們互敬互愛，內心平

3 當我在一九一四加入僧團時，我的名字被更改為尤迦南達。我的上師在一九三五年賜予我帕拉宏撒的頭銜（見第24和42章）。

4 印度採用種姓制度將人分為四個等級：婆羅門、剎帝利、吠舍和首陀羅。婆羅門即僧侶，為第一種姓，地位最高，從事文化教育和祭祀；剎帝利即武士、王公、貴族等，為第二種姓，從事行政管理及打仗；吠舍即商人，為第三種姓，從事商業貿易；首陀羅即農民，為第四種姓，地位最低，從事各種體力及手工業勞動。

靜，舉止莊重，從不會有任何輕浮的舉止。他們之間完美和諧，是八個鬧哄哄的小孩尋求安寧庇護的中心。

父親名叫巴格拔第．夏藍．高緒，他仁慈、勇敢，有時又很嚴格。我們都很愛他，但他讓人敬畏，我們始終跟他保持距離。他是個傑出的數學和邏輯學家，為人非常理性。母親則總是充滿愛，她是我們的精神女王，凡事都以愛來教導我們。自母親死後，父親就經常顯示出他內在溫柔的一面，他的眼神也經常轉換為母親般的眼神。

母親在世時，我們就開始了苦樂參半的聖典學習生活。一旦需要強調紀律，母親就會用《摩訶婆羅多》或《羅摩衍那》[5]的故事來教導我們，有時也會進行懲戒。

父親當時在一家名叫「孟加拉－那格浦爾鐵路局」的大公司做副總裁。為了表示對父親的尊敬，每天下午，母親都會精心地將我們穿戴整齊，迎接他的歸來。父親的工作地點經常變換，小時候，我們曾先後住過幾個不同的城市。

母親對貧苦的人慷慨好施，雖然父親也同情窮人，但他比較理性。有一次，在不到半個月的時間裡，母親將父親一個多月的薪水都用來接濟窮人。

「我只是希望，妳在幫助別人時，能盡量合理。」父親輕聲責備道。但儘管如此，母親還是覺得難以忍受，她不動聲色地雇了一輛出租馬車。

「再見！我要回娘家去了。」

我們驚慌失措！幸好舅舅及時出現，他在父親耳旁私語了一些忠告，父親立刻說了一些安撫的話。母親高高興興地把馬車打發走，結束了我生平唯一注意到的一次父母之間的紛爭。

我記得，在我的童年時代，他們之間的對話通常如下：

「請給我十個盧布，我要給一位無助的婦人。」母親微笑著說，她的笑容有著巨大的說服力。

「為什麼要十個盧布？一個就夠了。」父親說道：「當我的父親和祖父母突然去世時，我第一次嘗到貧窮的滋味，那時我早餐只有一根香蕉，之後還要步行幾英里去上學。後來讀大學時，我曾向一位法官求助，求他每個月施捨我一個盧布。他拒絕了，還說，『一個盧布也很重要。』」

「被拒絕的那一個盧布帶給你的回憶是多麼痛苦啊！」母親反駁道：「你難道希望這位婦人以後也像你一樣苦澀地記著被拒絕的十個盧布嗎？」

「妳贏了！」自古以來，丈夫總是說不過妻子。父親打開錢包，「這是一張十盧布的紙鈔，請給她，並送上我的祝福。」

對於任何新的提議，父親通常總是先說「不」。剛才的故事就是一個典型的例子。不立即接受，這是典型的法國式心態。但我發覺父親總是理性而公正。一旦我提出任何請求，只要能列出一兩項正當的理由，父親總會讓我夢想成真——不論是一輛嶄新的摩托車，還是一次假期旅遊。

5 《摩訶婆羅多》和《羅摩衍那》兩者並稱印度古代兩大史詩，在印度文學史上占有崇高的地位。

父親對我們很嚴格，但他對自己的生活更是斯巴達式的嚴厲。比方說他從不看戲，他唯一的消遣就是修行及閱讀《薄伽梵歌》[6]。他從不曾擁有任何奢侈品，鞋子總是穿到不能再穿時才扔掉。當兒子們開著早已普及的汽車時，他還是每日乘坐電車上班，而且心滿意足。他從不會為了權勢而積聚錢財，這與他的本性不符。有一次，在創辦了加爾各答市銀行後，他拒絕領取該銀行的股權來為自己謀利——他只是希望能夠善盡一個公民的責任。

父親退休幾年之後，從英國來了一位會計師審查孟加拉—那格浦爾鐵路公司的帳，後者驚訝地發現，父親從未申請額外的津貼。

「他一個人做了三個人的工作！」這位會計師說，「公司應該補償他十二萬五千盧布（約四一二五〇美金）。」出納開了一張支票給父親。父親覺得這是一件微不足道的小事，也沒有向家人提及。很久以後，弟弟畢修在銀行往來明細表上注意到這筆數額龐大的存款，才問起他來。

「為什麼要為物質上的利益高興呢？」父親回答道：「一個追求心靈平靜的人，向來不會為得到什麼而開心，也不會為失去什麼而憂慮。他知道，世間萬物都是生不帶來，死不帶去的。」

父母親結婚之後不久，就成為住在聖城瓦拉納西的偉大上師拿希里．瑪哈賽的弟子。這讓父親變得更加有如苦行僧。有一次，母親告訴大姊：「妳父親和我一年只有一次夫妻生活，而且還只是為了生兒育女。」

父親第一次見到拿希里．瑪哈賽，還是因為鐵路局戈勒克布爾分處的職員阿畢那斯．巴布[7]。在我小時候，阿畢那斯跟我講過許多引人入勝的印度聖人故事。每次講到最後，他總是會稱頌他無限榮耀的上師。

一個慵懶的夏日午後，我和阿畢那斯坐在家中的院子裡，他問我：「你知不知道你父親是如何成為拿希里．瑪哈賽的弟子的？」

我笑著搖頭，期待他的回答。

「幾年前，那時候你還沒出生，有一天，我要求我的上司——你父親——給我一個禮拜的假，讓我放下工作，到瓦拉納西去看我的上師，結果遭到你父親的嘲笑。

「『你要變成一個宗教狂嗎？』他問道，『要出人頭地，你就得專心工作。』

「下班後，我傷心地走在回家路上，途中碰到你父親坐在轎子上，他辭退了轎伕，下來跟我一起步行，一路上他列出了努力工作的的種種好處，試圖來安慰我，我無精打采地聽著，心裡一直念著：『拿希里．瑪哈賽！看不到您，我就活不下去！』

「前面有一片寂靜的空地，草叢如波浪般起伏，夕陽的餘暉灑在草叢上方，景色宜人，我們駐足

6 《薄伽梵歌》這卷高貴的梵文詩是史詩《摩訶婆羅多》的一部分，是印度教的聖經。

7 巴布是先生的意思，孟加拉人會放在名字的最後以示尊敬。

欣賞。就在離我們幾碼遠的空地上，我偉大的上師突然出現了[8]。

「『巴格拔第，你對員工太苛刻了！』上師的聲音清晰地迴響在我們的耳朵裡。接著他立刻消失了。我跪在地上，叫了起來：『拿希里．瑪哈賽！拿希里．瑪哈賽！』你父親呆若木雞地站著。

「『阿畢那斯，我不但要給你假，也要給我自己假，明天我也要到瓦拉納西去。我一定要認識這位偉大的拿希里．瑪哈賽！我將帶我的妻子一起前往，並請求這位上師傳授他的法門給我們，你願意帶路嗎？』

「『當然！』我興奮不已，我的禱告奇蹟般地應驗了。

「第二天晚上，你父母和我一起搭火車到瓦拉納西。次日，我們乘坐馬車來到我上師家附近，接著要走進一條窄巷，最後才能到達我上師隱居的地方。進到他的小客廳之後，我們對以蓮花姿勢端坐的上師鞠躬致意。他眨著眼睛，目光停留在你父親身上。

「『巴格拔第，你對員工太苛刻了！』他說出兩天前在戈勒克布爾空地上說過的話，一字不差。他接著又說道：『我很高興你准許阿畢那斯來看我，你和你的妻子也一起來了。』

「令你父母高興的是，上師將克利亞瑜伽[9]靈修的法門傳給了他們。就這樣，你父親和我成了師兄弟，並且從那個值得紀念的日子開始，我們成了親近的朋友。拿希里．瑪哈賽對你懷有極大的興趣，你的生命必定與他息息相關：上師的祝福從未失敗過。」

我出生之後不久，拿希里．瑪哈賽就離開塵世了。我們隨著父親工作的調動搬到不同的城市，但父親總是會在家中祭壇上供奉拿希里・瑪哈賽的照片。許多個早晨和晚上，母親和我都會在聖壇前打坐，上面供奉著浸染在檀香泥中的花，我們以虔誠的心向拿希里・瑪哈賽致意。

他的照片對我影響很大。我對他的思念與日俱增。打坐時，我常看到他從相框中走出來，坐在我面前。可當我試圖去觸摸他發光的雙腳時，他卻會立刻變回到照片裡去。從幼兒期邁入童年期之後，每當有了困惑或遇到考驗時，我就會向他禱告，尋求他的引領。起初我會為他的離世而傷感，但當我發現他無所不在時，就不再悲傷了。他常給那些過於渴望見到他的弟子寫信：「為什麼要見到我的血肉之軀呢？我永遠存在於你們智慧眼（第三眼）的視界內啊！」

八歲那年，拿希里・瑪哈賽的照片曾經奇蹟般地治癒了我的病，這次經歷進一步加強了我對他的愛。當時我在孟加拉宜佳浦爾的家中感染到了霍亂，生命垂危，醫生們束手無策，坐在床旁的母親萬分著急，示意我看著床頭拿希里・瑪哈賽的照片。

「在心裡向他頂禮禱告吧！」她知道我太虛弱，根本不可能舉手致意，「只要你真正地表達你的虔誠，在心裡向他下跪，他就能挽救你的生命。」

---

8 偉大的上師都擁有的非凡的能力，這點在第30章〈奇蹟法則〉中有解釋。

9 克利亞瑜伽是一種古老的瑜伽，它曾失傳過，後來巴巴吉使它重現人間。它本來沒有名稱，這個名字是巴巴吉傳授給弟子拿希里・瑪哈賽時定下的。這種瑜伽功法可平息感官的混亂，使人逐漸與宇宙意識相融合（見第26章）。

這是我六歲時的樣子。

我注視著照片，突然看見一道令人目眩的光包圍了我的身體，彌漫到整個房間。一瞬間，我不再感到噁心，病也完全好了。我立刻可以彎下身子去觸摸母親的腳，感激她對上師無限的信任。母親對著照片不住地磕頭。

「啊！無所不在的上師啊，感謝您治癒了我兒子的病。」

我知道，母親也看到了那道使我從致命的疾病中瞬間恢復健康的光芒。

我最喜愛的珍藏品之一就是這張照片，是拿希里．瑪哈賽親手交給父親的，上面有著神聖的波動力。

我是從父親的師兄弟卡莉．庫瑪．羅伊那裡聽到這張照片的由來的，整個過程非常神奇。

上師一直不喜歡拍照，但弟子們不顧他的反對，將他和一群弟子——包括卡莉．庫瑪．羅伊在內——的合照拍了下來。照相師驚訝地發現，底片中所有弟子的影像都很清楚，但唯獨在中央拿希里．瑪哈賽站著的地方，卻是一片空白，這件事迅速成了大家議論的話題。

拿希里．瑪哈賽的另一位弟子恆伽．達爾巴布是個攝影專家，吹噓說自己能拍出哪怕瞬間即逝的形體。隔天早上，上師以蓮花座坐在一張木板凳上，背後放了一扇屏風，恆伽帶著他的攝影器材來了。他每個步驟都非常小心，防止任何紕漏，最後他很貪心地拍了十二張照片。但他很快就發現，雖然每一張都有木板凳子和屏風的顯影，但卻看不到上師的形象。

幾個小時後，上師才打破沉默，意味深長地說：

拿希里·瑪哈賽，是巴巴吉（參見第33章）的弟子、聖尤地斯瓦爾的上師。

「我是『道』，你的相機可以照出無所不在卻不可見的『道』嗎？」

「我知道不能！但，神聖的上師啊，我衷心地想要一張您身體聖殿的照片。那是在我狹隘視野裡唯一能見到『道』完全展現的地方。」

「那麼好吧，明天早上來，我會讓你拍照。」

第二天，照相師再次來到上師面前，神聖的身體不再隱形，而是清楚地顯影在底片上。從那以後，上師再也沒拍過照，至少我沒見過他其他的照片。

本書把這張照片複印出來，你會發現，拿希里．瑪哈賽白晰的相貌很普通，人們很難從照片上看出他的種族。他與神融合的強烈的喜悅，些微地透露在他謎樣般的笑容中；他的雙眼半睜，表示與世俗有著象徵性的關聯，同時也是半閉的，全然無視世俗的誘惑；他任何時候都完全了解那些接近他的追尋者們靈性上的問題。

在上師照片的力量讓我康復後不久，我有了一次意義深遠的內在體驗。一天早上，我坐在床上進入了內在深沉的境界。

「閉上雙眼一片漆黑的後面是什麼？」這個想法強烈地進到我的心中。一道巨大的閃光馬上出現在我內在的凝視中，就像小型影片放映在大銀幕上，在我的額頭內，出現了天國聖人在山洞裡盤腿打坐的形象。

我大聲問：「你們是誰？」

「我們是喜瑪拉雅山上的瑜伽行者。」天國的回應是筆墨難以形容的，我非常的興奮。

「啊，我渴望到喜瑪拉雅山去，像你們一樣！」畫面消失，但是銀色的光擴散開來，無限延伸。

「這奇妙的光是什麼？」

「我是大自在天[10]。我是光。」空中傳來有如雲層中的呢喃之聲。

「我要與祢合一！」

天國的極樂慢慢消褪後，我下定決心去追尋神。「祂是一種永恆而常新的歡樂！」那天狂喜的記憶久久揮之不去。

另一件早年的回憶也令我印象深刻，直到今天，我身上還留著那時的疤痕。有一天一大早，姊姊烏瑪和我坐在戈勒克布爾家中院子裡的苦楝樹下，她教我讀初級孟加拉語，我一有空就看著近旁鸚鵡啄食成熟的金鈴子。烏瑪抱怨她腳上生了膿瘡，並拿來一瓶藥膏，我將藥膏塗了一點在前臂上。

「你在健康的手臂上塗藥幹什麼？」

「哦，姊姊，我覺得我明天會長膿瘡，我先在膿瘡會長出來的地方塗些藥膏上去。」

「撒謊的小傢伙！」

「等明天早上再這麼叫我也不遲。」我憤慨地說道。

烏瑪無動於衷，繼續奚落我。我堅定而緩慢地回答道：

「明天我的手臂就會在這個地方長出一個大膿瘡，而妳的膿瘡會腫到目前的兩倍大！」

第二天早上，我預示的地方果然長了一個結實的膿瘡，姊姊的膿瘡也有兩倍大。她尖叫著奔向母親。「穆昆達變成巫師了！」媽媽嚴肅地告誡我，絕不可用語言的力量傷人，我從此以後一直都記得她的忠告並遵守著。

我最終通過開刀的方式治好了膿瘡。一直到現在，我手臂上還有一個很明顯的疤痕。它就在右手的前臂上，時刻在提醒著我人類語言的力量。

那些看似對烏瑪簡單而無傷的話語，由於是以高度集中的力量說出來的，所以具有巨大的力量，可像炸彈般地爆炸，並會產生傷害性的結果。後來我了解到，語言中爆發性的波動力可以被用來解脫人生的困境，如此一來，這種力量就可以發揮作用，但同時又不會留下疤痕或讓人受到斥責[11]。

10 大自在天，梵文Iswara，在印度經典中指宇宙的統治者，名為「天」或「聖主」（或按西方慣例稱為「上帝」）。經典中宇宙的最高統治者，在印度教經文中有一〇八個名字，每個名字都帶有不同的哲學含義。

11 這裡所說的「語言的力量」是源自宇宙創造性的聲音「唵」，「唵」擁有無窮的能量，是聲音之源，內含宇宙中原子振動的全部能量。若想聽到「唵」需要達到完全專注的狀態。以法國的藥劑師兼心理治療家埃米爾．庫埃為代表的諸多心理治療系統通過研究發現：不斷重複或默誦一個字對心理治療很有效，祕訣就在於提高心智的震動頻率。
詩人丁尼生在回憶錄中曾講述自己採用這種療法超越意識，達到超意識領域的經歷：「這種經歷無法用語言表述，類似於一種神遊，但非常清醒，就像是一個孤獨的男孩默念自己的名字，然後瞬間脫離了自身意識，融入到了無限的境界。這絕不是在迷惑狀態產生的，而完全是清醒自知的。進入無限之境，人的性格特徵、死亡等一切都不復存在。當你在完全清醒的狀態下神遊時，我保證，你會體驗到一種超越宇宙的美妙感受。」

後來我們家搬到了旁遮普邦的拉合爾。在那裡我得到了一張神母以卡莉女神[12]形象顯現出來的肖像。這張肖像聖化了我家陽臺上的小祭壇。我堅信在那個地方禱告的任何事情都會應驗。有一天，我與烏瑪站在陽臺上，看著兩個風箏飛在窄巷兩邊的屋頂上。

「你怎麼那麼安靜？」烏瑪看著我，感覺有些好笑。

「我只是在想，神母實在太仁慈了，我要求什麼祂都給我。」

「好到祂會把那兩個風箏給你！」烏瑪嘲笑地說。

「為什麼不？」我開始暗自祈禱，希望能得到那兩個風箏。

在印度盛行鬥風箏，人們在風箏線上粘上玻璃粉。每個參賽者都會努力割斷對手的風箏線。勝利者會拿到飄到屋頂上斷了線的風箏。由於烏瑪和我是站在陽臺上，所以斷線的風箏是根本不可能飄到我們手上。

比賽開始了。一條風箏線被割斷，風箏立刻朝我的方向飄來。風突然變小了，風箏停了一下，它的線穩固地纏繞在對街房頂的仙人掌上，形成一個完美的環狀，剛好可以讓我把風箏勾過來。我把戰利品拿給烏瑪。

姊姊深色的眼睛裡有些驚訝。「這只是特殊情況，並不是對你禱告的回應。如果另一個風箏也落到你的手中，我就相信了。」

我繼續禱告。另一個風箏的線被風箏手突然用力一扯，也斷掉了。風箏在空中飛舞著，向我飄過來。仙人掌再次將風箏線穩固地纏住。我再次交給烏瑪。

「神母真是聽你的！這實在是太神奇了！」姊姊像一隻受驚的小鹿，突然跑開了。

12. 卡莉象徵聖主母性的那一面，多以女神形象出現。

2 母親之死和神祕護身符

母親在世時最大的心願就是大哥能夠結婚。「只要能看到阿南達妻子的臉，我就等於找到天堂了！」母親經常這麼說。

阿南達訂婚時，我大概只有十一歲。母親滿心歡喜，在加爾各答籌畫婚禮的細節。我和父親待在印度北部巴雷利的家中——父親在拉合爾任職兩年後被調到這裡。

在此之前，我已見過姊姊羅瑪和烏瑪的婚禮，但長子阿南達的婚禮顯然隆重得多。每天都有親戚從老遠的地方來到加爾各答向母親表達祝賀之意，母親一一歡迎，把他們安置在新買的大房子內。房子坐落在阿默斯特街五十號。婚禮的所有東西都準備好了：盛宴佳餚，哥哥坐在上面要抬到新娘家去的華麗轎子，成排的五光十色的燈，厚紙板做成的巨象和駱駝，英式、蘇格蘭和印度式的管弦樂團，還有熟悉古老儀式的僧侶們。

父親和我帶著歡樂的心情，計畫在舉行婚禮時赴宴。然而就在大日子來到之前，我內心突然有了一種不祥的預感。那是一個午夜，在巴雷利家中平房的陽臺上，我睡在父親旁邊。突然，我被床上蚊帳一陣奇異的飄動驚醒了：輕薄的蚊帳被掀開了，我看到母親慈愛的形象。

「趕快喊醒你父親！」她低語道，「如果你們還想見到我的話，坐早上四點的第一班火車，趕緊

我的母親，拿希里．瑪哈賽的弟子。

來加爾各答！」說完後，母親的影像就消失了。

「爸爸，爸爸！媽媽快死了！」我的聲音滿懷驚恐，立即吵醒了爸爸。

「那只是你的幻想，別在意。你媽非常健康，而且我們明天就走。」

「如果不馬上出發的話，你一輩子都不會原諒自己！」憤怒像一陣巨浪席捲了我，「我將來也永遠不會原諒你！」

第二天早上，訊息傳來：「母病危，婚禮延期，速返。」爸爸和我心煩意亂地立刻動身。在轉車途中，我們在月臺上等車時碰到一位叔叔。火車發出隆隆巨響，漸漸駛進月臺。我紛亂的內心突然升起一個念頭，想把自己丟到鐵軌上去。我覺得母親離開之後，我將再也無法忍受這個世界了。我深愛著母親，她是我在這世上最好的朋友。她撫慰的眼神是我童年時最可靠的庇護所。

「她還活著嗎？」我問這位叔叔。

他迅速察覺到我的絕望，並回答道：「當然活著！」但我根本不相信他。

當我們到達加爾各答的家中時，母親已經離世。我瞬間崩潰了。直到多年以後，我的心才平息下來。我的哭泣猛烈地敲擊著天堂的門，終於驚醒了神母。祂告訴我：

「是我藉著每一個溫柔的母親，生生世世地照顧著你！看著我黑色的雙眼，那不正是你所尋找的美麗雙眸嗎？」

母親的火葬儀式結束後，父親和我回到巴雷利。每天清晨，我都以悲痛的心情在平房前面一棵高大的無花果樹下悼念著母親。樹蔭照在平滑的黃綠色草坪上。淚水和著露珠，我經常看到一道來自其他世界的光從晨曦中出現。我的內心極度渴望神，強烈的痛苦困擾著我。我多麼想去喜瑪拉雅山啊！

當時我的一個堂兄剛從聖山旅行歸來，他到巴雷利來看我們。我滿心好奇地聽著他敘述住在聖山上的瑜伽行者和斯瓦米[1]們的故事。

「去喜瑪拉雅山吧。」有一天我對房東小兒子德瓦卡．普拉薩說道，但他卻把我的計畫洩漏給來看望父親的大哥。阿南達覺得這種小孩子的想法不僅不切實際，而且非常好笑，他甚至把它變成嘲笑我的話題。

「你的橘色僧袍在哪裡？沒有它你怎麼成為靈性導師呢？」

他的話雖然是在嘲笑，但卻難以理解地鼓動著我。它讓我清晰地看到自己在印度雲遊的清晰畫面。也許它們喚醒了我前世的記憶吧！但無論如何，我開始相信自己終究會穿上古代僧團的袈裟了。一天早上，在跟德瓦卡閒聊時，我感到自己對神的愛突然如雪崩似地降臨到我身上。我的朋友心不在焉地聽我滔滔不絕地講，但其實我完全是在說給自己聽。

當天下午，我就跑到喜瑪拉雅山腳下的奈尼塔爾。阿南達鍥而不捨地追到了我，我被迫傷心地返回了巴雷利。我只能像往常一樣到無花果樹前朝聖，心中哭泣著失去了人間及天國的母親。

---

1 斯瓦米，特指印度的出家人，是對他們的敬稱。此稱謂的梵文字根意為「與『真我』融為一體的人」。

失去母親是一個家庭中無法彌補的缺口。父親在隨後將近四十年的餘生中一直沒有再娶。由於要像母親一樣照料一群小孩，父親明顯地變得更溫柔，也更容易親近了。他能發現並平靜地解決家中的許多問題。下班之後，他會像隱士般地退到自己的小房間內，愉快而平靜地修習克利亞瑜伽。母親過世很久之後，我想雇請一位英國護士來料理父親的生活，讓他過得更舒適，但父親搖搖頭。

「只有你母親可以服侍我。」他的眼神望向遙遠的地方，帶著深沉的虔敬。「我不接受其他女性的服侍。」母親過世十四個月後，我得知她有重要的遺言留給我。母親臨終時，阿南達隨侍在側，並記錄下她的遺言。雖然母親吩咐哥哥一年之後一定要告訴我，但他卻延遲了。在他即將離開巴雷利到加爾各答去跟母親替他選擇的女子結婚時[2]，他把我叫到身邊。

「穆昆達，我不喜歡告訴你奇異的事情。」阿南達說，「因為我怕你會離家出走。但無論如何，你內心始終充滿了對神的愛。最近在你逃往喜瑪拉雅山的途中捉到你後，我下定決心，我不該再延遲這神聖的承諾。」哥哥交給我一個小盒子，並轉述了母親的遺言。

「我摯愛的兒子穆昆達，這是我的臨終祝福！」母親說道，「是時候了，我必須告訴你在你出生之後發生的一些非比尋常的事。當你還在襁褓中時，我就知道你的命運了。之後我帶著你到瓦拉納西我上師的家裡去，上師被一大群弟子圍著，我隱約只能看到拿希里．瑪哈賽在深沉地打坐。

「我輕拍著你，暗自祈禱偉大的上師能注意到並賜福給你。當我無聲的禱告變得愈來愈強烈時，他張開了眼睛，示意我過去。其他人為我讓開了一條通道，我拜在他腳下。上師把你放在他的膝上，以靈性洗禮的方式將手放在你的額頭上，為你加持。

「『小母親，妳的兒子將會成為一名瑜伽行者，他會帶著許多靈魂到神的國度去。』

「我的心雀躍不已。在你出生之前不久，上師已告訴了我，你將追隨他的道路。

「我的兒子，後來你姊姊羅瑪和我從隔壁房間看到你動也不動地躺在床上，知道你體驗到了『偉大的光』。你的小臉閃爍著光輝，斬釘截鐵地說你要到喜瑪拉雅山去追尋神。

「我的孩子，從這幾方面來看，我知道你未來的道路將遠離世俗，尤其是在我經歷了有生以來最奇特的一件事後，我的看法更加堅定，這件事也促使我留下了臨終遺言。

「那是在旁遮普與一位聖人的會晤。當時我們還住在拉合爾，有一天早上，僕人匆匆忙忙地來到我的房間。

「『夫人，一位陌生的隱士[3]堅持要見穆昆達的母親。』

「這簡單的幾個字讓我心中一動，我立即出去迎接訪客。我跪拜在他腳下，意識到在我面前的是一位神的化身。『母親啊』，他說，『偉大的上師們希望妳知道妳在這世上的餘日已經不多了。下一次將是妳的大限[4]。』我沒有驚恐，反而覺得非常平靜。他又說道：

---

2 印度人認為由父母選擇的伴侶能經得起終生考驗，他們的婚姻生活會非常幸福。

3 在印度，隱士特指那些在精神方面遵守戒律或追尋神的意志的人。

「『妳將是這塊銀製護身符的保管人。今天我不會給妳，但為了表示我的話的真實性，明天妳打坐時，護身符會出現在妳手中。在妳臨死之時，妳必須指示妳的長子阿南達保管這塊護身符，一年以後再交給妳的第二個兒子穆昆達，穆昆達會從一位偉大聖者處了解這塊護身符的意義。在準備好捨棄所有世俗的慾望，開始追尋神時，他會得到它。在他保有這塊護身符幾年後，護身符已完成任務時，它就會自動消失。即使被藏在最隱密的地方，它還是會回到它原來的地方。』

「我呈上給聖人的供養[5]，並極其尊敬地鞠躬致意。他沒有接受供養就轉身離開了。第二天晚上，在我疊手打坐時，一塊銀製的護身符突然出現在我手中。兩年多來，我一直很謹慎地守護著它，現在只能交給阿南達保管了。不要為我悲傷，偉大的上師會引領我進入『無限』的懷抱。再見了，我的孩子，宇宙之母會時刻護衛著你的。」

我拿著護身符，突然感到一道強光，許多蟄伏已久的記憶被喚醒了。這塊圓圓的護身符上刻有梵文字母。我知道它是歷代上師們一代一代傳遞下來的，他們一直在暗中引領著我的腳步。

後來這塊護身符在我生命中最不快樂的時候突然消失，而它的失去，也預示著我的上師的出現。

4 這些話讓我知道母親得知自己時日無多，也明白了她為什麼要急著安排阿南達的婚禮。母親出於本能還是希望可以主持兒子的婚禮，但她注定要在婚禮前去世。

5 供養是印度人對隱士表達敬意的方式。

3 分身的聖人

「爸爸，不用你強迫，我答應會回來，請你讓我去瓦拉納西一趟。」

父親很少會阻止我對旅遊的熱愛。甚至在我的孩提時代，他就准許我去造訪許多城市和聖地。每次旅行時，通常會有朋友相伴，我們舒適地坐在父親為我們提供的頭等車廂裡——鐵路公司高級職員的身分對家裡喜愛旅行的人來說，是很合適的。

父親答應會適度地考慮我的請求。第二天他把我叫過去，給我一張巴雷利到瓦拉納西的來回車票、一些鈔票和兩封信。

「我想跟瓦拉納西的一個朋友基達．那斯巴布談一個生意上的計畫。可我不小心把他的地址弄丟了。但我想你可以通過我們共同的朋友普拉納貝南達將信送到他手上。那位尊者是我的同門師兄弟，靈性已經達到很高的境界。跟他做朋友會讓你受益良多。第二封是你的介紹信。」

父親又說道：「這次不要再離家出走了！」

時間從未影響我對新地方和陌生面孔的喜好，我懷著十二歲的熱情啟程了。到達瓦拉納西後，我立刻趕到這位尊者的住處。前門開著，我走進二樓一個長形大廳似的房間。只見到一個穿著腰布的結實男人，以蓮花座盤坐在一個稍為高起的平臺上。他的頭和臉刮得乾乾淨淨，臉上沒有皺紋，嘴角掛著快樂的笑容。他像老朋友一樣歡迎我。

「親愛的，祝福你。」他以孩童般的聲音歡迎我，我跪在他的面前，觸碰他的雙腳。

「您就是普拉納貝南達尊者嗎？」

他點點頭。「你是巴格拔第的兒子嗎？」我還沒來得及從口袋裡掏出爸爸的介紹信，他已經知道我是誰了。

「當然，我會幫你找到基達．那斯巴布的。」這位聖人的神通再次讓我大吃一驚。他看了一下信，並親切地問候了我的父親。

「你知道，我有兩筆退休金。一筆是託你父親的福得來的，以前在鐵路局時，我在他的底下工作過。另一筆是從天父那裡得來的，在祂的底下，我會盡責地完成此生世俗的責任。」

我有些迷惑了：「先生，您從天父那兒領到什麼樣的退休金？祂把錢交給您了嗎？」

他笑了起來：「我指的是深遠而無窮的退休金——許多年深入打坐後的報酬。我現在從不渴望金錢，我簡單的物質需求已經得到滿足了。以後你會了解第二筆退休金的意義的。」

突然，我們的談話中斷，聖人變得靜止不動。謎樣的氣氛包圍著他。開始時他的眼睛發亮，好像正看著有趣的事情，接著就黯淡了下來。他的寡言讓我尷尬，他還沒有告訴我該怎麼見到父親的朋友。我略感不安地四下張望這個房間，除了我們兩人之外，房間裡一無所有，空空如也。

「小師兄[1]，別擔心。你要見的人半小時內就會來。」這位尊者看透了我的想法！

普拉納貝南達尊者，分身的聖人，拿希里·瑪哈賽的重要弟子。

他再度陷入了讓人無法理解的靜默中。時間已經過去三十分鐘了。尊者自己醒來了。「我想基達．那斯巴布已經快走到門口了。」

我突然聽到有人上樓的聲音，覺得非常難以置信。父親的朋友怎麼可能在沒有得到消息的情況下來到這裡？我來到這裡之後，除了我以外，尊者沒跟任何人說過話！

我唐突地離開房間下樓去，剛爬到一半，就碰到一位削瘦、皮膚白晰、身材中等的先生，他看起來很匆忙。

「你是基達．那斯巴布嗎？」我有些激動。

「是的。你難道不是在這裡等著見我的巴格拔第的兒子嗎？」他笑著說道。

「先生，你怎麼會正巧來到這裡？」我感覺有些難以理解，內心充滿困惑和不解。

「真是太不可思議了！不到一個小時之前，普拉納貝南達尊者來找我，當時我剛結束在恆河的沐浴。我不明白他怎麼會知道我當時在那裡。」

「『巴格拔第的兒子正在我房間等你。』他說，『你要不要跟我來？』我欣然同意。雖然我穿的是一雙牢固的步行鞋，普拉納貝南達穿的是木拖鞋，可是很奇怪，他總是能走在我的前面。

「『你到我家要多久？』普拉納貝南達突然停下來問。

「『大約半個小時。』

「『現在我有些事要辦。』他看了我一下，『我必須先走，你可以到我家跟我會合，我和巴格拔第的兒子會在那裡等你。』

「我還沒反應過來，他已迅速地離開消失在人群裡。於是，我就立刻趕到這裡來了。」

這個解釋反而加深了我的迷惑。我問他認識尊者有多久了。

「去年我們見過幾次面，不過最近沒見過。」

「我不能相信我的耳朵！我是不是精神錯亂了？你真正見到他本人、碰到他的手、聽到他的腳步聲了嗎？」

「你到底是什麼意思？」他有些生氣了，漲紅了臉。「我沒騙你，道理很簡單，只有透過尊者，我才有可能知道你在這裡等我！」

「那為什麼尊者從我到達這裡一個小時以來，沒有片刻離開過我的視線？」

他張大了眼睛：「我們是在做夢嗎？我這輩子從來沒想到會親眼目睹這樣的奇蹟！我還以為尊者只是個普通人，沒想到他能化出另一個分身去辦事！」我們一邊說著，一邊走進聖人的房間。

「看，那正是他在河邊階梯上穿的拖鞋。」基達·那斯巴布低聲說道，「當時他只穿一條腰布，就像我現在看到的一樣。」

當訪客在他面前鞠躬時，聖人微笑轉向我。

1 一些印度聖人稱我為紹特·瑪哈賽，譯為「小師兄」。

「為什麼對此感到驚訝呢？現象的世界無法隱蔽真正的瑜伽行者與它微妙的一統性。我可以即時地看到遠在加爾各答的弟子們，並與他們交談。同樣，他們也能隨心所欲地超越物質世界的障礙。」

這位尊者可能想要激起我對靈性的熱愛，所以他開始細緻地告訴我他那靈界收音機及電視機的能力[2]。但我的內心只有敬畏，而沒有熱忱。因為我註定要在聖尤地斯瓦爾的引導下去追尋神，而我暫時還沒有碰到他。我沒有接受普拉納貝南達做我上師的意願。我以懷疑的眼光看著他，納悶在我前面的是他的本尊還是分身。

為了消除我的疑慮，這位上師看著我，目光好像能喚醒靈魂，他說了些激勵的話：

「拿希里．瑪哈賽是我所知道的最偉大的瑜伽行者。他是神的化身。」

我心裡想著，如果弟子都能隨心所欲分身有術，那他的上師還有什麼做不到的呢？

「我跟你說個故事，你就明白上師的幫助是多麼重要了。我曾經跟另一個師兄弟每個晚上打坐八個小時。白天我們必須在鐵路局工作。我發現自己很難繼續擔任這個職務，並希望將所有的時間都獻給神。在此之前我忍耐了八年，每天晚上都有半數時間在打坐中度過。效果非常好，美好的體驗照亮了我的心靈。但我與無限之間始終存在著一層薄幕，無論我怎麼努力，都無法達成最終的融合。一天晚上，我去拜訪拿希里．瑪哈賽，請求他幫忙。我一直強烈地祈求他一整晚。

「『聖潔的上師啊，我的精神是如此地痛苦，我再也無法忍受生命中不能面對面地見到『偉大的至愛』的生活了！』

「『我能做些什麼來幫你呢？你要進入更深的禪定。』

「『我請求您，我的上師！請賜福我，讓我得見無限的您！』

「拿希里．瑪哈賽以仁慈的姿勢伸出手來，『你現在可以去打坐了。我已經替你向梵天[3]祈求了。』我得到了巨大的鼓舞，回到了家中。當天晚上，我在打坐中實現了此生夢寐以求的目標。現在我正在無盡地享用著這靈性的退休金。從那天起，再也沒有任何世間幻象的簾幕能遮蔽我的雙眼，隱藏極樂的造物主了。」

普拉納貝南達臉上充滿著神聖的光輝。另一個世界的平靜進入了我的心房，所有的恐懼都消失的無影無蹤。

「幾個月之後，我再次去見拿希里．瑪哈賽，去感謝他那『無限』的禮物。同時我提到了另一件

2 有些心理學家認為，瑜伽行者透過心靈活動所展現的某些現象，符合某些物理定律。例如，一九三四年十一月二十六日在羅馬皇家大學展示了人類透視的能力。「神經心理學教授基斯比．卡力佳利斯博士壓住受試者身上的某些部位，這個人就能夠清楚地描述隔著一道牆壁的人或物品。卡力佳利斯博士告訴其他的教授說，如果皮膚上的某些部位受到刺激，受試者就可以有超感覺的視覺，能夠看見他在平常狀態下看不見的東西。為了讓受試者看到牆壁另外一邊的狀況，卡力佳利斯博士按著受試者右胸上一處十五分鐘。卡力佳利斯博士說，如果身體上其他部位受到刺激，受試者可以看到任何無遠弗屆的東西，不管他們先前是否見過那些東西。」

3 梵天是創造之神，梵文字根brih是擴展之意。一八五七年，當愛默森的詩〈梵天〉刊登在大西洋月刊時，大多數的讀者都看不懂。愛默森暗自好笑，他說：「告訴他們，用『耶和華』取代『梵天』，他們就不會迷惑了。」

事情。

「『我的上師啊，我再也無法在辦公室工作了。請釋放我吧。梵天的體驗讓我陶醉不已。』

「『向你的公司申請退休金吧。』

「『這麼早就要退休，我有什麼理由呢？』

「『說出你的感受。』

「第二天我提出了申請。醫生問我為何要提早退休。

「『每當工作時，我都感覺有一股無法克制的感覺由背脊升起[4]，逐漸散布到全身，讓我無法再繼續工作。』

「醫生沒再多問，便強烈建議我申請一筆退休金，我很快就拿到了。我知道拿希里．瑪哈賽的旨意在通過醫生和包括你父親在內的鐵路局職員們發揮了作用。他們遵循著偉大上師的指示，讓我離開，使我整個生命能不間斷地與摯愛的神相互交融。」

普拉納貝南達尊者再度靜默良久。當我恭敬地觸摸他的雙腳並準備離去時，他祝福著我：

「你的生命是屬於出家和瑜伽之路的。以後我會再見到你和你的父親。」

幾年後，這兩項預言都實現了。暮色逐漸黯淡下來，基達．那斯巴布走在我身邊。我給他看父親的信，他在街燈下打開信。

「你父親建議我接受他鐵路公司在加爾各答分處的職位，有一筆像普拉納貝南達尊者那樣的退休金，這是一件多麼令人愉快的事情！但那是不可能的，我暫時不能離開瓦拉納西。唉，我還做不到分身啊！」

4 一位瑜伽行者在禪定的時候，脊椎最先感應到靈性體驗，接著是腦部。此時行者內心澎湃的喜悅感是情不自禁的，但他可以控制外在的言行舉止，不顯露出來。

4 未能成行的喜瑪拉雅山之旅

我告訴我的高中同學阿瑪・米特：「找個理由離開學校，租一輛四輪馬車，停在我家人看不到的巷子裡。」

他計畫跟我一起去喜瑪拉雅山，我們約好第二天就走。由於我的大哥阿南達時刻在注意我的行蹤，所以我要特別小心。阿南達料到我會出家，他決心破壞我的出逃計畫。護身符像是個靈性的催化劑，始終在我內心無聲地運作著。我想要在喜瑪拉雅山找到經常出現在我禪定中的上師。

當時我們一直住在加爾各答，父親被永久地調到這裡來。按照印度習俗，阿南達帶著新娘跟我們同住在古柏路四號的家中。我每天在閣樓上的一個小房間打坐修煉，準備走上靈修的道路。

聽到馬路上阿瑪的馬車聲後，我趕緊捆紮好行李（包括一條毯子、拿希里・瑪哈賽的照片、一雙拖鞋、一本《薄伽梵歌》、一串念珠和兩條腰布），把行李從三樓窗戶上丟下去。然後我跑下樓梯，在門口碰到剛買完魚的叔叔。

「什麼事讓你那麼興奮？」他懷疑地打量著我。

我向他笑了一下，繼續往巷子走去，拾起行李，小心地跟阿瑪會合。我們先驅車前往昌德尼商業廣場。幾個月以來，為了要買西式衣服——我想用西式服裝來騙過偵探般的哥哥到處佈下的眼線——

我站在大哥阿南達的身後。

我們一直在節省午餐錢。

在前往車站的路上，我們停下車來接我的堂兄喬汀．高緒，我都叫他賈汀達。他是個新道友，也想要在喜瑪拉雅山為自己找到一位上師。他換上我們新買的衣服，大家內心都充滿了喜悅。

「現在只差一雙布鞋了。」我帶著同伴到一家有膠底布鞋的鞋店。「既然這是趟神聖的旅程，我們就不應該穿有動物皮革的鞋子。」

到了火車站，我們購票前往巴爾達曼，準備在那裡換車，前往喜瑪拉雅山腳下的哈德瓦。當火車開動時，我們滿懷欣喜。

「想想看！」我興奮地說，「上師會傳法給我們，我們可以體驗到宇宙意識。我們身體充滿著磁場，會讓喜瑪拉雅山上的野生動物們溫馴地靠近我們，老虎會像柔順的家貓一樣，等著我們撫摸！」

阿瑪熱情地微笑回應著。但賈汀達移開了他的目光，看著窗外倒退的風景。

「我們把錢分做三份。」半天不說話的賈汀達說道，「在巴爾達曼我們買各自的車票。這樣一來，車站人員就不會懷疑我們是離家出走的。」

我毫無懷疑地同意了。黃昏時刻，火車到達巴爾達曼。賈汀達去買票，阿瑪和我坐在月臺上等他。我們等了十五分鐘，然後開始四處找他，找遍了整個車站，我氣急敗壞地叫著賈汀達的名字。在夜色的掩護下，他已經消失到這個車站某個不知名的角落裡了。

我整個愣住了，非常氣餒。神竟然允許這種令人沮喪的事情發生！我第一次周密計畫的浪漫行程就這樣給破壞了。

「阿瑪，我們必須回家。」我哭得像個小孩子，「賈汀達的離去是一個不好的兆頭，這趟行程註定要失敗。」

「你是這樣愛神的嗎？難道經不起這樣一個小小的考驗嗎？」

經阿瑪這麼一說，我的心立刻安定下來了。我們吃了些巴爾達曼有名的甜點：希塔哈格（給女神吃的聖餐）和茂提球（珍珠丸），然後重新振作起來。幾個小時後，我們將坐上火車經巴雷利去哈德瓦。在穆加爾薩賴月臺上等候換車時，我們討論了一件重要的事情。

「阿瑪，我們可能很快就會遭到站長盤問。我哥哥可是個足智多謀的偵探。不論結果如何，我都不會說一句假話。」

「穆昆達，你只要保持平靜就可以了。我說話的時候你不要笑，也不要開口。」

就在這個時候，一位歐洲籍的站長走上前來跟我打招呼。他揮著手上的一封電報，我馬上知道了電文的內容。

「你們是不是離家出走的？」

「不是！」

然後站長轉向阿瑪。兩人之間的對話讓我差一點笑出聲來。

「第三個男孩在哪裡？」站長的聲音充滿威嚴，「快，說實話！」

「先生！你戴著眼鏡呢！難道看不出來我們只有兩個人嗎？」阿瑪毫無顧忌地笑著，「我又不是魔術師，沒辦法變出第三個同伴來。」

這位站長的詢問策略顯然被這種無禮的頂撞給擾亂了，他轉而尋求新的攻擊點。

「你叫什麼名字？」

「我叫湯瑪斯。媽媽是英國人，父親是改信基督教的印度人。」

「你的朋友叫什麼名字？」

「我叫他湯普生。」

我幾乎忍俊不禁，眼看就要笑出來了，我趕快走向鳴笛要開的火車。阿瑪跟隨著站長，他不但相信他，而且還熱心地將我們安排到歐洲人專用的車廂去。想到兩個英國混血兒要坐在本地人的車廂裡旅行，顯然讓他感到困擾。在他禮貌地離去之後，我靠著椅背大笑了起來。沒想到我們竟然能騙過老練的歐洲站長，阿瑪也面露得意之色。

在月臺上時，我設法看到了那封電報，果然是哥哥發的，電文如下：「三個著英式衣服的孟加拉男孩逃家出走，通過穆加爾薩賴至哈德瓦。請留置，待我抵達。事後必有重謝。」

「阿瑪，我告訴過你，不要在家裡留下做有記號的火車時刻表。」我責備道，「哥哥一定是在你家找到的。」

阿瑪羞愧地承認了。我們在巴雷利耽擱了一下，德瓦卡．普拉薩已收到阿南達的電報，在此等候我們。我的老朋友英勇地試圖留下我們，我告訴他我們並不是隨便離家出走的。像上次一樣，德瓦卡拒絕跟我一起去喜瑪拉雅山。

當天晚上，我還在半睡半醒時，火車停在另一個車站。阿瑪被一個車站職員喚醒。在「湯瑪斯」和「湯普生」混合的魅力下，那個職員再度被我們唬弄過去。火車載著我們在黎明時分到達哈德瓦，遠方巍峨的山脈隱約動人。我們衝出車站，進入人群之中。阿南達不知用了什麼方式已經識破了我們的歐式偽裝，所以我們第一步就是要換回印度人的衣服。

看起來必須馬上離開哈德瓦，我們買了車票，繼續向北方瑞詩凱詩前進，那是一塊長久以來被許多上師們的腳步祝福過的聖地。當我已經上了車，而阿瑪還留在月臺上時，他突然被一個員警大聲叫住。討厭的員警把我們押送到車站的一間平房，並搜走了我們的錢。他親切地告訴我們，他必須留置我們直到我哥哥的到來。

聽說我們是要去喜瑪拉雅山後，這位員警跟我們講述了一個不可思議的故事。

「你們這些瘋狂追尋聖人的孩子啊！我昨天碰到的那位才叫偉大呢！我和同事第一次碰到這位聖人是在五天前，當時我們在恆河邊巡邏，正在全力追緝一位殺人犯。他裝扮成隱士搶劫朝聖者，上級下令不論死活都要捉到他。我們在前面不遠處，發現一個很像那位殺人犯的身影，於是便叫他停下來，他毫不理會，於是我們跑過去打算制伏他。靠近他背後時，我用力揮舞著斧頭，幾乎把他的右臂砍斷下來。

「這個陌生人不但沒有叫喊，甚至連看都沒看一眼那可怕的傷口，而是繼續快速前進。當我們跳到他面前時，他平靜地說道：

「『我不是你們要找的殺人犯。』

「看到自己傷害了一個神聖的人，我非常羞愧，拜倒在他的腳下，懇求他的寬恕，並用我的頭巾幫他包紮。

「『孩子，這是一個可以理解的錯誤。』聖人親切地看著我。『走吧，不要責備自己了。慈愛的神母會照顧我。』他把懸空擺蕩著的手臂推回原位，瞧！一下子就黏回去了！血也止住不流了。

「『三天以後，在那棵樹下見我，你會看到我已完全恢復，這樣你就不會覺得懊悔了。』

「昨天，我和同事依約趕到指定的地方。在那裡，那位隱士讓我們檢視了他的手臂，居然沒有任何疤痕！

「『我路過瑞詩凱詩，正要到喜瑪拉雅山去隱居。』這位隱士祝福我們，然後很快就離開了。」

警官以虔誠的聲音結束了這個故事。對他而言，這顯然是次不同尋常的經歷。

阿瑪和我惋惜自己沒能親自見到這位像基督般原諒傷害自己的人的偉大瑜伽行者。最近兩個世紀以來，印度儘管物質貧乏，但精神財富卻源源不竭；即使是普通人，就像這位警官，都有可能在路邊偶遇修行多年的瑜伽行者。

我們感謝警官告訴我們這個美妙的故事。他也許是在暗示自己比我們幸運，可以不費吹灰之力就遇見聖人，而我們辛苦了半天，結果卻是待在粗俗的警察局裡！

喜瑪拉雅山是那麼近，然而對我們來說，卻又是那麼遙遠。

「只要一有機會，我們就溜走。我們可以走路到神聖的瑞詩凱詩去。」我微笑地鼓勵著阿瑪。但自從我們的錢被拿走以後，阿瑪就變得悲觀了。

「如果我們試圖穿過如此危險的叢林，最終到達的，不會是聖人的城市，而是老虎的肚子裡！」

三天後，阿南達和阿瑪的哥哥抵達了。阿瑪如釋重負地迎接他的哥哥，我卻不願妥協。

「我了解你的感覺！」哥哥安撫著我，「我只要求你跟我到瓦拉納西去見一位聖人，再回到加爾各答去探望已經傷心幾天的父親，然後你可以回到這裡，繼續追尋你的上師。」

阿瑪在這個時候插進來，說他不想再跟我回哈德瓦去了。他喜歡家庭的溫暖，但我知道我永遠不會放棄去追尋上師。

我們一起坐火車去瓦拉納西。在這裡，我的禱告得到了即刻的回答。

阿南達很有技巧地事先做了安排。在去哈德瓦接我以前，他首先在瓦拉納西停留，請求某位經典梵文學家稍後接見我。梵文學家和他兒子答應勸說我放棄出家[1]的計畫。

阿南達帶著我到他們家去。一個年輕人在庭院裡熱情地歡迎我們，然後他開始跟我論述冗長乏味

1　梵文sannyasi，字面為「捨棄」之意。

的哲理，還假裝有天眼通可預知我的未來，反對我去出家修行。

「沒有世俗的歷練，你無法消除過去數世的業障[2]。如果堅持放棄日常的責任，你會碰到一連串的不幸，也找不到神！」

克里希納不朽的名言浮現在我的腦海裡，我回答道：「即使是業障最深重的人，只要毫無間斷地冥想著『我』，也可以很快脫離以往業力的影響，成為一個高貴的靈魂，獲得永恆的平靜！」[3]

但這個年輕人強有力的預言稍微動搖了我的信心。我默默地全心全意地向神祈禱：

「請祢解決我的困惑，祢究竟要我成為一個出家人還是世俗之人？」

我注意到一位態度高雅的隱士就站在庭院門外。他叫我過去，顯然他無意中聽到我的禱告。我感覺到一股巨大的能量從他平靜的雙眼中流向我。

「孩子，不要聽那個無明之人的話。神會回應你的禱告，祂要我向你保證，出家是你今生唯一的路。」

我既驚訝又感激，這個訊息讓我興奮不已。

「離開那個瘋子！」那個「無明的人」在庭院裡大叫起來。我神聖的引導者舉手祝福我，然後慢慢離開。

「那人跟你一樣瘋狂。」這時那位白頭髮的梵文學家說道。他和他的兒子好像是在可憐我，「我聽說他也是離家出走，徒然地找尋天主。」

我轉頭就走，跟阿南達說我不想再跟他們做任何進一步的討論了。哥哥同意馬上離開，我們很快地就坐上火車回加爾各答。

「偵探先生，你是怎麼發現我跟兩個同伴離家的？」回家的途中，在好奇心的驅使下，我問了阿南達。他淘氣地笑了。

「我發現阿瑪離開教室以後，就再也沒有回去。第二天我去他家，看見一張做了記號的火車時刻表。阿瑪的爸爸正要坐馬車離去，在跟車伕說話。

「『我兒子今天早上不能跟我一起坐車去上學了，他失蹤了！』他傷心地說道。

「『我聽別的車伕說，你兒子和另外兩個穿歐式西服的人在豪拉車站搭火車，』車伕說道，『他們還把皮鞋送給了車伕當禮物。』

「如此一來，我就有了三個線索——火車時刻表，三個男孩，英式服裝。」

我聽著阿南達的分析，感覺好笑又好氣。我們對車伕的慷慨顯然用錯地方了！

「於是我馬上打電報到每個阿瑪在時刻表上劃線的車站。他也在巴雷利做了記號，所以我打電報給你在那裡的朋友德瓦卡。在加爾各答附近的地區打聽之後，我得知表弟賈汀達也消失了一個晚上，

---

2 業障（karma）是此生或前世行為的後果。梵語「kri」為「去做」之義。

3 《薄伽梵歌》9：30－31。克里希納是印度最偉大的先知，阿周那是他最重要的徒弟。

但第二天就穿著歐式服裝回家了。我請他出來吃飯，他接受了。我的友善徹底瓦解了他的戒心。他沒想到我會在半路上帶他去警察局。在警察局裡，他被幾個我事先安排、看起來很凶的員警圍著，便立刻屈服了。

「『剛開始我們滿懷希望地向喜瑪拉雅山出發，』他解釋道，『想著可以見到大師們，我們充滿了喜悅。但當穆昆達說，當我們在喜瑪拉雅山的洞穴中入定時，老虎會像溫馴的小貓坐在我們身旁。我聽得都嚇呆了，成串汗珠從額頭上滲出。怎麼辦？我心想，如果我們靈性的力量不足以制服老虎，牠還會像家貓一樣對待我們嗎？在內心深處，我已經看到自己成為某隻老虎肚子裡的餐點——還不是一次吞進去，而是分成好幾塊！』」

我對賈汀達的怒氣煙消雲散，甚至大笑了起來。

「阿南達達[4]，你是個天生的偵探！我會告訴賈汀達，我很高興他不是存心背叛我們，而只是出於自保的本能。」

在加爾各答的家中，父親要求我，在念完高中之前，不要再離家出走。他的態度催人淚下，我不在的時候，父親慈愛地安排了一項計畫，聘請一位聖人般的梵文老師——凱巴南達[5]定期來我家。

「這位智者將成為你的梵文家庭教師。」父親宣布道。

他希望通過博學之士的教導來滿足我宗教上的渴望。不過這個計畫被微妙地改變了：我的新老師根本沒有教我那些枯燥乏味的理論，相反，他反而重燃了我對靈性生活的熱情。父親不知道的是，凱巴南達也是拿希里．瑪哈賽的弟子。不僅如此，拿希里．瑪哈賽甚至經常稱讚凱巴南達是一位「先知」或「開悟的聖人」。老師的卷髮濃密，襯托出他英俊的臉龐。他那黑色無邪的眼睛像孩子般的透明。他體態輕巧，舉止從容有致，溫柔慈愛，似乎時時刻刻都在禪定中。我們在一起度過了許多快樂的時光，他教會了我克利亞瑜伽的打坐。

凱巴南達是著名的古代聖典權威，他的學問為他贏得「聖典之王」的美譽。但我在梵文上的進展卻乏善可陳，只要一有機會，我就會拋開枯燥的文法，跟他談論瑜伽和拿希里．瑪哈賽。有一天，他答應告訴我發生在他和上師之間的故事。

「我在上師的附近待了十年，這是少有的幸運。我每大都去他在瓦拉納西的家朝聖。上師一直待在一樓前面的小客廳。他以蓮花座盤坐在沒有靠背的木頭座位上，弟子獻上的花圜繞著他。他的眼睛閃亮，飛舞著靈性的喜悅。他從不長篇大論。偶而目光會集中在一個需要幫助的弟子身上，隨後便會有具有治癒力量的語句傾瀉而出。

「上師的目光能讓人感到一種難以形容的平靜。他那如一朵蓮花般散發出的芬芳滲透著我。跟他

4 我通常稱呼他為阿南達達。在印度家庭中，弟妹在大哥名字後面加個「達」（da）字，是一種敬稱。

5 在我們見面時，凱巴南達尚未加入僧團，一般人稱他為「聖典之王」。為了避免與拿希里．瑪哈賽和第九章所談到的瑪哈賽上師搞混，我提到我的梵文老師處都用他日後出家的法名凱巴南達。他的傳記最近以孟加拉文出版。凱巴南達在一八六三年生於孟加拉的庫爾納，六十八歲時在瓦拉納西圓寂。他的俗家名字是亞殊杜．雀特吉。

在一起，即使多日不說話，我也會覺得整個人被改變了。如果在專注冥想過程中遇到了無形的障礙，我就會坐到上師腳下，這時我很容易就能掌握很細微的狀態。這些體驗讓我巧妙地躲開了那些等級不高的老師。上師就像是一座活的神的殿堂，他的奧祕之門時刻在為所有虔誠的弟子打開。

「拿希里·瑪哈賽從來不是一個學究式的解經者。他可以不費吹灰之力地進入『神的圖書館』。他字字珠璣、句句真理。他好像有一把神奇之鑰，能解開幾世紀之前蘊藏在《吠陀經》[6]中的奧義。如果你請他解釋古代典籍中提到的不同意識層次，他會欣然同意。

「『我將經歷那些意識層次並立刻告訴你我所理解的。』而有些教師則只會把經典塞進腦袋裡，然後複誦出來連他們自己都不懂的東西。

「上師從不勸人盲目地信仰。『文字只是外殼。』他說，『只有通過禪定，與神接觸，一個人才能確信神的存在。』不論弟子的問題是什麼，上師總是建議用克利亞瑜伽作為解決之道。

「『當我的身體不再引導你時，瑜伽之鑰仍然有效。這個法門不能用理論的方式限制住，不能記錄下來、歸檔，然後被人遺忘。悟道之路要靠永不止息地練習克利亞瑜伽，那也正是它的力量之所在。』

「我個人認為，克利亞瑜伽是人類自遠古以來，所有創造出的最有效的解脫法門。」凱巴南達總結道，「通過瑜伽的方式，隱藏在每個人身上的全能的神，在世間化身成拿希里·瑪哈賽的肉身，以及他的一些弟子身上。」

凱巴南達曾親眼目睹在拿希里·瑪哈賽身上發生的一件神蹟。有一天，老師告訴我下面這個故事，他的思緒離開書桌上的梵文課本，飄到遠方。

「我很同情一位瞎眼的師兄拉姆。他忠心耿耿地侍奉著我們的上師，難道他的眼睛不應該看得見光明嗎？一天早晨，我試圖去找他談話，但他正很有耐心地用手製的芭蕉扇替上師扇了好幾個小時。當這位虔誠的弟子離開房間時，我跟著他。

「『拉姆，你眼睛看不見東西多久了？』

「『從我出生起，我從來沒看見過陽光。』

「『我們無所不能的上師可以幫助你，請你向他提出祈求。』

「第二天拉姆羞怯地接近拿希里·瑪哈賽，一想到自己要請求有關肉體的事，他便感到羞愧。

「『上師，宇宙的創造者就在您裡面，我祈求您將祂的光帶進我的雙眼，讓我看見陽光。』

「『拉姆，有人想給我出難題，我不會治病啊！』

「『上師，您一定可以治癒的。』

---

6 現存的四部吠陀經典尚存有一百多冊經書。愛默森在《札記》如此稱頌《吠陀經》：「它是如此的出眾，像熱氣、像夜晚、像扣人心弦的海洋。它包含著每一種宗教的情操及所有那些輪流造訪著高貴詩意心靈的崇高倫理……拋開《吠陀經》是沒用的；如果我在森林中或在池塘的船上信靠自己，大自然當下就可以把我變成一個婆羅門：永恆的必然，永恆的酬勞，深不可測的力量，萬籟俱寂……這就是自然的信條。自然告訴我說，和平、純潔和絕對的捨棄——這些是贖所有罪惡的萬靈丹且帶著你到八福處。」

「『拉姆，神是沒有極限的！祂能用奇妙的生命之光點燃星星和肉體，也一定能夠把可見的光帶進你的雙眼。』

「上師觸摸拉姆前額的眉心處[7]。

「『專注於此處，默念先知羅摩[8]之名七天。在一個特別的黎明，太陽的榮光將會加寵於你。』

「一個星期之後果真如此。拉姆第一次見到自然之美。這是全知者準確地引導其弟子複誦他最崇敬的聖者羅摩之名。上師威力強大的種子在拉姆虔誠耕耘的田地上，終於開花結果了。」凱巴南達靜默了一會兒，對他的上師表示尊敬。

「拿希里．瑪哈賽從不認為是自己[9]完成了這些奇蹟。他表示，自己只是在完全沒有我執和毫無抵抗的臣服下，治癒疾病的能量順暢地在他體內流動。

「雖然無數被拿希里．瑪哈賽治癒的軀體最終還是要送去火葬。但是他引起了無聲的靈性覺醒，造就了如基督般犧牲奉獻的弟子，這才是他真正不朽的奇蹟。」

我一直沒有成為一名梵文學者，凱巴南達教我的是聖人的文法。

---

7 智能眼或第三只眼所在處，是神聖之所在。人臨終時，意識往往集中於此，可以用來解釋人死時眼睛向上翻的原因。

8 梵文史詩《羅摩衍那》裡的主要人物。

9 我執（ego），字面的意義是「我做的」，是二元論或是幻相的源起。由此，誤以為主體（我執）為客體，被創造者以為自己是造物者，偏執於自我意識。

5 芳香聖人顯奇蹟

「凡事有定期，萬物有定時。」

我沒有這種所羅門王的智慧，無法安心等待，所以每次外出旅行時，我總是在四處尋找我命中註定的上師。但直到高中畢業，我的道路都沒有與他交匯到一起。

從我和阿瑪逃家去喜瑪拉雅山之後，兩年時間過去了。在這段期間裡，我碰到了幾位聖人——「芳香聖人」、「猛虎尊者」那旃陀．納斯．巴篤利、瑪哈賽上師和孟加拉著名的科學家加格底斯．錢卓拉．博斯。

我與芳香聖人的相遇有兩組前奏曲：一組是和諧的，另一組是幽默的。

「神是單純的，其餘都是複雜的。不要在相對世界中尋找絕對真理。」

當我靜靜地站在聖殿卡莉女神的雕像前時，突然聽到這些哲學定論。我轉過頭去，看見一位衣著寒酸的高大男子，似乎是一位遊方的隱士。

「沒錯，你看透了我的迷惑！」我感激地笑道，「自然界善良與邪惡混淆，如同象徵自然界溫柔與恐怖的卡莉女神[1]，困惑了多少比我聰明的人啊！」

「有幾個人能解開祂的祕密？生命將善與惡這個謎語，如同斯芬克斯之謎般地擺在每個聰明人面前。多數人為了尋找答案付出了他們的生命，今日的苦難依然不比遠古的底比斯時代少。放眼望去，有個高大孤寂的人物，從來不曾為挫敗而叫喊，他從幻相[2]的二元性中汲取到統一的真理。」

「先生，你的話很有道理。」

「長久以來，我一直在用非常辛苦的內省方式接近智慧。我持續地關注自己內在的思想，進行充分的自我省察，這是一種嚴格但令人震撼的體驗。它瓦解了牢不可破的『我執』。」

「如果不能從虛妄中解放出來，人類就無法了解永恆的真理。人類的心靈暴露在時間的泥濘下，生命中充滿了無數令人厭惡的幻象。對比於人類內在的敵人，戰場上的爭鬥變得毫無意義！這些不是用強大的武裝力量就可以征服的敵人！它們是巧妙裝配著無明貪欲的士兵，隨時隨地都在試圖殘害我們所有人。」

「可敬的先生啊，你難道不同情那些迷惘的眾生嗎？」

聖人靜默了片刻，沒有正面回答。

「要同時愛道德完美無瑕無形的神與顯然毫無美德的有形人類，這點是令人困惑的！但智慧可以解決這個難題。通過內在的探討，我們會發現人類心智的共通點——只顧自身利益的堅定信念；至少從某種層面上來說，絕大多數人都是如此。伴隨著這個發現而來的，是人類的謙卑。當謙卑發展到一定的地步時，人類就會憐憫自己的同類——那些看不見自身靈魂潛在的療癒力量卻等待救援的人。」

「先生，你和每個世代的聖人一樣地悲天憫人。」

「只有淺薄的人才會在自己遭遇痛苦時顧影自憐，失去對其他同樣身處苦難的人的同情心。」隱士的表情明顯地緩和下來，「那些敢於詳細剖析自己內在的人，會了解遍及宇宙的憐憫之情，並最終得到解脫。對神的愛的花朵將會綻放在這樣的土地上。眾生最終會轉向造物主，他們會苦惱地追問：『為什麼，神，為什麼這麼苦？』在苦難不停地鞭策下，人類最後會被驅使進入一個美得讓人無法抗拒的『無窮存在』中。」

我本來是要來參觀卡莉神廟著名的殿堂的，但這位偶遇的同伴卻用一個概括性的手勢，消除了神廟的華麗莊嚴。

「磚頭灰泥並不能為我們唱出有聲的曲調，心靈只為人類唱頌生命而開。」

---

1 卡莉女神是自然界永恆原則的代表。通常人們將祂描述成一位有四隻手臂的女性，依附於濕婆神或是宇宙無限上。祂的四隻手臂，兩隻象徵慈善，兩隻象徵毀滅，它們代表物質或創造物二元性的本質。

2 幻相是宇宙創造的幻覺，字面意思是「測量者」之意。幻相是宇宙中神奇的力量，它在不可限量和不可分離中呈現了有限和分離的性質。愛默森寫了如下的詩篇，名為〈幻相〉：

穿不透的幻相，
數不盡的織網；
她快樂的想像從不褪色，
相互聚集在一起，層層的面紗，
渴求受騙的人
迷戀著她的魅力。

我們慢步走向入口處，走進迷人的陽光中，成群的信徒絡繹不絕地往來。

「你還很年輕，」聖人看著我說道，「印度也很年輕，古代的先知[3]為我們找到了穩固的靈性生活方式。他們古老的名言至今仍然適用於這塊土地。那些對抗狡詐的物質主義的戒律永不過時，至今仍影響著印度。數千年的人類歷史證實了吠陀經典的價值，把它當做印度的遺產，好好繼承吧。」

當我尊敬地向這位隱士告別時，他預言道：

「離開這裡後，你在路上將會有一次不平凡的經歷。」

離開卡莉神廟後，我漫無目的地閒逛，突然碰到一個以前的朋友——一個囉里囉嗦說起話來沒完沒了的人。

「只要你告訴我，在我們分開這六年的時間裡，你都經歷了什麼，我馬上就讓你走。」

「豈有此理！我現在就要走。」

但他抓住我的手，強迫我說些什麼。我告訴自己，此人就像一隻餓壞的狼，我講得越多，他越會饑渴地嗅到新消息的味道。我在心裡向卡莉女神請求，求祂讓我優雅地脫身。

突然，我的朋友離開我。我鬆了一口氣，加快腳步，唯恐被他再次附身。聽到身後快速的腳步聲，我加快了速度，不敢回頭。但他一躍而起趕上了我，高興地拍著我的肩膀說道：「我忘了告訴你甘達巴巴（芳香聖人）的事情了。」他指著不遠處外的一間房子，「你一定要去看他，他很有意思。你也許會有一次不平凡的經驗。再見！」然後他真的離開了。

卡莉神廟前隱士的預言閃過我的心頭。我好奇地進入那間房子，並被領進一間寬敞的大廳。一群人面朝東，散坐在厚厚的橘色地毯上。我聽到一陣驚歎的低語：

「仔細看豹皮上的甘達巴巴。他能使一朵沒有香味的花兒散發出任何花朵的自然香味，能讓枯萎的花朵恢復生機，或使一個人的皮膚發散出令人愉快的香味。」

我直視著這位聖人，他快速移動的目光停在我身上。他身材圓胖，留著鬍子，皮膚黝黑，一雙眼睛大而明亮。

「孩子，很高興見到你。告訴我，你想要什麼。一些香味嗎？」

「香味有什麼用嗎？」我覺得他的提議很幼稚。

「我可以讓你用神奇的方式享受香味。」

「利用神製造香味？」

「有什麼不對嗎？」

「是的，但神能製造花瓣。你能嗎？」

「小朋友，我製造香味。」

「那香水工人們就要失業了。」

3 先知，「預言家」之意，上古《吠陀經》的作者。

「我會讓他們保留工作的！我的目的只是要顯示神的力量。」

「先生，有必要去證明神嗎？祂不是無處不在嗎？」

「是的，但我們有時也必須展現祂那無限豐富的創造力。」

「要花多久才能精通你這套技巧？」

「十二年。」

「只是為了用靈力製造香味？可敬的聖人，看來你浪費了十二年，因為只要花幾個盧布就可以在花店買到花香了。」

「在香水店買到的花香很快會消逝。」

「那為什麼我要渴望只會使肉體愉快的東西呢？」

「哲學先生，你真有意思。好吧，伸出你的右手來。」他做了一個祝福的手勢。

我離開甘達巴巴有幾尺遠，周圍沒有人能碰到我的身體。

「你想要什麼樣的香味？」

「玫瑰花。」

「好。」

讓我吃驚的是，迷人的玫瑰花香立刻從我的掌心飄出來。我笑著從附近的花瓶中拿起一大把白色沒有香味的花朵。

「這沒有香味的花朵能不能發出茉莉花的香味？」

「好。」

茉莉花的香味馬上從花瓣中散發出來。我感謝這位芳香聖人，然後坐到他的學生旁邊。他告訴我甘達巴巴的正式名字是維穌達南達，他曾跟一位西藏的大師學到許多驚人的瑜伽祕法——他向我保證，那位西藏瑜伽大師已經超過一千歲了。

「甘達巴巴通常不會隨便展現製造香氣的法術。」這位學生顯然以他的上師為榮，「他很了不起！許多加爾各答的知識分子都是他的追隨者。」

我暗自決定自己不要成為這些知識分子中的一員。實際上，我並不想要太「神奇」的上師。在禮貌地謝過甘達巴巴之後，我就離開漫步回家了，一路上，我仔細回想著當天所遇到的三件不同的奇事。

走進古柏路的家門時，我碰到了姊姊烏瑪。

「你越來越時髦了，還用香水！」

我讓她聞聞我的手。

「多好聞的玫瑰花香啊！真是太濃郁了！」

我悄悄地把由法術生出香味的花朵放到她鼻子下。

「啊，我喜歡茉莉花香！」她拿著這種沒有香味的花朵，反覆地聞著，不知為何會發出茉莉花香，臉上浮現出迷惑的表情，很滑稽。她的反應消除了我對甘達巴巴的疑慮，我還以為我被他催眠了，只有自己能聞得到那香味。

後來我從一位朋友阿拉卡拉南達那兒聽說「芳香聖人」有一種神奇的力量，我真希望亞洲幾百萬饑民能有這種力量。

「有一次我跟一百多位客人齊聚在甘達巴巴的家中」，阿拉卡拉南達告訴我，「那是一次盛大的節慶宴會。因為這位瑜伽大師擁有從空氣中變出東西的法力，我笑著要求他變出一些非當季時令的橘子。他馬上讓所有芭蕉葉盤子上扁圓的露奇餅[4]脹了起來。每個餅都包著一個去了皮的橘子。我不安地咬了一小口，美味可口極了。」

幾年之後，經過內在的領悟，我終於了解到甘達巴巴是怎麼做到無中生有的：人類所擁有不同的感官刺激——色、聲、香、味、觸覺都是由於質子和電子變異的波動力所產生的，調節著這種波動力的是「生命粒子」——是極其細微的生命能源或是比原子還微小的能量，被靈巧地儲藏在五個感官意識中。

甘達巴巴通過某種瑜伽的方式，可以引導生命粒子重新排列它們振動性的結構，從而達到自己想要的結果。他的香氣、水果和其他奇蹟，都是在真正地將世俗的波動力物質化，而不是通過催眠讓人產生某種內在感覺[5]。

「芳香聖人」所展示的奇蹟雖然看起來很神奇，但卻對靈性毫無幫助。除了達到娛樂效果外，這些奇蹟幾乎沒什麼用，它們是追尋神的道路上的歧途。

眾所周知，當病人對麻藥過敏時，醫生們會用催眠術來讓其進入麻醉狀態。但人類如果經常處於催眠的狀態下，那對他們將是有害的，並會產生一些負面的心理效果，甚至會擾亂他的腦細胞。總而言之，催眠術侵犯了他人意識的領域，它所產生的暫時性現象與悟道之人所展現的奇蹟完全不同。真正了悟神的聖人是通過調和至宇宙造物者的意圖而在現實世界裡製造變化的。

真正的大師們會譴責賣弄神通法力的行為。波斯的神祕主義者阿布．賽義得曾經嘲弄過一些以操控水、空氣及空間等超自然力量為榮的回教術士。

4 一種印度扁平、圓形狀的麵包。

5 二十世紀科學取得了巨大的進步。金屬的轉換及煉金術在全世界各地的實驗室中都看得到成功的例子。一九二八年法國著名的化學家喬治．克勞德在楓丹白露一次科學的聚會上，表演如何利用氧氣進行轉化作用的奇蹟。他的「魔杖」就是桌上的一根試管內冒著泡泡的氧氣。這個科學家「將一把沙子變成珍貴的寶石，鐵像是熔化的巧克力；在去除花朵的顏色後，將它們變成玻璃般的堅硬。」克勞德解釋海水經由氧氣的轉化，可以產生幾百萬匹的馬力；水如何不經由沸騰就可以冒泡；一小撮沙如何由氧氣吹管一吹就可以變成藍寶石、紅寶石和黃寶石；他還預測將來人類不需要潛水裝備就能在海底行走。最後，這位科學家還讓他的觀眾大吃一驚，他移去陽光中的紅光，使他們的臉看起來變黑了。」這位著名的法國科學家利用膨脹的方式，不但可分離空氣中各種不同的氣體，也可製造液態的空氣，並發現了各種利用海水溫差的機械裝置。

「青蛙在水裡也很自在！」阿布・賽義得輕蔑地指出：「烏鴉和禿鷹能輕易地飛翔在空中，魔鬼同時存在於東方和西方！一位得道的人，雖然像普通人那樣生活在群眾中，但內心無時無刻不在默念著神！」還有一次，這位偉大的波斯上師講述他對修道生活的觀點：「擱下你頭腦裡原來的東西（自私的想法和野心），自在地給予他人你所擁有的，在遭遇逆境打擊時永不退縮！這就是修道！」

卡莉神廟前的聖人或是西藏上師訓練出來的瑜伽行者都不是我心中期盼的上師。我內心要的不是導師的認可，而是大聲為自己喊加油——越是沉默，就越不可能響徹雲霄。當我後來遇見我的上師，只是通過他的榜樣和智慧，就教導了我如何衡量一位得道的人。

6 猛虎尊者

「我知道猛虎尊者的住處，我們明天就去拜訪他。」我的高中同學江迪興奮地告訴我。我非常想去見這位聖人，在還沒出家之前，他曾經赤手空拳地與老虎搏鬥並捉住老虎。我非常醉心於這種讓男孩子熱血沸騰的高強武藝。

第二天一大早，儘管天氣奇冷，但江迪和我還是興高采烈地出發了。我們在加爾各答市郊的邦瓦尼普找了很久，終於來到猛虎尊者的房子前面。我用力地敲擊大門上的兩個鐵環。一個傭人不急不徐地向我們走來，臉上掛著冷笑，似乎是在暗示，不論訪客如何喧鬧都無法干擾到一個聖人住處的安寧。

我跟同伴雖感覺像是遭到了斥責，但還是很高興能被邀請進入客廳。在那兒，我們等了很長時間，漫長的等待讓我們感到不安。按照印度不成文的規定，真理的追尋者必須具有耐心——一位上師可能會故意試探一個人到底有多麼渴望見到他。在西方，醫生和牙醫也會通過這種心理策略來試探病人。

終於，傭人叫江迪和我進入一間臥房。聲名遠播的蘇宏[1]尊者就坐在床上。看到他那魁武的身材，我們驚異地呆住了，站在那裡無話可說。我們的眼珠都快凸出來了，從來沒見過那麼厚大的胸膛和橄欖球般發達的二頭肌。猛虎尊者有著粗大的脖子，兇猛而平靜的臉孔上有著平順的頭髮和八字鬍。他深色的眼睛顯露出似鴿又似虎的特性。除了腰上圍了一張虎皮外，他沒穿任何別的衣服。

待我們回過神之後，朋友和我向尊者致意，表達我們對他英勇馴虎事蹟的仰慕。

「您能告訴我們，怎麼可能赤手空拳地去降服叢林中最兇猛的孟加拉虎嗎？」

「我的孩子們，對我來說，跟老虎搏鬥不算什麼。只要有必要，我隨時都可以這麼做。」他像個孩子般地笑了起來，「你們認為老虎是老虎，但我看老虎就像家貓。」

「尊者，我想我可以讓自己的潛意識認為老虎只是貓，但我能讓老虎也這麼想嗎？」

「當然，力量也是必要的！你不能指望一個嬰兒靠著把老虎當成貓就能打敗老虎！你必須擁有強而有力的雙手。」

他叫我們跟他到天井去。然後他一拳打在牆上，一塊磚頭碎落在地，我想，他如果一拳就能把牆上的磚頭敲下，一定也能敲下老虎的牙齒！

「很多人都有我這種體能，但他們還是缺乏自信和冷靜。那些身體強壯但精神並不勇敢的人只要看到野獸在叢林裡自由跳躍就要昏倒了。要知道，自然狀態下的老虎和馬戲團裡餵了鴉片的老虎是完全不同的！

「許多力大無比的人一旦碰到老虎，就會被嚇得手足無措。因為在這個人的心理上已經讓自己變成家貓了。一個人如果擁有強壯的身體及堅強的決心，便可以扭轉形勢，可以迫使老虎像無助的家貓般臣服。每次我都是這樣做的！」

我完全地相信眼前的這位巨人可以完成「老虎變家貓」的轉化。

「心會主導肌肉的運作。一個人通過自己的身體所展現出來的力量取決於他的意志和勇氣。身體實質上是由心靈製造及維持的。通過不斷轉世累積而成的壓力、長處及弱點逐漸滲入了人類的意識。它們表現出來的就是習性，接著形成一個令人合意或不合意的身體。人類所有外在的弱點都有著精神上的源起。在一個惡性循環中，受習慣限制的肉體會阻礙心靈的發展。如果一個主人讓自己被傭人指揮著，傭人就會變得獨裁；同樣，如果讓心靈受肉體主宰，心靈也會屈服於肉體的命令而被奴役著。」

在我們的懇求下，猛虎尊者告訴了我們一些有關他自己的故事。

「我最初的野心是征服老虎。我的意志力很堅強，但肉體卻軟弱無力。」

我大吃一驚。實在令人難以置信，這位有著大力士般身材的人，也曾有過軟弱的時侯。

「我在心裡不屈不撓堅持地想著健康及力量，終於克服了障礙。我現在百分之百相信心靈的力量，我發現那才是真正征服百獸之王的力量。」

「可敬的尊者，您認為我也能征服老虎嗎？」我的心裡突然浮現出這樣的念頭。

1 蘇洪是他的法名，一般人都稱他為「老虎尊者」。

「可以。」他笑了起來。「但老虎有很多種，有些老虎漫步在人類慾望的叢林裡，打敗林間野獸並不能幫助你獲得靈性上的進步。相比之下，我更願意去征服潛伏於人類內在的那些不良習性。」

「先生，請問您是如何產生這種想法的？」

猛虎尊者沉默下來。他開始回想往日的情景。我感覺他是在考慮是否要答應我的要求。最後他笑著默許了。

「當時我的名聲如日中天，我感覺有些飄飄然了。我決定不只要征服老虎，還要展現各種不同的手法。我要迫使這些猛獸變成馴養的動物。我開始公開地進行各種表演，也得到了令人滿意的成功。

「一天晚上，我的父親滿懷憂慮地來到我的房間。

「『孩子啊，我有些話要警告你，希望能讓你免於即將到來的災難。』

「『爸爸，您是一個宿命論者嗎？』

「『孩子，我不是宿命的人。但我相信聖典中的教導，因果報應法則是公正的。一旦叢林裡的猛獸家族對你產生怨恨，你將來是要付出代價的。』

「『爸爸，您讓我訝異！您明知道老虎都是美麗而殘忍的！哪怕剛飽餐完一隻不幸的動物，只要再看到新獵物，牠馬上又會激起新的貪欲——那也許是一隻快樂的瞪羚在叢林的草原上蹦跳著。捕捉到牠以後，老虎這惡毒的野獸會在牠柔軟的喉嚨上咬一個洞，喝點血，然後就揚長而去。

「『老虎是叢林中最可鄙的了！也許我的拳頭可以為牠們混濁的腦袋注入些清醒。我會成為森林學校的校長，教導牠們仁慈的規矩！

「『爸爸，請把我看作一名馴服老虎的人，我不是在屠殺老虎。我善意的行為怎麼會帶來災難呢？我求您不要叫我改變生活方式。』」

江迪和我全神貫注地聽著。在印度，子女通常是不會隨便違反父母意願的。

「父親沉默地聽著我的解釋。接著他沉重地告訴我：『孩子，昨天我在走廊上打坐時，一位聖人靠近我，他告訴我：親愛的朋友，請告訴你那好鬥的兒子，請他停止他那野蠻的行為。否則他下次與老虎相遇時，他會受重傷，接下來六個月，他會染上致命的疾病。然後他會看破紅塵，出家為僧。』

「我沒有把這些話放在心上，反而認為父親只是一個容易受騙的老好人。」

然後猛虎尊者黯然地沉默了很長一段時間，似乎忘記了我們的存在。當他重新開始講話時，他的聲音突然緩和了下來。

「在聽到父親的警告後不久，我到科奇比哈爾的首府遊歷。那圖畫般的景色對我來說是個嶄新的經驗，我期望有個平靜的轉變。跟往常一樣，好奇的人們在街道上跟隨我到處走。我聽到有人在竊竊私語：

「『這就是那位征服猛虎的人。』

「『他有三頭六臂嗎？』

「『看他的臉！想必是虎中之王轉世而來！』

「小孩子們四處散播消息，然後是婦女們挨家挨戶流傳，就像是有聲的公告欄！幾小時之內，整個城市為我的到來陷入了一陣興奮。

「那天晚上，我正在安靜地休息時，突然聽到外面傳來馬蹄聲。一輛馬車停在我的住所前面，接著一些身材高大戴著頭巾的警察走了進來。

「我震驚了。『欲加之罪，何患無辭啊！』我想，『他們是否要陷害我呢？』但警察們卻不尋常地向我鞠躬致意。

「『尊敬的閣下，我們代表科奇比哈爾王子歡迎您的到來。他很高興地邀請您明早入宮。』

「我考慮了一下。警察們懇求的方式感動了我。我同意前往。

「第二天，我從門口被護送到一輛四匹馬拖著的豪華馬車上。一位僕人為我撐起一把華麗的遮陽傘。我享受著這趟旅程，經過市區及近郊森林，感覺舒適極了。王子殿下親自在皇宮門口迎接我。他讓出自己的黃金寶座，面露微笑地坐在一張簡樸的座椅上。

「『所有這些殷勤，一定都是有代價的！』我想著。果然，短暫的閒聊後，王子開口了。

「『市面上充滿了謠傳，說你可以赤手空拳打敗猛虎。那是真的嗎？』

「『的確如此。』

「『我簡直無法相信！你是來自加爾各答的孟加拉人，是吃著白米長大的都市人。恕我直言，你打敗的難道是那些馬戲團裡餵食鴉片的動物嗎？』他的聲音響亮，略帶嘲諷，帶有明顯的地方口音。

「對他這個侮辱性的問題，我沒有答覆。

「『我要向你挑戰，要你去打敗我最近捉到的老虎——雌雄王[2]。如果你能用鐵鍊拴住牠，而且神智清楚地離開籠子，你就可以擁有這隻孟加拉虎！此外還有幾千盧布以及其他許多禮物。如果你拒絕戰鬥，那麼我將告訴所有人，說你是一個騙子。』

「他的話像成排的子彈，帶著侮辱掃射著我。我憤怒地接受了。他興奮地從座椅上半站起來，接著又笑著坐了回去。這使我想起古羅馬皇帝將基督徒與野獸一起放在競技場內搏鬥的情景。

「『搏鬥將在七天後舉行，很抱歉我不能讓你事先去看這隻猛虎。』

「是不是王子怕我找機會催眠這隻野獸，或偷偷地餵牠鴉片，我不知道！

「離開皇宮時，我注意到大傘蓋及華麗的馬車不見了。

「接下來的這個禮拜，為了這場即將到來的搏鬥，我的心靈及身體有條不紊地準備著。從僕人那裡，我聽到了一些荒誕的流言。不知怎麼的，那位聖人告訴我父親的預言，被誇大後傳開了。很多單純的村民相信，有一個受到諸神詛咒的邪惡靈魂已經投胎轉世成了一隻老虎，晚上牠會變成各種形態的惡魔，但白天牠還是一隻有條紋的猛虎。這隻惡魔老虎就是要來教訓我的。

「另一個版本是說動物們向虎神祈禱，最終得到了雌雄王的回應。牠就是虎神用來懲罰我的工

2 雌雄王（Raja Begum），Raja意為王子，begum意為公主。如此稱呼是表示這頭野獸兼具公虎與母虎兇猛的特性。

具。一個沒有皮毛、沒有利齒的人竟然敢向筋骨強勁的老虎挑戰！村人們宣稱，所有被羞辱的老虎們所聚集的怨恨已經累積了足夠的能量，牠們將要擊倒這位狂妄的馴虎人。

「僕人還告訴我，作為比賽負責人的王子已經搭起了一座能遮風避雨的場地，可供數千人觀賞比賽之用。場地中央是一個巨大的鐵籠子，裡面關著雌雄王，外面環繞著安全室。雌雄王不停地發出一連串令人毛骨聳然的怒吼。為了激發牠的胃口，飼養員每天只餵牠很少的食物。也許王子希望我成為牠的餐點吧！

「爭相購票的人潮從城市和郊區湧入。比賽當天，好幾百人因為買不到票而被拒絕入內。許多人衝破帳棚的出入口，甚至在別人的座位下面趴著觀看。」

我隨著猛虎尊者的故事進入高潮而興奮起來，江迪也一語不發，顯然是入迷了。

「在雌雄王刺耳的吼叫和群眾的吵鬧聲中，我安靜地出場了。除了腰間繫的圍布，我沒有任何其他衣服保護。我打開了安全室的門栓，鎮靜地將它在我身後鎖回。聞到食物的氣味後，雌雄王閃電般地一躍而起，重擊在欄杆上，發出令人恐懼的怒吼。我猶如一隻待宰的羔羊，觀眾感到一種巨大的恐懼，一下子變得安靜無聲。

「一轉眼，我已經走進籠子了。當我猛然關上門時，雌雄王撲了上來。我的右手立刻被嚴重地撕裂開來。老虎最喜歡看到人類的血，此時我的血大量湧出。聖人的預言即將實現。

「我從未受過如此嚴重的傷害，不由得感到一陣震驚，但我很快又振作起來。將手上流的血抹在腰布上，左手揮出粉身碎骨的一拳。猛獸向後潰退，在籠子的後端轉身，又發狂似地向我撲過來。我巨大的拳頭如雨點般地痛擊在老虎的頭上。

「嘗到人血的滋味後，雌雄王變得像一個很久沒有喝到酒的酒鬼啜飲到第一口美酒一樣，夾雜著震耳欲聾的吼叫，這隻野獸的攻擊變得猛烈起來。此時我只有一隻手可用，但我發動了令人眩目的攻擊。我們兩個全身血跡斑斑，展開了一場生死搏鬥。籠子裡一片狼藉，鮮血濺得到處都是，雌雄王的喉嚨裡發出陣陣痛苦的吼叫。

「『殺死牠！』『殺死那隻老虎！』觀眾叫喊著。我鼓起所有的意志，兇猛地怒吼著，給了老虎最後致命的一擊。老虎倒了下去，躺著不動了。」

「像隻家貓！」我插口道。

尊者欣慰地笑了起來，然後繼續他的故事。

「雌雄王終於被打敗了。我用受傷的手，大膽地掰開牠的嘴巴。在那戲劇性的一刻，我把頭放進牠張開的嘴巴裡。我拉了一條鐵鍊圈住老虎的脖子，把牠綁在籠子的欄杆上，勝利地走向門口。

「但那老虎像是被魔鬼附身似的竟然還有力氣，令人難以置信地向我撲了過來，牠掙脫鐵鍊，跳到我的背上。我猛然地摔倒，肩膀靠近了牠的下顎。但轉瞬間，我把牠壓在下面，毫不留情地一陣痛打，直到這隻猛獸陷入了半昏迷狀態。這次我更加小心地把牠綁好，然後慢慢離開籠子。

「我發現自己處於一陣新的歡樂的騷動中。群眾的歡呼喝采聲好像從同一個巨大的喉嚨中發出來。雖然受了重傷，但我還是完成了三件事：打昏老虎、把牠拴住、自己清醒地離開籠子。

「傷口處理好之後，我受到尊崇的待遇並被套上了花環，數百片金子如雨般地落到我的腳下。整個城市陷入了節慶般的歡騰。人們到處都在討論我降服雌雄王的勝利。正如王子當初所承諾的，雌雄王成了我的私人財產，但我並不開心。當我最後離開籠子時，似乎也關上了自己世俗野心的大門。

「接著而來的是一段悲慘期。六個月的時間裡，我患上了毒血症，每天躺在死亡的邊緣。最終，當我復元到可以離開科奇比哈爾時，我回到了家鄉。

「『我知道那個給我明智警告的聖人將成為我的上師。』我謙卑地向父親承認，『但願我能找到他！』我的渴望很快得到答覆，聖人很快到來了。

「『馴夠老虎了吧，』他平靜地說道，『跟我來，我會教你如何降服在人類心靈叢林裡漫遊的無明野獸。你一向習慣有一群觀眾，現在讓一群天使做你的觀眾，享受令人振奮的瑜伽術吧！』

「就這樣，我神聖的上師正式引領我走上靈性之路。他開啟了我由於長久不用已經生鏽的靈魂之門。我們手牽著手，開始在喜瑪拉雅山的訓練。」

江迪和我拜倒在尊者的腳下，感謝他生動地講述了他傳奇的生平。我覺得在寒冷的客廳裡，我們的長久等待是值得的！

7 飄浮在空中的聖人

「昨晚在一個聚會上，我看到一位瑜伽行者飄浮在空中離地面幾英尺的地方。」我的朋友烏潘卓．摩宏．喬杜利告訴我。

我笑著說道。「是不是上環路上的巴篤利．瑪哈賽？」

烏潘卓點點頭，感覺有些失望，他本來是想在我面前炫耀一下的。認識我的人都知道我對聖人的興趣，他們也以能帶給我一些新消息為樂。

「這位瑜伽行者住的地方離我家很近，我經常去拜訪他。」我的話引起了烏潘卓的興趣，我接著說道：

「我看過他展現神通。他精通各種古代瑜伽八步功法中的能量控制調息法[1]，這種調息法在由帕坦伽利[2]編纂的古籍《瑜伽經》上有提到。有一次巴篤利．瑪哈賽在我面前示範風箱式呼吸法，力量驚人，房間裡就像刮起一場風暴！然後他停下了那雷電般的氣息，一動也不動地停留在超意識[3]的狀

1 調節呼吸來控制生命力的方式。
2 古代最早的瑜伽的闡說者。

態裡。」

「聽說這位聖人從來沒離開過家。」烏潘卓的語氣有些懷疑。

「千真萬確！過去二十年來，他一直待在屋子內。只有在聖典節慶時，他會稍微走動一下，但最遠也只是走到大門口的人行道上施捨乞丐們。」

「他如何能抗拒地心引力，停留在空中呢？」

「在練習某些調息法後，一個瑜伽行者的身體會失去它的粗重性，接著就會淩空浮起或像一隻青蛙般上下跳躍。即使那些沒正式練過瑜伽的聖人，一旦他們能極度地向神祈禱，也能飄浮在空中[4]。」

「我想多了解一些這位聖人的事情。你去參加他晚上的聚會嗎？」烏潘卓的眼睛裡充滿好奇。

「是的，我經常去。我非常喜歡他的幽默感。偶而我的大笑會破壞會場中莊嚴的氣氛，但聖人並不生氣，倒是他的弟子們會對我怒目而視！」

那天下午，在放學回家的路上，我經過巴篤利．瑪哈賽的修道院，決定去拜訪他。這位瑜伽行者並不公開會客。一名弟子待在樓下，守衛著他的上師。這名弟子是那種嚴格執行紀律的人，他問我有沒有預約。幸好他的上師及時露面，我才沒被拒於門外。

「穆昆達想來就讓他進來。」聖人的眼睛閃亮著，「我所定下的規矩不是為了我自己的舒適，而是為了其他人。世俗之人不喜歡坦率和正直，因為那會粉碎他們的假象。聖人不但稀有，而且常讓凡夫俗子覺得困窘，即便在經典裡，你也會發現，聖人常讓人發窘！」

我跟著巴篤利．瑪哈賽上到他頂樓簡樸的房間，在這裡很少有人會打擾他。

「偉大的聖人，您是我所知道的第一個一直待在屋子裡的瑜伽行者。」

「神有時會在意想不到的地方安置祂的聖人，免得我們會把神簡化成一條法則！」

聖人盤成蓮花座姿。雖然已經七十多歲了，但他沒顯出任何老態。他的身體硬朗而挺直，在各方面都很完美。他的臉像古書上所描述的先知：高貴的頭，滿臉鬍子，端正莊嚴，平靜的眼睛專注於無所不在的神。

聖人和我進入了禪定狀態，一個鐘頭之後，他柔和地喚起了我。

「看得出來，你經常進入寂靜，但你有沒有訓練阿奴哈瓦[5]？」他提醒我要愛神甚於愛打坐，「不要把手段當成目標。」

3 西方最早願意以科學的方式研究超意識心靈的可能性是法國的教授們。索邦心理協會的成員朱力斯－波伊西教授一九二八年在美國演講；他告訴聽眾，法國的科學家已經將認知連結至超意識，「它與佛洛依德所指的潛意識正好相反；它的功用是使人成為一個真正的人而不只是一隻超級的動物。」朱力斯－波伊西先生解釋高層次意識的覺醒「是不能與庫埃心理療法或催眠術相混淆的。哲學上長久以來就知道超意識心靈的存在，事實上也就是愛默森所提到的『超靈』，但一直到最近才被科學界所承認。」這位法國的科學家指出隨著超意識而來的是靈感、才華和道德觀。「儘管受到主張神祕主義的人的重視，但它絕不屬於神祕主義。」

4 聖女大德蘭及其他基督教的聖人也經常被看到飄浮在空中。

5 阿奴哈瓦意指真正地感知到上帝的境界。

他給了我一些芒果。我很喜歡他的幽默風趣。他說道：「一般人通常喜歡『吃瑜伽』（與食物合一）甚於『禪定瑜伽』（與神合一）。」

他的雙關語讓我捧腹大笑。

「你笑得真開心！」他的眼神閃爍著溫柔的親切。他的臉雖然嚴肅，但卻有著動人的微笑。那雙蓮花似的大眼睛裡隱含著天國的笑意。

「這些信件來自遙遠的美國。」聖人指著桌上幾個厚信封，「我一直在與一些團體通信，他們都對瑜伽很有興趣。他們比哥倫布更有方向感，能重新發現印度！我很樂意去幫助他們。瑜伽的知識就像無需修飾的日光，只要你願意，隨時都可以免費獲得它。

「先知體悟到，印度那些使人類解脫的本質同樣地適用於西方。不論是東方或西方，如果不實行某種有傳統的瑜伽，都無法興盛起來。」

聖人寧靜的眼神吸引著我。當時我並不知道他的話裡隱含著導引我的預言。一直到現在，當我寫下這些話時，我才完全了解到，他經常會給我一些看似隨意的暗示，比如說暗示有一天我將帶著印度的教導去美國。

「偉大的聖人，為了世界的福祉，我希望您能寫一本有關瑜伽的書。」

「我訓練弟子。他們以及他們的弟子們將會是活的書本，不會隨著時間的流逝而自然瓦解，並證實那些批評者的觀點是錯誤的。」巴篤利的風趣又讓我開懷大笑起來。

我陪著這位瑜伽行者直到晚上他的弟子到來。然後巴篤利．瑪哈賽開始他別具一格的演說，他的話語像一股和平的洪流，掃除了聽者心靈上的殘渣，向神奔流而去。他用完美無瑕的孟加拉語講述了一些讓人印象深刻的寓言。

那天晚上，巴篤利詳細解說了有關聖女密羅跋伊的哲學觀點。密羅跋伊是中世紀拉吉普塔納[6]的一位公主，她拋棄了皇宮的生活，想與聖人為伍。但因為她是女性，一位偉大的托缽僧拒絕收她為徒，結果她的回答反而使這位聖人謙卑地拜在她的腳下。

「告訴您，」她說，「除了神，我不知道宇宙中還有任何男性。在祂的面前，我們不都是一樣嗎？」

密羅跋伊寫了許多悟道的詩歌，至今仍被廣泛流傳。我在這裡翻譯了一篇，以饗讀者：

如果天天沐浴就能了悟神
我會迫不及待地成爲一隻深海的鯨魚；
如果啃樹根吃果子就能認識祂

6 印度拉賈斯坦在一九四九年以前的舊名為拉吉普塔納，意為「拉吉普特人的土地」。從七世紀開始，拉吉普特人成功的阻擋了來自中亞的穆斯林入侵，保全印度教的傳統及獨立。

「飄浮聖人」巴篤利．瑪哈賽

「偉大的聖人，」我請求道，「為了世界的福祉，我希望您能寫一本有關瑜伽的書。」他回答：「我訓練弟子。他們以及他們的弟子們將會是活的書本，不會隨著時間的流逝而自然瓦解，並證實那些批評者的觀點是錯誤的。」

我寧願做一隻羊；
如果數念珠就能發現祂
我會數個不停；
如果跪拜石像就能看到祂
我會謙卑地禮拜石山；
如果喝牛奶就能被神接受
許多小牛和小孩都會認識祂；
如果遠離妻子就能喚來神
成千上萬的人都要閹了？
密羅跋伊知道，要找到神聖的神
唯一的途徑就是播撒大愛。

幾個學生把錢放到巴篤利身旁的拖鞋裡。在印度的習俗裡，這種尊敬的供奉，代表弟子將他的物質財富放在上師腳下。

「上師，您真了不起！」一位正要告退的弟子熱切地注視著這位德高望重的聖人，「為了要尋求神並教導我們智慧，您捨棄了財富和舒適！」眾所周知，巴篤利・瑪哈賽從小就放棄了龐大的家族財產，一心一意地踏上了瑜伽之路。

「正好相反！」聖人有些不高興了，「為了宇宙王國無止盡的祝福，我只是離開幾個沒有價值的盧布及一些小樂趣。我哪有捨棄什麼？那算是犧牲嗎？只有短視的世俗凡夫才真正在捨棄寶貴的財富！他們放棄了天國無比的財富，只為了塵世間那些少得可憐的玩具！」

「神比任何保險公司都懂得安排我們的未來。」上師說道，「世界上到處都是缺乏外在安全感的信徒。他們的想法就像是他們額頭上的疤，每天都流露在外。事實上，從我們首次呼吸時就供給我們空氣和牛奶的神知道如何豢養祂的子民。」

我每天放學後都到聖人的居處朝聖學習。他默默地熱心幫我達到阿奴哈瓦的境界。終於有一天，他搬到拉摩洛路去了，離我古柏路上的家很遠。敬愛他的弟子為他蓋了一間新的修道院，名為「那旃陀精舍」。

在我啟程前往西方之前，我找到上師並謙卑地跪在他面前，請求他臨別的祝福。

「孩子，去美國吧！帶著古老印度的尊嚴作為你的盾牌。勝利寫在你的額頭上，遠方尊貴的人們將會完全接受你。」

8 大科學家博斯

「加格底斯．錢卓拉．博斯發明無線電的時間甚至早於義大利科學家馬可尼。」無意中聽到這句令人興奮的話後，我開始靠近人行道上一群忙著討論科學的教授們。

「先生，請問您剛才說的是怎麼一回事？」

那位教授耐心地解釋道：「博斯是世界上第一個發明無線電檢波器和顯示電波折射儀器的人。但印度科學家並沒有把這些發明商業化。所以很快地，博斯教授將他的注意力從無生命轉到有機世界。做為一名植物生理學家，他革命性的發現甚至超過了他在做一個物理學家時的卓越成就。」

他補充道：「這位大科學家是我在普省學院的同事。」

第二天我造訪這位賢人，他的住處離我古柏路上的家不遠。這位已經退休的植物學家親切地接待了我。他是一個五十多歲的人，英俊、健壯，有著濃密的頭髮，寬廣的額頭，以及夢想家們特有的若有所思的眼睛。他用詞精確，顯示了身為科學家多年養成的習慣。

「我最近才從西方考察回來。他們對我發明的那些顯示所有的生命都是不可分割[1]的精密儀器，表示出濃厚的興趣。一般的顯微鏡只放大到數千倍就能為生物科學帶來重大衝擊，而我發明的加強檢測儀[2]則可以放大至數千萬倍，可想而知，這種生長測量儀讓人們看到了不可限量的遠景。」

「先生，您用客觀的科學方式做了許多事，加速了東方與西方的結合。」

「我是在劍橋接受教育的。西方人要求對所有的理論都以謹慎的實驗來求證，這點非常值得讚揚！這樣的思想與我傳承自東方的內省能力相輔相成。將兩者結合在一起，我才能打破長久以來不能與自然界溝通的沮喪。哪怕是極端不相信植物有靈敏神經系統及各種不同感情生活的人，都無法否認我的加強檢測儀上曲線圖的證據。植物與動物一樣，也有愛、恨、歡喜、恐懼、滿足、痛苦、興奮、麻木以及無數適當的情感反應。」

「在您之前，全世界所有生命的獨特悸動似乎都只是富有詩意的想像，教授！我曾聽說一位聖人從來不摘花朵。『我應該掠奪玫瑰嗎？我怎能因我粗魯的搶奪而殘忍地破壞它的尊嚴呢？』您實際上證明了他這些富有同情心的話是有道理的！」

「詩人們直接親近真理，科學家們卻顯得很笨拙。你哪天到我實驗室來吧，看我加強檢測儀上顯示的證據。」

我充滿感激地接受了這個邀請，然後離開了。我後來聽說這位植物學家離開普省學院，打算在加爾各答成立研究中心。

博斯研究院開幕時，我主動去當義工。看到數以百計的熱心人士在屋內走動。我被這座新的藝術與靈性的象徵迷住了，它的大門是一個神殿百年的遺物。在蓮花[3]噴泉之後，有一座手持火炬的女性雕像。花園裡有一座小廟，供奉著超越現象界的本體[4]。沒有祭壇的擺設，讓人聯想到神是無形的。

博斯在這個盛大場合發表了致詞，樣子就像出自古代一位得到啟示的先知。

「今天這個機構不僅是一個實驗室，同時也是一座廟宇。在研究的過程中，我不知不覺地被引向物理和生理學的交界處。我很驚奇地發現，兩者之間的界線消失了，在生物界與無生物界的中間出現了交集點。一般人們認為，無機物是不會動的，但在眾多不同力量的作用下，它的確會顫動。

「金屬、植物和動物看起來都有一樣的反應。實際上，它們都會疲勞及消沉，也會復原及興奮，在死亡時也會停止對外界刺激做出反應。我對這個驚人的發現充滿了敬畏之情。我非常希望能在皇家協會面前宣布我的實驗成果。但如今的生理學家勸我將自己的發現局限在物理學上，不要侵犯他們的禁區。他們認為我無意中踏入了另一個不熟悉的領域，冒犯了西方科學的成規。

「神學上也存在著一個不自覺的偏見，就是將無知與信心混淆在一起。人們經常忘了神時時刻刻在以不斷演化的奧祕環繞著我們，同時也讓我們對一切產生懷疑，渴望了解。經過多年，我才發

---

1 「所有科學都是超越經驗的，不然就會消逝。植物學現在已經得到正確的理論——梵天（譯注：印度教中的造物主）的下凡，不久就會是自然歷史的教科書。」——愛默森。

2 加強（crescere），由拉丁字根而來，增加之義。加強檢測儀是一種用於測量植物生長的設備。博斯因加強檢測儀及其他的發明在一九一七年被冊封為爵士。

3 蓮花在印度古代是天國的象徵，它展開的花瓣代表了靈魂的擴展，出污泥而不染顯示了良好的靈性承諾。

4 本體，哲學名詞，意指不必用感官就能夠知識到的物體或事件。它與現象是兩個相對的名詞，是形上學中重要的議題。

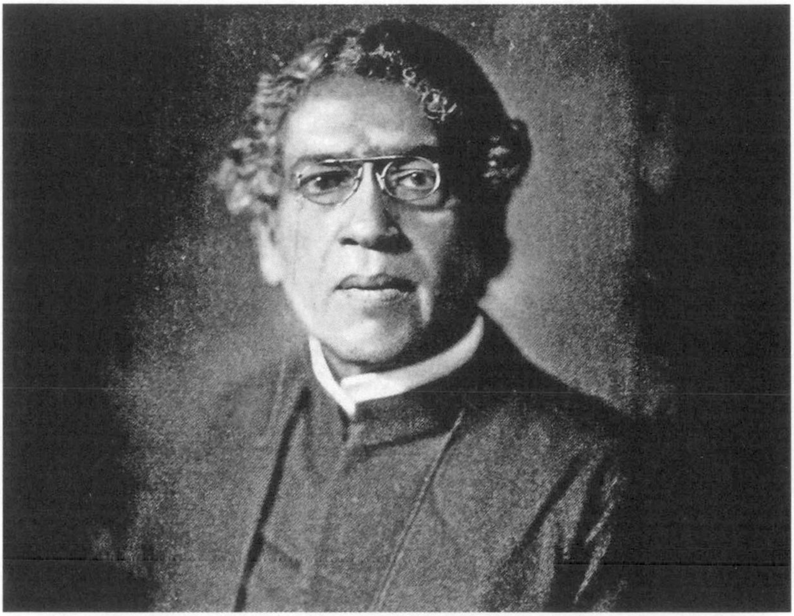

加格底斯・錢卓拉・博斯，印度偉大的物理學家、植物學家和加強檢測儀的發明者。

現，獻身科學的人不可避免地會陷入永無止境的掙扎。他的生命本來就是用來扮演成一個熱誠的奉獻者——一個視得失、成功和失敗為一體的人。

「世界上那些最先進的科學團體終將接受我的理論，並了解印度對世界科學界的重要貢獻[5]。小小的成就能滿足印度人的心靈嗎？傳統及再生的活力，經歷無數轉變，調整這塊土地。幾千年來，印度人總是放棄眼前吸引人的榮耀，尋求實踐生命中的最高理想——這種實踐不是被動地放棄，而是主動地奮鬥。拒絕競爭的弱者最終將一無所獲。只有奮鬥而且成功的人才能豐富這個世界，為世人獻上他勝利的果實。

「博斯實驗室在物質反應及植物生命現象上的發現，已經開啟了物理、生理、醫學、農業，甚至是心理學上新的領域。以往人們認為不能解決的問題，現在都成了可以實驗研究的物件。

「但沒有嚴密的精確性，我們就無法獲得高度的成功。因此在大廳進口處、陳列在架子上的，是

5 「目前，只有純粹的災難才會使美國大學生想到印度。八所大學（哈佛、耶魯、哥倫比亞、普林斯頓、約翰霍普金斯、賓夕法尼亞、芝加哥和加州）有梵文課程，但就我們所見到的，印度在歷史、哲學、藝術、政治學、社會學或其它有極大貢獻知識性的科系，實際上都沒有被代表到……。我們相信特別是在人文科學上，除非是由在印度受過適當訓練的專家來開課，否則沒有一所主要的大學能夠提供完全的教導。我們也相信每一所目標是訓練畢業生從事世上知識性工作的大學，必須有一個了解印度文明學術性的教師。」摘錄自賓夕法尼亞大學教授諾曼．布朗刊登在一九三九年五月美國學術協會《公報》上的一篇文章。這一期包含了超過一百頁的「印度研究基本的參考書日」。

我設計的長效型超靈敏度儀器。它們所要告訴你們的，就是一定要長時間地去努力看穿虛偽的表象，進入看不見的實相，用堅韌不拔的毅力和機智去克服人類的極限。所有富有創造力的科學家都知道，人的心靈才是真正的實驗室，在那裡，他們發現了幻象背後的真理。

「將來我們會在這些廳堂裡宣布新的發現，本院將定期發表研究成果，印度的這些貢獻會遍及全世界。它們將會變成公共財產，我們永遠不會申請任何專利。我們國家的精神要求我們，永遠不能只為個人的私利而使用知識。

「我希望，在可能的範圍內，所有國家的工作人員都可以使用本院的各種設施。在這方面，我試圖沿襲我們國家的傳統——正如兩千五百年前，印度古代的那爛陀和塔席拉大學歡迎世界各地的學者前來交流一樣。

「雖然科學是國際性的，不專屬於東方或西方，但印度特別適合做出偉大的貢獻[6]。印度人擁有強烈的想像力，可以從一堆互相矛盾的事物中挖掘出新的秩序，但同時又能保持巨大的耐心和克制。」

這位科學家的結論讓我熱淚盈眶，「耐心」不也正是印度的同義字嗎？

開幕後不久，我再度造訪這位偉大的植物學家，他記得自己的承諾，帶我走進他安靜的實驗室。

「我要將加強檢測儀接到蕨類植物上，放到極大的倍數，這種倍數會讓蝸牛爬行的速度看起來像是特快車！」

透過加強檢測儀，我看到這株植物生長得非常緩慢。科學家用一根小金屬棒碰觸蕨類植物的尖端，它的生長便突然停了下來，當棒子拿走後，它立刻恢復動人的生長韻律。

「你可以看到，任何輕微的外界干擾都會傷害到敏感的組織，」博斯說道，「看，我現在先給它加上哥羅芳麻藥，然後再給它解藥。」

哥羅芳加上後，一切生長活動都停止了下來，解藥使之重新啟動。整個過程比電影情節更令人著

---

6 物質的原子結構為古代印度教徒所熟知。印度哲學六大系統之一是勝論派，由梵文字根visesas而來，意為「原子個體」。勝論派最早的闡釋者之一是奧魯克亞（吃原子的人），也被稱為卡那達，大約生於二千八百年前。

一九三四年四月《東方與西方》的一篇文章中，對勝論派的科學知識進行了總結如下：「雖然近代的『原子理論』通常被認為是科學的新進展，其實卡那達——吃原子的人——在很久以前就對其進行了精彩的闡述。梵文anus可翻譯成「原子」——在希臘文的意思是「不可切割或不可分的」。勝論派在西元之前的其他科學論述包括：一、針對磁鐵的移動；二、植物體內水分的循環；三、惰性及沒有結構的乙太或醚是傳送細微力量的基礎；四、太陽是所有其他熱能形式的來源；五、熱是使分子改變的因素；六、地心引力的定律是由地球內部的原子固有的吸引力或向下的拉力所造成的；七、所有的能量本質上都是動態的；因果通常根源於能量的發散或是運動的重新分配；八、宇宙的解體乃是經由原子的瓦解；九、光和熱的輻射，是無限小的粒子以不能想像的速度向所有的方向射出（近代「宇宙射線」的理論）；十、時間和空間的相對性。

「勝論派將世界的起源歸於原子，它們在本質上是永恆的，即它們的終極特性。這些原子被認為是不停地振動著……最近發現原子是一個小型的太陽系，對古勝論派學者來說早就不是新聞了，他們還把最小的時間單位『卡拉』，描述為原子穿越其自身空間單位所花費的時間，從而把時間歸納成極限的數學觀念。」

迷。我的同伴博斯此時扮演壞人的角色，用尖銳的工具刺進了蕨類植物，植物痛苦地痙攣了一下。當他用剃刀穿過部分的莖時，植物也猛烈地顫動著，最後劃上死亡的標點，一動也不動了。

「最早我用哥羅芳麻醉成功地移植了一棵大樹。通常像這種森林大樹移植後會死得很快。」博斯開心笑著描述他拯救生命的策略，「由精密儀器顯示的曲線圖證明，樹也有循環系統，樹汁的移動相當於動物體內血液的循環。樹汁向上移動的現象，用一般機械學原理是無法解釋的。但如今這個問題已通過加強檢測儀解答出來了，根源來自於活細胞的活動。那是從一棵樹向下延伸的圓柱形管狀器官所發出的蠕動性波動！越深入地了解，我們就越會發現，這世界似乎有一個統一的計畫，連結著自然界的每一種形體。」

這位偉大的科學家指向另一台博斯儀器。

「我用一塊錫做實驗給你看。金屬對刺激也有反應。墨水的痕跡會記下各種不同的反應。」我全神貫注地觀察記錄原子結構特有的訊號波圖。當教授在那塊錫上加上哥羅芳後，振動停止了，接著，當金屬慢慢回復至常態時，振動又重新開始。隨後博斯又加了一種有毒的化學物質，結果那塊錫先是顫動個不停，最後在顫動結束的同時，筆尖也戲劇性地在圖上畫出一個死亡標記。

「博斯儀器告訴我們，剪刀和機器所用的不鏽鋼之類的金屬也會感到疲勞，但只要稍加休息它們便可恢復功效。如果對金屬通上電流或施以高壓，它的生命力就會受到重創，甚至完全失去生命力。」

我看著房間內無數的發明，它們說明了博斯教授的確是一位孜孜不倦的天才。

「先生，很可惜，大眾農業未能充分應用您的機器。用這些儀器檢測各種不同的肥料對植物生長的影響，這不是很簡單嗎？」

「沒錯，的確如此，未來的世代將廣泛地使用博斯儀器。科學家很少能在自己在世時收到回報，我只要享受創造的樂趣就夠了。」

我對這位勤奮的聖人表達了由衷的感激，然後離開了。「他那驚人的天才會不會有枯竭的時候呢？」我心裡想著。

但事實證明，幾年以後，他的創造力絲毫未減。他又發明了一種精細複雜的儀器「共振心臟儀」，並對印度無數的植物進行了廣泛的研究，發現了許多前人未知的新藥。心臟儀繪出的圖形精確度可達百分之一秒。共振紀錄儀可測量植物、動物和人類構造中極為微小的振動。這位偉大的植物學家預測，將來人們會用他的心臟儀來對植物進行活體解剖。

他指出，「植物能預示所有會在人類身上發生的事情。在植物身上做實驗，將大大有助於減輕人類的痛苦。」

幾年以後，博斯在植物學的創見被其他科學家證實了。《紐約時報》報導了哥倫比亞大學在一九三八年所做的研究：

「在過去幾年中，科學家們證實了，當神經在腦和身體其他部分之間傳遞資訊時，會產生微小的電流。這種電流可以用靈敏的檢測器測出並用現代的放大器放大至數百萬倍。直到現在，還沒有令人滿意的方法可以研究人體和活體動物體內沿著神經纖維移動的電流通道，因為它們傳播的速度太快了。

柯爾和柯帝士兩位博士發現，在金魚缸中常見的淡水長形單細胞的水藻，實際上很類似那些單一的神經纖維。他們更進一步發現：當水藻纖維受到刺激時，它所發出的電流在各方面（除速度外）都與人類及動物神經纖維發出的電流類似，只是植物比動物的神經電流要慢了許多。哥倫比亞大學的工作人員把握住這個發現，拍下電流在植物神經內移動的慢動作。」

這些水藻也許就像是羅塞達石（解釋古埃及象形文字的可靠線索），可以解釋人類心靈與物質之間被緊密看守著的祕密。

美妙的孟加拉詩人魯賓卓納斯．泰戈爾是博斯堅定的朋友，曾為他寫下如下的詩行：

哦，隱者，以古老的娑摩讚美詩
來呼喚你，「上升吧！覺醒吧！」
召喚那些狂妄之徒
從自負無益的爭論中走出來，
召喚那些愚蠢自誇之徒

超越這無限大地自然的表象，
召喚所有的學者，
一起圍繞你奉獻之火
讓他們聚集起來。
願我們印度，
回到她古老的土地
哦，再次回到不變的
責任、奉獻，
從虔誠冥思到入定，讓她再度處於
平靜、無欲、無爭、純潔，
重拾她往昔崇高的地位
成爲全世界的導師。

9 極樂的信奉者及其宇宙傳奇

「孩子啊，請坐好。我正在跟神母說話。」

我帶著敬畏的心靜靜地進入了瑪哈賽上師的房間。上師天使般的外表讓我讚歎不已。他的鬍子光滑而雪白，眼睛又大又明亮，他看來像是純潔的化身。上師微微揚起下巴，雙手交疊，顯然我第一次的造訪打擾了他的打坐。

他的歡迎辭雖然簡單，但所產生的影響力卻是到目前為止，我所經歷過最為猛烈的。我以為喪母之痛是所有苦難中最難以忍受的，但現在意識到與神母分離的巨大痛苦，對心靈而言，更是一種難以言喻的折磨。我嗚咽著哭倒在地上。

「孩子啊，平靜下來！」聖人同情地說。

我好像被遺棄在孤寂的汪洋中，他的腳就是我唯一的救生艇。

「神聖的先生啊，請代我祈求！請問神母，在祂的心裡，會不會給我任何的恩賜！」

上師沉默無語。

無庸置疑，我深信瑪哈賽上師正與宇宙神母深入地交談。即使是在這個時候，當瑪哈賽上師可以看到神母時，我的眼睛卻看不到，這實在是極大的羞辱。我厚著臉皮抓住上師的雙腳，一次又一次地懇求他代為祈求。

「我會將你的請求上達摯愛的神母。」上師微笑著同意了。

「先生，請記得您的承諾！我很快就會回來傾聽祂的訊息！」剛剛還在悲傷啜泣的我，現在聲音裡迴響著愉快的期待。

我走下長長的樓梯，完全淹沒在美好的回憶裡。這棟坐落在阿默斯特街五十號的房子曾經是我的家，是母親離世的地方，而現在卻成了瑪哈賽上師的住所。在這裡，我曾為突然失去母親而心碎。今天在此，我的心也因為見不到神母而被折磨著。

我急切地趕回位於古柏路的家。躲到我的小閣樓裡尋找安寧，我打坐到十點鐘。印度溫暖的黑夜突然被一個奇妙的景象照亮了。

神母站在我的面前，全身圍繞著神聖的光環，美麗的臉上帶著溫柔的微笑。

「我一直都在愛著你！我會永遠愛著你！」

天國的聲音蕩漾在空氣中，然後祂消失了。

第二天早晨，我迫不及待地再度去拜訪瑪哈賽上師。我爬到了他在四樓的房間。關著的門上，一件衣服掛在把手上，我覺得這說明聖人不希望受到干擾。當我站在那裡不知如何是好時，聖人打開了門，我跪在他神聖的腳下。出於好玩，我裝出一副嚴肅的臉孔，隱藏起內心的喜悅。

「先生，我來了，為了您的訊息。摯愛的神母有沒有說任何關於我的事呢？」

上師瑪哈賽。全神貫注於幸福的宇宙浪漫中。

「淘氣的小孩子！」

顯然，我的假裝並未影響到他。

「為什麼這麼神祕？難道聖人從不明講嗎？」我有點兒被激怒了。

「你一定要測試我嗎？」他平靜的眼神充滿了諒解，「難道昨晚十點你沒有看到美麗的神母嗎？」

我立刻再度拜倒在他的腳下，但這次我湧出的是歡喜的眼淚。

「你以為你的虔誠沒有感動那無限的慈悲嗎？你所敬愛的神以人類和天國的形態存在著，從來未曾忽略你被遺棄的哭求。」

這個單純的聖人是誰，他只對宇宙做了最小的請求，就得到了甜美的默許？在我所認識的人當中，他可說是最偉大謙卑的人了。瑪哈賽上師[1]在這阿默斯特街的房子裡開辦了一所小型的男子私塾。他從未斥責過任何學生，也不需要規則或戒尺去維持紀律。在這個不大的私塾裡，他傳播他透過靈性接觸的智慧，而非死板的教條。他一心純真地熱愛著神母，跟小孩一樣，不需要別人外在形式上的尊敬。

「我不是你的上師，你以後才會遇到他，」他告訴我，「通過他的引導，你對神的愛與虔誠將會

1 這是他通常被尊稱的頭銜。他的名字是瑪漢卓拉・納斯・柯塔；他簽名時只簽個「M」。

轉變成深不可測的智慧。」

每天傍晚，我都會前往阿默斯特街，以前我從不曾因尊敬而鞠躬致意，但是現在，哪怕只是踩在瑪哈賽上師走過的土地，我都覺得是無上的恩典。

一天晚上，我帶著一串花朵前往拜訪上師，「先生，請戴上這個我為您做的金香木花環。」但他害羞地拒絕了。最後察覺到我受到了傷害，他微笑著同意了。

「既然我們都是神母的信徒，你可以把花環戴在這身體的聖殿上，就好像是供奉給內在的祂。」他不允許一絲一毫的我執在他心裡生根。

「我們明天去被我上師聖化的達森斯瓦爾神廟。」瑪哈賽的上師是有如基督般的聖羅摩克里希那。

第二天早晨，我們坐船沿著恆河航行了四英里，最後來到有九個圓形屋頂的卡莉神廟內，神母和濕婆神的神像被安置在亮麗的銀雕蓮花上，上面有精雕細琢的千片花瓣。瑪哈賽上師高興地眉開眼笑，當他吟頌神母的聖名時，我不由得心花怒放。

隨後我們漫步於這個神聖的場地，駐足在紅荊樹下。這種樹會滲出特有的甘露，象徵著賜予瑪哈賽上師的天國食物。上師進行天國的祈禱，我動也不動地坐在圍繞著紅荊樹粉紅色羽狀花朵的草地上，感覺自己短暫地離開了身體，造訪天國。

這是我跟神聖的上師往後多次到達森斯瓦爾神廟朝聖的第一次。從他那裡，我學到神母慈悲甜美的一面。

有一天，當我看著上師在祈禱時，我突然深情地想道：「他可以作為天國的天使在人間樹立榜樣！」他用長久以來他所熟悉的純潔的眼光審視這個世界，不帶一絲的責備或批評。他的身體、心靈、言語及行為毫不費力地與他單純的心靈調和著。

一天晚上，上師和我手牽著手在他住家附近散步。一個充滿自負的熟人突然到來，他用無趣的冗言煩擾著我們。

「我發現你不喜歡這個人。」上師對我耳語道，但這個自大狂妄的傢伙根本沒有聽到，而是繼續他的長篇大論。上師說：「我跟神母說過這件事了，祂了解我們尷尬的困境。祂答應當我們到達那間紅房子時，就會提醒他還有更重要的事情。」

我開始盯著那個解救我們的地方，快要到達它紅色的大門時，這個人突然轉身離去，連再見都沒說。

還有一天，我單獨走近豪拉火車站。我在一座廟旁站了一下，旁邊有一小群敲著鐃鈸、打著鼓，激烈唱頌著聖歌的人，這讓我心裡感覺很是厭煩。

「他們只是機械式地不斷複誦神的聖名，這是多麼不虔敬啊！」我心裡想著，突然我看到瑪哈賽上師迅速地靠近。「先生，您怎麼會在這裡？」

聖人沒有理會我的問題，而是直接回答了我的想法：「孩子，無論任何人念誦神的名字，不管這人是無明或聰明的，聽起來都是甜美的，難道不是嗎？」他慈愛地環抱著我，我發現自己好像乘著他的魔毯到了慈悲之境。

「你要不要去看一些影片？」一天下午，瑪哈賽上師提出了這個問題，這讓我又驚又喜，當時印度「影片」的意思就是「電影」。我同意了。不論幹什麼，只要能跟他一起，我都很高興。我們輕快地走到加爾各答大學對面的花園。上師指著水池旁的一條長椅。

「我們在這裡坐幾分鐘。我的上師總是告誡我，只要看到一片廣闊的水域就要打坐。它的平靜讓我們想起神廣大無邊的寧靜。所有事物都可以被水反照出來，所以整個宇宙也映照在『宇宙心靈』的湖上。我的上師經常這麼說。」

之後，我們走進了大學裡一間正在進行演講的大廳。雖然幻燈片偶爾轉換個一兩次，但跟演講內容一樣地單調無聊。

「這就是上師要我看的？」我有些不耐煩了。

「孩子，我知道你不喜歡這個影片。我已經向神母提過了，祂十分同情我們兩個人。祂告訴我電燈現在會熄滅，等我們離開這裡後，它才會再亮起來。」

他剛說完，大廳陷入一片黑暗。教授刺耳的聲音安靜了下來，「大廳的電路系統看起來有問題。」在這個時候，瑪哈賽上師和我已經穿過了門檻。我回頭一望，演講廳的燈又亮了起來。

「孩子啊，很明顯，你不喜歡那部影片[2]，但我想你會喜歡另一種的。」聖人和我站在大學建築前面的人行道上，他輕拍我胸部靠近心臟的地方。

突然我感到一種有趣的寂靜。就好像如今有聲電影的揚聲器突然壞掉，變成無聲影片一樣，神用某種神奇的方式消除了塵世的喧擾。所有行人及經過的電車、汽車、牛車及鐵輪子的出租馬車都變得毫無聲音了。我好像長了千里眼一樣，可以輕易地看到萬事萬物後面及旁邊的景象。在加爾各答市這一小塊地區內所有活動的場景，都在我面前無聲地通過。

我的身體看起來只是眾多影子中的一個，不過當其他人輕快無聲地穿梭往來時，它是不動的。我的幾個朋友從我身邊經過，雖然他們直接看到我，卻沒有認出我來。

這個奇特的默劇讓我感到一種難以言喻的狂喜。我痛飲著極樂的泉源。突然之間，瑪哈賽上師在我胸前輕拍了一下，世界的喧鬧再度回到我的耳中。我像是從夢中被粗暴地喚醒。

「孩子啊，我看你喜歡這種影片。」聖人微笑著。我感激地正要跪倒在他面前時，他說道：「現在不能這樣，你知道神也在你的殿堂裡！我不會讓神母通過你的手碰觸我的雙腳！」

當我嘗試用貧乏的字彙描述他的仁慈時，我納悶瑪哈賽上師以及其他有洞察力的聖人們是否知道，多年以後，在西方的土地上，我會寫下他們作為天國虔信者的生活。

---

2 牛津英文字典將「bioscope」定義為：生活的景象、給予這種景象的東西。瑪哈賽上師在用字的選擇上特別適當。

10 遇見上師——聖尤地斯瓦爾

「神可以製造任何奇蹟，但卻也不能讓你不讀書就通過考試。」我十分不以為然地闔上這本我在空閒時拿起來看的閒書。

「作者顯然對神缺乏信心，」我想，「可憐的傢伙，他倒是很敬重熬夜苦讀的精神！」

我答應過父親要完成高中學業。但我顯然不是個用功的學生。過去幾個月的時間裡，我出現在加爾各答市郊區火葬場石階邊幽靜的地方的次數大大地超過了出現在教室裡的次數。郊區石階邊的火葬場在晚上十分陰森，但對瑜伽行者來說卻是個好地方——了悟不死本質的人是不會被幾個骷髏頭給嚇倒的。

高中畢業考快到了。口試的教室像一座墳場，在考生心中激起一種熟悉的恐懼感。我的心卻很平靜。我每天勇敢地從死亡中發掘了許多在課堂上學不到的知識。但我缺乏普拉納貝南達尊者的本事，無法同時出現在兩個地方。

「你好，穆昆達！這些日子來很少看到你啊！」一天下午，一位同學在古柏路上跟我打招呼。

「你好，南杜！是啊，我很少在學校出現，這顯然讓我陷入了麻煩。」看到他友善的眼神，我如釋重負。

南杜是一名好學生，他衷心地笑了起來——但我的處境，讓我一點都笑不出來。

「看來你完全沒有準備畢業考試！我想幫你！」

這些簡單的話語像是神的允諾，我欣然同意。他親切扼要地講述了他覺得老師可能會出的各種不同考題的答案。

「這些問題都是圈套，會使很多粗心的學生陷入試題的陷阱裡。記住我的答案，你就不會上當了。」

我離開時已經是深夜了。我的腦袋裡塞滿了許多半生不熟的考題和答案，我虔誠地禱告著，希望能記到接下來那幾個重要的日子。南杜輔導我準備了幾個不同科目的考試，但由於時間緊迫，他忘記了梵文課。神顯然疏忽了！

第二天早上，為了趕上考試時間，我決定抄小路前往考場，一邊走，我一邊隨著搖晃的腳步消化新的知識。在轉角的地方，我的目光落在了幾張散落在地上印有鬆散文字的紙上。我撿拾起來後，發現上面是一些梵文的詩句。我找到一個梵文專家修正我不甚流利的翻譯。他圓潤的聲音使空中充滿了古文優美的韻律[1]。

「這些詩句不可能對你的梵文考試有任何幫助。」梵文專家抱著懷疑的態度說道。

但事實上，這首特殊的詩篇卻使我在第二天通過了梵文的考試。多謝南杜的幫忙，我所有其他科目都剛好及格。

父親很高興我能遵守諾言結束高中的課程。我迅速向神表示了感激，是祂指引我遇見南杜，是祂指引我走上那條垃圾很多、平常我不會走的小路。祂兩次即時伸出援手拯救了我。

我瞄了先前提過的那本閒書，作者認為在考場沒有神的存在，我忍不住暗自發笑寫下評語：

「如果我告訴他，在火葬場禪定才是拿到高中文憑的捷徑，他一定不相信吧。」

現在我可以公開地計畫離家了。跟我在一起的還有一位名叫紀騰卓拉的朋友，我決定前往瓦拉納西的摩訶曼達拉修道院，並在那裡受戒。

自從母親死後，我對兩個弟弟薩南達和畢修的感情變得尤其溫柔。一天早晨，當我感覺自己要離開家時，突然感到巨大的悲傷。我衝到小閣樓的靜修處，淚如泉湧地哭了兩個小時，然後我覺得自己像被某種煉金術奇異地淨化了。所有感情上的執著[2]都消失了，我要尋找神的決心變得像花崗石般的堅定。我很快完成旅行前的準備工作。

「我只有最後一個請求。」當我在父親面前做臨別祝福時，他悲傷地說道，「不要忘記我和你悲傷的兄弟姊妹們。」

「敬愛的父親啊，我無法描述我是多麼地愛著您！但我更愛天父，是祂在塵世間給了我一個完美的父親。讓我走吧，有一天我會帶著更多神聖的領悟回來。」

徵得父親的同意後，我出發前往瓦拉納西，跟已經在修道院的紀騰卓拉會合。當我到達修道院時，年輕的院長第亞南達在門口迎接我。他身材高瘦，似乎總是在沉思，白晰的面孔有著佛陀般的平靜。

我很高興我的新家有一間閣樓，我可以在早晨和黃昏時刻待在那裡。修道院裡的學生不太懂得要經常打坐，他們覺得我應該將所有時間都用在修道院的組織工作上，所以他們很高興我下午到辦公室幫忙。

「不要那麼快就想見到神！」有一天，當我要提早離開去打坐時，一個同伴嘲弄地說道。我去找第亞南達，看到他正在他的小房間裡眺望恆河。

「可敬的師父，我不明白我在這裡必須修習些什麼。我的目的是直接了悟神。沒有祂，我不會加入僧團或遵守教律，這樣的活動根本不可能讓我滿足。」

身著赭色僧袍的院長溫柔地拍著我的肩膀，卻近乎斥責地告誡近旁的弟子們：「不要打擾穆昆達，終有一天他會了解我們的方式的。」

我禮貌地藏起了我的懷疑，其他學生們不服氣地鞠躬離開房間。第亞南達告訴我：

1 梵文（Sanskrita）意為「精練的、完全的」。梵文是印歐語言的老大姊，梵文的字母稱為達溫那加里，意思是「神的住所」。「誰知道我的文法就是知道上帝！」古印度偉大的哲學家帕尼尼是如此地讚譽梵文在數學和心理學上的完美性。一個人若是追究語文到它的根源時，事實上最後就能無所不知。

2 印度教的經典教導說，家庭的執著也是一種妄想，因為它阻礙了求道者追尋恩賜一切的神，不只是給予親人，更包括生命的本身。耶穌也同樣地教導說：「誰是我的母親？誰是我的弟兄？」（馬太福音12：48）

「穆昆達，我發現你父親有定期寄錢給你。請把錢退還給他，在這裡你不需要任何金錢。第二個指示是有關食物的。即使你餓了，也不要說要吃飯的事。」

我不知道當時自己是不是露出飢餓的眼神，但我很清楚，我的確餓了。修道院裡的第一餐飯永遠是在中午十二點。而我在家裡已經習慣在早上九點就吃一頓豐盛的早餐。

三個小時的差距使得日子更長了。在加爾各答，我可以因為廚子遲到十分鐘而責罵他，現在這樣的日子已經一去不復返了。現在我只能學會控制自己的食慾——有一天我進行二十四小時的斷食，隨後便加倍渴望第二天中午的到來。

「第亞南達的火車誤點了，我們要等他回來才能開飯。」紀騰卓拉帶給我這可怕的消息。為了表示對離開了兩個星期的師父的歡迎，我們準備了好多佳餚。空氣中充滿刺激食慾的香味。

「神啊，讓火車開快些吧！」然而神的注意力顯然轉向了別的地方。時鐘好像在跟我的肚子作對，慢吞吞地走了好幾個鐘頭。當我們的師父進到門內時，天色都已經暗下來了。我帶著一種真誠的喜悅迎接他。

「等第亞南達洗過澡靜坐完，我們再開飯。」紀騰卓拉再次像隻預兆不祥的烏靠近我。

我都要崩潰了。我那毫無飢餓經驗的胃，以陣痛表示抗議。我以往見過的饑民像鬼魂似的在我腦海浮現。

我想：「下一個瓦拉納西的餓死鬼馬上就要在這所修道院出現了。」餓死的命運在九點時改變，終於可以吃飯了。天國美味的召喚！那頓飯就像是我這一生中最完美的時刻。

儘管我當時全部心思都在食物上，但我還是發現第亞南達吃飯時竟然心不在焉。

「可敬的師父，您不餓嗎？」

「啊，是的！我最近這四天不吃不喝。我從不在充滿世俗之人混雜的火車上吃東西。我嚴格遵守聖典[3]上出家人需要遵守的戒律。

「此外，我還惦記著修道院一些組織工作上的問題，所以無法盡情享受今晚的晚餐。有什麼好急的？明天我再正常進食也不遲。」他愉快地笑道。

我頓時感到一種巨大的羞愧。但昨天的折磨可不是那麼容易忘記的，我大膽地問道。

「可敬的師父，我有些疑惑。假使我從不要求食物，也沒有任何人給我食物，難道我不會餓死嗎？」

「那麼就死吧！穆昆達，如果有必要，就死吧！永遠要靠神的力量，而不是食物來存活！每一種食物都是神創造的，是祂賜予我們食慾，當然祂也知道祂的子民們會得到足夠的支持！不要誤以為是

3 有關聖典，字義上是「神聖的書」，包含了四種經典：法典、傳承、往世書和密教經典。這些廣泛的論著包括了宗教及社會各個層面的生活以及法律、醫藥、建築、藝術等等；法典是「直接聽到」或「揭示」的經示典，如吠陀。傳承或是「被記住」的傳說是從遠古流傳，最後寫下來成為世界上最長的史詩，像《摩訶婆羅多》和《羅摩衍那》。往世書，意為「古老的」寓言。密教經典，意為「儀式」或「典禮」。這些經典在精微系統的面紗下，傳達了精深的真理。

稻米在養育你，更不要以為是金錢或其他人在支持你！如果神撤回你的氣息，那些東西還有什麼用？它們只是神間接的工具而已。穆昆達，揮起你那分辨智慧的劍吧！斬斷那些中介工具的鎖鏈，去察覺那單一的因緣吧。」

他的這段話讓我刻骨銘心。在那個時刻，我體驗到了精神足以充滿一切。在我往後不斷旅行的生活中，在無數個陌生的城市裡，我的經歷好幾次證明這堂在瓦拉納西修道院上的課是多麼有用！

我從加爾各答帶來的唯一寶物，是母親留傳給我的銀製護身符。守護它幾年後，現在我小心地把它藏在我修道院的房間裡。一天早上，由於想要重新得到我在護身符上感受到的歡樂，我打開上鎖的盒子——雖然封好的外表並沒有被動過，但護身符已不見了。我傷心地撕開外層的封套，確信無誤。它正如當初那位隱士所預言的，憑空消失。

我與第亞南達的弟子們的關係逐漸惡化。我一心求道，卻與他人格格不入，他們開始對我產生冷淡的態度。我嚴格堅持專心打坐，卻招來了他人的批評。

精神上的痛苦折磨著我，有一天黎明，我進入閣樓打坐，下定決心，一直要等到得到回答才會停止禱告。

「慈悲的宇宙之母啊，請祢親自教導我，或送一位上師來教導我！」

幾個小時過去了，我的懇求沒有得到回應。突然間，我覺得身體輕飄飄的，好像上升到了一個無限的領域。

「你的上師今天會來！」我聽到一個神聖的女性聲音跟我說。

這個超凡的體驗突然被一陣叫喊打斷了。一個年輕的名叫哈布的僧人在樓下的廚房叫我。

「穆昆達，打坐夠了吧！快下來，有事要做。」

換成是別的日子，我會很不耐煩。但現在我卻拭乾了臉上的眼淚，溫順地走下樓去。哈布和我一起前往瓦拉納西孟加拉區的市場。我們穿過身著色彩鮮豔服裝的家庭主婦、導遊、僧人、衣著簡陋的寡婦、莊嚴的婆羅門，以及無處不在的聖牛，經過一條不起眼的巷子。

一位穿著赭色僧袍的男子在巷子的另一頭站著，一動也不動。他看起來是那麼熟悉，彷彿見過。當下的懷疑開始困擾著我。

「你一定是把這位雲遊的僧人當成某人了。」我想，「別做白日夢了，繼續走吧。」

十分鐘之後，我覺得雙腳異常沉重，好像要變成石塊，再也無法前進。我費力地轉過身去，雙腳就恢復正常了。但當我再度轉向相反的方向前進時，這個奇怪的沉重感就又回來了。

「那位聖人正在吸引我去他那裡！」我心裡想著，並把我的包裹交給哈布。他看到我奇怪的舉止，忍不住大笑起來。

「你怎麼啦？瘋了嗎？」

我思緒混亂，沒做任何反駁，而是安靜地快步離開了。

一時間，我像裝了翅膀似的，順著原路折返，直到那條窄巷。我一眼看見那平靜的身影正穩定地注視著我的方向。我連忙上前幾步，拜倒在他的腳下。

「神聖的上師啊！[4]」這張面孔不是別人，正是我在上千次異象中看到的：獅子般的頭，寧靜的雙眼，尖尖的鬍子，平滑的頭髮。

「我的天啊！你到我這裡來了！」我的上師用孟加拉語一遍又一遍地說道，聲音充滿了喜悅。「多少年來，我一直在等著你！」

我們沉浸在合而為一的寧靜中，言語似乎是多餘的了。我感覺到我的上師知道神，並會帶我去祂那裡。這一世的昏昧消失在前世記憶的精細曙光中。多麼富有戲劇性的時刻啊！過去、現在和未來開始在我眼前不停地輪迴。

我的上師牽著我的手，帶我到他位於這個城市拉瑪哈區的臨時住所。他的身材彷彿運動員，邁著穩定的步伐。他此時大約五十五歲，身形高大、身材挺直、精力充沛，像年輕人一般活躍，一雙深色的眼睛蘊含著淵博的智慧，大而美麗，微捲的頭髮柔化了他的臉孔，散發出一種溫柔的氣息。

當我們走到一棟俯視恆河的房子的石頭走廊時，他深情地說：

「我將給你我的修道院，以及我所擁有的一切。」

「先生，我是為了智慧和接觸神而來。那些才是我所要追求的！」

此時夜幕早已降臨，上師的眼神充滿了深不可測的溫柔。

「我會給你我無條件的愛。」

多麼珍貴的話啊！一直到四分之一個世紀後，我才有機會再次聽到他的愛。上師不習慣表達感情，他那廣大無垠的心胸更加喜歡寂靜。

「你會給我同樣無條件的愛嗎？」他如孩子般地注視著我。

「我會永遠地愛著您，神聖的上師！」

「一般的愛是自私的，根植於慾望及滿足。而神聖的愛則是無條件的，沒有界限，永遠不變。」他又補充道，「如果任何時候，你發現我背棄了悟道的狀態，請讓我把頭依在你的膝蓋上，帶我回到我們兩個都崇敬的宇宙摯愛裡。」

天色逐漸暗下來，他起身帶我走進裡面的房間。我們一邊吃著芒果和杏仁的甜點，他一邊說出我的經歷，這不由得讓我對他的偉大智慧肅然起敬。

「不要為你的護身符難過了。它已經完成它的任務了。」

「上師，您的出現帶給我的喜悅超過了一切。」

「該是改變的時候了，你在修道院相當不快樂。」

「你應該回到加爾各答。既然你愛著眾生，為什麼要把你的親屬排除在外呢？」他的建議讓我感到沮喪。儘管我不太理會家人的請求，但他們還是希望我回家。「讓年輕的鳥兒

4 神聖的上師（Gurudeva），習慣上是對個人靈性導師的梵文稱呼；我在英文裡簡單譯為「上師」（Master）。

飛翔在形而上的天空，」阿南達提道，「他的翅膀很快就會感到疲乏。我們將會看到，他會猝然下降，收起他的翅膀，溫順地安定在家庭的窩中。」這個令人洩氣的比喻鮮明地印在我的心裡，我決心不要「猝然下降」了，不要回到加爾各答。

「先生，我不要回家。我要跟隨您四處遊歷。請給我您的大名和住址。」

「聖尤地斯瓦爾．吉利。我的修道院在塞蘭坡的南加特巷。我只是來這裡探望我的母親。」

神與祂的弟子間的遊戲真是讓我感到驚訝！塞蘭坡離加爾各答才不過十二英里，但我卻從來沒見過我的上師，卻是要旅行到古城瓦拉納西——釋迦牟尼佛、商羯羅[5]和其他瑜伽行者的腳步都踏上過這塊聖地——才遇見他。

「四個星期之內，你會來找我。」聖尤地斯瓦爾嚴肅地說道，「現在我已經告訴你，我永遠愛你，也表示了找到你的快樂，但你卻不聽從我的指示。下次我們再見面時，你必須重新喚起我對你的喜愛，否則我將不會接受你做我的弟子。你必須嚴格服從我的訓練，要做到完全臣服。」

我固執地沉默著。我的上師一眼看透了我的心思。

「你覺得你的家人會嘲笑你嗎？」

「我不想回去。」

「三十天內，你將回到家中。」

「絕不。」我恭敬地向他鞠了一躬，卻沒有試圖減輕爭論所產生的緊張，然後就轉身離開了。在午夜的黑暗中，我感到困惑，為什麼這奇蹟般的相遇最終竟會以爭辯收場。幻相的天平總是在以悲傷平衡著每一段喜悅！我年輕的心，還未經上師的收服與轉化。

第二天早上，我發現，修道院的人對我的敵意更重了。三個星期後，第亞南達離開修道院前往孟買去參加一個會議，其他人開始向我發起猛烈攻擊。

「穆昆達就是一隻寄生蟲，他受到了修道院的款待，卻沒有任何適當的回饋。」無意中聽到這段對話之後，我第一次後悔將錢還給父親，並心情沉重地去找我唯一的朋友紀騰卓拉。

「紀騰卓拉，我要離開了！等第亞南達回來時，請你轉達我對他的尊敬和歉意。」

「我也要離開了！我想在這裡打坐，但情況比你也好不到哪兒去。」紀騰卓拉說道。

「我已遇到一位像基督般的聖人，我們到塞蘭坡去找他吧。」

就這樣，「鳥兒」開始準備「猝然下降」，前往加爾各答了！

5 商羯羅生於西元七八八年，卒於八二〇年，短短三十二年的壽命，卻影響印度歷史超過千年。在婆羅門教過渡到印度教的轉型階段中，稱之為一代宗師當之無愧。

11 兩個身無分文的男孩

「穆昆達，就算父親取消你的繼承權，你也活該！你怎麼會蠢笨到要出家呢！」兄長斥責我。

紀騰卓拉和我走下火車，前往阿南達家去。阿南達在孟加拉—那格浦爾鐵路局擔任稽查會計，最近才從加爾各答調到古城阿格拉來。

「阿南達，你很清楚，我在向天父尋求我應當繼承的財產。」

「金錢是最重要的，神可以晚些來！誰知道呢？生命可能太長。」

「神第一，金錢只是祂的奴隸！誰又能告訴你呢？生命可能太短。」

我當時只是被迫反擊，並沒有任何預言的意思。但時間的流逝證明了阿南達的確很短命。幾年之後，他進入了金錢再也無用的國度。

「我想你這是從修道院學來的智慧吧！但我看到你已經離開瓦拉納西了。」阿南達顯得很滿意，他還是希望我成家立業。

「我在瓦拉納西的逗留並沒有白費！我找到了內心所渴望的每一樣東西！絕不是你那個梵文學者或他兒子！」

想起往事，阿南達跟我一起笑了起來。他承認他在瓦拉納西選的「天眼通」其實是個短視的人。

「我流浪的兄弟啊，你下一步計畫做什麼？」

「紀騰卓拉說服我到阿格拉來。我們將去欣賞泰姬瑪哈陵的美景。」我解釋道，「然後我們將到我新找到的上師那邊去，他的修道院在塞蘭坡。」

阿南達殷勤地款待我們。但晚上有幾次，我注意到他在盯著我，彷彿若有所思。

「我知道那種眼神！」我想，「他一定有什麼計畫！」

我們一大清早用餐時，一切真相大白。

「你覺得你可以完全不依靠父親的財富嗎？」阿南達的眼神看似毫無惡意，又提起昨日的話題。

「我知道我對神的依賴。」

「說得容易！到目前為止，父親一直都保護著你！想想看，如果你為著食物及庇護被迫去尋找那隻『看不見的手』，你將會遇到什麼樣的困境？你很快地就要在街上乞討了！」

「不可能！我對神抱有信心！除了乞討之外，祂會為祂的子民想出上千種生活來源！」

「真誇張！我倒想問你，你如何把你的哲學應用在俗世裡？」

「可以！你難道將神局限在想像的世界裡？」

「答案很快就見分曉。今天你將會有機會證明你的觀點！」阿南達停頓了一下，然後嚴肅地宣布道：

「我提議，今早把你和你的同修紀騰卓拉送到附近的布倫德本。你不能帶一毛錢，不可以乞討任何食物或金錢，不能對任何人洩露你們的困境，而且你們不能被困在布倫德本。如果今晚十二點以前，你能在不違反任何規則的情況下回到我這邊，我將會是阿格拉最驚訝的人。」

「我接受挑戰。」我的心裡沒有絲毫猶豫。以往那些神奇的經歷依次出現在我面前：拿希里．瑪哈賽的照片使我從霍亂中痊癒；與烏瑪在拉合爾屋頂上時，那兩個飄來的風箏變成我的禮物；在我沮喪時出現的護身符；在瓦拉納西，陌生聖人傳達的訊息；看到神母的異象，以及祂無上愛的言語，祂藉由瑪哈賽上師，即時注意到我微不足道的窘境；以及祂在緊要關頭指引我拿到高中文憑；還有最棒的是，指引我見到我夢寐以求的上師。我完全相信我的「哲學」能勝任這嚴酷世界的任何考驗！

「說到做到。我這就送你去火車站。」阿南達轉向驚呆的紀騰卓拉，「你也要去做見證人，並且很有可能淪為一名受害者。」

半個小時後，紀騰卓拉和我拿著單程車票。我們來到了車站的一個隱蔽的角落裡，阿南達搜遍了我們全身：除了必要的東西，我們沒有藏匿其他東西。

紀騰卓拉抗議道：「阿南達，為安全起見，請給我一兩個盧布，萬一有什麼差錯，我還可以發電報給你。」

「紀騰卓拉！」我出聲制止道，「如果你拿任何一毛錢，我就不會繼續進行這項考驗。」

「有些東西比叮噹響的銅幣更可靠。」紀騰卓拉看到我嚴厲地看著他，就不再說話了。

「穆昆達，我不是無情無義。」阿南達的聲音裡不知不覺地出現了謙卑的跡象。也許他覺得良心不安，因為他要送兩個身無分文的男孩到一個陌生的城市去，也可能是因為他自己對神有所懷疑。

「如果你成功地通過了布倫德本的考驗，我將拜你為師，做你的弟子。」

這個承諾顯然違反傳統的習俗。在印度的家庭中，長兄的地位僅次於父親，很少向弟妹低頭。但已經沒有任何時間發表評論了，我們的火車在這時候就要開動了。

火車行駛了好幾英里，紀騰卓拉一直沉浸在哀傷之中。最後他鼓起勇氣靠了過來，捏了我一把。

「我沒有看到神會提供給我們下一餐的跡象！」

「安靜點，懷疑主義者，神會和我們一起解決問題的。」

「你能不能請祂快點兒？我看我們就要餓死了。我離開瓦拉納西是要去看泰姬瑪哈陵，而不是去送死！」

「紀騰卓拉，振作點兒！難道我們連看到布倫德本聖地[1]的機會都沒有嗎？」只要想到踩在被聖主克里希納祝福過的土地，我的內心就充滿了極度的喜悅。

我們車廂的門被打開了，兩個人坐了下來。下一站就是最後一站了。

「年輕人，你們有朋友在布倫德本嗎？」坐在我對面的陌生人說道。

「不關你的事！」我無禮地移開了目光。

1 布倫德本在聯合省境內的馬特剌地區，是印度的耶路撒冷。在這裡克里希納聖主為了人類的福祉展示了祂的榮耀。

（從左到右）與我一起在布倫德本進行「身無分文」挑戰的同伴紀騰卓拉、我的堂兄、我的梵文導師凱巴南達（聖典之王），以及當時是個高中生的我。

「你們可能被『哈利』[2]迷住了，所以才離家出走。我也是有虔誠信仰的人。我想我有責任提供你們食物和地方，幫你們避免這無法忍受的酷熱。」

「不，先生，別管我們。你人很好，但是你錯了。」

接著我們就沒有再談下去，火車到站了，當紀騰卓拉和我下到月臺上時，我們偶遇的同伴拉著我們的手招來一輛出租馬車。

我們在一間莊嚴的修道院前下了車，修道院周圍是整理得很好的長青樹。我們的恩人顯然很熟悉這裡，一個微笑的少年直接帶領我們去了客廳。很快地，一位風度高雅的年長女性出來迎接我們。

「尊敬的格莉媽，王子不能前來了。」其中一位男士對修道院的女主人說道。「在即將出發的最後一刻，他們的計畫出了問題，他們向您致上最深的歉意。但我們帶來了另外兩位嘉賓。我們在火車上碰面，我被他們吸引住了，我相信他們是聖主克里希納的追隨者。」

「歡迎你們。」格莉媽慈母般地微笑著表示歡迎，「你們來得正是時候。我正準備接待兩位贊助這間修道院的皇室貴賓。如果我準備的佳餚沒人享用，那可就太讓人遺憾了！」

這些談話讓紀騰卓拉掉下淚來。他原本擔心會在布倫德本餓死，結果卻是受到皇家式的招待，這一切讓他有些不知所措。我們的女主人驚訝地看著他，但沒有說什麼，也許她已經習慣了眼前的這一

2　哈利是克里希納聖主的信徒對祂的暱稱。

幕了吧。

午飯時間到了。格莉媽帶著我們前往用餐的露臺，那裡香氣四溢，她走進鄰近的廚房裡。

我在紀騰卓拉身上選了一處適當的位置，就像他在火車上對我做的一樣，用力地回捏了一把。

「懷疑主義者，神的動作也很快！」

女主人拿著風扇走進來。當我們在華麗的毛毯上落坐時，她用印度人特有的方式替我們扇涼。修道院的弟子們進進出出，一共上了大約三十道菜。我只能用「奢華的盛宴」來形容這頓飯。紀騰卓拉和我自出生到這個世界上以來，從沒享用過如此豐盛的佳餚。

「真是皇家的待遇，可敬的媽媽！我很難想像您那皇室的贊助人為什麼沒來？難道還有比這場盛宴更緊急的事情？您的款待將讓我們終生回味無窮！」

由於阿南達的要求，我們無法向這位女士解釋我們為何如此感激，不過至少我們的誠意是很明顯的。最後，我們帶著她的祝福和再度拜訪修道院的邀請離去。

室外是無情的酷熱。紀騰卓拉和我走向修道院門口一棵雄偉的菩提樹下遮蔭。紀騰卓拉再度陷入擔憂，開始口出惡語。

「太糟糕了！剛才的午餐只是偶然的好運罷了！我們身上連一塊錢都沒有，怎麼參觀這個城市？還有，我們怎麼回到阿南達的家啊？」

「肚子才剛填飽，你就馬上忘記神了。」我責備道。人類對神的恩惠竟然如此健忘！

「跟你這樣魯莽的人一起冒險可真是太愚蠢了！」

「安靜點兒，紀騰卓拉！神剛餵飽我們，接下來祂會向我們展示布倫德本，並送我們回到阿格拉。」

一位瘦小但討人喜愛的年輕人快步走向我們，停在樹下向我鞠躬。

「親愛的朋友，您和您的同伴一定對這裡不熟，請容許我當您們的嚮導吧。」

一般來說，印度人的臉色幾乎不可能變成蒼白，但紀騰卓拉的臉色卻突然間變得有如生病般地蒼白。我婉拒了這項幫助。

「您不是在趕我走吧？」陌生人擔憂地說道。

「為什麼不？」

「您是我的上師。」他深信不移地看著我，「在中午禱告時，神聖的克里希納聖主在我的禪定中出現。祂向我顯示，就在這棵樹下，會坐著兩個孤獨的人。其中一個就是您，我的上師！我經常在打坐中看到您！如果您能接受我卑微的服侍，我將會感到無比快樂！」

「我也很高興你能找到我。神是不會遺棄我們的！」此刻我的內心早已投拜在神的腳下。

「親愛的朋友！要不要光臨我家呢？」

「你很好，但我們不能這麼做，因為我們已經在我阿格拉的兄弟家作客了。」

「至少讓我留下與您同遊布倫德本吧，這將是一段美好的回憶。」

我欣然同意。這位自稱是普拉塔波．查特吉的年輕人隨即招呼了一輛馬車。我們一起參觀了瑪丹那摩漢那神廟，以及其他祭拜克里希納的廟宇。當我們在聖殿祈禱時，夜色開始降臨。

「對不起，我去買一些甜餅。」普拉塔波走進一間靠近火車站的商店。紀騰卓拉和我沿著寬廣的街道繼續閒逛，街道現在較為涼爽，擠滿了人。我們的朋友消失了一段時間後，最後帶回來好多甜餅。

「請允許我廣結善緣，積積功德。」當普拉塔波拿出一疊鈔票和兩張剛買的到阿格拉的車票時，他笑了。

那「無形的手」讓我崇敬地接受了，祂的慷慨難道不是遠超過所需要的嗎？

我們在火車站附近找到一個隱密的地方。

「普拉塔波，我將指導你當代最偉大的瑜伽行者拿希里．瑪哈賽所傳授的克利亞瑜伽。這個法門將成為你的上師。」

半個小時內傳法結束。「克利亞就是你的寶石[3]，」我告訴這位新弟子，「這個法門看似簡單，卻包含了加速人類精神進化的技巧。印度經典上記載著，自我的肉體需要經過一百萬年才能從幻相中解脫出來。通過克利亞瑜伽，這段過程可以大幅地縮短。就像加格底斯．錢卓拉．博斯所展示的植物生長可加速到遠超過它正常的速度一樣，人類的心靈發展也可通過內在科學的方法加速。認真修習吧，你會接近所有上師們的上師。」

「我很高興終於找到了自己一直在追尋的瑜伽之鑰！」普拉塔波沉思道，「它解開了我感官的束縛，讓我更上一層樓。」

我們靜默著坐了一會兒，然後漫步走向車站。坐上火車時，我的內心充滿了喜悅，紀騰卓拉眼睛裡卻充滿了淚水。我充滿深情地向普拉塔波告別，卻不時被他們兩個忍不住的哭泣打斷。在旅程中，紀騰卓拉再度陷入悲痛之中。跟之前不同的是，他這次的悲痛是在責備自己。

「我是多麼地淺薄啊！將來我決不再懷疑神了！」

臨近午夜時，兩個身無分文被送出去的人走進阿南達的臥室。

「紀騰卓拉，說實話吧！」阿南達開玩笑地說道，「你們沒搶劫別人吧？」

當紀騰卓拉說完整個經過之後，阿南達變得嚴肅起來。

「這是我第一次了解到，你為什麼對貴重物品及世俗財富的累積毫無興趣。」

雖然已經很晚了，但阿南達仍然堅持要我傳授給他克利亞瑜伽。[4]

第二天上午，我對紀騰卓拉笑著說道：

「你還沒有看到泰姬瑪哈陵，讓我們在回塞蘭坡之前去參觀它吧。」

---

3 神話中的寶石具有實現願望的力量。

4 靈性的傳法（diksha），由梵文字根diksh而來，奉獻自我之意。

向阿南達道別後，紀騰卓拉和我很快來到泰姬瑪哈陵。它對稱地聳立著，白色大理石在陽光底下閃閃發亮。深綠色的柏樹，光滑的草坪，以及平靜的湖泊形成了完美的環境。它的內部非常精美，有鑲嵌著半寶石的花邊雕刻，精緻的花環和渦卷形裝飾複雜地浮現在褐色及紫色的大理石上。透過圓頂照射下來的光芒，落在沙賈汗君王和他的皇后慕塔芝．瑪哈的石碑像上。

參觀夠了，我很渴望見到我的上師。於是，紀騰卓拉和我就搭火車南下孟加拉。

「穆昆達，我有幾個月沒有看到家人了，我很想念他們，所以不跟你一起去塞蘭坡，也許以後我會再找機會去塞蘭坡拜訪你的上師。」

就這樣，我的朋友在加爾各答與我道別。我坐上當地的火車往北，很快地就到達了塞蘭坡。

自從在瓦拉納西見到我的上師後，二十八天過去了，一陣奇怪的悸動潛入我的心房。「四個星期之內，你會來找我。」現在我已經在這裡了，就站在他南加特巷的庭院內，心在狂跳。我第一次走進這所修道院，在這裡我將與印度的「智慧的化身」一起度過往後十年的美好時光。

12 與上師在修道院

「你來了。」聖尤地斯瓦爾在一間有陽臺、鋪著虎皮地毯的客廳接待我。他聲音冷淡，沒有感情。

「是的，親愛的上師，我是來追隨您的。」我跪下來觸碰他的腳。

「為什麼？你不是不理會我的指示嗎？」

「再也不會了，可敬的上師！您的旨意就是我的律法！」

「那就好！現在我將要擔負起你一生的責任。」

「上師，我很樂意將這個重擔轉移給您。」

「那麼我對你的第一個要求就是：回家去，進加爾各答大學，完成你的學業。」

「是的，上師。」我盡力掩飾著內心的驚愕。難道說，往後的幾年中，我還要被討厭的書本所糾纏？開始是父親，現在是聖尤地斯瓦爾！

「總有一天你會到西方去。如果你這位他們不熟悉的印度老師有大學學歷，他們的耳朵接受起古代印度的智慧，就來得比較容易。」

「您知道得最清楚，可敬的上師。」我不再沮喪了。雖然西方對我而言是遙遠而未知的，但這是我可以立刻服從上師，讓他高興的機會。

「你還在加爾各答附近，有空就可以過來我這裡。」

「上師，如果可能的話，我天天都想過來！我心懷感激地接受您對我生活中的每個細節進行監督——但有一個條件。」

「什麼條件？」

「您要承諾向我顯現神！」

接下來是整整一個鐘頭的熱烈爭論。一個上師的話是不會錯的，他的話不是隨便說的。事實上，一個上師在顯現造物主之前，與祂必定有著非常深入的關係！我意識到聖尤地斯瓦爾與天國是一體的。作為他的弟子，我一定要盡量利用這項優勢。

「你真會提要求！」上師的應允中帶著最終的慈悲：「讓你的意願成為我的意願吧。」

生平的陰影從我心中移除了，到處懵懵懂懂地探尋徹底結束了。我在一個真正的上師那裡找到了永恆的庇護。

「來，我帶你看看道場。」上師從虎皮墊子上站起來。我環顧四周，最後驚異的目光落在牆上一張被茉莉花環圍繞的照片上。

「拿希里．瑪哈賽！」

「是的，我天國的上師。」聖尤地斯瓦爾的聲音裡充滿虔敬：「無論作為一個人，還是一位瑜伽行者，他比任何我接觸過的老師都要偉大。」

我無聲地向這張熟悉的照片鞠躬致意。靈性的敬意迅速傳向了這位無與倫比的上師。他的祝福引領著我的腳步直到現在。

在上師的帶領下，我遊遍了整棟房子和整個庭院。這座修道院古老、寬敞而堅固，庭院的四周圍繞著粗大的柱子，外牆上布滿青苔，鴿子飛過灰色的屋頂，在這裡築巢。後院種滿了各種令人愉悅的植物：菠蘿蜜、芒果和香蕉樹。房子是一棟兩層建築，樓上房間的陽臺朝向庭院，三面圍著欄杆；樓下是一間高大寬敞的大廳，成列的柱子支撐著天花板。據上師說，每年杜爾加祭典[1]的節慶就在這裡舉辦。一條窄梯通到聖尤地斯瓦爾的起居室，室外的小陽臺朝著街道。總的來說，修道院布置簡樸，每樣東西都簡單、整潔而實用。

上師邀我過夜。兩位在修道院接受訓練的年輕弟子準備了咖哩素菜晚餐。

「可敬的上師，請給我講講您生平的故事。」我盤坐在離他的虎皮墊子不遠的草席上。天空的星星離我那麼近，好像就在陽臺上，伸手可及。

1 祭拜杜爾加是孟加拉一年當中主要的慶典，大約在九月底持續九天。緊接著是十天達商哈拉（移去十種罪惡的神——三種是身體上，三種是心靈上，四種是語言上）的節慶。兩種慶典都是獻給杜爾加的，字義是「難以達到的」，是神母的特性之一，沙克蒂為母性創造力的化身。

「我出生在塞蘭坡[2]，俗家的名字是普利亞．納斯．卡拉爾。我的父親是個有錢的商人。這棟祖傳的樓房就是他留給我的，現在成了我的修道院。我沒接受過多少學校教育，我覺得那些教育膚淺而無聊。早年我盡一家之主的義務，有一個女兒，現在已經結婚了。中年我有幸得到拿希里．瑪哈賽的指引。妻子死了以後，我加入了僧團，聖尤地斯瓦爾．吉利[3]成了我的法名。這就是我的簡單履歷。」

上師看著我渴望的臉，微笑著。他所講的就像傳記中描述的一樣，都只是外在的事情，沒有觸及內在的世界。

「可敬的上師，給我講講您童年的故事。」

「我會給你講幾則——每一則都有一個寓意！」聖尤地斯瓦爾講起這些引以為戒的故事時，眼神亮晶晶的：「有一次我母親指著一間黑房子，講裡面發生的可怕的鬼故事，想以此來嚇唬我。我馬上跑進黑房子，並且表達了我對沒有看到鬼的失望之情。從此以後，母親再也不向我說恐怖故事了。這個故事的寓意：直面恐懼，它就不再是你的障礙。

「另外一個童年記憶是：我看上了鄰居家一隻很醜的狗。為了得到那隻狗，我弄得家裡一連幾個星期都雞犬不寧，再討人喜歡的寵物都入不了我的眼睛。這個故事的寓意：執著是盲目的，它會為你慾求的東西籠罩上一層誘惑的光環。

「第三個故事是關於兒童心智的可塑性。我偶爾聽母親提到過，『當某個人在別人手下工作時，他就是一個奴隸。』這句話給我的印象如此根深蒂固，以至於到結婚後，我都拒絕接受任何職位，家庭的開銷都來自於我在土地上的投資。這故事的寓意：兒童的耳朵容易受影響，要給予正面的、肯定的建議。早期的信念會給他們留下長久而深遠的烙印。」

上師陷入了沉思。半夜時分，他安排我睡在一張狹窄的帆布床上。這是我在上師家度過的第一個晚上，我睡得又香又甜。

第二天早晨，聖尤地斯瓦爾將克利亞瑜伽傳法給我。雖然我已從拿希里．瑪哈賽的兩位弟子——我的父親和我的家庭教師凱巴南達尊者那兒學到了方法，但在上師面前，我還是感到了轉化的力量。通過他的接觸，一道強大的光進入了我的本質，就像無數個太陽的光芒匯聚在一起，難以形容如潮水般的喜樂淹沒了我內心最深處。這種奇妙的感覺一直延續到第三天，當我下定決心離開修道院時，已經是傍晚了。

「三十天內，你將回到家中。」當我回到加爾各答的家時，驀然想到上師的預言應驗了。還好親人沒有尖酸地提起我離家出走的事。

2 聖尤地斯瓦爾出生於一八五五年五月十日。

3 尤地斯瓦爾的意思是「與上帝合一」，吉利（Giri）是僧團十個宗派中的一個派別。Sri的意思是「神聖」，它不是名字而是一個尊稱的頭銜。

我爬上我的小閣樓，深情地看著我的房間，彷彿它是活生生的：「你看著我打坐，以及求道之路上經歷的風雨和淚水。現在我這艘小船已經駛入靈性上師的避風港了。」

「兒子，我為我們兩人感到高興。」晚上父親和我平靜地坐在一起，「我也曾奇蹟般地找到了上師，現在你和我一樣，找到了你的上師。拿希里·瑪哈賽神聖的手護衛著我們的生活。你的上師不是那些喜瑪拉雅山上遙不可及的聖人，他就在附近。我的禱告得到了回應：你不會為了追尋神而永遠離開我的視線。」

對於我繼續完成學業的決定，父親也很高興，他為我做了妥善的安排。第二天我就到加爾各答的蘇格蘭教會學院去報到了。

快樂的時光轉瞬即逝。聰明的讀者們一定已經猜到了：我很少出現在學校的教室裡。塞蘭坡的修道院對我有著無法抗拒的誘惑。上師看我隨時都在，並沒有批評我隨意蹺課。他很少提及學業，這讓我鬆了一口氣。很明顯，我從來沒打算做一個學者，不過我還是盡量讓成績勉強過關。

修道院的生活每天都風平浪靜，鮮少變動。上師在黎明前就醒來，有時躺著，有時坐在床上進入三摩地[4]。要知道上師是不是醒了很簡單：驚人的鼾聲[5]突然停止，接著是一兩聲的調息，有時身體再動一下，然後就進入無聲無息的境界中——他在享受深入瑜伽禪定的喜悅。

接下來，上師要做的不是吃早餐，而是到恆河邊長距離地散步。我也會一起去。直到現在，那段早晨與上師漫步的時光仍歷歷在目，讓我記憶猶新！我經常覺得自己彷彿還在他身旁。清晨的太陽溫暖著河水。他的聲音洪亮，蘊含著真理的能量。

洗過澡，該吃午餐了。每一天，年輕的弟子都要根據上師的指示小心地準備餐點。他是個素食者，不過在出家之前，他也吃蛋和魚。他勸學生依據個人體質，吃適合自己的、單純的食物。上師吃得很少，通常是米飯，澆上咖哩或甜菜汁、菠菜汁上色，再灑上少許酥油或是溶化的奶油。有時他也吃扁豆濃湯、乳酪或咖哩蔬菜。甜點通常是芒果或橘子加上大米布丁或是菠蘿蜜汁。

下午一般會有訪客。他們像一條穩定的溪流，由世俗的喧鬧注入修道院的寧靜中。上師對每個人都同樣地殷勤與仁慈。對於一個已經洞徹自己是無所不在的靈魂，不是肉身，不是自我，所有眾生都是平等的。

聖人根植於智能，不存有偏見。聖尤地斯瓦爾並沒有特別關照那些有勢力或有成就的人，也從不忽視那些窮人或文盲。他會尊敬地傾聽一個小孩的真話，而公開地忽略另一個自以為博學而自負的人。

晚上八點是晚餐時刻。如果有些訪客還沒有離開，那麼我的上師是不會單獨用餐的。沒有人會餓著肚子，或是沒有吃飽就離開修道院。即使有突如其來的訪客，聖尤地斯瓦爾也不會不知所措。在他

4 三摩地字義上是「導引在一起」。三摩地是一種超意識的極樂境界，瑜伽行者在此了悟心靈與聖靈的合一。

5 根據生理學家的說法，打鼾是表示徹底的放鬆。

我的上師聖尤地斯瓦爾，他是拿希里．瑪哈賽的弟子。

的指示下，一丁點的食物也能變成一桌宴席。然而他是節儉的，讓有限的金錢也能夠用上很長的時間。「在你的限度內量力而為，」他常說：「奢侈只會為你帶來不適。」不論是在修道院招待訪客的細節上，建築物的修繕上，還是其他與實際相關的事物上，上師都極具創意。

安靜的夜晚通常是上師的開示時間——那是弟子們永恆的寶藏。他說的每一句話都是經過慎重考量和琢磨的，充滿了智慧的能量。他表達的方式非常獨特，顯現出崇高的自信。在我的經驗中，他說出的話是從未有人說過的，他的思想在傳達出來之前，都已經在精細的天平上衡量過。我總覺得自己面對的是一個活生生的神的代表。他那來自神性的影響力使我不由自主地低下頭去。

在弟子或訪客面前，聖尤地斯瓦爾不會裝腔作勢地炫耀內在的禪定。他一直都與神合而為一，不需要特意找時間與神溝通。「結了果，花就落了。」因此，一個自我了悟的上師是不太需要禪定的。不過，為了鼓勵弟子們，聖人們還是會經常堅持禪修。

快到午夜時，上師會像孩子似的打個盹。他不需要特別鋪床，甚至經常連枕頭都沒有，就躺在虎皮座墊後面的一張狹窄的沙發椅上。

徹夜進行哲學探討也是常有的事——任何一個懷著強烈的興趣請求他指點的弟子，他都予以滿足。那時的我毫無倦意，也不想睡覺，光是聽上師生動的話就足夠了。「喔，天亮了！我們到恆河邊去散步吧。」許多個通宵的教導都是這樣結束的。

在我與聖尤地斯瓦爾最初幾個月的相處中，一堂關於「如何騙過蚊子」的講課堪稱高潮。在家裡，我們晚上都使用蚊帳，而塞蘭坡的修道院卻並不遵循這個習俗。於是，我被叮得從頭到腳都是包，上師很同情我。

「給你自己買一頂蚊帳，也給我買一頂。」他笑著補充道：「如果你只為自己買一頂，那麼所有的蚊子都會向我飛來！」

我感激不盡地遵從了。從那以後，在塞蘭坡睡覺的每個晚上，上師都會要求我準備好蚊帳。

有一天晚上，蚊子特別兇悍，但上師並沒有發出他慣常的指示。我惴惴不安地聽著嗡嗡作響的飛蚊聲。半小時之後，我故意咳嗽，企圖引起上師的注意。我想我被叮得快要抓狂了，而蚊子們慶祝嗜血儀式的嗡嗡聲更是讓我受不了。

上師沒有任何反應。這是我第一次在瑜伽的禪定中觀察他。我小心翼翼地接近他，發現他沒有呼吸。我驚訝不已。

「他的心臟一定停止跳動了！」我將一面鏡子放在他的鼻子下，沒有發現任何顯示呼吸的氣息。為了再次確認，我用手指捂住他的鼻子和嘴巴。幾分鐘過去了，他身體冰涼，紋風不動。在一陣迷亂中，我衝到門口準備請求援助。

「哦！一個剛出道的實驗主義者！我可憐的鼻子！」上師的聲音裡夾雜著笑聲，「你為什麼不上床去睡？你指望整個世界為你改變嗎？先改變你自己：在心裡去除蚊子的意念。」

我順從地回到了床上。果然，沒有一隻蚊子敢貿然靠近我。我終於明白：先前上師同意使用蚊帳只是為了讓我高興，他根本不怕蚊子。瑜伽的力量可以使蚊子不叮他，或者說，他會進入不受傷害的內在。

「他給我上了一課。」我想，「那是我必須努力去達到的瑜伽境界。」一個瑜伽行者必須能夠超越自己，進入並停留在超意識裡。不管這個世界存在多少令人分心的事，比如蚊子的嗡嗡作響，或是彌漫著的刺眼的日光，通過感官存在的表徵必須被阻斷。此後，比被放逐到伊甸園還要美麗的體驗就會進來[6]。

早期我在修道院的另一堂課也是蚊子給我上的——多麼具有教育意義的蚊子。在一個溫和的黃昏，上師正在以無與倫比的方式闡釋古代的聖典。我在他的腳下，正處於全然的平靜中。這時，一隻魯莽的蚊子闖入這田園般的景色，吸引了我的注意。當它將有毒的刺叮入我的大腿時，我自然地舉起了復仇之手。然而，「死刑」並沒有立即執行，帕坦伽利瑜伽的警句之一——「不殺生」（無惡意）適時地出現在我的腦海裡。

「你為什麼不打它？」

「上師！難道您主張殺生嗎？」

6　瑜伽行者無所不在的力量，藉此他不用感官就能看到、聽到、嘗到、聞到、感覺到他與造物主同為一體，在《泰提瑞亞森林書》中形容如下：「瞎子在珍珠上穿洞；沒有手指頭的人穿過一條線；沒有脖子的人戴上它；沒有舌頭的人讚美它。」

「不！不過，那致命的打擊已侵襲了你的心靈。」

「我不明白。」

「帕坦伽利的意思是完全除去殺生的念頭。」在聖尤地斯瓦爾的面前，我的意識一目了然，如同一本翻開的書。「在這個世界上，不殺生的行為執行起來並不是那麼容易。人類也許被迫要去消滅有害的生物，但絕不是被迫感到憤怒或仇恨的。所有生命形式都有著同樣的生存權利。揭開造物者奧祕的聖人可以和無數令人迷惑的物種和諧地共存著。這是所有已經抑制住內在毀滅情緒的人都了解的。」

「可敬的上師，一個人應該犧牲自己而不殺一隻野獸嗎？」

「不！人的身體是很寶貴的。我們有獨特的頭腦和脊髓中心，具有最高的進化價值。這也使得那些高等的虔信者可以完全掌握及表達神最崇高的一面。任何次等的生命形式都沒有如此的結構。如果一個人被迫去殺死一隻動物或其他生物，的確會招致微小的業障，不過根據吠陀經的教導：隨便損傷人類的肉體是一種很嚴重且違反業力果報的罪過。」

我鬆了一口氣；人類自然的本能並不是隨時都能在經典上找到支持的。

我從來沒有看過上師接近一隻豹或老虎，但有一次，一條致命的眼鏡蛇面對著他，結果被他的愛給征服了。在印度，這種蛇令人聞風喪膽，平均每年有五千多人遭受牠的襲擊而死亡。這次驚險的遭遇發生在普里，在那裡，聖尤地斯瓦爾有另外一座修道院，就坐落在孟加拉灣附近。聖尤地斯瓦爾晚期的年輕弟子普羅富拉那時正跟上師在一起。

「我們坐在修道院附近的戶外，」普羅富拉告訴我：「一條眼鏡蛇在附近出現了。牠足足有四英尺長，非常嚇人。牠憤怒地抬著頭，飛快地向我們爬行過來。上師就像面對小孩似的，低聲輕笑著。我既驚愕又興奮地看著上師有節奏地拍手[7]——他在歡迎這位令人喪膽的訪客！我保持絕對的安靜，心裡熱切地進行著所有我能進行的禱告。那隻飛快地接近我和上師的眼鏡蛇突然一動也不動，好像被他親切的態度給迷住了。只見牠可怕的頭逐漸低下去，滑溜過上師的腳間，消失在灌木叢中。」

「為什麼上師要拍手？為什麼那隻眼鏡蛇沒有攻擊他？對那時的我而言，這些問題是難以理解的，」普羅富拉總結道：「從那時起，我了解到我靈性的上師已經超越了會受到任何生物傷害的恐懼。」

那是我到修道院的前幾個月，一天下午，我發現聖尤地斯瓦爾正用銳利的目光凝視著我。

「穆昆達，你太瘦了。」

他說中了要害。我雙眼深陷，外表衰弱，可我不是故意要這樣。在加爾各答家中成堆的補藥可以證實這一點。不過，沒有一種補藥有效，我從小就消化不良。偶而我對自己身體的絕望會達到頂點，我問自己：一個病懨懨的身體是否值得我繼續此生？

---

7 眼鏡蛇會在牠的範圍內，迅速地攻擊任何移動的物體。通常完全靜止不動，才是唯一安全的希望。

「醫藥有它的限制，而生命的創造力卻沒有。要相信自己，你將會健康又強壯。」

聖尤地斯瓦爾的話激起了我的勇氣，那是許多被我厭倦了的治療師都不能在我身上召喚起來的。日子一天天過去，我真的胖起來了。在上師不動聲色的祝福下，兩個星期之後，我的體重就增加到一個令人鼓舞的數字，那是我過去再怎麼努力也無法做到的。我的慢性腸胃病永久地消失了。在後來的日子裡，我還有幸見證到上師對許多惡性疾病，比如結核病、糖尿病、癲癇、麻痹等的瞬間治癒能力。我想沒有人比我更感激他的治療了，是他讓我從如屍體般憔悴的狀態下突然解脫出來。

「幾年前，我也很想增加一些體重。」聖尤地斯瓦爾告訴我：「我生了一場大病，在恢復期裡，我到瓦拉納西造訪了拿希里・瑪哈賽。

「我說：『先生，我先前病得很厲害，體重掉了好幾磅。』

「他回答我：『我知道，尤地斯瓦爾[8]，是你讓自己有病的，現在你又覺得自己很單薄。』

「這個回答是我當初完全沒有預料到的。不過我的上師鼓勵我說：『讓我看看，我相信你明天就會覺得好多了。』

「我的內心是樂於接受暗示的，我認為他的話裡隱含著痊癒的示意。第二天早上，我愉快地發現自己果然有了力氣。我去找我的上師，欣喜地叫著：『上師，我今天覺得好多了。』

「『真的！是你鼓舞你自己的。』

「『不，上師！』我抗議道：『是您幫助了我。幾個星期以來，這是我第一次有點力氣。』

「『哦，是的！你的病的確很嚴重，你的身體還是相當衰弱的。誰知道明天會變得怎樣？』

「衰弱可能會復發的想法令我不寒而慄。第三天早晨，我幾乎沒有辦法把自己拖到拿希里．瑪哈賽的家。

「『上師！我又病了。』

「我上師帶著揶揄的眼神說：『哦！你又讓自己感到不適了。』

「『靈性的導師，我現在知道了你每天都在嘲弄我。』我不耐煩地說：『我不明白，為什麼你不相信我的真實感受呢？』

「『實際上，是你的想法讓你覺得虛弱或強壯。』上師充滿感情地看著我說：『你看到你的健康是如何準確地吻合著你的期望。思想是一種力量，就像電力或重力。人類的心靈是神全能意識的表現。我能讓你看到：只要你強大而有力的心靈堅信不疑，無論什麼事都能即刻發生。』

「我知道拿希里．瑪哈賽從不說假話，於是感激而敬畏地問他：『上師，如果我認為我沒事並會恢復先前的體重，那也會發生嗎？』

「『一定會的，即使是在這個時刻。』我的上師嚴肅地說著，凝視著我的眼睛。

8 拿希里．瑪哈賽事實上是叫上師的俗名普利亞，而不是法名「尤地斯瓦爾」（我的上師並未在拿希里．瑪哈賽在世的時候接受此法名）。在本書都以「尤地斯瓦爾」稱之，以免引起讀者的困惑。

「那時，我覺得自己不僅是力氣，就連體重都增加了。拿希里．瑪哈賽不再說話。我在他身旁待了幾個小時之後，就回到了瓦拉納西我母親的家。

「『我的兒子！怎麼回事？你是不是水腫了？』母親不敢相信她的眼睛：我的身體已經回復到像生病以前一樣強健。

「我稱了體重，發現在一天之內，我竟然增加了五十磅。那些看過我骨瘦如柴樣子的朋友和舊識們，都被我現在的樣子嚇呆了。因為這個奇蹟，一些人真的改變了他們的生活形態，並成為拿希里．瑪哈賽的弟子。

「從此，我領悟到我靈性的上師，他明白這個世界只是造物主一個客觀的夢。拿希里．瑪哈賽清楚地知道：自己已經與『神聖的夢想家』合而為一，所以宇宙在他的視野裡可以物質化、非物質化（使東西消失），或者是進行他所希望的任何改變現象界的原子排列。[9]

「所有的創造都在法則的統治之下。」聖尤地斯瓦爾總結道：「那些表現在宇宙外部的、被科學家們發現的法則，統稱為自然法則，此外還有支配著意識領域的、只能從內在瑜伽科學來了解的更精細的法則。隱藏在精神層面內的事物，也有它們自己自然且合於法則的運行方式。物體真正的本質是被那些完全自我了悟的大師們而不是被自然科學家們發現的。正因為如此，基督的僕人雖然被他的一個弟子切掉了耳朵，但仍然被基督恢復了。」[10]

聖尤地斯瓦爾是一個無與倫比的經典闡釋者。我許多最快樂的回憶都來自於他的論述。不過他珍貴的思想不會白白扔在愚蠢或心不在焉的灰燼裡。我的一個煩躁的動作或些微的分神，都足以讓上師的講述突然停止。

「你心不在這裡。」一天下午，上師中斷他的解說，並指出我的問題。像往常一樣，他可以精確地追蹤我的注意力。

「可敬的上師！」我的語調中帶著抗議：「我沒有分心，我的眼皮也沒有動，我能覆述您剛才所說的每一個字！」

「不管怎麼樣，你沒有完全專心。你在心裡創造出三個建築物：一個在平原上，森林中的靜修場地；另一個在山頂上；第三個在海邊。」

事實上，那些模糊的想法幾乎是在潛意識中形成的。我歉疚地看著他。

「對這樣的上師我能做什麼？他可以看穿我隨意的冥想。」

「是你授予我這個權利的。如果你沒有全神貫注，就無法領會我詳細解釋的微妙真理。除非必要，我不會侵入別人內心的世界。人類天生就有這樣的權利，可以隱密地漫遊在自己的思想裡。未受

9 「因此我對你們說，凡你們所想要的，當你禱告時，只要信是得著的，就必得著。」（馬可福音11：24）擁有天國體驗的大師們能夠完全轉移他們的體悟給資深的弟子，就像拿希里・瑪哈賽在此種情況下為聖尤地斯瓦爾所做的一樣。

10 「內中有一個人把大祭司的僕人砍了一刀，削掉了他的右耳。耶穌說：『到了這個地步，由他們吧！』就摸那人的耳朵，把他治好了。」（路加福音22：50-51）

請求的神不會入內，我也不會貿然闖入。」

「您永遠都是受歡迎的，上師！」

「你那些建築物的夢想日後會實現，現在是學習的時間！」

在這樣的不經意中，上師以他簡明的方式透露了我生命中即將發生的三件大事。早在青少年時期，我就常常看到三棟分別位於不同背景中的建築物，對此我自己也難以理解。後來，這些影像全都一一實現了，而且順序與聖尤地斯瓦爾指出的順序完全吻合：第一個實現的是我在蘭契的平原上創立的一所男孩的瑜伽學校；第二個是坐落在洛杉磯山頂上的美國總部；最後是一間位於南加州的修道院，鄰近浩瀚的太平洋。

我的上師從不自大地聲稱：「據我預測，怎樣怎樣的事情將會發生！」他寧可採用暗示的方法：「你不認為這有可能會發生嗎？」然而，他簡單的言詞中蘊藏著預言的力量，我也從來沒發現他輕描淡寫的語言有哪一句是不正確的。

聖尤地斯瓦爾的態度是有所保留而講求實際的。有些人卻對他抱著不切實際甚至愚蠢的幻想。他的腳穩固地踏在大地上，他的頭在天國的避風港中。他也讚揚講求實際的人：「神聖不是啞口無言！神性的領悟不會使人無能！良好的行為會產生最敏銳的智慧。」

從上師的生活裡，我徹底領悟到了精神實際主義與隱晦神祕主義之間的分歧，儘管從外表上看，它們偽裝得像是一體兩面。我的上師不願意對超物質世界的領域多加談論。他「非凡的」光環只是他

洛杉磯華盛頓山的自悟會美國總部，成立於一九二五年。

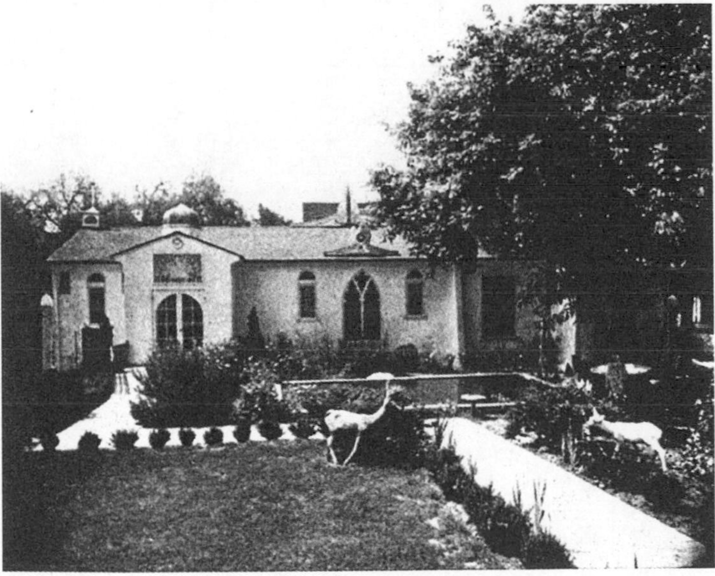

加州好萊塢的全信仰自悟堂。

完美單純的表現之一。在談話中，他很少引用驚人的證據；在行動上，他直率地表現出來。其他人談論著奇蹟，但拿不出任何東西，聖尤地斯瓦爾鮮少提及這類細微的法則，卻在隨心所欲、隱密地操作著。

「悟道的人不會輕易展現任何奇蹟，除非得到內在的應允。」上師解釋道：「神不希望祂創造的奧祕被隨便地揭示出來[11]。再者，世界上每一個個體都有他的自由意志，不能被隨意奪取。一個聖人不會侵犯這種獨立性。」

聖尤地斯瓦爾習以為常的靜默來自於他對無限深入的領悟，只有未曾真正開悟的導師才會整天忙於沒完沒了的「顯示」神蹟。「在淺薄之人的心胸裡，有一點想法就能像小魚般激起騷亂；在有如大海的心靈裡，就算鯨魚般的靈思，也幾乎不會激起絲毫的波浪。」這句印度的經典諺語明顯帶著洞察性的幽默。

由於我的上師的外在不引人注目，因此同時代只有少數的人才知道他的超凡。俗諺「不能隱藏智慧的人是個傻子」絕不適用於聖尤地斯瓦爾。雖然他像其他人一樣，出生為人，卻已達到了主宰時空的境界。從他的生活中，我察覺到神般的一統性，那是一種天人合一的境界。在那裡，他沒有克服不了的障礙。我還了解到：若不是人類心靈的怠惰，這種阻礙本來是不會存在的。

每次碰觸到聖尤地斯瓦爾神聖的腳，我總會深受感動。瑜伽中有教導：一個弟子在與上師虔誠地接觸時，他的心靈會受到吸引，產生細微的能量交流。虔信者在腦海中的不良習慣機制將就此焚毀，世俗傾向的思維勢必會受到有益的擾動，至少他還可以短暫地察覺到幻相的神祕面紗被揭開，瞥見極樂的真實性。每當我用印度的禮俗跪在上師面前時，整個身體就微微地散發出如釋重負的光芒。

「即使拿希里．瑪哈賽在靜默中，」上師告訴我：「或者當他談論的話題嚴格說來不屬於宗教範疇時，我發現他仍然在向我傳遞著說不出來的知識。」

聖尤地斯瓦爾也在以類似的方式影響著我。當我帶著憂慮等負面情緒進入修道院時，我的態度會不自覺地發生改變。不過，只要看到我的上師，一陣有治癒作用的平靜感就會傳來。每一天跟他在一起，我都會充滿新的喜悅、平靜以及智慧的經驗。我從未在他身上發現輕信、貪婪、憤怒，以及任何人類執著的感情。

「幻相的黑暗已經在無聲無息地逼近了，讓我們的內在趕快回家。」每到黃昏時刻，上師都會用這些警語提醒他的弟子修習克利亞瑜伽的必要性，因為新的學生偶爾會對自己是否應該學習瑜伽表示懷疑。

「忘記過去，」聖尤地斯瓦爾安慰弟子們說：「所有人的過去世都帶有許多黑暗的罪惡，直到他交付給神，努力修行。人類的行為永遠都是不可信賴的。如果你從現在開始做靈性上的努力，將來每件事情都會改善的。」

---

11 「不要把聖物給狗，也不要把你們的珍珠丟在豬前，恐怕他踐踏了珍珠，轉過來咬你們。」（馬太福音7：6）

在上師的修道院中你總能看見他的年輕小弟子，對他們進行靈性和知識的教育是他終身的興趣。就在他過世前不久，他還接受了訓練兩個六歲男孩和一個十六歲少年的任務，為他們的心智和生活提供指導。修道院的學生敬愛他們的上師，他輕輕地一拍手，就足以讓他們熱切地圍繞在他身旁。當他進入沉默不語的內在狀態時，沒有人敢說話；當他發出愉快的笑聲時，孩子們都認為那也是他們自己的笑聲。

上師極少要求別人為他提供私人服務，如果不是非常需要，他也不會接受學生的幫助。當他的弟子忘記了為他洗衣服這項無比榮幸的工作時，我的上師會不動聲色地自己洗衣服。聖尤地斯瓦爾穿的是傳統的赭色僧袍，根據瑜伽的習俗，鞋子是虎皮或鹿皮的，不用繫鞋帶。

上師能說流利的英語、法語、印地語和孟加拉語，且梵文也相當地好。他會自己設計巧妙的快捷方法來研讀英文和梵文，並且很有耐心地把這套方法教給年輕的弟子們。

上師會用謹慎但不執著的方式愛惜自己的身體。他指出：神是通過健全的身體和精神，恰當地顯現出來的。他不贊成任何極端的做法。有一次，一個弟子要開始一段長時間的斷食，我的上師知道後只是笑道：「為什麼不給狗扔根骨頭呢？」

聖尤地斯瓦爾非常健康，我從沒有看他不舒服過[12]。他尊重世俗的習俗，允許學生去看醫生：「醫生也是要經由適用於物質的神的法則來執行治病的工作。」不過，他更加頌揚心靈治療的優越性，並反覆強調：「智慧是最偉大的淨化者。」

「身體是一個不可靠的朋友。給它應得的，但不要超量，」他說道：「痛苦和歡樂都是短暫的，用平靜來忍受它們，同時試著擺脫它們的控制力。想像力可以引起疾病，反過來也能幫助痊癒。即使你在生病時，也不要相信疾病真的存在——未被認可的訪客就會逃得無影無蹤！」

上師的弟子中有很多位醫生。「那些已探索出身體法則的人，研究起心靈的科學來就更加輕鬆，」他告訴他們：「微妙的精神就隱藏在身體組織之後。」[13]

聖尤地斯瓦爾建議他的學生集合起東西方的所有優點。他自己外在的行為習慣是西方式的，而內在的精神則是東方式的。他讚揚西方的進取精神、策略性和衛生習慣，也認可東方幾個世紀以來帶著光環的宗教理念。

我並不是個不守紀律的人——在家裡，父親對我管得很嚴，阿南達也經常對我很嚴厲，但聖尤地斯瓦爾的訓練，我只能用「激烈」來形容。作為一個完美主義者，我的上師對他的弟子是苛求的，不

12 有一次他在喀什米爾生病，當時我沒有跟他在一起（參考第21章）。

13 一位得過諾貝爾生理學獎、有勇氣的醫學人員查爾斯．羅伯特．里契特寫道：「形而上學尚未正式成為一門科學，但將來會是……在愛丁堡，我在一百位生理學家面前證明，我們的五種感官並不是我們獲取知識的唯一手段，現實的一部分有時是經由其他的方式進入智慧的……罕見的事實並不構成它不存在的理由。研究上的困難能構成不去了解它的理由嗎？……那些抱怨形而上學是一門難以理解科學的人，正如同那些抱怨尋求煉金石是不切實際化學的人一樣將會感到羞愧……在原則問題上，只有拉瓦錫、克勞德．柏納和巴斯德不斷地實驗。讓我們迎接新的科學，它將會改變人類思想的方向。」

論是重要的大事，還是不容易察覺的微小行為。

「缺乏誠意的假慇懃，就像一具美麗女子的屍體，」他在適當的時候會這樣說：「缺乏禮貌的直率，就如同外科醫師的手術刀，有效但使人不舒服。只有謙卑有禮的真誠才是有用且令人欽佩的。」

上師對我在靈性上的進步顯然非常滿意，但在其他方面，我的耳朵對斥責可是一點也不陌生。我的主要過錯有這麼幾項：心不在焉、間歇性地沉溺於悲傷之中、不遵守某些禮節規範，以及偶爾做事沒有條理。

「觀察你父親巴格拔第是如何做到凡事都井井有條的。」我的上師指出。就在我去塞蘭坡修道院朝聖的旅程開始後不久，這兩個拿希里．瑪哈賽的弟子就見面了。父親和聖尤地斯瓦爾彼此惺惺相惜，兩人的內在都發展出歷久不渝的靈性生命。

我在早期悟道的過程中，曾從一些短暫相遇的老師身上學到了一些不正確的概念。比如：一個弟子不需要努力執行自己的世俗任務，所以當我忽視世俗的任務，或是執行得漫不經心時，並不會受到責罰。人類的本性對這種觀念是非常樂意遵從的，然而在上師毫不留情的棒子下，我很快就從不負責任的美夢中醒來了。

聖尤地斯瓦爾說：「只要你呼吸著地球上免費的空氣，就有義務回報。一個人只有完全精通閉氣停息的三昧境界[14]，才可免於宇宙法則的限制。當你達到這樣的完美境界時，我一定會告訴你。」

我的上師從不接受賄賂，即使是以愛的形式。他不會對任何人特別寬大，即使是像我這種心甘情願成為他的弟子，只求奉獻的人。不論是被他的學生或是陌生人圍繞著，還是單獨在一起，上師對我說話時總是意思明確，譴責起來也格外犀利。無論是容易養成膚淺習慣的輕率行為，還是前後矛盾，都逃不過他的責罵。這種摧毀性的治療著實令我難以忍受，但我已下定決心，要讓聖尤地斯瓦爾消除我每種靈性上的缺點，他也十分樂意幫我進行這項巨大而費力的轉變工程。在他「紀律鐵鎚」的重擊之下，我被撼動了好幾次。

「如果你不喜歡我說的話，可以隨時離開。」上師向我保證：「我不要你的任何東西，除了你自己的進步。」

他用謙虛的重擊處理我的自負，用令人震驚的準確性敲鬆我靈性顎骨上的每一顆牙齒。我的感激是無法用筆墨來形容的。人類我執的堅硬核心除了用這種粗暴的方式以外，是很難根除的。只有當我執被除去以後，神才可以找到一條沒有被阻塞的通道。在此之前，神想要滲入一顆被自私堅硬外殼包裹的心，只能是徒勞。

聖尤地斯瓦爾的智慧是如此的敏銳，他經常能將一般人沒有說出口的想法說出來：「一個人所聽

14 三摩地：個人的心靈與無限的精神完美的結合在一起（譯注：一般指進入禪定後個人的神識心靈完全融入宇宙意識，感受到語言文字無法形容的平靜與極樂的境界。一般人若只能在打坐禪定時才能體驗到三摩地，是屬於初等的有餘三摩地；若一個人在日常生活行動中，任何時刻都是處在三摩地的狀態下已屬於更高等的無餘三摩地。我們平常所謂的大師、佛、開悟的人、天人導師、成道的人或聖人等，均指他們的意識等級至少在無餘三摩地之上）。

到的語言，往往與說話人真正的意思南轅北轍，」他說道：「要試著去了解人們混亂語言背後的想法。」

然而，神的洞察力對世俗的耳朵而言卻是痛苦的：上師不受膚淺學生的歡迎，只有真正的聰明人才會深深地崇敬著他，但這些人永遠居於少數。我想，如果聖尤地斯瓦爾的話不是那麼坦白而直接，那麼他一定會是印度最受歡迎的上師。

「我對來這裡受訓的學生都很嚴厲，」他向我承認：「可這就是我的方式。接受它，不然就離開。我絕不妥協。相比起來，你會對你的弟子溫和的多，那也是你的方式。我只用嚴厲之火劇烈地燒灼我的學生，使他們得到淨化，這種痛苦超過了一般人所能忍受的程度。用充滿愛心的溫和方式也能改變情況。若是在智慧下，使用剛硬或柔和的方法都是同樣有效的。你將來會到西方去傳揚印度的信息，在那裡直率地抨擊我執是行不通的。如果沒有大量豐富親切的耐心和包容力，一個老師將無法受到歡迎。」

雖然在聖尤地斯瓦爾的有生之日，他的率直言論為他阻止了一大群的追隨者，但是通過誠摯的克利亞瑜伽學生，他的精神和教理如今已遍及世界各地。他在人類心靈上擁有的更深層的統轄權，已經遠超過了亞歷山大大帝所能夢想的程度。

有一天，父親來問候聖尤地斯瓦爾，他很可能期望會聽到一些讚美他兒子的話，卻震驚地聽到一大堆數落我的不是。那就是上師的作法：將我今天若不改進、可能會在將來引起嚴重後果的小缺點，嚴厲地指出來。父親趕緊過來找我：「按照你上師的說法，我發現你一無是處！」他哭笑不得地說。

那時我引起聖尤地斯瓦爾不滿的最重要原因，就是我置上師溫和的暗示於不顧，固執地要改變某個人，使他走上靈性的道路。

我憤怒地跑去找上師。他目光低垂，像是在懺悔，等著向我認錯。這是我唯一一次看到神聖的獅子溫順地在我面前。那個獨特的時刻讓我始終回味無窮。

「上師，您為什麼在我父親面前如此無情地批判我？這麼做合理嗎？」

「我不會再這麼做了。」上師的語調帶著歉意。

一瞬間我怒氣全消。偉大的人多麼容易承認自己的錯誤！雖然他再也沒有在父親面前數落我，攪亂他寧靜的心靈，但上師還是會在他認為合適的任何時間、任何地點，繼續無情地剖析著我。

新來的弟子經常模仿聖尤地斯瓦爾，像他一樣地徹底地批評別人。他們希望像上師一樣聰明，擁有上師般無懈可擊的辨識能力，可是卻沒有他的防禦能力。一旦上師從他分析的箭筒裡取出幾支箭，向著他們的方向射過去，那些愛挑剔的學生就急遽地逃離了。

有些弟子希望看到一個符合自己想像的上師。一旦他們看不到，就會抱怨他們不了解聖尤地斯瓦爾。

「你也不了解神！」有一次我忍不住反駁道：「當你真正了解一個聖人時，你跟他就是一體的了。」

學生們總是來了又走。那些以得到他人同情與認同為目的的人，無法在修道院中找到他們想要的。上師提供的是永世的庇護與指導，但許多弟子同樣貪婪地尋求我執的慰藉。他們因為不願意謙卑，所以選擇離開，寧願一輩子忍受生活中無數的羞辱。上師智慧的光太具有穿透性，對他們精神上的疾病而言太過炙熱了。他們轉頭去尋找次一級的、願意用奉承的話來遮蔽他們，允許他們一直沉溺在睡夢中的老師。

與上師相處的最初幾個月裡，我有些敏感，害怕受到他的斥責。不過，我很快就發現：當那些與我有同樣苦惱的學生向聖尤地斯瓦爾提出抗議時，他並不會生氣，只是不說話。他的言辭是客觀而有智慧的，而且從不帶著憤怒。

上師的洞察力不會留給那些沒有做好準備，或是隨意來訪的客人，他很少指出他們的缺點，即使是顯而易見的缺點。不過，對於專程來找他開示的學生，聖尤地斯瓦爾就會把這當作重大的責任。可以說，上師是勇敢的——他要改變瀰漫在人性中頑冥不化的我執！他的勇氣則來自於慈悲心，憐憫對這個世界盲目、看不清真相的眾生。

當我放棄內在的憤怒後，受斥責的次數反而顯著減少了。上師以一種隱而不顯的方式，相當仁慈地對待我。人的天性通常由理性和潛意識的牆保護著[15]，等我拆除了每一面理性化的牆，放棄了潛意識中的所有保留，我得到的回報是，不費吹灰之力就能輕鬆地與上師合而為一。那時我才發現，他體貼、值得信賴，並且默默地愛著他人，不過他不會表現出來，也不會說出口。

我自己的個性始終是虔誠的。剛開始時，我不安地以為上師只有智慧卻不願意奉獻[16]，只用冷淡精確的靈性方式表達自己而已。然而，當我更了解上師的本性後，才發現我對神的虔誠不但沒有減少，反而在增加。一個完全開悟的上師懂得如何因材施教，有能力引導不同類型的弟子走上靈性的道路。

我與聖尤地斯瓦爾之間的關係如果要用語言來形容，那麼一定包含了所有動人的詞語。我經常會在思想中發現他所留下的無聲的印記。我喜歡安靜地坐在他的身旁，感受他慷慨的布施正平和地注入我的心靈。

在大學第一年的暑假裡，我終於可以一連幾個月在塞蘭坡與上師待在一起。藉著這次難得的機

15 受潛意識引導的心智合理化與超意識發出的無誤的真理引導完全不同。在法國索邦大學科學家的帶頭下，西方思想家開始研究人類認知神性的可能性。

「過去這二十年來，心理學的學生受到佛洛依德的影響，將他們所有的時間都花在潛意識領域的探索上，」一九二九年以色列的拉比里文森指出，「潛意識可以解釋異常的行為，但並不能包括所有的行為。它可以解釋不正常的地方但無法解釋超乎正常的行動。由法國學校贊助最新的心理學，發現人類一個稱之為超意識的新領域。相較於潛意識代表我們本質隱匿的傾向，它揭露了我們本質所能達到的高處。人類表現著不只是雙重而是三重的人格；我們的意識及潛意識被超意識覆蓋著。許多年以前英國心理學家邁爾提議到『隱藏在我們生命深處的是一個垃圾堆，同時也是座寶庫。』新的超意識的心理學將注意力集中在寶庫上，對比於將所有研究集中在人類本質中潛意識的心理學，此一單獨的領域就可解釋人類偉大、無私、英勇的行為。」

16 智慧和奉獻是通往上帝主要的兩條路徑。

會，我也切身體會到了他不偏不倚的公正態度。

「你可以負責管理修道院，」上師對我的到來也很高興：「你的責任是接待客人，以及監督其他弟子的工作。」

兩個星期之後，一個來自東孟加拉的年輕的農民庫瑪，來到修道院受訓。他非常聰明，很快就贏得了聖尤地斯瓦爾的歡心。由於某種無法解釋的原因，上師對這位新來的弟子格外寬容。

「穆昆達，讓庫瑪接管你的工作，你負責打掃和煮飯。」在這個男孩來了一個月後，上師下達了這項指示。

坐上領導人的位子後，庫瑪的行為變得更像是一個心胸狹窄的暴君。其他弟子繼續找我為他們的日常工作提供忠告，以此作為對庫瑪無聲的反抗。

「穆昆達實在讓人受不了！您讓我做督導，但其他人卻都去聽他的。」三個星期之後，庫瑪向我的上師抱怨，當時我正在隔壁的房間，無意中都聽到了。

「這就是我指派他到廚房而你到大廳去的原因，」聖尤地斯瓦爾用庫瑪從未見識過的嚴苛語調說道：「通過這件事你將了解到，一個好的領導者是用心服務的，而不是支配他人的。你要了穆昆達的位子，卻無法將位子坐安穩。現在你還是回去做你早先的廚房助理的工作吧。」

在這件事情之後，上師對庫瑪的態度又恢復先前那種不同尋常的縱容了。誰能將吸引的祕密解釋清楚呢？我們的上師在庫瑪的身上發現了其他師兄弟都未曾發現的迷人泉源。雖然這個男孩顯然是聖尤地斯瓦爾的最愛，但我一點也不覺得沮喪。即使是大師，也總會有他們個人的習性。生活本來就是多采多姿的。天性使然，我極少會被枝節小事所困擾。我在聖尤地斯瓦爾身上追尋的是比表面的讚美更難以得到的好處。

有一天，庫瑪毫無理由地對我惡言相向，深深地傷害了我。

「你的腦袋已經自負到快要爆裂了！」我警告他：「除非你改變你的方式，否則總有一天你會被趕出這所修道院。」

庫瑪帶著一臉嘲笑，向剛走進房間的上師覆述我的話。我以為自己會受到責備，就溫順地退到角落去。

「穆昆達有可能是對的。」上師以少見的冷漠回答庫瑪。我逃過了一場責備。

一年之後，庫瑪不顧聖尤地斯瓦爾無聲的反對，回到他童年時的家——上師從來不用權威控制弟子們的行動。幾個月之後，當他回到塞蘭坡時，那張神色莊嚴安祥的燦爛面孔不見了，站在我們面前的，是一個剛剛養成了一些壞習慣的鄉下人。

上師召喚我去，傷心地說到這個男孩現在已經不適合在修道院裡待下去。

「穆昆達，這件事情你去做：通知庫瑪明天離開修道院，我沒辦法做這件事！」淚水在聖尤地斯瓦爾的眼眶打轉，但他很快控制住自己，「他若是肯聽我的，不離開修道院，不與那些不良的同伴混在一起，也不至於墮落到這一步。既然他拒絕我的保護，那看來他仍然將冷酷的世界視為他的上師。」

庫瑪的離開並沒有讓我開心。我既悲哀又納悶：為何一個能夠贏得上師喜愛的人，會連廉價的誘惑都禁不住？對酒色的貪愛根植於人類的天性當中，不需要任何精細的覺察就可以享受。這種來自感官的誘惑就像長青的歐洲夾竹桃，多彩的花朵散發著芬芳，但它的每個部分都有毒。療癒的樂土是隱藏在內心的，眾人卻盲目地朝向上千個錯誤的方向尋找快樂。[17]

「敏銳的智慧像是一把鋒利的雙刃劍，」有一次，上師談及庫瑪聰明的心智時說：「它可以是助益的，也可能是毀滅的；可以割除無明的腫瘤，也可以砍下自己的腦袋。只有讓心智明白心靈的法則不可或缺，聰明才智才能得到正確的引導。」

上師的弟子男女都有，每個人都被他視作自己的小孩。他了解他們心靈上的平等，沒有表現出任何偏袒。

「睡覺時，你不知道自己是男人還是女人。」他說：「就像一個男人，可以扮演成女人，但不會成為一個女人，所以心靈可以沒有性別，可以扮演成男人或女人。心靈就是神純潔不變的形象。」

聖尤地斯瓦爾從不迴避女人，也不會將「誘惑者」的罪名加在她們頭上，相反，他還認為男人對女人而言也是一種誘惑。我有一次問上師：「為什麼古代一位偉大的聖人把女人稱作是『通往地獄之門』？」

「在他年輕的時候，必定有個女孩擾亂過他心靈的平靜。」上師譏諷地回答道：「不然他就不會指責女人，而會指責自己缺少定力的缺失了。」

如果有訪客敢在修道院裡敘述色情故事，上師會毫無反應，保持靜默。「不要讓自己被一張美麗面孔揮舞的鞭子所抽打，」他告訴弟子：「做了感官的奴隸，你如何能享受這個世界？當你匍匐在原始的泥漿裡時，就無法記起這世界精緻的品味。再美好的辨識力都會在人類原始的慾望中消失。」

對於尋求脫離幻相二元性假象的學生，聖尤地斯瓦爾會給他們耐心的忠告：

「吃飯是為了滿足飢餓而不是貪婪，同樣地，性的本能是根據自然法則的設計，作為種族繁衍之用的，從來不是為了點燃永無止境的渴望，」他說：「要將錯誤的慾望馬上摧毀，否則就算靈體離開肉體的外殼，它們也還是會跟著你。即使肉體變得軟弱，心靈也該持續地具備抵抗力。如果誘惑以殘忍的方式攻擊你，你要用客觀的分析及不屈不撓的意志去打敗它。每一種自然的激情都能得到控制。」

「保存你的能量，像廣闊的大海那樣，容納所有感官的支流。再微小的渴望也是你內在平靜的缺口，會讓寶貴的療癒之水浪費在物質的沙漠土壤中。錯誤慾望挑起的強大衝動，是人類得到快樂的最

---

17 「人類在清醒的時候花了無數的力氣去經歷肉體的快樂，當所有的感官都疲乏之時，他放棄了即使是在手邊的逸樂而去睡覺，為的是要享受自己本性中靈性的休息。」偉大的吠陀哲學家商羯羅寫道：「因此超越肉體的極樂是非常容易達到的，並且遠優於總是在厭惡中結束的快樂感覺。」

大障礙。要像一隻懂得自我控制的獅子那樣漫遊在這個世界上，不要讓那些青蛙般的弱點，將你踢得到處亂竄。」

虔信的人最終會脫離所有本能的衝動。他對人類情感的需要會完全轉化為對神的渴望——無所不在的愛。

聖尤地斯瓦爾的母親住在瓦拉納西的拉瑪哈區，也就是我第一次拜訪上師的地方。她親切和藹，同時也很有主見。有一天我站在她家的陽臺上，看著她和兒子談話。當時上師用他平靜且合於情理的方式，想要就某事說服她，但沒有成功，因為她用力地搖著頭。

「不！不！我的兒子，停止吧！你那些睿智的語言不適合我！我不是你的弟子！」

聖尤地斯瓦爾像一個挨罵的小孩似的，退到一旁不再辯駁了。這件事讓我深受感動。即使是在意見不一致的情況下，他仍然非常尊敬他的母親。在她眼中，他只是她的小男孩，而不是什麼聖人。這段迷人的小插曲讓我從一個側面了解到上師不平凡的本質。他的內在是謙卑的，而外在是不屈不撓的。

根據出家的戒律，一位僧人在正式出家後，就不能再與世俗保持聯繫。因此，他不能再主持正式的家庭儀式——這原本是一家之主的義務。不過，古代創立僧團制度的商羯羅並不理會這項規定。當他摯愛的母親去世時，他舉起雙手噴出天國的火焰焚化她的遺體。

聖尤地斯瓦爾同樣不理會這項限制。在他的母親過世時，他用低調的方式，在瓦拉納西神聖的恆河邊將她火葬，並遵照古老的習俗供養了許多婆羅門的僧侶。

經典戒律的目的，是幫助出家人克服狹隘的物相認同。商羯羅和聖尤地斯瓦爾自身已經完全融入無我的境界，不再需要戒律的援助了。有時候一個上師也會故意忽視戒律，以此表明原則是超越並獨立於外在形式的。這也是耶穌在安息日採麥穗的由來。對那些不可避免的批評，他說：「安息日是為人而設的，但人不是為安息日而設的。」[18]

除了經典之外，幾乎沒有什麼書能讓聖尤地斯瓦爾細讀。然而他總是知道最新的科學發現，也了解其他知識的進展。他是一個出色的健談者，喜歡就各種主題與客人交換意見。他機智的談吐和愉快的笑聲會讓每一次討論都生動活潑。他本人倒經常是嚴肅認真的，但絕不陰沉。「不要擺張難看的臉去追尋神。」他評論道：「記住，找到了神就意味著所有悲傷的消逝。」

修道院的訪客形形色色，其中不乏哲學家、教授、律師和科學家等。有些人在第一次拜訪前，以為自己會見到的只是一個傳統的宗教家，但他們的不願離去反而說明：聖尤地斯瓦爾對他們的專業領域顯示出了精確的洞察力。

18　有個安息日，耶穌的門徒與耶穌出去，又忘記帶食物，肚子一餓，就到田裡掐麥穗吃。安息日的由來是源自聖經：「當紀念安息日，守為聖日。六日要勞碌作你一切的工，但第七日是向耶和華你上帝當守的安息日……無論何工都不可作。」安息日本來是給人休息的日子，但是後來法利賽人將安息日變成過度嚴苛的宗教禮儀。嚴苛是需要熱心，他們以為在宗教儀文上熱心，就是事奉上帝的表現，以致將上帝的吩咐變了質，成為控告人的律法。

我的上師對訪客通常是溫和而友善的，他會用熱忱愉快的態度歡迎他們。不過有時候，個別頑固的自大者也會受到刺激性的震憾。他們遭遇的，不是上師冷淡的漠視就是難以招架的反對：像冰或鐵！

有一次，一位著名的化學家與聖尤地斯瓦爾短兵相接。這位訪客不承認神的存在，原因是：科學上沒有設計出探測神的方法。

「你無法把至上的力量在你的試管中分離！」上師用嚴厲的目光注視著他：「我建議你做一個未曾聽說過的實驗：二十四小時不間斷地檢視自己的思想，之後你就不會懷疑神是否存在了。」

一位出名的梵文學家也遭到了類似的震憾。這位學者以充滿誇張的熱情，以及對經典的滾瓜爛熟震動了修道院的梁柱。經典名段從《摩訶婆羅多》、《奧義書》[19]、商羯羅的《巴薩斯》[20]中源源不斷地從他口中傾瀉而出。

「我正等著聽呢。」聖尤地斯瓦爾用懷疑的語氣說，好像梵文學家先前在表演默劇一樣。可憐的學者感到很困惑。

「引經據典的材料已經夠多了。」上師的話使我樂不可支。我蹲坐在角落裡，對這位訪客敬而遠之：「你從自己的生活中，能提供什麼原創的、獨特的評論呢？你從神聖的原文中吸收到了什麼，把它變成自己的東西呢？這些永恆的真理是怎樣改善了你的本質？難道你甘願成為一台空洞的留聲機，機械性地重複別人的話嗎？」

「我承認，」這位學者無比懊惱：「我沒有內在的了悟。」

「這些毫無生氣的學究們！他們通宵達旦苦讀，卻只是在死讀書。」上師在這位受到震撼的學者走後說：「他們以為哲學是一種訓練智力的運動，他們崇高的思想小心翼翼地自我隔絕，以為哲學與外在粗魯的行為或內在紀律的磨練都無關！」

上師在其他場合也強調過死讀書是無用的。

「不要曲解『了解』的真義，那並不是知道一大堆詞彙就行了，」他提到：「哪怕每次只讀一小節，慢慢地消化吸收，那麼神聖的經典對激起內在了悟的慾望就是有益的。連續研讀大量章節只是滿足虛榮心，並對那些未經充分理解的知識產生出一種不真實的滿足感。」

聖尤地斯瓦爾還講述了他自己在經典教導上的一次經歷。事情發生在東孟加拉森林中的一間修道院，當時他在觀察一位著名的老師達布魯．巴拉的方法。他的方法在古代的印度被普遍使用，既簡單又困難。

19 《奧義書》或《吠陀哲學》（字義是「吠陀經的結尾」），作為基本要義出現在吠陀經典中的某些部分。《奧義書》提供了印度教的教義基礎，叔本華如此稱頌：「《奧義書》是如何完整處處地散發出吠陀神聖的精神！熟悉那本無與倫比的書的每個人如何被這種精神激發到他的靈魂深處！從每一句話中升起了深切、原始、崇高的思想，整本書都被一種崇高、聖潔和懇切的精神所籠罩……在我看來，經由《奧義書》進入吠陀，可說是本世紀最偉大的恩典。」

20 評論。商羯羅闡釋的《奧義書》是無與倫比。

在森林幽靜的地方，達布盧．巴拉將弟子們召集在他的周圍，翻開神聖的《薄伽梵歌》。他們花了半個小時看著同一段文字，然後閉上眼睛。又過了半小時，上師簡短地評論了一下。他們一動也不動地再打坐一個小時，最後上師開口了：

「現在你們明白了嗎？」

「是的，先生。」團體中有個人大膽地應聲道。

「不，還未完全明白。去找尋那些賦予文字力量的、使印度在不同的世紀保持常新的精神活力。」在靜默中，又一個鐘頭過去了。上師解散學生並轉向聖尤地斯瓦爾。

「你知道《薄伽梵歌》嗎？」

「不，先生，我不能說真正地知道。雖然我用眼睛和心智流覽過它好幾次。」

「上千的人都不是這樣回答的！」這位偉大的聖人微笑著祝福上師：「如果一個人忙著展示外在的經典財富，那他還有多少時間留給內在，安靜地去探究那些無價之寶呢？」

聖尤地斯瓦爾也用同樣密集專一的方式來指導他自己的弟子研習學問：「智慧不是被眼睛而是被微粒子消化吸收的，」他說道：「當你整個人都確信一個真理，而不只是頭腦確信時，就可以謙虛地說你知道它的意義了。」

「先知寫下一句深具奧義的話，就讓好幾世代的學者忙個不停，」他提道：「只有無所事事的心靈才會在字義上永無休止地爭論。」

然而，人要回到單純的狀態並不容易。人的我執總是滿足於自己可以抓住如此廣博的學識。在上師面前，那些因為自己享有崇高社會地位而自傲的人，很可能會把對上師的謙卑當作布施。有一次，一個當地的行政官員到普里海邊的修道院來拜訪上師。這個人的無情是出了名的，而且他還擁有十足的權力，可以把我們從修道院中統統趕走。我警告過上師這個人的專橫，但他毫不妥協地坐著，並沒有起身迎接這位官員。我有些緊張地坐在門邊，等著上師命我去拿椅子給官員坐，但上師並沒有下令，於是這個人只能坐在木頭箱子上。

隨之而來的是形上學的討論。這個官員對經典的誤解使他犯了明顯的錯誤。隨著他權威的消失，他的憤怒也升高了。

「你知不知道我取得了碩士考試第一名？」他的理性已經喪失了。

「官員先生，你忘了這不是你的辦公室，」上師平靜地答道：「從你幼稚的談論中，我推斷出你大學的經歷是不足取的。無論如何，大學文憑與吠陀經典的了悟沒有一點關係。聖人可不是大學教師，可以每學期製造一整批出來。」

在一陣驚訝的沉默後，訪客衷心地笑了起來。

「這是我第一次碰到天國的官員。」他說道。隨後他以法律術語——很明顯那是他的習慣用語——正式請求成為一個「見習」的弟子。

有關財產管理上的細節，我的上師都會親自處理。有不少無恥的人企圖通過各種手段取得上師祖傳的土地。聖尤地斯瓦爾下定決心，甚至不惜通過法律訴訟來戰勝每一個對手。他經歷這些痛苦，只是為了絕對不做一個乞討的上師，也不想成為弟子們的負擔。

我直言不諱的上師之所以可以免於狡詐的外交辭令，原因之一就是他在經濟上的獨立。他和那些需要奉承他們的贊助者的上師們不一樣。無論公開還是私下裡，他都不會被他人的財富所影響。我從來沒有聽過他以任何名目要求或暗示金錢回報。所有弟子在他修道院裡的受訓都是自由跟免費的。

有一天，一位無禮的法院代理人來到塞蘭坡修道院，給聖尤地斯瓦爾送傳票。我和一位名叫卡耐的弟子當時在場。這位代理人對聖尤地斯瓦爾的態度著實令人反感。

「走出你的修道院到法庭去呼吸那裡真實的空氣對你有益。」那位代理人輕蔑地笑著，我無法克制地衝了上去。

「再卑鄙地多說一句，我會讓你躺在地上！」我威脅地說。

與此同時，卡耐也叫了起來：「你，無恥的人！怎敢將你的侮慢帶進這神聖的修道院來？」

然而，上師卻站在辱罵他的人面前保護他：「你們不要無端地發怒，這個人只是在履行他的職責。」

那位職員被不同的態度給弄糊塗了。他尊敬地道了歉，迅速離去。

上師擁有那麼熱烈的感情，內在卻如此平靜，這實在讓我驚訝。他符合《吠陀經》對神化身的描述：「當涉及仁慈時，要比花朵還柔軟；當原則瀕臨考驗時，要比雷電還有力。」

套用白朗寧的說法：在這個世界上總有些人「不能忍受光亮，隱身在暗處」。有的人偶爾會因為想像中的不滿而嚴厲地斥責聖尤地斯瓦爾。我冷靜的上師會有禮地聽著，同時自我分析，查看那些譴責中有無絲毫的真實性。這些情景讓我想起上師獨特的評論之一：「有些人為了顯示自己高人一等，寧願砍掉別人的頭！」

一位聖人始終如一地保持鎮靜，這是難以形容且令人難忘的。「一位不輕易發怒的人強過一位強有力的人，能駕馭自己心靈的人勝過能占領一座城市的人。」[21]

我經常在想：如果我崇高的上師將心思集中在聲名或世俗成就上，一定可以成為一位皇帝或是一名震撼世界的武士。相反地，他卻選擇對內在的憤怒及自負的城堡發起猛攻，擊潰我執，成為一位無比高貴的人。

21 《舊約聖經》箴言16：32。

13 拜訪不睡覺的聖人

「請允許我到喜瑪拉雅山去隱居。我希望在不受干擾的環境下，持續不斷地與神融合。」

事實上，我曾經向上師說過這些令人不悅的話。我被一個偶爾會襲擊求道者的不可預料的幻想困擾著，對修道院的職務以及大學的學業逐漸失去了耐心。稍情有可原的是，向聖尤地斯瓦爾說出這樣的話時，我才跟了他六個月，尚未完全了解他的崇高境界。

「許多村民就住在喜瑪拉雅山上，也沒有領悟到神，」我的上師緩慢而簡單地答道：「追尋智慧要向悟道之人尋求，而不是沒有生命的高山。」

可惜，我沒有注意到上師的簡單暗示——他才是我的老師而非高山——繼續重複我的請求。聖尤地斯瓦爾沒有再回答。我錯誤地把他的沉默當作同意；這種解讀當然沒有根據，完全是我自己瞎猜的。

當天晚上，我回到加爾各答的家中打包行李，我把一些物品捆在毯子裡。我記得幾年前也打過一個類似的包裹，還把它從閣樓的窗戶裡偷偷丟下去。我懷疑這是否預示著另一次運氣不佳的喜瑪拉雅山之旅。第一次我的情緒是歡欣而高昂的，可今晚我一想到要離開我的上師，內心就非常不安。

第二天早晨，我找到我在蘇格蘭教會學院的梵文老師貝哈里。

「先生，您對我提到過，您認識一位拿希里．瑪哈賽的弟子，請您把他的住址告訴我。」

「你是指蘭．高帕．瑪珠達爾嗎？我稱他為『不眠的聖人』。他永遠都在意識清醒的喜悅狀態。他家住在蘭巴普，離塔拉凱斯瓦爾不遠。」

我謝過梵文老師後，就立刻搭火車前往塔拉凱斯瓦爾。我希望自己能從「不眠的聖人」那裡得到支持，在喜瑪拉雅山單獨打坐來平息我的焦慮。我聽說貝哈里的朋友在一個與世隔絕的山洞裡修行克利亞瑜伽多年，現在已經開悟了。

在塔拉凱斯瓦爾有一座著名的聖殿，印度人對它的崇敬就像天主教徒對法國盧爾德聖殿的崇敬一樣。這裡發生過無數疾病痊癒的奇蹟，其中包括我的大伯父。

「我在那邊的廟裡坐了一個星期，」有一次我的大伯母告訴我：「我遵守完全的斷食戒律，祈禱你伯父的慢性疾病能夠痊癒。到了第七天，我發現手中出現了一種草藥！我把葉子煮水給你伯父喝，他的疾病馬上就消失了，而且再也沒有復發過。」

我進入那座神聖的塔拉凱斯瓦爾聖殿。祭壇上什麼都沒有，只有一塊圓石。它的形狀無始亦無終，巧妙地象徵著宇宙的無限。在印度，就連最卑微的鄉下人都知道宇宙抽象的概念，而他們卻被西方人譴責為「生活在不切實際中」！

我當時的心態太過於拘謹嚴肅，以至於不願意在這塊有象徵意義的石頭前鞠躬。我認為：神只能在心靈裡找到。

我沒有跪拜就離開了聖殿，急切地尋找偏遠的蘭巴普村莊。我向一個路人問路，他想了很久，最後才像得到神諭似的說：

「走到十字路口時，向右轉並一直往前走。」

我按照他指示的方向，沿著一條水道的堤岸一直向前走。夜幕降臨了，村子周圍的叢林裡充滿了閃爍的螢火蟲，附近隱約還有胡狼的嗥叫。月色十分微弱，我蹣跚地走著，又艱難地走了兩個小時。

終於傳來了令人興奮的牛鈴聲！我反覆叫喊著，喚來了一位農夫。

「我要找蘭．高帕先生。」

「我們村子裡沒有這個人。」農夫的語調並不友善：「你不會是個偽裝的警探吧？」

我希望打消他心理上的政治疑慮，就用誠摯的語調向他解釋了我的困境。他把我帶回家，殷勤地招待了我。

「蘭巴普離這裡遠著呢，」他說：「在十字路口你應該左轉，而不是右轉。」

我傷心地想：白天為我指路的人對旅行者顯然是個危害。吃了一頓由糙米、扁豆濃湯和生香蕉咖哩馬鈴薯組成的美味晚餐後，我被安排在庭院旁的一間小屋裡休息。遠處傳來響亮的手鼓和鐃鈸聲，以及村民伴著音樂唱頌聖歌的聲音。那晚睡覺已不再重要了，我一心祈求被引導到瑜伽行者蘭．高帕的隱居處。

當黎明的第一道曙光剛剛穿透我黑暗房間的縫隙時，我就啟程前往蘭巴普了。我越過崎嶇不平的稻田，跋涉過荊棘的殘枝和乾燥的土堆。偶而碰到的農夫總是告訴我同一句話：離蘭巴普「只剩兩英里了」。在六個小時之內，太陽從地平線升到了頭頂，而我卻覺得再怎麼走，都走不完這剩下的兩英里路。

下午三點左右，我還在無盡的稻田裡走著。熱氣從天空中傾注而下，我無可躲避，幾乎快要暈倒了。當一個人悠閒地向我靠近時，我幾乎不敢開口再問相同的問題，只怕又招來相同的回答：「只剩兩英里了。」

這個陌生人在我身旁停了下來。他身材瘦小，除了一雙非凡的、具有穿透力的眼睛以外，並沒有什麼引人注目之處。

「我本來準備離開蘭巴普，但是你的意圖是好的，所以我願意等候你的前來。」他用食指指著驚訝的我：「你怎麼不想想，沒有事先通知，你能找到我嗎？那位貝哈里教授沒有權利把我的住址給你。」

我想在這位上師面前做自我介紹，又覺得是多餘，只好無話可說地站著，並感覺有些委屈。他突然又問了我一個問題：

「告訴我，你認為神在哪裡？」

「當然，祂在我心裡，而且祂無所不在。」我覺得自己的表情必定帶著疑惑。

「無所不在？」聖人低聲竊笑道：「那麼年輕人，為什麼你昨天在塔拉凱斯瓦爾聖殿的石頭前不鞠躬呢？[1]你的自大已經讓你受到了那個左右不分的路人指錯路的懲罰，而且你今天也相當不好受！」

我完完全全地同意他的話，並且驚訝不已。我面前那具不起眼的身體裡隱藏著一雙無所不知的眼睛。瑜伽行者發出了痊癒的力量，我在炙熱的田地裡頓感清涼。

「求道者總以為他追求神的途徑才是唯一的路。」他說：「通過瑜伽就能找尋到神——拿希里．瑪哈賽是這樣告訴我們的。可是，一旦發現神就在我們裡面，很快地我們也會發現祂也在外面，不僅在塔拉凱斯瓦爾聖殿，也在其他聖殿，都是靈性力量的核心，理應受到朝拜。」

聖人譴責的態度消失了，眼神也隨之變得慈悲且柔和起來。他輕拍著我的肩膀。

「年輕的瑜伽行者，我看到你從你的上師那裡跑掉。你應該回到他那裡去。他有你所需要的一切，高山並不能成為你的上師。」蘭．高帕把聖尤地斯瓦爾和我最後一次見面時所說的話重複了一遍。

「上師們不受宇宙的束縛，他們存在的地方也不受限制。」我的朋友偷笑著看了我一眼：「印度和西藏的喜瑪拉雅山對上師們沒有獨占權。一個人不往內在去尋求的東西，即使他的身體四處奔波，他也無法找到。當求道者為了開悟，甚至願意到世界的盡頭去時，他的上師就會在他的身旁出現。」

我默默地表示著同意，想起了我在瓦拉納西修道院的禱告，以及在一條擁擠的巷子裡碰到聖尤地斯瓦爾的經過。

「你有可以閉門獨處的小房間嗎？」

「有的。」我意識到這位聖人用令人不安的速度，把話題從形而上一下轉移到我身上。

「那小房間就是你的洞穴。」這位瑜伽行者賜予了我永生難忘的凝視：「那就是你的聖山，在那裡你會找到神的國度。」

我長久以來對喜瑪拉雅山的癡迷，就這樣被他簡單幾句話給瞬間消除了。我站在炙熱的稻田上，一下子從對永恆白雪的夢中醒來。

「年輕人，你對神的渴望是值得讚賞的，我能感覺到你強烈的愛。」

蘭・高帕牽著我的手，把我帶到一間雅致的小房子裡。這是一間泥磚造的房子，屋頂覆蓋著椰子葉，門口裝飾著石塊。聖人讓我坐在他小屋前面的平臺上，這裡被竹子遮蔽著，分外蔭涼。他給我喝甜的萊姆汁，還給了我一塊硬糖，之後，他就進入天井，並以蓮花坐姿坐了下來。大約過了四個小時，我睜開冥想的雙眼，看到瑜伽行者的身影在月色的映照下寂然不動。當我嚴厲地提醒我的肚子，人不是只靠麵包存活的時候，蘭・高帕起身走近我。

「我看你非常餓了，食物很快就會準備好。」

他在天井土製的爐灶中生起了火，米飯和扁豆濃湯盛在大芭蕉葉上供我享用。主人有禮地拒絕了

1 一個人在此會想起杜斯妥也夫斯基的觀察：「一個不向任何事情低頭的人也無法背負自己的重擔。」

我所有的幫忙。「客人就是神」這句印度諺語從無始以來就被衷心地奉行著，後來我在世界各地旅行，很高興地看到許多國家的鄉村地區對訪客也是給予同樣的熱情款待。至於城市居民，他們好客的品性已被過多的陌生臉孔給磨鈍了。

在這與世隔絕的叢林小村莊裡，我坐在這位瑜伽行者的身旁，世俗塵囂變得遙遠而模糊。這間小屋內有著神祕而柔美的光。蘭·高帕在地上鋪了些破舊的毯子作為我的床，他自己坐在草席上。我淹沒在他靈性的磁力下，大膽地提出請求。

「先生，您是否能授予我一次三摩地的體驗？」

「親愛的，我很樂意傳遞神的接觸，但我的立場不允許我這樣做。」聖人眼睛半閉地看著我：「不久之後，你的上師就會賜予你這種經驗。現在，你的身體還沒有調整好，你的神經還沒準備好適應宇宙能量的流動。這就像一盞小燈不能承受過高的電壓。如果我現在就給予你無窮的極樂，你會被焚毀，每個細胞都像是著了火一般。」

「你從我這裡要求了悟，」瑜伽行者沉思著繼續說道：「我感到疑惑——像我這樣渺小的人，禪定的經驗有限，如果我能讓神高興，我想也就只有這些了，那麼在我臨終之際，不知在神的眼中，對我有什麼評價？」

「先生，您不是一心一意追求神很久了嗎？」

「沒有那麼久。貝哈里一定告訴過你一些我的生活。我在一個隱密的石洞中待了二十年，每天打坐十八個小時。然後我搬到另一個更隱密難達的洞穴，在那裡待了二十五年，每天都有二十個小時的時間進入瑜伽融合的狀態。我一直都與神在一起，所以不需要睡眠。在完全平靜的超意識裡，我的身體可以休息得更好，比在只有部分寧靜的一般潛意識裡還要好。」

「在一般潛意識裡睡覺時，人的肌肉是放鬆的，但心臟、肺和循環系統仍不斷地工作著，無法得到休息。在超意識的狀態下，內在的器官就可以暫停，由宇宙的能量充著電。用這種方法，好幾年來，我發現睡覺不是必要的。將來的某一天，你也可以把睡眠省掉。」

「我的天啊！您已經打坐了那麼久，還不確定神的恩典！」我詫異地注視著他：「那我們這些可憐的凡人又該怎麼辦呢？」

「喔！我親愛的孩子，難道你不明白神就是永恆本身嗎？一個人打坐四、五年就可以完全知道神，這是一個相當荒謬的想法。不過拿希里．瑪哈賽的上師巴巴吉向我們保證過：即使只是很少的打坐，也可以使一個人免於對死亡以及死後悲慘狀況的恐懼。不要把你靈性的理想固定在一座小山上，而要將它拴在無限天國的星星上。只要你努力，就一定會到達那裡。」

我被他對未來的展望給迷住了，請求他做進一步的開示。他講了一個他第一次碰到巴巴吉[2]時的奇妙故事。午夜時分，蘭．高帕陷入沉默，我躺在毯子上。我閉上眼睛，看到了閃爍的光芒，那是充

2 參閱第33章。

滿了我廣闊無垠的內在空間的熾熱之光。當我睜開眼睛時，仍能看到同樣耀眼的光輝。這個房間成為我看到的無限蒼穹的一部分。

「你為什麼還不睡？」

「先生，我有什麼辦法能在這不論是睜著眼睛、還是閉著眼睛都能看到的熾烈光芒下入睡呢？」

「有這樣的經驗，說明你是受到祝福的，靈性上的照耀並不是人人都能看到。」聖人說了幾句充滿慈愛的話。

黎明時分，蘭．高帕給我幾塊硬糖，告訴我必須離開了。我非常不情願地與他道別，淚水流下了臉頰。

「我不會讓你空手而回的。」瑜伽行者溫柔地說著：「我會為你做些事。」

他面帶微笑，目不轉睛地看著我，我的腳好像生根似地佇在地上，寧靜如同一股巨大的洪流，從我的雙眼的閘門奔騰而過。常年斷斷續續困擾著我的背痛，就此霍然痊癒。

煥然一新的我沐浴在光輝喜悅的大海裡，不再流淚。碰觸聖人的腳後，我從容轉身，穿過那片茂密纏結的叢林，回到塔拉凱斯瓦爾。我再次走進那座著名的聖殿中朝拜，在祭壇前我五體投地。那塊圓石在我內在的體驗中逐漸擴大到整個宇宙，一圈接著一圈，一區接著一區，都是來自神的恩賜。

一個小時之後，我高興地乘著火車回到加爾各答。我的旅程並沒有結束在雄偉的高山，而是結束在我的「喜瑪拉雅山」——我的上師面前。

14 體驗宇宙意識

「可敬的上師，我回來了。」我滿臉羞愧。

「讓我們到廚房去找點吃的吧。」聖尤地斯瓦爾態度自然，好像我們只分開了幾個小時。

「上師，我突然丟下工作離開這裡，一定讓您非常失望，我想您可能會生我的氣。」

「不，當然不會！憤怒只是因為慾望受到了挫折。我並不在別人身上期待任何東西，所以他們的行為不會違反我的希望。我不會為了個人目的而利用你們，你們自己真正的快樂才是我的快樂。」

「上師，人們往往是通過模糊的方式聽到神的愛，這是我第一次通過具體實例體會到您慈悲的本質！在世界上，當一個兒子沒有事先通知就離開父親的事業時，即使是父親也很難輕易地原諒兒子。我丟下了許多未完成的工作就離開，必定引起您諸多的不便，但您卻一點也不惱火。」

我們彼此對望，淚水閃爍。充滿喜悅的波濤吞噬了我。我意識到神正以我上師的形態，將我心中的一點點熱情結實地擴展至宇宙之愛的範圍內。

過了幾天，我走進上師無人的臥室，準備打坐。我的目的本來值得讚美，結果卻事與願違。我的思緒如同獵人到來之前的鳥兒一樣，四散紛飛。

「穆昆達！」聖尤地斯瓦爾的聲音從遠處的陽臺傳來。

我心中不情願地想著：「上師不是總鼓勵我打坐嗎？」我低聲咕噥道：「他又不是不知道我為什麼到他房間來，他不應該打擾我。」

他再次叫我，我固執地沉默不語。他第三次叫我時，口氣是斥責的。

「上師，我正在打坐！」我抗議地叫喊著。

「我知道你現在是怎麼打坐的，」我的上師大聲說道：「你的心就像是暴風雨中的落葉！到我這裡來。」

我受到斥責，而且被看穿內心的處境，只好傷心地走到他身旁。

「可憐的孩子，群山不能給你想要的答案。」上師疼愛地安慰著我，他平靜的凝視深不可測，「你衷心的渴望將會得到滿足。」

聖尤地斯瓦爾很少隨意說出這種謎一樣的話，我被他迷惑住了。他輕輕地敲擊我心臟前方的胸口。

我的身體一下子像生根似地無法移動，我的氣息好像受到一塊巨大磁鐵的吸引，從肺中一下子被吸出。心智和靈體瞬間失去了它們肉體上的束縛，像一道光流般從我身體的每個毛細孔中穿透而出。我的肉體好像是死了，然而在強烈的知覺中，我知道我以前從來沒有真正地、完全地活過。我本體的意識已經不再被局限在一個狹窄的身體內，而是包含了周圍的原子。遠方街道上的人好像是在我自己遙遠的邊界處輕柔地移動著，樹木和花草的根穿過一層暗淡透明的土壤深入地下，我甚至可以看到它們內在汁液的流動。

所有鄰近的地區全都呈現在我面前，一覽無遺。平常在我前方的視野現在變成了可以同時看到各個方向的、廣大的球面視野。越過頭頂的後方，我看到遠在隆加巷散步的人們。一隻白色的母牛悠閒地走過來，當牠走到修道院開著的大門前時，我能用肉眼觀察到牠。當牠走到磚牆後面時，我仍然可以清楚地看到牠。

所有在我廣角凝視下的物體都像快速轉動的影片一樣震顫著。我的身體、上師、有柱子的庭院、傢俱、地板、樹木和陽光偶爾也會劇烈地震動，最後全部融入一片冷光的海洋，就像結晶的糖倒入一杯水中，搖晃之後就溶解了。合為一體的光與物質的形式交替輪流著，在諸多變化中揭露了宇宙因果的法則。

喜悅如同大洋一般，衝擊著我平靜而無止境的心靈海岸。我了解到：神的心靈是永不枯竭的喜樂，祂的本體是無數光的集合。我內在逐漸膨脹的光體開始籠罩著城鎮、大陸、地球、太陽系、行星系、稀薄的星雲，以及飄浮的宇宙。整個宇宙散發著輕柔的光，好像是在晚上從遠處看到的城市，在我無限的存在中閃爍著。鮮明的球狀輪廓在最遠的邊緣處稍微地黯淡下來，在那裡我可以看到一道始終不會衰減的、柔美的光。那種微妙難以形容。整個行星的景色就是由一團濃密的光所形成的。

神聖的光芒由永恆的源頭傾瀉而出，四散開來，又匯聚成星河，以難以形容的靈光進行著變化。一次又一次，我看到創造的光芒濃縮成星群，又分解成一片片的透明光海。週而復始，百千萬億個世界逐漸變成了透明的光彩，火焰變成了蒼天。

我還了解到：太虛的中心就是我心中直覺感知的核心點。燦爛的光輝從我的核心放射到宇宙結構中的每個部分。永恆的喜悅，不朽的甘露，像水銀般閃亮的液體在我的全身流動著。我聽到神的創造之音「唵」[1]，感受到宇宙的振動。

突然間，氣息回到了我的肺裡。一股難以承受的失望湧上來，我再度被限制在難與心靈協調的身體樊籠裡。我像一個浪蕩的孩子，被迫放棄大宇宙的家，將自己禁錮在狹隘的小宇宙內。

我的上師站在我面前，一動也不動。我立刻拜倒在他神聖的腳下，感激他賜予我宇宙意識的體驗，這是我長久以來所熱切追求的。他扶我起來，平靜而質樸地說著：「你不可以過度耽溺在出神的狂喜中。世界上還有許多工作等著你去做。走吧，讓我們去清掃陽臺的地板，然後再到恆河邊去散步。」

我知道上師在教我平衡生活的奧祕：身體是用來執行日常工作的，而心靈必須要擴展到宇宙的深處。於是，我拿了一隻掃帚。又過了一會兒，當我們出發去河邊散步時，我仍然陶醉在無法形容的喜悅中。我看到我們的身體是兩個靈體——本質是純粹的光——正沿著河邊的小路前進。

「宇宙中每一種存在的形式和力量，都是由神的心靈主動維持著的，只不過祂是超凡的，存在於永恆無憂的太虛之中，超越了由振動現象組成的現象界[2]。」上師解釋道：「開悟的聖人們即使是在肉身之中，也知道類似存在的雙重性。他們認真盡責地致力於塵世間的工作，但同時也沉浸於內在至上的幸福裡。神以祂無限喜樂的本質創造了所有人類。雖然他們被痛苦地限制在身體裡，不過神還是希望按照祂的形象所創造出的心靈，最終能超越所有感官的束縛，重新與祂結合。」

這次宇宙體驗留給我許多永恆的教導。以後，每天我只要讓自己起伏不定的思緒平靜下來，就可以從身體只是血肉之軀的妄想中解放出來，自由穿梭在物質世界堅硬的土地上。我知道呼吸和永不安寧的心智就像是暴風雨，衝擊著光的海洋，形成了地球、天空、人類、動物和樹木等物質形態的波浪。除非平息內心的暴風雨，否則我就無法感知「無限」就是「合而為一的光」。每當平息這兩種自然的騷亂後，我就會看到重重創造的波光融為一片光亮的海洋。這就如同海上的波浪一般，風暴消退後，寧靜地融入了大海之中。

1 「太初有道，道與上帝同在，道就是上帝。」（約翰福音1：1）

2 「父不審判什麼人，乃將審判的事全交與子。」（約翰福音5：22）；「從來沒有人看見神，只有在父懷裡的獨生子將祂表明出來。」（約翰福音1：18）；「我實實在在地告訴你們，我所做的事，信我的人也要做，並且要做比這更大的事，因為我往父那裡去。」（約翰福音14：12）；「但保惠師，就是父因我的名所要差來的聖靈，祂要將一切的事，指教你們，並且要叫你們想起我對你們所說的一切話。」（約翰福音14：26）。

這些聖經的話指的是上帝的三位一體，即聖父、聖子和聖靈，也是印度經典中的薩特、塔特、唵。上帝——聖父是絕對的、未顯化的，存在於振動性的創造之上。上帝——聖子是基督的意識，即梵天或意識能量，存在於振動性的創造之中；此基督意識是永恆無限「獨有的」或唯一的映射。它外在的表現或「見證」是「唵」或是聖靈，一種神聖的、創造性的、無形的力量，經由振動建造了宇宙萬物。在冥想時可聽到「唵」聲，向求道者揭露最終的真理。

當弟子通過禪定強化自己的心智，直到能夠承受這些浩瀚無窮的景象時，上師就可以賜予他宇宙意識的神聖體驗。這種經驗不是僅憑理智上的意願或是開放性的心胸就能給予的，而是要經過瑜伽的修習及專注的虔信才能充分地將心智擴大，準備好去吸收無所不在的衝擊。誠摯的求道者一定會得到它，因為他強烈的渴望會以不可抗拒的力量將他拉向神。

幾年後，我寫了一首詩《三摩地》，試圖傳達宇宙狀態的榮光：

光與影的帷幕退去，
悲傷的迷霧也消散了。
如黎明般短暫的喜悅即將揚帆啓航，
朦朧知覺的妄想也跟著離去。
愛、恨、健康、疾病、生、死，
摧毀這些二元對立銀幕上虛假的陰影。
笑聲的浪潮、嘲諷的礁岩、憂鬱的漩渦，
溶化在喜樂的汪洋中。
通過深沉直覺的魔杖，
幻相的風暴止息了。

宇宙萬物、遺忘的夢想，潛伏在下意識裡，
準備好入侵我新近喚醒的神聖記憶。
我不再在宇宙陰影下活著，
但我無所損失，
就像沒有波浪的海洋，
但波浪沒有海洋就不能呼吸。
夢、醒、熟睡間，
我不再有過去、現在、未來，
永遠存在、永遠滿溢的我，我，無所不在。
行星、恆星、星團、地球，
世界末日地殼劇烈變動的火山爆發，
造物主鑄造的熔爐啓動，
無聲的X射線冰河，火熱的電子洪流，
所有人類過去、現在、未來的思想，
草的每一片葉、我自己、人類，
宇宙微塵的每一粒塵埃，

憤怒、貪婪、善惡、救贖、貪欲，
我咽下，轉化一切
進入自性的汪洋中！
禪定中經常噴出難以抑制的喜悅，
模糊了我充滿淚水的雙眼，
匯聚成不朽極樂的火焰，
充滿著我的淚水、我的身軀、我的一切。
祢是我，我是祢，
知道、知者、受知者都是合一的！
寧靜、完整的興奮、永生、常新的和平！
超乎期待想像的喜悅，三摩地的極樂！
不是無意識的狀態，
或不能回轉的心靈麻醉，
三摩地延伸我意識的領域，
超越死生的限制，
達到永恆最遠處。

在那裡，我、宇宙之海，
看著小小的我執漂浮在眞我的大海中。
麻雀、每粒沙，逃不過我視線。
所有空間宛如冰山似地漂浮在我心靈之海。
我是巨大的容器，裝進所有。
由更深入、長久、渴求的、上師賜予的打坐
來到這天國的三摩地。
聽到原子活動的喃喃聲，
黑暗的泥土、群山、溪谷，瞧！熔化的液體！
流動的海洋變化成星雲的蒸氣！
「唵」吹散了煙霧，驚奇地揭開了它們的面紗，
大海顯露，閃亮的電子群，
直到，宇宙傳來最後的太鼓聲。
濃密的光團消失成永恆的射線，
變成無處不在的喜悅。
我從喜悅中來，我爲喜悅而活，我融入神聖的喜悅裡。

心靈的海洋，我啜飲著宇宙萬物的浪潮，
固體、液體、氣體、光的四種幃幕，
直直地升起。
存在一切事物中的自我，進入了大我之中。
永久離去的是，斷續閃爍死亡記憶的陰影，
毫無瑕疵的心靈的天空，在我的上下四方。
永恆與我，結合成一道光。
我的歡笑化成微小的泡泡，
成爲喜悅之海的本身。

聖尤地斯瓦爾教我如何隨心所欲地召喚極樂的體驗，以及當別人的直覺管道發展成熟時，如何將這種體驗傳給他們。幾個月的時間裡，我進入了與極樂的融合，了解到為什麼《奧義書》上說神是最令人喜愛的。不過有一天，我還是帶著一個問題去找上師。

「上師，我想知道我什麼時候才能找到神？」

「你已經找到祂了。」

「喔不，上師，我不這麼認為！」

我的上師笑了起來：「我相信你不會以為在宇宙某個無菌的角落裡，有一個令人肅然起敬的大人物坐在華麗的王座裡！不過我知道，你認為只有擁有神奇的力量才是了解神。一個人可能擁有整個宇宙，但仍然覺得神是難以了解的！靈性上的進步不是憑藉外在的力量，而是憑藉打坐中獲得的喜樂的深度來衡量的。

「亙古如新的喜樂就是神。祂永不枯竭。當你經年累月地堅持打坐時，祂會使你陶醉在無限的創造力裡。像你這種已經找到神之路的求道者，絕不想用任何其他的快樂去交換祂。祂勝過一切的魅力，是超乎想像的。

「世俗的快樂總是很快就讓我們厭煩！物質的慾望永無止盡，人從來沒有完全滿足過，因此，他們總是追求一個又一個的目標。其實，他們所尋找的『其他東西』就是神，單獨地就可以賜予他永恆的快樂。

「向外的渴望驅使著我們離開內在的伊甸園，但它能提供的只是模仿心靈快樂的虛幻樂趣。通過打坐，人們可以迅速重新拾回失落的樂園。因為神是不可預期、永恆常新的，所以我們對祂永不厭倦。誰會因為永恆的歡樂喜悅而感到厭煩呢？」

「上師，現在我明白了。這就是為什麼聖人稱呼神是深不可測的，甚至連永生都不足以估量祂。」

「那是真的。當心靈感覺上的障礙被克利亞瑜伽清除後，打坐提供了神存在的雙重證明。亙古如新的喜悅是祂存在的證據之一，使我們打從心底裡信服。再者，在打坐中，一個人可以得到祂立即的指引和祂對每個困難適當的回應。」

「可敬的上師，我明白了。您解決了我心中的問題。」我感激地笑著：「現在我真的相信我已經找到神了，不論在我活動的哪個時刻裡，只要打坐的喜悅回到潛意識，我就會受到微妙的指引，在每件事的細節上採取正確的方式。」

「人類的生活被悲傷困擾著，直到我們懂得如何去接收神的旨意。祂『正確的道路』對我執的心智來說，經常是難以理解的。神承擔了宇宙的重責大任，光憑神，就可以給予正確無誤的忠告。」

15 花椰菜失竊案

「上師，我有個禮物送給您！這六顆碩大的花椰菜是我親手栽種的，我悉心地保護著它們的生長，就像母親溫柔地照料她的小孩一樣。」我將一籃繫著慶典飾帶的蔬菜呈給上師。

「謝謝！」聖尤地斯瓦爾微笑著表示衷心的感謝：「請把它們放在你的房間裡，我明天有個特別的晚餐，會需要用到它們。」

這是我大學的暑假，我剛剛到普里[1]和上師一起住在他海邊的修道院裡。這棟兩層樓的靜修處面對著孟加拉灣，是由上師和他的弟子建造的，令人心曠神怡。

第二天早晨，我起個大早，帶著鹹味的海風和四周迷人的環境使我神清氣爽。聖尤地斯瓦爾悅耳動聽的聲音在召喚我了。我看了一眼我心愛的花椰菜，並把它們整齊地堆放在床底下。

「走吧，讓我們去海邊。」上師帶路，我和幾個年輕的弟子三五成群地跟在後面。上師帶著些微的慍色審視著我們。

1 普里大約在加爾各答南方五百公里處，對克里希納信徒而言是著名的朝聖地，在那裡每年為他舉行兩次盛大的紀念慶典，一為斯納那亞特拉，一為羅沙亞特拉。

「西方人走路時，通常以步伐整齊一致而自豪。現在，請排成兩列，用有節奏而整齊的步伐前進。」聖尤地斯瓦爾看著我們遵行，他開始唱著：「男孩們排成小小一列，來回地走著。」我不得不佩服上師能夠輕鬆地配合年輕學生輕快的步伐。

「暫停！」我的上師用眼睛搜索著我：「你有把修道院的後門鎖上嗎？」

「我想鎖了吧，先生。」

聖尤地斯瓦爾沉默了幾分鐘，嘴角掛著半抑制住的微笑：「不，你忘記了，」他最後說道：「不能把禪定作為對俗務粗心大意的藉口。你疏忽了保護修道院安全的職責，你將因此受到懲罰。」他又說道：「你的六顆花椰菜很快就會只剩下五顆。」那時我想，他開的玩笑實在是令人費解。

我們在上師的命令下向後轉，齊步往回走，直到接近修道院。

「大家休息一下。穆昆達，你從我們左手邊的院子看過去，注意那邊那條路。用不了多久，有一個人會從那邊走過來，他將是懲罰你的人。」

我聽得一頭霧水，但故作鎮定，留神地看著。很快，一個農夫就出現在路上，他怪異且毫無意義地手舞足蹈著。我盯著這極為可笑的場面，好奇地呆住了。當這個人走到上師說的那條路上，即將從我們的視線範圍內消失時，聖尤地斯瓦爾說道：「現在，他會回頭。」

農夫馬上改變了他的方向，走向修道院的後面。他越過一大片沙地，從後門進入房子。正如上師所說的：我沒鎖後門。不久這個人又出現了，懷裡抱著一顆我心愛的花椰菜，看似很得意地，邁開大

我的上師在普里的濱海的修道院。

步地走出修道院。

眼看這齣鬧劇上演的過程中，我的角色看起來像個困惑的犧牲者，不過我還不至於驚惶失措到忘記去捉賊的地步。才跑幾步，上師就把我喚了回去。他從頭到腳笑個不停。

「那個古怪的可憐人想要一顆花椰菜。」他在忍俊不住的笑聲中解釋道：「如果你這麼不小心地保管你的花椰菜，那麼他只拿了一顆算你好運！」

我衝進我的房間，發現那個小偷顯然只是個蔬菜狂熱者。我的金戒指、手錶和錢就放在毯子上的顯眼處，他都沒有動，卻趴到通常沒有人留意的床底下，一心一意只要我的一顆花椰菜。

當晚我請求聖尤地斯瓦爾解釋這個事件，這對我來說有些不可理解。

上師慢慢地搖著頭：「有一天你會了解的。科學很快就會發現這些隱藏的法則。」

幾年以後，當世界震撼於收音機的驚人發明時，我想起了上師的預言。由來已久的時空觀念被消滅了，聲音信號可以進入任何一個鄉下農夫的家！人類在這無可爭議、無所不在的證明前，連最愚鈍的心智都擴大了。

收音機的比喻可以徹底地幫人們了解花椰菜喜劇的「來龍去脈」。聖尤地斯瓦爾就像是一台完美的人類收音機，他的思想在乙太中做著非常輕柔的波動。就像一台靈敏的收音機可以從四面八方上千個節目中接收到自己想要的音樂頻道一樣，上師也能夠在世界上無數人類思想的廣播中，捕捉到那個渴望花椰菜的人的思想[2]。同時，上師也是一個人類的廣播站，他成功地引導了那個農夫，讓他為了一顆花椰菜反轉腳步，走進某個他未曾想到的房間。

直覺是靈魂的引導者[3]，在人類心靈平靜的瞬間會自然地出現。幾乎每個人都有過無法解釋的正確「預感」，或是曾經成功地把自己的思想傳給另外一個人。

人類的心靈在免除紛擾不安的干擾之後，可以通過直覺的天線，像所有的收音機一樣，去執行複雜的功能——接收或送出思想，並過濾掉不想要的干擾電波。正如收音機功率的大小取決於它可使用的電流一樣，人類的收音機也會根據不同的人所擁有的意志力的強弱而具備大小不同的能量。

2 一九三九年無線電波頻譜儀的發現，揭示了一個前所未有的新世界。美聯社報導說：「人類本身以及各種所謂的惰性物質，不斷地放射出這個儀器能夠『看見』的射線。那些相信心電感應、預知能力及千里眼的人，在這項報導中，首次證實了肉眼看不見的射線的確可由一個人傳到另外一個人的科學證據。這個無線電的裝置實際上是一個無線電頻譜儀。它對冷的、不發光的物質所做的事情，與光譜儀揭示組成星球的原子種類時所做的事情是一樣的……多年來科學家們一直懷疑這種來自人類和所有生物的射線的存在。今天是它們存在的第一個實驗證明。這個發現顯示了自然界中每一個原子和分子都是一個連續性的無線廣播電臺……因此，即使在人死後，他所存留下來的物質會繼續放射出微細的射線。這些射線波長的範圍，短的比任何現今廣播使用的波長還短，長的可一直到最長的無限電波長。這些射線的混亂幾乎是不可想像的，有數百萬條。一個單獨的大分子可同時放射出一百萬種不同的波長。這些波中，波長較長的與無線電波傳送的速度及容易的程度一樣……這種新的無限電波與我們熟悉的射線像是光有一個驚人的區別。這些無線電波可以持續從未受干擾的物質中發射出來，長達數千年的漫長時間。」

3 一個人在使用「直覺」這個字時會猶豫不決，因為希特勒幾乎毀了這個字。直覺的拉丁字根意思是「內在保護」。梵文阿含（agama）的意思是直接的靈魂感知而產生的直覺知識；因此，某些古代先知所寫的文章被稱為《阿含經》。

所有的心思意念，永恆地在宇宙中振動著。一個上師能偵測到不論在世或已死的任何心靈思想。意念根植在宇宙而非個人。真理不能被創造，只能被感知。人類錯誤的思想起源於不完美的感知力。瑜伽科學的目的就在於找尋平靜的心靈，因為只有在不受扭曲的情況下，它才可以反映出宇宙天國的體驗。

收音機和電視機將千里之外某個人的即時影音帶進百萬戶的家庭中，這是自然科學首度以隱晦的方式暗示：人是一個普遍存在的心靈。人類不是被限制在空間中某一點的身體，而是廣大無邊的靈魂。因此，即使「我執」用最野蠻的方式去禁錮他，也只是徒勞無功。

「非常奇怪、非常驚人、看起來非常不可能的現象可能還沒有出現，」諾貝爾生理醫學獎得主夏爾·羅貝爾·里歇曾說過：「我們現在一點也不覺得驚奇的現象，是因為我們已經完全了解它們了。然而事實並不是這麼一回事。如果它們不會令我們驚奇，不是因為它們已經被了解，而是因為它們已經被熟悉。如果不了解的事物會使我們驚奇，那麼照理說，我們應該對每件事情都感到驚奇才對——像是扔到空中的石頭會掉下來，一顆橡實成為一棵橡樹，水銀加熱會膨脹，磁石會吸鐵，磷摩擦後會起火……今日的科學只是初級的事物，在未來的十萬年內它會經歷的改變與發展，將遠遠超過最大膽的預測，因為我們的後世子孫將會發現遠遠超出我們預料之外的實相——真理，而它現在就在我們四周，甚至可以說，就在我們的眼前，只不過，我們看不到它們。不對，只說『我們看不到它們』是不夠的，正確地說，應該是我們不希望看到它們，因為只要一個非預期的、不熟悉的事實出現，我們就會試著將它套入已習得的、陳腐的知識架構中。如果有任何人膽敢去做進一步的實驗，我們都會很憤怒。」

就在我難以置信地丟掉一顆花椰菜之後的幾天，發生了一件有趣的事：一盞煤油燈找不到了。鑒於最近剛見證到上師全知的洞察力，我想他會幫我顯示，畢竟找出那盞燈對他只是小孩子的把戲。上師覺察到我的期望。他故作嚴厲地很認真地逐一詢問了修道院的所有人員。一位年輕的弟子承認他到後院水井取水的時候曾用過煤油燈。

聖尤地斯瓦爾鄭重地宣告道：「在井的附近找找。」

我衝過去，卻沒有看到燈，只好垂頭喪氣地回到上師那裡去。他對我幻想的破滅沒有任何內疚，反而笑得很痛快。

「真是糟糕，我無法指引你找到那盞消失的油燈，我不是一個算命師！」他眨眨眼睛，補充道：「我甚至連福爾摩斯都不如！」

我明白了：上師絕不會為了芝麻小事，或者挑戰什麼事而展現他的法力。

愉快的幾個禮拜飛馳而過。聖尤地斯瓦爾計畫舉行一個宗教遊行，他要求我帶領弟子們走過城鎮和普里的海灘。遊行舉辦的那天恰好也是夏天最熱的日子之一。

「可敬的上師，我怎麼能帶領這些赤腳的學生走在炙熱的沙地上呢？」我絕望地說道。

「告訴你一個祕密，」上師回答道：「神會送一把雲製的傘來，讓你們舒服地走。」

於是，我高興地組織了這次遊行。我們的隊伍從修道院出發，帶著一面由聖尤地斯瓦爾設計的僧伽旗幟[4]，上面畫著單眼的圖案[5]，象徵著直覺的天眼。

剛剛離開修道院，我們頭上的天空就魔術般地布滿了雲層。在四周一片驚訝的歡呼聲中，天空飄起了一陣細雨，市區的街道及炙熱的海濱頓時涼爽了。令人舒爽的雨滴在兩個小時的遊行過程中一直下著。當我們的隊伍一回到修道院時，雲和雨立刻消失得無影無蹤。

「你看到神是如何體諒著我們。」在我表達感激之情後，上師回答道：「神回應所有的人，也為所有的人工作。祂回應我的祈求送雨下來，也滿足求道者任何誠摯的渴求。人們極少了解到神會常常注意到他們的祈求，祂不會只偏袒一部分人，祂傾聽每一個接近祂、對祂深信不疑的人。祂的子女應該永遠對他們無所不在的天父的仁慈抱有絕對的信心[6]。」

聖尤地斯瓦爾每年慶祝春分、夏至、秋分、冬至四個節日。每到這時，他遠近的學生們都會聚集起來。冬至的慶典在塞蘭坡舉行，這是我參加的第一個慶典，也給我留下了永恆的祝福。

慶祝活動從早上沿著街道的赤腳遊行開始。一百多位學生唱著響亮甜美的聖歌，一些樂師吹奏著笛子，敲著鼓和鐃鈸，熱情的鎮民在路上鋪滿了花，他們很樂意從平淡的工作中，被我們讚誦神的響亮聲音召喚出來。這段漫長的遊行在修道院的庭院內結束。我們最後環繞著上師，樓上陽臺上的學生向我們灑下如陣雨般的金盞花。

許多客人到樓上享用布丁及柳橙。我走到一群今天執行廚房工作的師兄弟那裡幫忙。每逢這種盛大的聚會，食物都必須在戶外用巨大的鍋子烹煮。臨時搭架起來的磚頭爐子燒著木柴，冒著催淚的濃煙，但我們工作得很愉快。在印度，人們從來不會覺得宗教慶典是麻煩的，每一個人都會盡自己的一分責任，提供錢財、米、蔬菜或是個人能夠提供的服務。

上師很快就來到我們當中，督導筵席的細節。他就像一個最有活力的年輕學生一樣忙個不停。

二樓傳來用小風琴和印度手鼓伴奏的聖歌詠唱，聖尤地斯瓦爾專心地聆聽著。他擁有絕對的音感。

「他們走音了！」上師離開了廚房，加入樂隊的行列裡。優美的旋律再度響起，這一次演奏者沒有再出錯。

在印度，音樂、繪畫和戲劇被認為是天國的藝術。梵天、毗濕奴和濕婆神——永恆的三位一體——是最早的音樂家。根據經典上的描述，天國的舞者濕婆神在宇宙形成的成、住、壞三個過程

---

4 僧伽旗幟（Sat-Sanga banner），薩特（Sat）字義為「存在」，因此是「本質、真理」；勝加（Sanga）是「團體」。聖尤地斯瓦爾稱他的修道院組織為「薩特—勝加」，意為「真理的團體」。

5 「眼睛就是身上的燈，你的眼睛若明亮，全身就光明。」（馬太福音6：22）。在深度冥想期間，前額中心的單眼或智慧眼變得明顯可見。這種無所不知的眼睛在經文中被稱為第三眼、東方之星、內在的眼睛、從天堂下降的鴿子、濕婆之眼、直覺之眼等。

6 「造耳朵的，難道自己不聽見嗎？造眼睛的，難道自己不看見嗎？管教列邦的，就是叫人得知識的，難道自己不懲治人嗎？」（詩篇94：9–10）。

中，設計出宇宙永恆的旋律，同時梵天以鏗鏘的鐃鈸強調著拍子，而毗濕奴敲響神聖的鼓聲。在印度的藝術裡，毗濕奴的化身之一——克里希納——總是伴隨著一隻長笛出現，祂能吹奏出迷人的曲子，讓流浪在幻相之中的人類靈魂回想起他們真正的家。薩拉斯瓦蒂——智慧女神，以彈奏七弦琴作為象徵，這種琴是所有絃樂器之母。印度的《娑摩吠陀》則包含了世界最早的音樂學方面的記載。

印度音樂的基石是「拉格」，或稱作「固定音階」。基本的拉格有六個，它們擴充成一百二十六種衍生的「拉吉尼斯」（妻子）和「普查斯」（兒子）。每一個拉格最少有五個調：主調「瓦帝」（國王）、次調「薩馬瓦帝」（首相）、數個助調「阿努瓦帝」（侍者）和一個不和諧調「維瓦帝」（敵人）。

在六個基本的拉格裡，每一個都有與之相對應的自然的時辰、季節以及賜予特殊力量的主司神。於是只有在春天的黎明才能聽到「印朵拉格」，可以喚起宇宙之愛的情操；只能在夏天的晚上彈奏「底帕卡拉格」，可以喚起同情心；在雨季中午彈奏「摩哈拉格」的旋律，可以召喚勇氣；在八、九、十月的早晨彈奏「拜拉瓦拉格」，可以使人平靜；在秋天的黃昏演奏「斯利拉格」，可獲得純潔的愛；或是在冬天的午夜聽到「瑪昆撒拉格」，可以讓人勇猛不屈。

古代的先知們發現，這些音律連結著自然與人類。因為自然界是「唵」——這個字代表著最原始的聲音或振動——具體化的表現，人類可以使用某些咒語[7]或旋律來控制所有的自然現象。根據歷史文獻記載：十六世紀愛克巴大帝的宮廷樂師米揚騰森擁有超凡的能力。在正午時分，皇帝命令他唱一首晚上的拉格，騰森吟詠了一篇祈禱文，於是整個皇宮地區旋即籠罩在黑暗中。

印度音樂把八度音階分成二十二個微分音，或稱四分之一音符。這些微分音的音程使得音樂表現出細微的差異，這是西方十二個半音階音程所無法實現的效果。在印度神話裡，八度音階中有七個基本的音調，每一個都與一種顏色和一種鳥或野獸的天然叫聲相對應——Do是綠色，孔雀；Re是紅色，雲雀；Mi是金色，山羊；Fa是淡黃白色，蒼鷺；Sol是黑色，夜鶯；La是黃色，馬；Si是各種顏色的組合，大象。

東方音樂只用三種音階：主調、小和弦、小調；而印度音樂有七十二「撒他」，即音階。音樂家在傳統固定的旋律或音階中即興演奏、盡情揮灑，展現無窮的創造力。印度音樂家不讀譜，每次演奏都在原有的基本音階架構上轉換，巧妙地運用微分音或變奏來加強樂曲的表現。在西方作曲家中，巴哈最了解變奏曲的魔力，有一百多種表達方式，各有微妙的差異。

古代梵文的文獻描述了一百二十種塔拉斯（即節拍）。據說，印度傳統音樂的創始人帕拉塔能在

7 所有民族的民間傳說都提到了對自然具有力量的咒語。眾所周知，美洲印第安人已經發展出呼風喚雨的聲音儀式。偉大的印度音樂家譚森能夠以他的歌聲的力量滅火。加利福尼亞博物學家查爾斯．凱洛格於一九二六年在一群紐約消防員面前演示了音調震動對火焰的影響。「他用一支像是大號的小提琴琴弓，快速地擦過鋁製的音叉，製造出如收音機強烈靜電干擾尖銳刺耳的聲音。瞬間，一只空心玻璃管內兩英尺高的黃色火焰，平息到六英寸高，變成了一團發出劈啪聲的藍色火焰。再用弓嘗試一次，又一次震動尖銳刺耳的聲音，火就熄滅了。」

雲雀的歌聲中分辨出三十二種塔拉斯。塔拉斯或節奏起源於人體的動作——它是走路時間的二倍，是睡覺時呼吸時間的三倍（睡覺時，吸氣時間是呼氣時間的二倍長）。印度人一直都認為：人類的聲音才是最完美的樂器，所以印度音樂基本上都限制在人聲三個八度音階的範圍內。也是出於同樣的理由，強調旋律（連續音符之間的關係）勝於合音（同步音符之間的關係）。

早期先知的音樂家們有一個深層的目的：通過喚醒人類奧祕的脊髓中心，聽到歌手與宇宙之歌相互間的交融。印度的音樂是主觀的、靈性的，而且是個別性的藝術，其目的不在於交響樂式的燦爛，而在於個人與超我間的和諧。在梵文中，音樂家是bhagavathar，意思是「以唱頌讚美神的人」。集體吟誦唱和的「桑可爾坦斯」是一種有效的瑜伽或是心靈訓練方式，它需要深入的專注，以及極度地全神貫注在聲音和意念的根源裡。因為人類本身就是創造之音的化身，對人而言，聲音有著最強烈的、最即時的效果，讓人憶起自己內在神性的源起。

慶典當天，從聖尤地斯瓦爾二樓臥室傳出來的桑可爾坦斯激勵著在蒸汽鍋之間忙碌的弟子們，我和師兄弟們用手打著拍子快樂地唱和著。

夕陽西下之前，我們已經向數百位訪客供應了米和扁豆、蔬菜咖哩和大米布丁。夜幕降臨後，我們在庭院中鋪上棉製地毯，與會者很快地蹲坐在布滿繁星的蒼穹下，安靜且專注地聽著從聖尤地斯瓦爾口中傾瀉而出的智慧。他強調克利亞瑜伽的價值，號召大家自重、平靜、有決心、簡單飲食和規律運動地生活。

接著是一群年輕的弟子唱幾首聖歌，聚會最後在大家一起吟唱詩歌中結束。從夜裡十點到午夜，修道院的成員們忙著清洗鍋碗、打掃庭院。上師叫我到他身旁去。

「我很高興你在過去的一星期以來所做的準備以及今天興高采烈的工作。我希望你在我旁邊，今晚你可以睡我的床。」

我從來沒有想過這份殊榮會降臨在我頭上。我們在極度平靜的靜默狀態下坐了一會兒就躺下了。躺了還不到十分鐘，上師就起身開始穿衣服。

「上師，怎麼回事？」我還沒從睡在上師身旁的意外喜悅中緩過神來，感到一絲虛幻。

「我想到有一些沒有趕上火車的學生很快就會到來。讓我們準備些食物吧。」

「可敬的上師，沒有人會在淩晨一點來的！」

「你就待在床上吧，你已經辛苦了一天。不過我要去煮飯了。」

在聖尤地斯瓦爾堅定的語氣下，我只好跳起來跟著他，到二樓陽臺旁每天使用的小廚房裡去。米飯和扁豆濃湯很快就在爐上沸騰著。

我的上師充滿深情地笑著說：「今晚你克服了疲倦及對辛苦工作的恐懼，將來你再也不會被它們困擾了。」

他剛剛說完這些終身祝福的話，庭院就傳來了腳步聲。我跑到樓下，讓一群學生進來。

「親愛的兄弟，我們在這個時候實在是不願意打擾上師！」一個人道歉地向我說道：「我們弄錯火車時刻表了，可是覺得如果沒有看到上師一眼，我們絕不回去。」

「他已經預料到你們會來，現在正在準備你們的食物了。」

聖尤地斯瓦爾歡迎的聲音傳了下來，我把驚訝的訪客們帶到廚房去，上師向我眨了眨眼。

半個小時之後我跟著他回到了臥室，心中想著，我將睡在一個有如神一般的上師身旁。

16 智勝星相

「穆昆達，你為什麼不戴個星相臂環呢？」

「上師，我需要戴嗎？我又不相信占星術。」

「那不是相不相信的問題。科學的態度是：一個人是否接受一樣東西，取決於它的真實性。不論在牛頓之前還是之後，萬有引力都是一樣有效率地運作著。如果宇宙的法則沒有人類的認可就不運行的話，那將會是一團混亂。

「是那些江湖術士使得星相的科學淪落到如今這般聲名狼藉的地步。星相學中包含的數學及哲學實在是太廣泛了[1]，除非深入地加以了解，否則一般人很難正確地掌握它。在這個不完美的世界裡，如果被不學無術的人錯誤地解釋了天體，我們就無法看出明顯的跡象。不要因為那些所謂的『智者』而摒除真正的智慧。

「宇宙萬物的每個部分都連結在一起，彼此交換著它們的影響力。和諧的宇宙律動就根植於這種相互性。」我的上師繼續說道：「就人類的層面而言，人必須對抗的力量有兩種——第一種是由地、水、火、風及乙太等元素混合所產生的本體內在的波動；第二種是外在自然體的力量。只要人類為他的生存奮鬥，就不可避免地會受到天地間無數變化的影響。

「星相學研究的是人類對行星刺激的反應。星座並沒有善或惡的意識，它們只是放射出或正或負的輻射能。它們本身並不刻意幫助或傷害人類，只提供一個平衡每個人過去所造成的因果的管道。

「一個小孩誕生在天體射線與他個人的因果在數學上形成和諧共振的時刻。他的星相圖是一幅具有預言性的寫照，透露了他無法改變的過去以及未來可能出現的結果。只有具有直覺智慧的人才能正確地解釋出生圖，這樣的人是少之又少的。

「在一個人的出生時刻出現在天空的訊息，並不是用來強調他的個人命運的，而是用來喚醒人類脫離他束縛自我的意志。他以前曾經做過的，他也可以解除。除了他自己，再也沒有人是造成他現在生活的始作俑者。他可以克服任何限制，因為這些限制從一開始就是他自己的行為所造成的，也因為他有靈性，可以不受制於行星的影響。

「迷信星相學所產生的恐懼，會使人更像是機器人，只會盲目地依賴著無意識的引導。有智慧的人將對宇宙萬物的情感轉移至造物主上，因此能不受他的星座的影響——也就是說，不受他的業力束縛。他越是了解自己與靈性的合一，就越不會被物質所控制。靈魂永遠是自由的，它沒有生或死，也不受星座的統轄。

「人就是一個具有肉身的靈魂。當他辨識出自我的本體時，就不必受任何命定的限制。不過，只要他還陷入心靈失憶的困惑狀態中，就會知道自己仍被微妙的世間法則所束縛著。

「神就是和諧，已經與神取得調和的虔信者，他的任何行動不會出現差錯，都能正確且自然地符合星相的法則。在深入地禱告和打坐後，他接觸到了神的意識，沒有比內在的保護力更偉大的力量了。」

「那麼，親愛的上師，您為什麼希望我戴星相手環呢？」在一陣長久的靜默後，我大膽地提出這個問題，同時在這段時間裡我也嘗試著去了解和吸收聖尤地斯瓦爾高深的闡釋。

「一個旅行者，只有當他抵達目的地時，才有足夠的理由丟開他的地圖。在旅程中，他可以利用任何快捷方式。古代的先知發現了許多方法，可以縮短人類流亡於幻相的時期。在因果的法則中，有些不含意識的部分，可用智慧之手巧妙地調整著。

---

1 從古代印度經典中所提到的天文學，學者們可以正確推斷作者的日期。先知們的科學知識是非常了不起的；在《宙希塔曲梵書》中，我們發現印度遠在西元前三一〇〇年前就可以準確地顯示出天體的運行，天文學在那個時候已經高度發展了，並具有決定天文祭典良辰吉時的實用價值。在一九三四年二月號《東方與西方》雜誌中的一篇文章，引用周諦士（《吠陀經》中有關星相學的文章）：「它包括了科學上在這方面所有的知識，使印度領先所有的文明古國，並使她成為追求知識者的麥加聖地。屬周諦士文獻一部分的《婆羅門笈多》是一部星相學的文獻，當中提到：在我們的太陽系中，行星以太陽為中心的運轉；黃道的傾斜度；地球是球狀的；月亮的反射光；地球的自轉；銀河中固定星座的存在；萬有引力定律以及直到哥白尼和牛頓時代才在西方世界出現的其他科學事實。」

現在眾所周知所謂的「阿拉伯數字」是在第九世紀通過阿拉伯人從印度傳入歐洲的，沒有這些符號，發展高等數學會變得很難，而這些符號系統在古代就已經制定好了。要進一步了解印度龐大的科學遺產可參考羅伊博士所著的《印度化學史》、西爾博士所著的《古代印度教徒的實證科學》。

「所有人類的疾病都來自於違反宇宙的法則。經典上指出：人必須符合自然的法則，同時也不要懷疑全能的神。他應該說：『神，我相信祢，也知道祢能夠幫助我，但我也會盡我所能，彌補我所犯下的任何過錯。』如果可以借助一些方法——禱告、意志力、瑜伽打坐、求教於聖者、佩戴星相手環，過去錯誤造成的不好影響就可以減少，甚至消除。

「就像一間房子可以安裝銅棒吸收雷電的衝擊一樣，身體的廟堂也可以通過各種不同的保護方式而受益。幾個世紀以前，我們的瑜伽行者發現：純粹的金屬可以放射出一種很強的靈光，可以中和行星的負面拉力。微細的電磁輻射在宇宙中是不斷循環著的；當一個人的身體受到這些電磁輻射的幫助時，他不知道；當這些電磁輻射處於分解狀態時，他還是不知道。人類其實對電磁輻射所知極為有限。

「這個問題吸引了先知們的注意。他們發現：不只是合成的金屬對人體有幫助，植物以及兩克拉以上完美無瑕的寶石也有幫助。在印度以外的地方，人們很少研究星相學的實際用途。一個鮮為人知的事實是：除非達到足夠的重量，並且要將這些有療效的物質直接戴在皮膚上，否則這些寶石、金屬或是植物的配製都是無效的。」

「上師，我當然會接受你的建議，並戴上手環，不過我被『智勝星相』這個想法給迷住了！」

「對一般性的目的，我建議使用金、銀或銅打造的臂環。如果為了特殊的目的，我希望你使用銀鉛合金。」聖尤地斯瓦爾仔細地指示著。

「可敬的上師，您所說的『特殊的目的』指的是什麼？」

「穆昆達，星座即將對你產生不友善的影響。不用怕，你會受到保護的。在一個月之內，你的肝會給你帶來很大的麻煩。這個病本來預計會持續六個月，但你使用星相臂環後，可以縮短到二十四天。」

隔天，我就找到一個寶石工匠為我打造了一個臂環，並很快就戴上。我的健康狀況良好，上師的預言很快就從我的心中溜走了。後來，他離開塞蘭坡去造訪瓦拉納西。在我們那次談話的三十天後，我突然覺得肝臟部位一陣劇痛，隨之而來的是幾個星期難以忍受有如夢魘的疼痛。我不願意去打擾上師，想著我可以勇敢地獨自忍受這份考驗。

然而，當痛到第二十三天，我的決心鬆動了，我最終還是坐火車到瓦拉納西去了。在那裡，聖尤地斯瓦爾以非比尋常的熱情歡迎我，但沒有給我私下吐露病痛的機會。那天來了許多求道者，他們只為得到加持。我坐在一個角落裡，生著病，但得不到重視。直到晚餐後，所有的訪客都離開了，上師才把我叫過去。

「你一定是為了你的肝病而來。」聖尤地斯瓦爾的眼神移開了。他來回地踱步著，偶而遮住了月光：「讓我算算，你已經病了二十四天，不是嗎？」

「是的，上師。」

「請做我教過你的胃部運動。」

著。

「上師，如果您知道我受的苦，就不會讓我做任何運動了。」不過我還是聽從他，衰弱地嘗試

「你說你會痛，我說你不會痛。這種矛盾怎麼有可能存在？」上師探詢地看著我。

我起初茫然不解，接著心裡就溢滿了解脫的喜悅。幾個星期以來使我幾乎不能睡覺的痛苦再也感覺不到了。在聖尤地斯瓦爾的言辭下，痛苦就好像從未存在過似地突然消失了。

我感激地要跪在他的腳下，但他迅速阻止了我。

「別孩子氣了。站起來，享受恆河美麗的月色吧。」當我安靜地站在上師的身旁時，他的眼睛高興得閃閃發光。從他的態度，我能知道他的想法：真正的治療者是神而不是他。他希望我這麼認為。

直到現在，我還戴著那笨重的銀鉛手環作為那天的紀念，因為那天我才重新發現：自己是跟一個重要的人——實際上是個超人——生活在一起。後來，每次我帶朋友去向聖尤地斯瓦爾請求治療時，他總是推薦寶石或手環，盛讚它們的使用是種星相智慧的行為。

我從小就對占星術存有偏見，一部分原因是我不喜歡看到許多人盲目地依賴它，另一部分原因是我們的家庭星相師對我的預言：「你會結婚三次，做兩次鰥夫。」這件事讓我鬱鬱寡歡，覺得自己好像一隻被命運擺布的羔羊，等著在三次婚姻的祭壇前犧牲。

「你最好順從命運，」哥哥阿南達提道：「你的星相命盤已經印證了你早年會逃離家到喜瑪拉雅山去，但會被迫折回。有關你婚姻的預言也一定會成真。」

有一天晚上，一個清晰的直覺進入我的念頭：那些預言不完全是真實的。我一把火燒掉了那些星相的命盤，把灰燼放在一個紙袋內，在上面寫著：「過去業障的種子經過神智慧之火的灼燒，再也不能萌芽了。」我把袋子放在顯眼的地方，阿南達立刻讀到了我蔑視的評注。

「你不可能像燒毀紙卷似的，這麼容易地改變事實。」哥哥嘲笑道。

他說的沒錯。在我成年之前，家裡三次試圖為我安排訂婚，都被我拒絕了。我知道我對神的愛遠超過任何星相的說服力[2]。

「一個人越是深入自我了悟，他細微的靈性振動對整個宇宙的影響也就越大，而現象世界的變動對他自身帶來的影響就越小。」上師這些話經常鼓舞著我的心靈。

偶爾我會請星相家根據星座的運行判斷出我最壞的時期，並設法完成我在這段期間的工作。的確，在最壞的時期內，我的成功通常伴隨著極大的困難，但我總有足夠的理由支持自己的信念——我對神所持的信心。

我後來了解，一個人的生辰八字所傳達的訊息，與其說一個人是他過去的傀儡，倒不如說是一種榮耀的提醒。天空的星座試圖去喚醒人類脫離每一種限制的決心，神創造的每個靈魂都被賦予了不同的個性，不論他在暫時的角色中是中流砥柱，還是寄生蟲，都是宇宙組織內不可或缺的一部分。只要

---

2 家人為我選擇有可能作為新娘中的一位，後來嫁給我的堂兄普拉哈斯．昌卓爾．高緒。

他願意，就可以得到立刻且最終的解脫，那是取決於內在而非外在的勝利。

聖尤地斯瓦爾發現了一個將現世等分、以二萬四千年為週期的數理[3]。這個週期可劃分成一個上升的圓弧和一個下降的圓弧，每一個圓弧代表了一萬二千年。在每個圓弧內又包含了四個時期：卡莉、德帕拉、崔塔和薩特亞，相當於希臘人觀念中的黑鐵、青銅、白銀和黃金時代。

我的上師通過不同的運算，發現上升圓弧中最近一次的卡莉，或稱作黑鐵時期，始於西元五百年，是物質主義時期，為期一千二百年，大約結束於西元一千七百年。同年德帕拉時期開始，也就是一個為期二千四百年的電與原子能發展的時期，是電報、無線電、飛機，以及其他超越空間的發明爭相湧現的時代。

為期三千六百年的崔塔時代將開始於西元四千一百年，這個時期的特徵是：心電感應及其他超越時間的方式將成為人類常識的一部分。在上升圓弧中最後一個四千八百年的薩特亞時期，人類的智力將得到完全發展，與神的旨意一起和諧地工作著。

一萬二千年的下降圓弧，將開始於為期四千八百年的下降黃金時代[4]，人類將逐漸沉淪到無明中。這些週期是幻相的永恆輪迴，處在宇宙二元對立的現象世界[5]。當人類意識到自己與造物主其實是不可分離的一體時，便會陸續逃離世界二元性的監獄。

上師不僅擴展了我對星相學的了解，還補充了我在經典方面的知識。他將神聖的經典放在他那毫無瑕疵的心靈之前，用直覺推論的手術刀剖析它們，識別出哪些是先知所傳達出的真理，哪些又是學者改過或錯誤的部分。

「把注意力集中在鼻尖。」這個對《薄伽梵歌》詩節[6]的錯誤解釋，曾經普遍被東方的梵文學家及西方的譯者所接受，上師開玩笑地對此批評道：

---

3 一九三二年九月到一九三三年九月，《東方與西方》雜誌上發表了一系列十三篇、聖尤地斯瓦爾對宇迦（又稱為「時」，是印度教中的時代單位）進行歷史驗證的文章。

4 在西元後一萬二千五百年。

5 印度教經文將當前的世界時代，置於較聖尤地斯瓦爾所提及簡單平分的二萬四千年週期更長的宇宙週期中的卡莉期上。經典上宇宙週期的大小是四十三億五十六萬年，並以目前的形式衡量創造日或分配給我們行星系統的生命長度。是從一個創造日或是被分配到我們行星系統現存形態的壽命計算出的。這個由先知傳下來的巨大數字，是根據太陽年的長度和圓周率（3.1416，圓周與直徑的比值）的相乘結果而定的。

根據古代的先知，整個宇宙的壽命是314,159,000,000,000太陽年，或是所謂的「一梵天紀」。科學家們估計地球現在的年齡大約是二十億年，這結論是根據對岩石中放射輻射後遺留下來的鉛塊的研究。印度教經文宣稱，像我們這樣的地球會因以下兩個原因之一而解體：整體居民要嘛變得完全善良，要嘛變得完全邪惡。因此，世界心智產生了一種力量，釋放那些被困著聚集在一起形成地球的原子。

有時報章雜誌會刊登「世界末日」即將來臨的預言。最近巴莎迪那市的隆牧師公開預言世界末日將於西元一九四五年九月二十一日到來，稱那天是「審判日」。合眾國際社記者問我的意見，我解釋說，世界週期按照上帝的計畫有秩序地進行著，地球沒有解體的跡象，我們的星球還處於二十億年的宇宙週期中。先知們所留下來世界壽命各種不同的數位值得西方仔細的研究；《時代雜誌》（一九四五年十二月十七日第六頁）稱它們為「令人放心的統計數據」。

6 《薄伽梵歌》第六章十三節。

「瑜伽行者之路本來就已經很奇特了，」他評論道：「為什麼還要讓他們變成鬥雞眼？Nasikagram這個字的原意是『鼻根』，而不是『鼻尖』。鼻根始於眉心，第三只眼的位置[7]。」

數論派[8]有一句格言：「大自在天—阿須達哈」，意思是「造物主是不能被推論的」或解釋為「神是不能被證實的[9]」——許多學者據此認為這個學派是無神論的。

「這句話並非宣揚無神論，」聖尤地斯瓦爾解釋道：「這句話是對沒開悟的人說的，他們依賴感官做所有的判斷，對神存在的證明仍舊處於未知階段，才說神是不存在的。然而真正數論派的信徒，通過打坐產生了深信不移的洞察，了解到神不但存在，而且是可以認知的。」

上師還完美清晰地解釋過基督教的《聖經》。我就是從這樣一位一般基督徒絕對叫不出來的印度上師那裡，真正學習並領悟到《聖經》的不朽精髓，也了解到基督所主張的真理，這真理就是：「天地要廢去，我的話卻不能廢去。」

印度的偉大上師們，以跟耶穌同樣虔誠的理想來塑造他們的生活。這些人是耶穌的同胞：「凡遵行我天父旨意的人，就是我的兄弟姊妹和母親。」基督指出：「你們只有持續遵守我的道，才真的是我的門徒。你們必曉得真理，真理必讓你們得以自由[10]。」所有自由的人都是自己的主宰。印度那些基督般的瑜伽行者都是永恆家庭的一員，都已經了悟只有「一個父親」的大智慧，達到解脫的境界。

「對我來說，亞當和夏娃的故事是難以理解的！」起初我看到這則寓言後，內心相當激烈地掙扎著：「為什麼神不只懲罰他們兩人，還要殃及他們尚未出世的、無辜的後世子孫？」

我猛烈的感情比無明更讓上師覺得好笑：「《創世紀》是具有深度象徵意義的，不能單純從字面意思上去理解，」他解釋道：「『生命之樹』指的是人類的身體，脊椎就像是一棵倒立的樹，人類的頭髮是它的根，感覺神經與輸出神經是它的樹枝。神經系統的樹上結了許多快樂的果實，它們是色、聲、香、味、觸各種感覺。人類可以正當地享用這些果實，但唯獨禁止去體驗性行為，也就是所謂的『蘋果』——就在身體果園的中央[11]。

「『蛇』代表著盤旋向上的脊椎能量，會刺激著性神經。『亞當』代表理智，『夏娃』代表感情。不論是誰，當他的感情被性的衝動擊敗時，他的理智也就隨之屈服了[12]。

---

7 「你眼睛就是身上的燈。你的眼睛若瞭亮，全身就光明；眼睛若昏花，全身就黑暗。所以，你要省察，恐怕你裡頭的光或者黑暗了。」（路加福音11：34–35）

8 印度六個哲學系統之一。數論派教導經由對二十五原則——始於自然（prakriti），終於靈魂（purusha）——的了解，達到最終的解脫。

9 數論派的《箴言》1：92。

10 聖約翰作證道：「凡接待他的，就是信他名的人，他就賜他們權柄做神的兒女（就是已建立基督意識的人）。」（約翰福音1：12）

11 「我們可以吃園中樹上的果子；唯有園中心那棵樹上的果子，上帝說過，你們不可以吃，或是接觸，不然你們會死亡。」（創世紀3：2–3）

12 「你所賜給我與我同居的女人，她把那樹上的果子給我，我就吃了。耶和華神對女人說，你做的是什麼事呢？女人說，那蛇引誘我，我就吃了。」（創世紀3：12–13）

「神以祂的意志力產生了男人與女人的身體，創造出了人類的種族，並且賦予新的人種以純潔無瑕的『神的方式』生產子女[13]。迄今為止，人類的個體靈魂仍被束縛在出於本能的動物習氣裡，並沒有顯現出完美的智慧。最初上帝造出兩個人類的身體，並象徵性地稱他們為亞當和夏娃。為了有利於演化，祂將其轉化成兩個有靈魂或說是有神性的動物[14]：在亞當或男人身上，理智占了優勢；在夏娃或女人身上，感情表現得豐富。這個安排表現了現象世界內隱含的二元性或是雙極性。只要人類的心靈不被動物的習性——蛇般的能量——所欺騙，理智和感情就可以合作無間。

「因此人類的身體不只是由野獸演化而來的結果，而且是由神特別創造出來的。野獸的形態太過粗糙了，不能展現出完全的神性，只有人類被賦予了極大的心靈能力——腦部裡獨特的『千瓣蓮花』——以及隱藏在脊髓內、同樣可被敏銳喚醒的中心。

「神或顯現在亞當和夏娃內在的神性意識告誡他們：可以享受人類所有感官的覺受，但不要把注意力集中在性上[15]。之所以要禁止這些行為，目的是避免生殖器官的發展，使人類不至於陷入低等動物的繁殖方式，但人類並未聽從這一警告。恢復野獸般的生殖方式之後，亞當和夏娃就從原本自然、完美、無瑕的天堂喜樂狀態中，墜落了下來。

「『善與惡』的知識指的是宇宙二元對立所造成的衝動。錯誤地使用理智和感情，或是所謂的『亞當—夏娃』意識，人類就會在幻相的控制下墜入深淵，喪失了進入天國伊甸園的權利[16]。因此，每個人都有責任與他的『父母』或所謂的二元性恢復和諧，也就是重回伊甸園。」

當聖尤地斯瓦爾結束他的開示後，我對《聖經》有了新的理解和尊敬。「親愛的上師，」我說：「這是我第一次覺得，我對亞當和夏娃有一份子女的義務！」

---

13 「神就照著自己的形像造人，乃是照著他的形像造男造女。神就賜福給他們，又對他們說，要生養眾多，遍滿地面，治理這地，也要管理海裡的魚、空中的鳥，和地上各樣行動的活物。」（創世紀1：27-28）

14 「耶和華神用地上的塵土造人，將生氣吹在他鼻孔裡，他就成了有靈的活人。」（創世紀2：7）

15 「耶和華神所造的，惟有蛇（性的力量）比田野一切的活物更狡猾（任何身體其它的感覺）。」（創世紀3：1）

16 「耶和華神在東方的伊甸立了一個園子，把所造的人安置在那裡。」（創世紀3：1）、「耶和華神便打發他出伊甸園去，耕種他所自出之土。」（創世紀3：23）。上帝最早造出天國的人將他的意識集中在額頭（東方）全能的單眼（第三眼）上。他意志上所有的創造力都集中在那個地方，當他開始使用身體的性質去「耕種土地」時就喪失了。

17 薩西和三塊藍寶石

「既然你和我兒子對聖尤地斯瓦爾的評價如此之高，我會去看看他的。」羅伊醫生說這句話的口氣，彷彿他是在遷就愚蠢的人。我隱藏起我的憤怒，盡量以傳統的寬容對待信仰不同的人。

他是我的朋友，一個獸醫，也是一個根深蒂固的不可知論者。雖然他的小兒子山度士請求我關照他的父親，但是到目前為止，我的幫忙似乎沒有什麼價值，也並沒有取得任何成果。

第二天，羅伊醫生跟我到塞蘭坡修道院去，上師答應跟他見個面。結果見面時，大多數時間裡，雙方相對兩無言，隨後這位訪客就突兀地離開了。

「為什麼帶一個死人到修道院來？」那位來自加爾各答的無神論者一離開，聖尤地斯瓦爾就看著我問道。

「上師！這位醫生活得好好的！」

「但用不了多久，他就會死掉。」

我非常震驚。「上師，這對他兒子是一個多麼可怕的打擊！山度士還希望我能慢慢改變他父親的唯物主義觀點。上師！我懇求您幫助這個人。」

「好，我可以為了你幫幫他。」我的上師面無表情地說道：「這位傲慢的獸醫已經患上很嚴重的糖尿病，但他自己並不知道。十五天之內，他就會臥病在床。醫生們也對他束手無策。從今天算起，六個禮拜以後，本該是他離開這個世界的時間。由於你的祈求，他將在那天恢復健康。不過，我有一個條件：你必須說服他戴上一個星相臂環。毫無疑問，他會像那些手術前的馬兒一樣做出激烈地反抗！」上師輕聲地笑了起來。

接著是一陣沉默。我在考慮如何和山度士一起「誘騙」這位倔強的醫生。聖尤地斯瓦爾進一步透露道：「這個人病好了之後，勸他不要吃肉，不過他不會聽。六個月之內，當他覺得身體再好不過的時候，就會暴斃。這六個月延長的生命，也只是因為你的懇求而賜予他的。」

第二天，我建議山度士在寶石店訂做一個臂環。過了一星期，臂環做好了，但不出所料，羅伊醫生拒絕戴上它。

「我的身體好的很。你們別想用這些星相的迷信來影響我。」醫生挑釁地看著我。

我回想到上師把這個人比做一匹倔強的馬，真是貼切得很。又過了一個星期，醫生突然間病倒，並溫順地同意戴上手環。兩個禮拜之後，他的主治醫生告訴我，他已經沒有希望了。

我搖著頭說：「我的上師說過，發病一個月後，羅伊醫生會康復的。」

醫生懷疑地瞪著我，但兩個星期之後他來找我，臉上帶著震驚的神情。

「羅伊醫生完全康復了！」他驚訝地叫道：「這是我碰到過的最驚人的病例。我從來沒有見過哪個垂死的人會這樣無法解釋地康復。你的上師一定是治病的先知！」

我跟羅伊醫生見過一次面後，有六個月沒有再見到他。此前我曾向他反覆強調聖尤地斯瓦爾要他不再吃肉的忠告。有一天晚上，我正坐在古柏路家中的陽臺上，他剛好經過，停下來跟我聊天。「告訴你的老師，吃肉讓我的體力完全恢復了。他別想用不科學的飲食觀念影響我。」表面看來一點也沒錯，羅伊醫生看起來一副很健康的樣子。

然而，隔天山度士從他家跑來找我：「今天早上父親暴斃了！」

這是我跟上師在一起的日子裡所發生過的最奇怪的事件之一。他不顧這位獸醫的懷疑，治癒了他的絕症，將他在塵世的生命延長了六個月，為的只是我誠摯的懇求。當聖尤地斯瓦爾面臨虔信者緊急的祈求時，他的慈悲是無窮的。

帶大學的朋友去見我的上師是我最自豪的特權。他們之中有許多人只是去看看而已，他們都是宗教懷疑論者。

我的一個朋友薩西在塞蘭坡度過了幾個愉快的週末。上師很喜歡這個男孩，但對他混亂且荒唐的私生活倍感惋惜。

「薩西，除非你改過自新，否則從現在起一年後，你會病得很嚴重。」聖尤地斯瓦爾用充滿深情的眼神注視著我的朋友：「穆昆達可以做證人！以後可別說我沒有警告過你。」

薩西笑了起來：「上師，我的靈魂是願意的，但我的意志力是軟弱的。您是我在世上唯一的救星，除您之外我什麼都不信。」

「你至少應該戴個兩克拉的藍寶石，它可以幫助你。」

「我買不起。如果麻煩真的來臨，無論如何，我尊敬的上師，我相信您會保護著我。」

「一年之內，你會帶三塊藍寶石來。」聖尤地斯瓦爾隱喻地回答道：「但真到了那個時候，它們就都沒有用了。」

類似這樣的對話經常發生著。「我沒有辦法改過來！」薩西常以一副絕望可笑的樣子說：「上師，對我來說，對您的信心比任何寶石都要珍貴！」

一年以後，我去加爾各答拜訪上師，他在弟子納倫巴布的家裡。上午十點左右，聖尤地斯瓦爾和我安靜地坐在二樓的客廳。這時，我聽到前門被打開了，上師挺直了身子。

「是那個薩西，」他沉重地說著：「一年的時間已經到了，他兩邊的肺也完了。他終於還是漠視了我的勸告。告訴他，我不想見他。」

我有點被聖尤地斯瓦爾的嚴肅神情震驚住了，飛快地跑下樓去。果然是薩西，他正要爬上來。

「穆昆達啊！我真希望上師就在這裡。我有預感，他可能會在這裡。」

「是的，但他不希望被打擾。」

薩西突然哭了起來。他從我身旁衝了過去，拜倒在聖尤地斯瓦爾腳下，並拿出三塊美麗的藍寶石。

「無所不知的上師，醫生說我患了急性肺結核，並預測我活不過三個月的時間！我謙卑地乞求您的幫助，我知道只有您可以治癒我！」

「現在才擔憂你的生命是不是晚了一點？帶著你的寶石一起離開吧，它們有用的時間已經過去了。」上師像一尊人面獅身像似地坐著，無情的靜默不時被薩西懇求慈悲的啜泣聲打斷。

憑著直覺，我相信聖尤地斯瓦爾只是在測試薩西對神聖的治癒力量的信心。果然，在堅持了一小時之後，上師的冷漠轉變為同情，凝視著拜倒在地的薩西。

「起來，薩西，你在別人的房子裡造成了何等的騷亂！把寶石退還給珠寶商吧！它們現在已經沒有作用了。不過，你要準備一個星相臂環並戴著它。不用害怕，在幾個星期之內，你就會痊癒。」

薩西充滿淚水的臉上綻放出明亮的笑容，猶如太陽突然照在一幅濕透的風景畫上。「敬愛的上師，我需要服用醫生的處方藥嗎？」

聖尤地斯瓦爾用無所謂的語氣說：「你自己決定吧，要喝就喝，不喝就扔掉，都沒有關係。」他突然加了一句：「現在就離開！趁我還沒有改變心意！」

我的朋友激動地鞠了個躬，匆忙離開了。接下來的幾個星期裡，我去探望過他幾次，驚駭地發現他的情況越來越糟。

「薩西拖不過今晚。」醫生的話，以及薩西現在幾乎只剩一副骨頭的樣子，使我焦急萬分。我火速趕到塞蘭坡去，含著淚水向我的上師報告情況，而他只是冷漠地聽著。

「你為什麼到這裡來煩我？我向薩西保證過他會痊癒的，當時你也聽到了。」

我以極大的敬畏向他鞠躬，然後退到門口去。聖尤地斯瓦爾沒有說任何道別的話，他陷入了一片沉寂，眼睛眨也不眨地半開著，視線飛到了另外一個世界。

我立即趕回加爾各答，來到薩西的家，卻無比驚異地看到我的朋友正坐著喝牛奶。

「穆昆達啊！這是何等的奇蹟！四個小時之前，我覺得上師彷彿出現在房間裡，我可怕的症狀馬上消失了。通過他的恩典，我覺得自己完全好了。」

幾個星期之內，薩西的身體結實了起來，健康情況也比以前任何時候都要好[1]。只不過，面對異常的痊癒，他的反應帶有一絲忘恩負義的味道：他很少再來拜訪聖尤地斯瓦爾！有一天我的朋友告訴我原因：他深切地後悔先前的生活方式，所以羞於面對上師。

我得出的結論是：薩西的病不僅沒有強化了他的意志力，反且損害了他的禮貌。

我在蘇格蘭教會學院前兩年的課程即將結束。我出現在教室的次數很有限，我讀那一點書也只是為了能跟家人和平相處。有兩位家庭教師會定期到家裡來，而我也定期地缺課——這是我大學生涯唯一持之以恆的事！

在印度，成功讀完兩年的學院課程便可以獲得文學預科的文憑，接著再讀兩年就可以拿到學士學位。

1 一九三六年我從一位友人處聽到薩西的健康情況依然很好。

文學預科畢業考試的夢魘迫在眉梢。我逃到普里，上師在那裡待了幾個禮拜。我尷尬地告訴他我對考試毫無準備，隱約地希望他會支持我不去參加畢業考試。

然而聖尤地斯瓦爾笑著安慰我說：「你全心全意地從事你靈性的職責，所以不得不忽略了學院的課業。從下個星期起，你努力專心在你的書本上。放心吧，你會通過嚴酷的考驗，不會失敗。」

我回到加爾各答，抑制住內心的緊張不安，以及偶爾冒出的理性懷疑。望著桌上堆積如山的書本，我突然覺得自己像是一個迷失在荒野中的旅行者。我做了一個長時間的打坐，獲得了一個偷懶的靈感：我隨意地翻開每一本書，只讀打開的那幾頁。我就靠著這種方式，每天學習十八個小時，堅持了一個星期。

接下來，考試的那幾天證明了這一方法的有效性：我竟然通過了所有的測驗，雖然剛好都在及格的邊緣。朋友和家人的道賀聲中夾雜著驚歎聲，這或多或少地洩露了他們的驚訝。

從普里回來時，聖尤地斯瓦爾給了我一個驚喜：「現在你加爾各答的學業已經結束了。我會在塞蘭坡看著你繼續讀完最後兩年大學的課業。」

我困惑了。「上師，在這個鎮子裡並沒有文學學士的課程。」塞蘭坡僅有的高等學府塞蘭坡學院，只提供兩年文學預科的課程。

上師淘氣地笑了起來：「我會著手募款，為你建立一所文學院。我已經太老了，所以我想安排其他人進行這件事。」

兩個月之後，塞蘭坡學院院長霍爾威斯教授公開宣布，他已成功地籌到一筆足夠的基金，可以提供四年的課程。塞蘭坡學院從此變成加爾各答大學的一個分校，而我是第一屆塞蘭坡文學院的學生之一。

「可敬的上師，您對我是如此的仁慈！我一直渴望離開加爾各答到塞蘭坡來，每天在您的身旁。霍爾威斯教授做夢也沒想到您默默地幫了他多少忙！」

聖尤地斯瓦爾裝著一本正經地看著我：「現在你不必花那麼多時間在火車上了，你可以把這些時間用來讀書！也許你以後會比較像一個學者，而不是一個在最後一分鐘臨陣磨槍的人。」

18 巧遇神奇的回教術士

「幾年前，就在你現在住的這個房間，一個神奇的回教術士在我面前展示了四個奇蹟！」聖尤地斯瓦爾首次造訪我的新住處時，這樣對我說道。進入塞蘭坡學院後，我馬上在學校附近一個名為「龐錫」的宿舍裡租了一間屋子。這是一棟面對著恆河的舊式磚造大樓。

「上師，怎麼這麼巧！這些被重新粉刷過的牆壁真的留有古老的記憶嗎？」我帶著被激起的興趣四下打量著這間陳設簡單的屋子。

「這是一個很長的故事。」我的上師微笑著沉湎於往事：「那個回教術士[1]名叫阿夫紮爾・汗。他偶然間與一位印度瑜伽行者相遇，並獲得了非凡的能力。

「在阿夫紮爾還是個小男孩時，他住在東孟加拉的一個小村莊裡。有一天，一個滿身塵土的印度托缽僧向他請求：『孩子，我渴了，給我一些水。』

「『上師，我是一個回教徒，而您是一個印度人。您怎麼能從我手中接受飲料呢？』

「『你的誠實讓我很高興，我的孩子。不過我並不遵守荒唐的教派主義者們的信條。去吧！快拿水給我。』

「阿夫紮爾恭敬地遵從了，瑜伽行者喝了水，用鍾愛的眼光看著他。『你擁有前世的福報。』他嚴肅地說道：『我要教你一個瑜伽法門，讓你能控制一個無形的領域。你將擁有神奇的力量，但你要將這種力量運用在有價值的目的上，絕對不可以用來謀私利！我也看到了，哎！你從前世帶了一些具有毀滅傾向的種子。記住，不要再用新的邪惡行為灌溉它們，使它們發芽。你先前複雜的業力顯示，今生你要以瑜伽的成就來達成人道主義最高的目標。』

「在把瑜伽法門的複雜方法傳授給這位男孩之後，上師消失了。

「阿夫紮爾忠實地修習這個瑜伽法門二十年。他神奇的法術開始引起人們的注意。一個叫『哈拉特』的無形精靈一直伴隨著他，它可以讓回教術士哪怕是最微小的願望都得以實現。

「阿夫紮爾開始忽視上師的警告，濫用他的力量。無論是什麼東西，只要他碰過，再放回去後，很快地就會消失得無影無蹤。這種讓人驚慌失措的法術使得這位回教徒成了一個令人討厭的人！

「他不時地造訪加爾各答的各大珠寶店，假裝買主。在他離開商店後不久，任何被他摸過的寶石就會憑空消失。

「幾百個學生被阿夫紮爾吸引著，經常圍繞著他，希望學到他的法術。他偶爾會邀請他們隨他一起旅行。在火車站，他會設法接觸到一疊車票，然後將這些票退還給售票員，『我改變主意了，這些票我不買了。』可是，當他跟隨售票員坐上火車時，手上卻拿著所有的票[2]。

1 回教的瑜伽行者（fakir），源於阿拉伯文faqir，貧窮之意，原本用在誓言窮困一生的回教術士上。

「毫無疑問，這些事情激起了憤怒的騷動，孟加拉的珠寶商和售票員們都要精神崩潰了！去逮捕阿夫紮爾的員警發現他們根本找不到罪證，回教術士只要說：『哈拉特，把它拿走。』就可以消除所有的證據。」

講到這裡，聖尤地斯瓦爾從座位上站起來，走到我房間的陽臺上，從這裡俯視恆河。我跟著他，渴望多聽一些這個令人困惑的回教大盜的故事。

「這棟龐錫大樓先前屬於我的一個朋友，他認識阿夫紮爾，曾邀請他到這裡來。我朋友還邀了大約二十位鄰居，也包括我。當時我還只是一個少年，對這位聲名狼藉的回教術士相當好奇。」上師笑著說：「我小心謹慎地不戴任何值錢的東西！阿夫紮爾好奇地看著我，然後說道：『你有一雙有力的手。下樓到花園去，拿一塊平滑的石頭，用粉筆把你的名字寫在上面，然後把石頭丟到恆河裡，越遠越好。』

「我照做了。眼看著石頭消失在遠處的水波時，我跑了回去。這個回教徒又對我說：『到這房子前面的恆河邊，裝滿一壺水。』

「我帶回來一壺水之後，這位回教術士就叫道：『哈拉特，把石頭放到水壺裡！』

「立刻，石頭出現了！我把它從水壺裡拿出來，發現我的簽名仍和我寫的時候一樣清晰。

「我的一個朋友也在房中，戴著一隻貴重的古董金錶和一條金鏈子。回教術士用不祥的羨慕檢視了它們。果然，它們很快就消失了！

「『阿夫紮爾！請把我的傳家寶歸還給我。』巴布幾乎要哭了。

「回教術士靜默了一會兒，接著說道：『你在一個鐵製的保險箱裡放了五百盧布，帶來給我，我就會告訴你到哪裡找回你的錶。』

「心煩意亂的巴布立刻回家，不久後又回來，並把阿夫紮爾要求的錢如數交給他。

「『到你房子附近的小橋，』回教術士指示著巴布：『請求哈拉特把錶和鏈子還給你。』

「巴布匆忙離開了。回來時，他帶著輕鬆的笑容，但身上再也不戴任何珠寶了。

「『當我依照指示叫喚哈拉特時，』他聲稱，『我的錶從空中翻滾而下，落到我的右手中！當然，在我回到這裡之前，我已把傳家寶鎖在保險箱裡了！』

「巴布的朋友們目擊了這齣贖回金錶的鬧劇，都憤慨地瞪著阿夫紮爾。阿爾紮夫趕忙安撫大家：

「『請說出任何你們想要的飲料，哈拉特會製造出來。』

「一些人要求牛奶，還有一些人要果汁。當失去鎮定力的巴布提出要威士忌時，我並不太震驚！回教徒指示下去，收到命令的哈拉特送來一個密封罐子，從空中砰砰地落在地板上。每個人都得到了他想要的飲料。

「當天第四個戲劇化的表演，無疑地使我們的主人非常滿意：阿夫紮爾提議，他要供應一頓即時

2 後來我的父親告訴我，他的公司孟加拉－那格浦爾鐵路局也是阿夫紮爾的受害公司之一。

的午餐！

「『我們點最貴的菜，』巴布不甘心地提議道：『為了那五百盧布，我要一頓精緻的大餐！每樣菜都要用金製的盤子盛著！』」

「在每個人都點好菜之後，回教術士就向哈拉特下達命令，接著就傳來一陣巨大的碰擊聲，金製的淺盤上裝滿了精緻的咖哩、熱麵包，還有許多不是當季的水果，從不知名的地方來到我們的腳下。所有的食物都很可口，在盡情地享受了一個小時的美味之後，我們陸續離開房間。然後聽見一聲巨響，盤子好像被堆積起來似的。我們轉身去瞧，房間裡已經沒有任何盤子或是殘羹剩肴的跡象了。」

「可敬的上師，」我插嘴道：「如果阿夫紮爾輕易就能獲取像金製盤子這類的東西，他為什麼還要貪圖別人的財物呢？」

「回教術士在靈性上並沒有高度地發展，」聖尤地斯瓦爾解釋道：「他精通某種瑜伽的法門，使他能夠進入一個任何慾望都可以立即實體化的靈界。通過哈拉特在靈界的力量，這個回教徒可以用強大的意志力從乙太的能量中召喚原子，形成他想要的任何物質。只不過，這種靈界的產物會逐漸消失，不能久留。阿夫紮爾還是渴望得到物質世界的財富——它們賺來得比較辛苦，卻更具有持久性。」

我笑了起來：「世間財富有時也會消失，而且以更加難以解釋的方式！」

「阿夫紮爾不是一個了悟神的人，」上師繼續說道：「只有真正的聖人才能完成永久的奇蹟，因為他們已經與全能的造物主調和一致了。阿夫紮爾只是一個普通人，無意間擁有了穿入一個細微國度的特殊能力，而那通常是一般人死後才能進入的地方。」

「現在我了解了，可敬的上師。死後的世界看起來也有它的迷人之處。」

上師點頭同意：「那天之後，我再也沒見到過阿夫紮爾。幾年之後，巴布到我家給我看一篇報導，那是回教徒發表的公開懺悔。我是從那裡才知道阿夫紮爾早年時曾接受過一位印度上師的傳法。」

聖尤地斯瓦爾還依稀記得那篇公開報導後半部分的重點，內容如下：「我，阿夫紮爾．汗，之所以寫下這些文字，除了表示悔過外，還要警示那些追尋神通法力的人。多年來，我濫用了神和我的上師慈悲賜予我的神奇能力，在自大中忘乎所以，覺得自己超越了平常的道德法律。我受報應的時刻終於到了。

「最近我在加爾各答城外的路上碰到一個老人。他痛苦蹣跚地走著，帶著一個看起來像是金子的東西。我心中起了貪念於是叫住他，『我是阿夫紮爾．汗，偉大的回教術士。你帶著什麼東西？』

「『這個金球是我唯一的物質財富，回教術士是不可能對它有興趣的。先生，我懇求你治好我的跛足。』

「我摸了摸金球，沒有回答就走開了。那個老人蹣跚著追我，很快就叫了起來：『我的金子不見了！』

「不過我毫不在意。突然間他從虛弱的身體裡怪異地發出宏亮的聲音，說道：『難道你不認得我了嗎？』

「我驚訝地站住，仔細打量他，終於發現了答案，但為時已晚。這個不起眼的跛子不是別人，正是很久以前將瑜伽法術傳授給我的那位聖人。他挺直了身體，瞬間變得強壯而年輕。

「『就這樣吧！』我的上師帶著熾熱的眼光：『我親眼看到你用你的力量，不是去幫助痛苦的人，而是像小偷一樣地掠奪財物！我將收回你的法力。從現在起，哈拉特不再聽命於你了。在孟加拉，你再也不能為所欲為了！』

「我以痛苦的聲音召喚著哈拉特，這是頭一次，他沒有出現在我的靈視裡。內在一道黑暗的帷幕突然升起，我清楚地看到了我那褻瀆神的前半生。

「『我的上師，感謝您，消除我長久以來的幻想。』我在他的腳下啜泣著，『我想拋棄世俗的野心，退隱到山谷中獨自冥想神。我只希望能彌補過去的罪惡。』

「我的上師沉默憐憫地注視著我。『我感覺到你的誠意，』他最後說道：『由於你早年絕對地服從，也由於你現在的懺悔，我將給你一個恩賜。現在你其他的力量都消失了，但不論何時，只要你需要食物和衣服，你還是可以成功地召喚哈拉特，請他提供給你。你將隱居在山林裡，全心全意地專注於了解神。』

「接著，上師就消失了，只留下我帶著眼淚和恥辱。再見了，世界！我要去尋求摯愛的神的寬恕了。」

19 上師的分身

「無神論經常困擾著我，而且有些時候會疑惑：未經開發的靈魂潛能是否存在？人如果不去探索生命，難道不會錯過他真正的命運嗎？」

這些話是我在龐錫宿舍的室友迪仁說的，我邀請他去見上師，我告訴他：

「聖尤地斯瓦爾會傳克利亞瑜伽給你，通過確認內在神性，可將二元對立的騷亂平息下來。」

那天晚上我和迪仁一起去修道院。我朋友的心靈因為上師的在場而立刻得到平靜。很快地，他就成為修道院的常客。占據著日常生活的俗務並不能滿足人類內心深處的需求，智慧也是一種天生的渴求。迪仁和我都在塞蘭坡學院主修文學，我們習慣一下課就去修道院。我們經常看到聖尤地斯瓦爾站在二樓的陽臺上，微笑地歡迎我們。

一天下午，一位年輕的修道院成員卡耐在門口告訴迪仁和我一個令人失望的消息。

「上師不在，他被緊急召喚到加爾各答去了。」

第二天我收到上師寄來的明信片。「星期三早上我會離開加爾各答，你和迪仁九點到塞蘭坡車站接我。」

星期三早上八點半左右，我突然心電感應到聖尤地斯瓦爾傳來的訊息：「我會晚點到，不用九點來接我。」

我把最新的訊息告訴迪仁，他已穿好衣服準備離開了。

「你和你的直覺！」我朋友的口氣帶著嘲笑，「我寧願相信上師留下來的白紙黑字。」

我聳聳肩膀，安靜地坐下來。迪仁咕噥地抱怨著走向門口，把門用力地關上。

因為房間內相當暗，我走到窗口俯看著街道。微弱的陽光突然間光亮無比，窗戶上的鐵條都看不見了。在這耀眼的背景中清晰地出現了聖尤地斯瓦爾的身影。

我既困惑又震驚，從椅子上起來，跪在他面前，以習慣的姿勢在上師的腳下碰觸他的鞋子表示尊敬的歡迎。我很熟悉這雙繫著鞋帶的橘色帆布鞋。赭色的僧袍掠過了我，我清楚地感覺到的不僅是他僧袍的質地，還有鞋面上的沙粒，以及從鞋裡凸出來的腳趾頭。我驚訝地說不出話來，站起來滿臉疑惑地看著他。

「我很高興你收到我的心電感應。」上師的聲音平靜而且正常，「我現在處理完了加爾各答的事情，會搭乘十點抵達塞蘭坡的火車。」

我還是啞口無言地看著他，聖尤地斯瓦爾繼續說道：「這不是幻影，而是我的血肉之軀。神喻令我給你這種在世界上極少人能做到的體驗。到車站接我，你和迪仁可以看到我就以現在這樣的穿著，走向你們。在我前面的，是一位同車帶著銀壺的小男孩。」

上師將雙手放在我的頭上，並低語著祝福。當他以再見作為結束時，我聽到奇異的隆隆聲[1]，他的身體在耀眼的光芒中開始逐漸消失，首先是他的腳和腿，接著是他的軀幹和頭，就像一幅卷軸被收了起來。到最後，我可以感覺到他的手指頭輕輕地放在我的頭髮上。光輝褪去了，什麼都沒有留下，在我面前只剩下窗戶和一縷微弱的陽光。

我還處在恍惚和混亂中，懷疑自己是不是在做白日夢。很快地，氣餒的迪仁回來了。

「上師不在九點的火車上，也不在九點半的車上。」我的朋友以失望的口氣告訴我。

「我知道他會在十點鐘到達。」我不由分說地拉著迪仁的手，帶著他跟我一起出門。十分鐘後，我們到了車站，火車已經噴著煙停了下來。

「上師的靈光充滿了整列火車！他必定在這火車上！」我高興地喊著。

「你夢到了？」迪仁嘲弄地笑著。

「我們在這裡等一下。」我告訴我的朋友上師接近我的方式與細節。當我描述完以後，聖尤地斯瓦爾就出現在我們的視線裡，穿著與我先前看到一樣的衣服，接著一個帶著銀壺的小男孩慢慢走過來。

有那麼一刻的時間，我對這前所未有、不可思議的事情打了個冷顫。我覺得二十世紀唯物主義的世界從我身上溜走了，難道我回到了耶穌從海上出現在彼得面前的古代時光？

1 身體的原子非物質化時特有的聲音。

當這位現代基督似的瑜伽行者走到迪仁和我的面前時，我們一動也不動地站著，上師對我的朋友笑著說：「我也送了訊息給你，但你無法收到。」

迪仁沒有作聲，懷疑地看著我。送上師回到修道院之後，迪仁和我走向塞蘭坡學院。迪仁在路上停了下來，怒氣衝天。

「哦！上師送了訊息給我！但你把它藏了起來！你得給我解釋！」

「如果你心靈的鏡子是如此無休止地波動著，是無法收到上師的指示，我能幫什麼忙？」我反駁道。

迪仁臉上的憤怒消失了。「我知道你的意思了，」他失望地說著，「但請你要告訴我，你怎麼會知道那個帶著壺子的小孩。」

當我講完了上午上師出現在宿舍的故事後，我們也到了塞蘭坡學院。

「我剛才所聽到有關上師法力的描述，」迪仁說，「讓我覺得世上所有的大學都是幼稚園而已。」

20 中斷的喀什米爾之旅

「爸爸，暑假期間，我想請上師和四個朋友陪我到喜瑪拉雅山麓去。您可以提供六張到喀什米爾的火車票和旅費給我嗎？」

如我所料，父親笑起來了。「這已是第三次聽到你同樣的請求了。去年夏天和前年你也提過類似的要求？到最後，聖尤地斯瓦爾拒絕陪你一起去。」

「那是真的，爸爸，我不知道上師為什麼不願意給我有關喀什米爾[1]確切的指示。但如果我告訴他我準備好車票和旅費，我想這次他會同意去的。」

父親並不相信，但隔天在一陣嘲弄我之後，他交給我六張車票及一張十盧布的鈔票。

「我不認為你的旅行需要這麼多旅費和車票，」他說，「不過它們全都在這裡。」

那天下午，我向聖尤地斯瓦爾展示我的戰利品。雖然他對我微笑著，但他的話卻很含糊：「我是願意去的，再看看吧。」當我要求他的小弟子卡耐跟我們一起去時，他沒有說什麼。我也邀請了另外

1 雖然上師沒有作任何解釋，那兩個夏季他不願意去喀什米爾，可能是已經預知他在那裡生病的時機尚未成熟（參閱第21章）。

三位朋友——羅真得拉、奧迪和另外一個男孩。出發的日期定在下個星期一。

星期六和星期天一位堂兄在我家舉行結婚典禮，我待在加爾各答。星期一一大早我就帶著行李到了塞蘭坡。羅真得拉在修道院門口碰到我。

「上師出去散步了。他不會去了。」

我既難過又固執。「我不會給父親第三次機會嘲笑我妄想去喀什米爾的計畫。走吧，無論如何，我們其他人都會去。」

羅真得拉同意陪我去。我離開修道院想去找一個僕人。我知道上師不去，卡耐是不會去的，但需要一個人照顧行李。我想到了貝哈里，他曾在我家做過僕人，現在在塞蘭坡一位校長的家幫傭。我很快往前走，在塞蘭坡法院的基督教堂前，碰到了上師。

「你去哪裡？」聖尤地斯瓦爾的臉上沒有笑容。

「上師，我聽說您和卡耐都不參加我們的旅行。我準備去找貝哈里。您記得去年他很渴望去喀什米爾，甚至願意提供免費的服務。」

「我記得。不過，我想貝哈里也不會去。」

我很生氣。「他正熱切地等待這個機會呢！」

上師默默地離開。我很快到了那位校長家，貝哈里在庭院中，當我提到喀什米爾時，他親切熱情的招呼突然間消失了，然後低聲說著抱歉離開了我，進入他雇主的房子內。我等了半個小時，焦急不安地安慰自己，貝哈里的耽擱一定是因為他在準備行李。最後我敲了前門。

「貝哈里大約在三十分鐘前由後面的樓梯離開了。」一個人告訴我，嘴角掛著些微的笑意。

我失望地離開，我很納悶是不是我的邀請太強求了，或是上師看不見的影響力在運作著。再次經過基督教堂時，我看到上師慢慢地向我走來。沒等我開口，他就高聲地說道：「看來貝哈里不去了！現在，你有什麼計畫？」

我覺得自己像個固執的小孩，決意去反抗專橫的父親。「上師，我要去請求伯父把他的僕人賴．達利借給我。」

「如果你想要的話，就去見你的伯父吧，」聖尤地斯瓦爾輕聲笑著，「但我想你不會稱心如意的。」

我帶著憂慮離開上師，進入塞蘭坡法院。我的伯父沙拉達．高緒是政府檢察官，他熱情地接待了我。

「我今天想跟幾個朋友去喀什米爾，」我告訴他，「幾年以來，我一直期盼這趟喜瑪拉雅山之旅。」

「穆昆達，我為你高興。有什麼事我可以幫忙，讓你的旅行更為順利嗎？」

這些話鼓起了我的勇氣。「親愛的伯父，」我說道，「您能不能把你的僕人賴．達利借給我？」

我簡單的請求卻帶來了地震般的反應。伯父猛地跳起來，連椅子都翻了，桌上的紙張四處飛散，還有他那支長柄水煙袋都掉在地上。

「你這個自私的年輕人，」他憤怒顫抖地咆哮著，「這是什麼荒謬的想法！如果為了你愉快的旅行帶走我的僕人，誰來照顧我？」

我隱藏起驚訝，想著和藹可親的伯父態度突然的轉變，在這完全不可理解的一天內，又是一樁難解的謎。與其說我是體面地離開法院，毋寧說是狼狽地逃離。

我回到修道院，朋友們已經聚集在那裡。我越來越相信上師的態度背後有著充分的、也可說是極度隱祕的理由。我開始為違反上師的意願而後悔。

「穆昆達，你不願意跟我多待一會兒嗎？」聖尤地斯瓦爾問道，「羅真得拉和其他人可以先走，在加爾各答等你。你們還有充足的時間去搭乘晚上最後一班由加爾各答開往喀什米爾的火車。」

「上師，我不在乎您不跟我們一起去。」我悲哀地說道。

我的朋友一點也沒有注意到我的話。他們叫了一輛出租馬車，帶著所有的行李離開了。卡耐和我安靜地坐在上師的腳下。沉默了半小時後，上師起身走向二樓用餐的露臺。

「卡耐，請準備好穆昆達的食物，他的火車快要開了。」

當我從毯子上爬起來時，胃突然可怕地翻滾著，伴隨著噁心的感覺，我踉蹌著走向上師。刺痛是如此的強烈，我覺得好像突然被扔到某個兇暴的地獄裡。我摸索到上師那裡，倒在他的面前，所有可怕的霍亂症狀侵襲著我。聖尤地斯瓦爾和卡耐扶我到房間去。

我被痛苦折磨著，哭喊道：「上師，我把生命交給您了。」

聖尤地斯瓦爾把我的頭放在他的膝蓋上，如天使般溫柔地撫摸我的額頭。

「你現在知道了，如果你現在跟朋友在車站會發生什麼樣的事情，」他說道，「我必須以這種奇怪的方式照顧你，因為你懷疑我對這個特殊時間去旅行的判斷。」

我最後了解到，偉大的上師們很少需要公開展示他們的法力，一個偶然的旁觀者可能會覺得那天所發生的一連串事情是很自然的。上師的介入隱祕到讓人難以發覺。他以極其隱祕的方式將他的意願通過貝哈里、我的伯父、羅真得拉和其他人實現，每個人，除了我以外，可能都認為這些情況是很合理的。

聖尤地斯瓦爾從未違反他的社會責任，他派卡耐去找一個專科醫生，並通知我的伯父。

「上師，」我抗議道，「只有您能治好我，對任何醫生來說，我的病都無法醫治。」

「孩子，你在神的仁慈保護之下。不用擔心醫生，他不會認為你有什麼病。你已經被治癒了。」

隨著上師的這些話，難以忍受的痛苦離我而去。我虛弱地坐起來。醫生很快就到了，並仔細地檢查著我。

「你看起來已經度過了最危險的時候了。」他說。

第二天早晨，醫生趕過來，我精神奕奕地坐著。

「很好，很好，你在這裡有說有笑，好像並沒有瀕臨過死亡的邊緣。」他輕拍我的手說道，「當我檢查發現你的病是霍亂之後，根本想不到你還會活著。年輕人，你真幸運，有一位有神的治癒力量的上師！這點我是確信的！」

我完全同意。當醫生準備離去，羅真得拉和奧迪出現在門口，他們看到醫生和我仍有些蒼白的臉，臉上的憤怒轉為同情。

「當你沒有按照約定出現在加爾各答火車站時，我們很生氣。你生病了？」

「是的。」當我的朋友把行李放到昨天相同的位置時，我忍不住笑了起來，說道：「一艘船要去西班牙，當它到達時，它又回來了！」

上師走進房間，我深情地抓住他的手。

「可敬的上師，」我說，「從十二歲開始，我好幾次嘗試要去喜瑪拉雅山都沒有成功。現在我終於相信了，沒有您的祝福，女神帕瓦蒂[2]是不會接待我的！」

---

2 帕瓦蒂（Parvati）字義是「屬於山的」，在神話中代表著喜瑪雅（Himavat）或聖山的女兒，是給沙克蒂（shakti）或濕婆神配偶的名字。

21 喀什米爾之旅終於成行

「現在你已經可以去旅行了。我會陪你去喀什米爾。」在我從霍亂奇蹟似地恢復後兩天，聖尤地斯瓦爾告訴我。

那天晚上，我們一行六人乘火車北上。我們第一個停下來的車站是西姆拉，一個坐落在喜瑪拉雅山麓上像皇后般高雅的城市。我們在陡峭的街道上閒逛，欣賞著壯麗的景色。

「英國草莓！」一位老婦人蹲坐在景色如畫的市場上叫賣著。

上師對這種紅色的水果很好奇，他買了一籃，並拿給身旁的卡耐和我品嘗，我嘗了一口，隨即吐到地上。

「上師，太酸了！我是永遠不會喜歡草莓的！」

上師笑了起來。「哦！在美國你會喜歡它們的。那裡，在一次晚餐中，你的女主人會給你加著糖和奶油的草莓。她用叉子把草莓壓碎後，你會嘗一嘗並說：『多麼美味的草莓啊！』接著你就會記起在西姆拉的這一天。」

我當時並沒有把聖尤地斯瓦爾的預言放在心上，但許多年後，在我到達美國不久後，這個預言出現了。我在位於麻薩諸塞州薩默維爾的愛麗絲．哈塞夫人的家中作客，當一道草莓甜點放到桌上時，女主人拿起了她的叉子，壓碎草莓，加上奶油和糖。「這種水果相當酸，我想你會喜歡這種吃法。」她說道。

我吃了一口，說道：「多麼美味的草莓啊！」上師在西姆拉的預言立即從我深遠記憶的洞穴中浮現出來。

我們很快離開了西姆拉，坐車到了拉瓦品第。在那裡我們租了一輛由兩匹馬拉著的大馬車，開始了一段為期七天到喀什米爾首府斯里納迦的行程。在我們北上的第二天，雄偉的喜馬拉雅山進入了視野。當馬車的鐵輪子緩慢地輾軋在石頭路上時，我們沉醉在群山壯麗的景色裡。

「先生，」奧迪跟上師說，「有您神聖地陪同，我非常享受這些壯觀的景色。」

我對奧迪的謝意感到一陣欣喜，因為我自認是這趟旅遊的主辦人。聖尤地斯瓦爾看出我的想法，轉過來跟我耳語道：

「不要自以為是！奧迪對這些風景著迷的程度，遠不及他想離開我們去抽根菸。」

我震驚了。「上師，」我低聲說道，「請不要用這些不愉快的話破壞我們和諧的氣氛，我不相信奧迪想要抽菸[1]。」我憂慮地看著我無法反駁的上師。

「很好，我不會跟奧迪說任何事情。」上師輕聲地笑道，「不過你很快就會看到，當馬車停下來時，奧迪馬上就會逮住機會。」

馬車來到一家小旅社。當馬匹被帶去喝水時，奧迪詢問著：「先生，您介意我跟車伕一起騎一會兒馬嗎？我想呼吸些外面的空氣。」

聖尤地斯瓦爾答應了，但跟我說：「他想要的是新鮮的菸而不是空氣。」

馬車繼續在塵土飛揚的路上前進。上師眨眨眼睛，指示我說：「伸長你的脖子，看看奧迪到底在呼吸些什麼。」

我遵從了，驚訝地看到奧迪正在吐著煙圈，我對聖尤地斯瓦爾的眼神充滿了歉意。

「您一直都是對的，先生。奧迪正吐著煙欣賞著風景。」我猜我的朋友向馬車伕要了一根菸，我知道奧迪從加爾各答沒帶菸來。

我們繼續走在錯綜複雜的路上，在沿途的景色中，有遍布的河流、山谷、懸崖峭壁和無數重疊的山巒。每個晚上我們都停在鄉下的客棧，自己準備食物。聖尤地斯瓦爾特別注意我的飲食，堅持我每頓飯都要有萊姆汁。我還是很虛弱，但每天都在恢復中，不過嘎嘎作響的馬車絕對不是為了舒適而設計的。

當我們接近喀什米爾時，心中都充滿了興奮的期待，蓮花湖上的樂園、水上花園、有遮篷的船屋、基拉姆河，還有落英繽紛的牧場，都被雄偉的喜瑪拉雅山環繞著。我們經過一條林蔭大道後來到斯里納迦。我們在一棟兩層可以俯瞰壯麗丘陵的旅館訂了房間。由於旅館裡沒有水，我們必須到附近

1 在印度，在長者或是上師面前抽菸是不敬的行為。

的水井去取水。這裡夏日的天氣非常理想，白天溫暖，晚上則有些涼意。

我們到斯里納迦供奉商羯羅的古廟去朝聖。當我凝視著山頂上的修道院時，進入了禪定的狀態：我看到遠處出現了一棟位在山頂上的大樓；在我面前高聳的商羯羅古廟變成了一棟高樓。幾年後，我在美國建立了自悟會的總部。當我第一次造訪洛杉磯，在華盛頓山頂看到那棟大樓時，馬上就認出它是我在喀什米爾的禪定中所見到的大樓。

我們在斯里納迦停留了幾天，接著繼續上到六千英尺高的貢馬。在那裡，我第一次騎上高大的馬，羅真得拉騎上一匹喜歡快跑的小馬。我們冒險走上陡峭的奇蘭瑪，通過茂密的森林，走在兩旁彌漫著霧氣的危險小路上。但即使是在最危險的彎道處，羅真得拉的小馬也不讓我那匹大馬有喘息的機會，牠毫不倦怠地跑著，目空一切，樂此不疲地和我們比賽。

我們激烈的比賽伴隨著令人興奮的景色。這是我有生以來第一次看到白雪覆頂的雄偉的喜馬拉雅山，山巒層層疊疊，像是巨大北極熊的側面剪影。我盡情地欣賞著在蔚藍的晴空綿延的雪山。我與同伴們，穿著大衣在山坡上閃閃發亮的雪地上打滾。在下山的旅途中，我們看到遠方一大片黃色的花海，使得寸草不生的冷峻山丘煥然一新。

下一站是著名的賈罕吉爾大帝的皇家「快樂花園」——位於夏里瑪和尼夏特花園之間。坐落在尼夏特花園的古代宮殿直接蓋在天然瀑布上，從山上急衝而下的水流，經過巧妙設計的控制，流過五顏六色的階梯，湧進了佇立在燦爛奪目的萬花叢中的噴泉。水流也流經了宮殿的幾處廂房，最後像小仙子似的匯聚在湖泊中。巨大的花園中充滿了繽紛的色彩——各種不同顏色的玫瑰花、金魚藻、熏衣草、三色菫和罌粟花盛開著。外面有成排翠綠的懸鈴木、扁柏和櫻桃樹對稱地圍繞著，遠處能看到雪白的喜瑪拉雅山神聖莊嚴地聳立著。

在加爾各答，喀什米爾的葡萄被認為是稀有的美味。羅真得拉希望在抵達喀什米爾後，會有一頓名副其實的盛宴，卻失望地發現，這裡根本沒有大型的葡萄園。我偶爾會揶揄他那不切實際的期望。「啊，我的肚子塞滿了葡萄，再也走不動了！」我說道，「無形的葡萄在我體內發酵了！」後來我聽說甜美的葡萄產地其實是在西喀什米爾的喀布爾。我們吃到了「羅普里」——一種用濃縮的牛奶做成的冰淇淋加上整顆的開心果聊以自慰。

我們旅程中搭乘了幾趟西卡拉斯[2]或是船屋，上有紅色刺繡遮蔭的頂篷，沿著達勒湖錯綜複雜有如蜘蛛網般的水道上前進。這裡有許多以木頭和泥土臨時搭成的簡陋的水上園圃，使人非常驚奇，我第一次看到蔬菜和甜瓜在廣大的水面上生長著。

在這享有盛名的溪谷中，我們可以看到所有地球美景的縮影。喀什米爾像是一個貴婦，以山嶺為皇冠，湖泊為花環，花朵為鞋子。在以後的歲月裡，當我遊歷過許多地方後，才知道為什麼喀什米爾被譽為「世上景色最秀麗的地方」。它有瑞士阿爾卑斯山、蘇格蘭洛蒙德湖的魅力，以及英格蘭湖泊

2 靠人力划動的小船。

的優美雅致。美國遊客在喀什米爾會發現有許多地方讓他們想起粗獷壯麗的阿拉斯加和靠近丹佛的派克懸崖。

若論及風景名勝的選美大賽，第一名我會頒給墨西哥華麗的索奇米爾科，在那裡，山嶺、藍天與白楊倒映在無數的水道上、嬉戲的魚群中；另外一個是由被冷峻的喜瑪拉雅山看守著美麗的姑娘般守護著的喀什米爾湖上。這兩個地方在我的記憶中脫穎而出，它們是世界上最美麗的地方。

不過當我看到美國黃石國家公園、科羅拉多州的大峽谷和阿拉斯加的奇觀時，也驚歎不已。黃石公園也許是世界唯一可看到無數噴泉年復一年像時鐘般規律地噴向高空的地方；它的蛋白石、深藍色的水池、硫磺溫泉，還有熊和其他野生動物都反覆地提醒著我們，在這裡，大自然留下了她最初形成時的創作樣貌。坐著汽車沿著懷俄明州的公路到「魔王的水彩罐」去，你會看到冒泡的熱泥漿、汩汩流動的泉水、氤氳的噴泉，以及向四方噴射的間歇泉。可以這麼說，黃石公園值得頒發一座特別獎。

加州優勝美地谷古老宏偉的紅杉林，向上伸展它們巨大的樹幹，直到深不可測的天空，這是神巧妙設計的天然綠色教堂。雖然東方有美妙的瀑布，但沒有一個比得上加拿大邊境尼加拉瓜大瀑布奔騰的美。肯塔基州的毛象窟和新墨西哥州卡爾斯巴洞窟內五彩繽紛的鐘乳石柱是人間絕美的仙境，鐘乳石長長的針狀結晶從洞頂懸垂而下，映照在地下水中的倒影，形成一幅人類對其他世界想像的圖案。

喀什米爾的印度人以美麗聞名世界，他們的膚色白晰像歐洲人，相貌和骨架也極為類似，許多人藍眼金髮，穿上西式的衣服，看起來就像是美國人。喜瑪拉雅山的寒冷保護著喀什米爾人免於陽光的炙曬，並維持著他們淺淡的膚色。當一個人越往印度的南方和熱帶地方旅行時，會發現人們的膚色愈來愈深。

在喀什米爾過了幾個愉快的星期後，我必須返回孟加拉上塞蘭坡學院秋季的課。聖尤地斯瓦爾則和卡耐、奧迪留在斯里納迦。在我離開前，上師暗示著他的身體在喀什米爾會有不適。

「上師，您看起來很健康。」我反駁道。

「我甚至有可能會離開這個世界。」

「可敬的上師！」我懇求地拜倒在他腳下，「請答應我現在不要離開。我完全沒有準備好沒有您還要繼續活下去的日子。」

聖尤地斯瓦爾沉默著，但他慈悲地向我笑著，讓我覺得放心。我不情願地離開了。

「上師病危。」我回到塞蘭坡後不久接到奧迪的電報。

「上師，」我急切地發電報給上師，「我請求您答應我不要離開我。請留住您的身體，否則我也會死。」

「如你所願。」這是上師在喀什米爾的回覆。

幾天後，奧迪送來了一封信，告訴我上師已經康復了。過了兩個星期，上師回到塞蘭坡，我傷心地發現他的體重比過去減輕了一半。然而對他的弟子來說，卻是幸運的，因為聖尤地斯瓦爾利用在喀什米爾發高燒的火，燒掉了他們許多業障。高深的瑜伽行者知道如何移轉肉體疾病；強者可藉著承擔弱者的重擔來幫助弱者。靈性高超的上師可以分擔弟子由於過去的行為所造成的業障，而將他們身體或精神上的困擾減到最少。就像一個富人替揮霍無度的兒子清償大筆的債務，使得他兒子免於因自己的愚昧所導致的悲慘結局一樣，一個上師也可以犧牲肉體的健康來減輕弟子的不幸[3]。

瑜伽行者通過一種神祕的方法，可以連結自己與那些受苦的人彼此的心和靈界，疾病可部分或全部地轉移到聖人的身上。由於在物質的層次上已經領悟到了神，上師不會在乎發生在肉體上的事。雖然他會為了減輕他人痛苦而讓自己的身體患上某些疾病，但他的心靈從不會受到影響。能夠提供這種幫助，他認為自己是幸運的。

他在這個世界的工作是減輕人類的憂傷，不論是通過靈性的方式、理性的忠告、意志力或身體疾病的移轉。任何時候，只要他願意，一位上師可隨時遁入超意識而持續忘卻肉體上的病痛。有些時候，為了給弟子作榜樣，他會選擇堅忍地承受肉體上的痛苦，通過承擔他人的病痛，一位瑜伽行者可以為他們還清因緣果報。

靈性的法則並沒有要求一位上師在治癒另一個人的時候就要生病。聖人通常知道各種不同治癒的方法，可以讓人馬上痊癒，而且不會傷害到自己。然而在極少數的情況下，當一位上師希望他的弟子在靈性上有大幅地進展時，會自願地在自己身上消除弟子們很多不好的業障。

耶穌自願替許多人贖罪。如果不是他願意配合宇宙微妙的因果關係，憑藉他的神力[4]，他不可能被釘死在十字架上。但他以這樣的方式承擔了他人——尤其是門徒——的業力果報。耶穌通過這種方式，高度淨化了自己的門徒，也使得無所不在的神性意識，後來降臨到他們的身上。

只有自我了悟的上師可以移轉自己的生命能量，或是轉移他人的疾病到自己身上。普通人無法使用這種癒病的瑜伽方法，也不應該這麼做，因為一個不健全的肉體工具是對進入神性的禪定是一種障礙。印度的經典教導，人類首要的職責就是保持身體的健康，否則他的心靈就無法虔誠地專注。

不過非常堅強的心靈可以超越所有身體的困境而達到悟神的境界。許多聖人無視病痛，成功地到達他們追尋的天國。像阿西西的聖方濟被病痛嚴重地折磨著，但他能治癒他人，甚至將死人救活。

我認識一位印度聖人，他的身體曾經有一半都是疼痛的膿瘡。他因為嚴重的糖尿病，以致在正常的狀況下，甚至不能一次靜坐超過十五分鐘，但是他心靈的志向卻是堅不可摧的。「主啊，」他祈禱著，「祢願意進到我這間損壞的殿堂嗎？」就這樣，他以永不止息的意志力，逐漸地每天能夠以蓮花座的姿勢連續靜坐十八個小時，全神貫注在禪定的極樂境界中。

「而且，」他告訴我說，「在第三年後，我發現無限的光，在我破碎的身體內閃耀，讓我忘記身體的存在。後來我看到，憑著神的慈悲，讓我的身體變得完整了。」歷史上記載著在印度建立蒙兀兒

3 許多基督教聖徒，包括德雷絲・紐曼（見第39章），都熟悉形而上的疾病轉移法。

4 基督被帶去釘在十字架之前說：「你想我不能求我父現在為我差遣十二營多天使來嗎？若是這樣，經上所說事情必須如此的話怎麼應驗呢？」（馬太福音26：53-54）

帝國的巴爾國王（一四八三－一五三〇）癒病的事件。他的兒子胡默元王子病危，這位父親極度痛苦地祈禱著，希望自己能承受兒子的病痛，讓兒子恢復健康。在所有的醫生都放棄希望後，胡默元竟然康復了，但國王馬上染病並死於與他兒子同樣的疾病。

很多人想像每個靈性的上師都有、或者應該像運動家山度一樣的健康和力量，但這種假設是沒有根據的。一個有病的上師並不表示他無法與神的力量接觸，就如同健康的身體不見得更能彰顯內在的光輝。換言之，身體的狀況並不能幫人們正確地評價一位上師。他特殊的品格必須在他自己的領域，也就是精神中去尋找。

西方許多迷惑不解的求道者錯誤地認為，一位善於形而上學的演說家或作家必定是大師。然而，事實證明，真正的上師是要能隨意進入止息的狀態，並維持在不間斷的無餘三摩地[5]的能力。只有通過這些成就，才能證明此人已經掌握幻相或宇宙二元性所創造的幻覺。只有他一個人可以真正了悟地說：「真正存在的只有『一體』。」

偉大的一元論者商羯羅寫道：「吠陀經記載，無知的人自滿於能分辨出『個體靈魂』與『至上真我』之間微妙的差異，無異於是自陷險境。由於無知而衍生的二元對立，人們認為萬物與自我是截然不同的，看一切事物都有分別心。若能視萬物為一體時，甚至連一粒原子都是全宇宙。

「一旦了悟真理，就再也不必經歷過去行為的果報，也由於身體的不真實性，就彷彿大夢初醒一樣。」

只有偉大的上師能夠承擔弟子們的業障。聖尤地斯瓦爾除非已經得到內在聖靈的應允，使用這種奇特的方式幫助弟子，否則他不會在喀什米爾生病的。只有極少數的聖人像我的上師一樣，已具備與神諧和的能力，用更敏銳的智慧去執行神的指令。

當我冒昧地說些同情他身體消瘦的話時，上師高興地說著：「生病也是有它的優點的，現在我可以穿得下那些已經好多年沒穿、尺寸過小的內衣了！」

聽到上師愉快的笑聲，我想起了聖方濟各沙雷氏的話：「一位聖人若是悲哀的，那他就是一位可悲的聖人。」

5 參看第26章註9。

22 石雕聖像之心

「作為一名忠誠的印度妻子，我並不願意抱怨自己的先生，但我希望他能改變唯物主義的觀點，他嘲笑我對著房間內聖人的畫像打坐。親愛的弟弟，我深信你能夠改變他，你願意嗎？」

大姊羅瑪懇求地看著我。我正在她加爾各答的家中做客。她的請求打動了我，在我早年的生活裡，她對我的靈性啟發有很深的影響，她的慈愛填補了母親死後留下來的缺憾。

「親愛的姊姊，我當然會盡我所能。」我微笑著，希望能消除她心中的鬱悶。

羅瑪和我坐了一會兒，安靜地祈禱著神的引導。早在一年前，姊姊就要求我傳給她克利亞瑜伽，在這方面她的進步很顯著。

我突然有一個靈感。「明天，」我說，「我要到達森斯瓦爾神廟去。請妳跟我去，並說服妳的丈夫一起來。我覺得在那神聖地方的氛圍中，神母會打動他的心。不過在妳要求他去的時候，不要告訴他此行的目的。」

姊姊滿懷希望地同意了。次日一大早，我很高興看到羅瑪和她的先生已經準備好要一起去。當我們的出租馬車沿著上環路走向達森斯瓦爾神廟時，我的姊夫薩提斯以嘲弄過去、現在及未來的靈性上師自娛。我注意到羅瑪無聲地流著眼淚。

我的姊姊烏瑪小時候的樣子。

我跟姊姊羅瑪（左）和妹妹娜莉尼。

「姊姊，高興點！」我低聲說道，「不要讓妳先生認為我們在意他的嘲笑。」

「穆昆達，你怎麼會崇拜這些一無是處的騙子？」薩提斯說道，「隱士的長相令人反感，不是瘦得只剩下皮包骨，要不嘛就是胖得像隻大象！」

我大笑起來，這反而惹惱了薩提斯，他繃著臉陷入了沉默。當馬車進入達森斯瓦爾神廟的廟堂前時，他諷刺地笑著說：「我想這趟旅行是一個改造我的預謀？」

我轉過頭去，不理會他，他抓住我的手臂。「年輕的和尚先生，」他說，「不要忘了跟廟方安排好我們的午餐。」

「我現在要去打坐，不要擔心你們的午餐，」我直接地回答道，「神母會看顧我們的。」

「我相信神母不會為我做任何事，但我的確認為你應該為我的午餐負責。」薩提斯的語氣充滿威脅。

我獨自走到卡莉大殿前的大廳，找了一個有柱子陰影的地方，將身體盤成蓮花座。雖然那時才七點，但早晨的太陽很快地就會熱得令人難以忍受了。

當我虔誠地入定時，世界消褪了。我的心專注在卡莉女神上。上師聖羅摩克里希那特別崇敬祂，廟堂的石雕聖像經常顯靈與他交談，回答他極度苦惱的困惑。

「靜默的石像之母，」我祈禱著，「每當祢親愛的弟子羅摩克里希那請求祢時，祢就充滿了生命；祢是否也能留意祢這個弟子的渴望呢？」

伴隨著平靜的冥想，我強烈的熱情無限度地擴增著。然而，五個小時過去了，女神沒有回應我，我有一點沮喪。有時神會以延遲回應禱告者來作為一種測試，但祂最終會對鍥而不捨的虔誠者以祂認同的任何形態出現。一位虔誠的基督徒會看到耶穌，一位印度人會看到克里希納、卡莉女神，或是一道擴展著的光——如果他的崇拜是不具有人相的。

我不情願地睜開眼睛，看到廟門已被一位僧人鎖上了。我起身步入了庭院，在正午的烈日下，鋪著石頭的地面熾熱無比，我光著的腳被燙得很痛。

「神母，」我無聲地抗議著，「祢不回應我，現在祢又隱身在廟門之後。我今天是代表我的姊夫向祢提出特殊祈求的。」

我內在的祈求立即被認可了。首先，一陣愉快消暑的清涼感從我的背部直灌到腳底，消除了所有的不適。然後令我驚訝的是，神廟變得非常巨大，它的大門緩慢地打開了，出現了卡莉女神的石像，石像逐漸變成活生生的形體，微笑地對我點頭打招呼，使我充滿了難以形容的喜悅。好像有一股神祕的力量將氣息從我的肺中吸走。我的身體變得完全無法動彈，但並不僵硬。

接著，我的意識慢慢擴張。我可以清楚地看到，距我左邊恆河有幾英里遠的地方，越過神廟，看到整個達森斯瓦爾地區，所有建築物的牆面都透明發亮，穿過它們，我看到人們在遠處走來走去。

雖然我已經停止呼吸，而且我的身體處在一種奇特安靜的狀況下，不過我還是能夠自由地移動我的手腳。有幾分鐘的時間，無論我是閉上或張開眼睛，都可以清楚地看到整個達森斯瓦爾的全景。

天眼就像X光可以穿透所有的事物；神的眼睛，無所不在。站在太陽照耀的庭院裡，我重新了解到，當人們停止專注如夢幻泡影般毫無基礎的物質世界，不再是神浪蕩的兒子時，人就能再度繼承永恆的王國。如果「逃避真相」是人的需求，並被自己狹隘的性格所束縛，那麼，面對無所不在的神，人可以逃到哪裡呢？

我在達森斯瓦爾神聖的體驗中，只有廟宇和女神的形象不同尋常地擴大了，其他東西看起來仍舊是它們正常的大小，不過每一個物體都被包圍在一層柔和的光圈中——有白色、藍色和淺淡的彩虹色。我的身體輕盈地有如空氣，隨時可以飄浮起來。我完全清楚地意識著周圍的環境，環顧四周並走了幾步，並沒有妨礙到我極樂體驗的連續性。

在廟堂牆壁的後面，我突然看到姊夫坐在一株多刺的孟加拉蘋果樹下。我毫不費力地就可以知道他的想法。在神聖的達森斯瓦爾的影響下，他的內在靈性多少被提升了一些，但對我還是不太友善。我直接轉向了慈悲的女神。

「神母，」我祈求著，「祢願不願意改變我姊夫的靈性？」

美麗的女神像，至此都是沉默的，最後終於說話了：「你的祈求被應允了！」

我快樂地看著薩提斯。好像已經察覺到某種靈性的力量在運作，他忿恨地從地上站起來。我看到他朝我跑來，揮動著拳頭接近我。

所有神聖的體驗消失了。我再也看不到榮耀的女神，高聳的廟堂失去了它的透明性，恢復到原先的大小。我的身體在強烈的太陽下再度熱得難以忍受。我匆忙走到廊下的蔽蔭處，薩提斯憤怒地追著我。我看看錶，已經下午一點了；女神顯靈持續了一個小時。

「你真是個白癡，」姊夫脫口而出：「你在這裡盤著腿，鬥雞眼似的坐了六個鐘頭，我來回走動地看著你。我的食物呢？現在廟門已經關了，你忘了通知廟方準備我們的食物！我們沒有午飯可吃了！」

女神出現的欣喜還在我心中蕩漾著，我大膽地叫道：「神母會供應我們的！」

薩提斯怒不可抑。「這是最後一次了，」他咆哮道：「我倒要看看你的神母在沒有事先安排的情況下，如何給我們食物！」

當廟裡的一個僧人穿過庭院朝我們這邊走來時，姊夫幾乎說不出話來。

「孩子，」他對我說：「我注意到你打坐了幾個小時，臉上洋溢著安祥。今天早上我看到你們的到來，就覺得要為你們準備豐富的午餐。供應食物給沒有事先要求的人是違反廟堂規定的，但你是個例外。」

我向他道謝，直視著薩提斯的眼睛。他滿臉通紅，啞口無言，羞愧地垂下了頭。我們享用了一頓豐盛的大餐，包括了不是當季的芒果，我注意到姊夫的胃口很小。他迷惑地沉思著。在回加爾各答的路上，薩提斯的態度軟化了，偶爾會看著我。自從僧人出現邀請我們午餐後，他再也沒說過一句話。

第二天下午，我到姊姊家去看她，她親切地歡迎我。

「親愛的弟弟，」她叫道，「真是奇蹟！昨天晚上，我先生在我面前竟然哭了。「『尊敬的女神』，他說，『你弟弟改造我的計畫成功了，我的快樂是難以形容的。我會彌補以前在妳身上所犯的每一個錯誤。從今晚開始，我們的大臥房只用來打坐，妳的小禪房變成我們睡覺的地方。我真誠地懺悔，不應該嘲笑妳的弟弟。由於我可恥的行為，我會懲罰自己不再跟穆昆達講話，直到我在靈性的路上取得長足進步為止。從現在開始，我要在內心深處尋求神母，有朝一日我一定會找到祂的！』」

幾年以後，我到德里探訪姊夫，非常高興地得知：他在自我了悟上已有高度的發展，而且還很有福氣地體驗到神母顯靈。當我跟他住在一起時，我注意到薩提斯雖然有嚴重的疾病，而且白天還要忙於工作，但他每天晚上都將大部分的時間用來打坐。

我心裡冒出一個想法：姊夫的壽命不長了。羅瑪一定察覺到了我的心思。

「親愛的弟弟，」她說道：「我身體健康，而我先生卻是病著的。不過我要你知道，作為一個忠誠的印度妻子，我會先死[1]。我離死去的日子不遠了。」

姊姊不祥的話讓我感到震驚，但我了解那些話是真實的。大約在她預言後一年，我在美國的時候，姊姊死了。事後小弟畢修告訴我詳情。

「羅瑪死時和薩提斯都在加爾各答，」畢修告訴我：「那天早上，她穿著婚禮時穿過的華麗衣服。

「『為什麼要穿這麼華麗的衣服？』薩提斯問道。

「『今天是我在世界上服侍你的最後一天，』羅瑪回答道。沒過多久，她就心臟病發。當她的兒子急著衝去找醫師時，她說：『兒子，不要離開我。那是沒用的，我會在醫生趕到之前就走了。』十分鐘後，羅瑪握著丈夫的雙腳以示尊敬，沒有痛苦地去世了。

「姊姊死後，薩提斯變得非常孤僻，」畢修繼續說道，「有一天他和我在看一張羅瑪微笑的照片。

「『妳為什麼笑呢？』薩提斯突然叫了起來，好像他的太太還活著，就在現場。『妳認為先我一步離開是聰明的。我會證明妳是永遠不會離開我的，很快地，我就會跟妳會合。』

「雖然此時薩提斯已經完全從疾病中康復，身體狀況非常良好，但就在他看著照片自言自語後不久，他就在沒有明顯原因的情況下過世了。」

就這樣，薩提斯在達森斯瓦爾從一個凡夫俗子蛻變成一個沉默寡言的聖人。他和我最親愛的大姊羅瑪，兩人都是在預知死期下過世，功德圓滿。

1 印度教妻子認為，如果她先於丈夫去世，這是她靈性進步的象徵標誌，作為她對丈夫忠誠服務或是「在工作中死亡」的證明。

23 拿到大學文憑

「你都不做課本上的作業，你想不費力氣地靠『直覺』通過考試。可是除非你多用點功讀書，否則你是不可能通過這門考試的。」

塞蘭坡學院戈夏爾教授嚴厲地對我說。如果不能通過他的期末考筆試，我就沒有資格參加畢業考試。這是加爾各答大學的教授們定的制度，塞蘭坡學院是它的分校之一。印度的大學生若在學士學位的期末考中有任何一科不及格，來年就得重考所有科目。

同學們都叫我「瘋和尚」。我在塞蘭坡學院的老師們對我都很友善，他們也沒有嘲弄我的意思。「穆昆達有點過度沉迷在宗教裡。」他們讓我避開回答課堂上的問題，躲掉答不出來的窘境；他們相信期末考筆試，會把我從文學士候選人的名單上剔除。

我採取了一個巧妙的辦法來應付戈夏爾教授的威脅。當期末考試成績即將公布時，我請一位同學陪我去教授的研究室。

「跟我來，我需要一名證人，」我告訴同學，「如果我不能以機智取勝的話，我會非常地失望。」

我問戈夏爾教授他給了我什麼樣的成績，他搖搖頭。

「你不在及格名單裡，」他斬釘截鐵地說著，同時在放置他桌上的一大疊試卷中查找，「你的試卷根本不在這裡，因為你沒有參加考試。」

我低聲笑起來。「先生，我參加了考試。你可以讓我自己在這堆卷子裡頭找找看嗎？」

教授愣了一下，同意了。我很快地就找到自己的試卷，試卷上我只寫上座號而沒有寫上名字。在不知我名字的情況下，老師給我的試卷評了高分；我引用教科書的內容如實的作答。[1]

教授識破了我的手法，大聲叫道：「純粹是無恥的好運！」他補充道，「你一定無法通過文學士畢業考試的。」

在其他科目的考試中，我接受了一些人的指導，特別是我親愛的朋友和堂兄弟。雖然過程痛苦，但我最終成功地以每科最低標準通過了期末考。

上完四年的大學，現在我具備了參加文學士畢業考試的資格。然而，我一點都不在乎擁有這個資格。塞蘭坡學院的期末考比起加爾各答大學艱難的文學士考試，只是小孩子的遊戲。我幾乎每天都去看聖尤地斯瓦爾，很少去學校。事實上，我的出現比缺席更會引起同學們的詫異！

我習慣每天早上九點半騎著腳踏車出發。手裡拿著給上師的禮物——我在龐錫宿舍花園摘的一些

1 我必須客觀地評價戈夏爾教授，承認我們之間緊張的關係不是他的問題，而完全是因為我的缺席。戈夏爾教授有非常豐富的哲學知識，他一直都是位傑出的演講者。在以後的日子，我們達成了真誠的相互理解。

花朵。上師會熱情地歡迎我，邀我共進午餐。我總是欣然同意，很高興地將學校的顧慮拋在腦後。跟聖尤地斯瓦爾在一起幾個小時後，將近午夜時，我才戀戀不捨地回到宿舍。偶而我會整晚留下來，全神貫注於他的談話，幾乎沒有注意到東方已經發白了。

有一天晚上，大約十一點鐘，當我正在穿鞋時[2]，上師嚴肅地問我。

「你文學士的考試什麼時候開始？」

「還有五天，上師。」

「我希望你都已經準備好了。」

我愣住了，一隻鞋子還提在半空中。「上師，」我解釋道，「您知道我整天都跟您在一起，而不是跟那些教授們。我怎麼能去參加那些艱難的畢業考試，讓自己鬧笑話呢？」

聖尤地斯瓦爾的眼神嚴厲地看著我。「你必須參加。」他的口氣冷靜且不容辯駁，「我們不能給你父親和其他親戚藉口，批評你偏好修道院的生活。你只需要答應我你會去考試，盡你所能地答題。」

我抑制不住地淚流滿面，覺得上師的命令不近情理，而且他的關心也太遲了。

「如果您希望的話，我會去的，」我在啜泣中說著，「但我已經沒有足夠的時間做準備了。」我低聲地咕噥著，「我會將您的教導填滿整張卷子！」

第二天我同往常一樣的時間來到修道院，心中帶著一些憂傷，嚴肅地獻上了花。聖尤地斯瓦爾嘲笑著我悲哀的樣子。

「穆昆達，神曾經讓你在考試中或別的地方失敗過嗎？」

「沒有，上師。」我溫和地回應著，感恩的回憶像蘇醒的洪流般流入。

「對神強烈的熱情，而不是懶散，阻止了你追求學院優異的成績。」上師體貼地說著。沉默了一會兒，他引述道，「你要先追求神的國度和祂的正義，接著所有這些東西都會加諸於你。」

我覺得在上師的面前，我的重擔消失了。當我們提早結束午餐時，他建議我回龐錫去。

「你的朋友羅米西還住在宿舍嗎？」

「是的，上師。」

「跟他聯絡，神會讓他幫助你準備考試。」

「太好了，先生。可是羅米西非常忙，他是我們班上的優等生，並且比其他人修更多的課。」

上師對我的反駁置之不理。「羅米西會有時間給你的。現在就去。」

我騎著單車回到龐錫，在宿舍院子碰到的第一個人就是博學的羅米西。他的日子好像很休閒，並親切地同意了我羞怯的請求。

「當然，我隨時為你服務。」那天下午，他花了幾小時輔導我功課。接下來的幾天，他堅持幫我

2 在印度的道場，弟子都要脫鞋。

複習其他科目。

「我相信英國文學很多題目都會集中在恰爾德·哈羅德所走過的路線[3]，」他告訴我，「我們必須馬上找到一本地圖。」

我趕緊到沙拉達伯父家借了一本地圖。羅米西在歐洲地圖上把拜倫式的傳奇英雄所到過的地方畫上了記號。

有幾個同學圍過來聽。「羅米西的猜題是錯的，」其中一個人評論道，「通常有一半的問題是跟文學作品本身有關，另一半則是考作者的生平。」

次日參加英國文學的考試，我第一眼看到試題時，感激的眼淚奪眶而出弄濕了試卷。監考人員來到我桌旁同情地問我怎麼了。

「上師預言到羅米西會幫我的忙，」我解釋道，「看，羅米西口告訴我的問題就在試卷上！我很幸運，今年有關英國作家的考題很少，他們的生平對我而言就像無字天書一樣難解！」

當我回去時，宿舍裡一陣騷動。那些嘲笑羅米西教導的男孩敬畏地看著我，恭賀聲一直縈繞在我的耳邊。在考試的那個星期，我花了很多時間跟羅米西在一起，他選出他認為教授可能會考的問題。一天天地考試，羅米西猜測的考題幾乎都出現在考卷上。

這個奇蹟事件在學院內廣為流傳，大家紛紛傳說心不在焉的「瘋和尚」看起來會通過考試。我沒有去掩蓋這個事實，學院的教授沒有權力去改變加爾各答大學的試題，因為是加爾各答大學的教授出的題目。

一天早上，當我仔細回憶英國文學的考試時，發現我犯了一個嚴重錯誤。有一組試題分為兩部分：A或B以及C或D。我沒有兩組問題都擇一回答，卻不小心地只回答了第一組的兩個問題，而沒有回答第二組的問題。也就是說，我所能得到的最高分數是三十三分，比起及格的三十六分還少三分。我匆忙地跑到上師那裡去，訴說我的不幸。

「上師，我犯了一個不可原諒的錯誤。我不配得到通過羅米西帶來的神的恩典，我實在是不值得。」

「高興點，穆昆達。」聖尤地斯瓦爾的語調輕鬆。

離開修道院時，我心情平靜了許多——雖然從數字上看起來我很難及格。

當我回到宿舍時，無意中聽到一個同學說：「我剛剛才知道，今年英國文學考試及格的分數降低了。」

我快速衝進那個男孩的房間，他驚慌地看著我，我急切地問他。

「長髮和尚，」他笑容滿面地說，「為什麼突然對學校的事情有興趣了？為什麼在最後關頭才關心？不過及格的標準剛剛降到三十三分，這是千真萬確的事。」

---

3 《恰爾德．哈羅爾德遊記》是拜倫的長篇敘事詩，也是他的成名作。

我快樂地跳回房間，跪下來讚美神的完美無缺。

每天意識到神存在的喜悅充滿著我，清楚地感覺到祂通過羅米西來指引我。一件重要的事件發生在有關孟加拉文的考試上，羅米西並沒有幫我補這科，當我正要前往考場時，他把我叫回去。

「羅米西在叫你，」一位同學不耐煩地跟我說，「不要回去，我們會遲到的。」

我沒有理會他，便跑回宿舍去。

「通常我們孟加拉男孩可以輕易地通過孟加拉文考試，」羅米西告訴我，「但我有個預感，今年教授們計畫以古典文學上的問題來當掉學生。」接著我的朋友簡要地敘述了孟加拉著名的慈善家維地亞薩格爾的兩則故事。

我謝過了羅米西，快速地騎腳踏車到學校的考場去。孟加拉文的試題果然包含了兩部分，第一個是「試舉兩例有關維地亞薩格爾的慈善事蹟」。當我在紙上寫下答案時，我輕聲地感謝羅米西最後時刻的召喚。如果我不知道維地亞薩格爾對人類（最後也包括到我自己）的慈善行為，我是不能通過孟加拉文考試的。只要有任何一科不及格，我明年就得被迫重考所有的科目。

考卷上第二個問題是「用孟加拉文寫一篇影響你最深的人的生平短文。」各位讀者，我想我不再需要告訴各位我寫誰了。當我一頁又一頁地寫著對我上師的讚美時，我微笑著發現我低聲咕噥的預言已成真了：「我會將您的教導填滿整張卷子！」

在哲學科目上我沒有請教羅米西。我相信自己在聖尤地斯瓦爾長期的薰陶下，已經很有把握，不用理會教科書上的知識。結果我的哲學一科拿到最高分，其他科目都剛好及格而已。

還有一件令人愉快的事，我無私的友人羅米西最後以優等成績獲得學位。

父親對我順利畢業很高興。「我以為你不會通過考試，穆昆達，」他承認道，「你花那麼多的時間跟上師在一起。」事實上，上師是已看出父親沒有說出來的責備。

幾年來，我一直不確定是否有這麼一天能看到自己的名字後跟著文學士的頭銜。事實上，我很少用到此頭銜，因為想不到神為什麼會授予我這一個禮物。我偶爾會聽到大學畢業生提到他們在大學裡塞滿的知識，在畢業後只有極少部分還有用，這讓我的愧疚感稍微減輕些。

在加爾各答大學接受學位的那天，我跪在上師的腳下，感謝所有從他生命中流向我的祝福。

「穆昆達，起來。」他從容地說，「神只是發現讓您畢業比重新安排太陽和月亮的升起更簡單！」

24 加入僧團

「上師，父親希望我能夠接受孟加拉—那格浦爾鐵路局的一份行政工作。但我已經明確地拒絕了。」我滿懷希望地補充道，「上師，您能讓我出家嗎？」我祈求地看著我的上師。之前的幾年，為了探測我的決心，他總是拒絕我同樣的請求，然而今天，他慈愛地笑了。

「很好，明天我就讓你正式加入僧團。」他平靜地繼續說道：「我很高興你堅守出家的願望。拿希里．瑪哈賽常說，如果夏天你不邀請神成為你的客人，在你生命中的冬天祂也不會來。」

「親愛的上師，我加入僧團的願望，就如同對您的尊敬一樣從沒動搖過。」我以無限的感激笑著說。

「未婚的人，為神的事情擔憂，想如何能使神高興；但已婚的人，在意世俗的事情，想如何能使妻子高興。」[1]我分析過很多朋友的生活，他們經歷了一些靈性的訓練以後結婚了，便很快地在世俗責任的海洋裡，忘記了深入禪定的決心。

對我而言，將神放到生命次要的地位是不可思議的。雖然祂是宇宙唯一的主人，生生世世地傾注大量恩賜給我們，但有一樣東西是祂不會擁有的，那就是人類的愛——每個人都可以好好把握這份愛或散發出來。造物主費盡千辛萬苦，祕密地將自己隱藏在宇宙萬物的每一個原子裡，只有一個可能的動機——仁慈地希望人類通過自由意志去尋求祂。

第二天是我人生中最值得紀念的日子之一。記得那是在一九一四年七月，大學畢業幾個星期後的一個晴朗的禮拜四。在上師塞蘭坡修道院內的陽臺上，他把一塊白色的絲綢染成傳統僧袍的赭色。布乾了以後，上師把它當成出家的僧袍披在我身上。

「有一天你會去西方，那裡的人比較喜歡絲綢，」他說，「我為你選擇絲綢，取代傳統的棉布。」

在印度，在僧人信奉的清貧理想中，穿著絲綢的僧袍是頗為不尋常的。不過，依然有許多瑜伽行者穿著絲綢，因為它比棉布更能保存身體某些細微的能量流動。

「我不喜歡形式，」聖尤地斯瓦爾說道，「我為你舉行不拘泥於形式的皈依儀式。」

僧團皈依儀式很複雜，包括火祭儀式，屆時將會舉行象徵性的葬禮，代表弟子的身體在智能的火焰下已燒成灰燼，然後對新生的僧人詠唱「靈魂就是梵天」[2]或「你就是那個」或「我是祂」。不過，聖尤地斯瓦爾喜好簡單，省掉所有的繁文縟節，只要求我選一個新的法名。

---

1 哥林多前書7：32-33。

2 從字面上看，「這個靈魂就是聖靈」，至高無上的精神、非被創造者，是完全絕對的（不是這個，也不是那個），但在吠檀多中經常被稱為「薩特—屈特—阿南達」，即存在—智能—幸福。

「我給你自主選擇的權利。」他微笑著說。

「尤迦南達，」我想了一下，回答道。這個名字的意思是：經由神聖的融合（瑜伽）獲得無上喜樂（阿南達）。

「就這樣。放棄你的俗家名字穆昆達・拉爾・高緒，從現在開始，你就稱為尤迦南達，屬於僧團中的吉利宗。」

當我跪在聖尤地斯瓦爾的面前，第一次聽他念我的法名時，我的心中溢滿了感激之情。他是多麼慈愛，讓一個叫穆昆達的男孩變成了僧人尤迦南達！我高興地唱了幾節讚美聖主商羯羅的梵文誦詞：

我非心非智非自我，亦非覺；
我非天非地，亦非物。
我是祂，我是祂，神聖之靈，我是祂！
無生無死，亦無分別心；
無父無母，一無所有。
我是祂，我是祂，神聖之靈，我是祂！
超越幻想的羽翼，我無形，
充滿所有生命的手足；

我無拘無束；我是自由，永恆的自由，
我是祂，我是祂，神聖之靈，我是祂！

每一位僧人都隸屬於古代商羯羅所創立流傳至今的僧團[3]。出家是一個正式制度，出家師父一脈相傳，成為積極的領導者，沒有人可以自封為僧人，只有已出家的僧人才能讓俗人出家，因此所有的僧人追本溯源都是同一個上師——聖主商羯羅。無論是發誓謹守清貧、禁欲和服從靈性的導師，還是許多天主教、基督教的修士，都是如此。

印度僧人通常除了用阿南達作為法名的字尾外，也使用頭銜來代表他屬於僧團中十個宗派的哪一派。這十個宗派包括：吉利（山），即是聖尤地斯瓦爾．吉利，也就是我所屬的宗派；其他如薩迦爾（海）、帕拉提（土地）、阿蘭亞（森林）、普里（道路）、提爾塔（聖地）和薩拉斯瓦蒂（自然的智慧）等。

因此僧人所接受的法名有著雙重意義，它代表了通過一些神聖的品質或狀態——愛、智慧、奉

3 商羯羅有時也稱為商羯羅阿闍梨（Shankaracharya），Acharya 的意思是「宗教老師」。商羯羅的所處的時代經常是學術爭論的中心。一些記錄表明這位無與倫比的一元論者生活在西元前五一〇年至西元前四七八年；西方歷史學家認為他是西元八世紀晚期的人。讀者若對商羯羅對於《吠檀多經》著名的闡述有興趣的話，可以參考保羅．德森博士精心翻譯的英文《吠陀哲學系列》中找到。商羯羅的短篇作品摘錄可以在《聖商羯羅阿闍梨精選集》中找到。

獻、服務、瑜伽——所達到的無上喜樂（阿南達），以及與表現在無限廣大的海洋、山嶺、天空中的自然和諧。

由於擁有無私奉獻於全體人類的理想，放棄了個人野心的牽絆，大多數的僧人在印度或偶爾會在國外的土地上，積極從事人道主義和教育工作。一個僧人無視於種姓階層、信仰、膚色、性別或種族的偏見，奉行著四海之內皆兄弟的戒律。他的目標是要與靈性完全合一。不論是在清醒或睡覺時，「我是祂」的想法都充斥著他的意識，他安心地雲遊在世界上。所以，只有他自己可以證明自己是否符合僧人的頭銜——尋求與真我合一的人。毫無疑問，並非所有正式冠上僧人頭銜的人，都一樣成功地達到了他們崇高的目的。

聖尤地斯瓦爾是一個僧人，同時也是個瑜伽行者。嚴格地說，一個出家人不見得能成為一名瑜伽行者。任何人，只要修行與神連結的科學方法，就可以成為一位瑜伽行者，他可以是已婚或未婚的，也可以是在家或出家的人。出家人或許只是遵循枯燥的戒律與捨棄塵世作為行為標準，但瑜伽行者則以明確的方式逐步訓練自己的身體和心靈，使靈魂得以解脫。瑜伽行者所進行的修練不僅僅是單憑信念或在感情上認為理所當然就去做，而是由早期的聖人們所制定出來並經過印證的一系列功法。在每一個時代，印度都有人憑藉著瑜伽，達到真正的解脫。

像其他科學一樣，瑜伽適用於各種氣候下、不同時代的人。先前某些無知的人認為瑜伽是「不適合西方人的」，這種說法不但是完全錯誤的，而且阻礙了許多真誠的學生去追求它的恩賜。瑜伽可以抑制住那些會阻撓人一窺靈魂真正本質的思緒波動，其療癒的力量一如公正平等的太陽，不分東西，世人皆可受益。只要人類的心中存在著永不止息的念頭，能控制思緒波動的瑜伽還是會被普遍需要的。

古代的聖人帕坦伽利定義「瑜伽」為「控制心智本質的波動[4]」。他簡短精湛闡述的《瑜伽經》，是印度六大哲學體系[5]中的一支。對比西方哲學，印度的六大哲學體系不僅包括了理論，還包含實用性的教導。這六個體系制定了六套明確的戒律，它們的目的是希望人們永久脫離苦海，達到永恆極樂。

貫穿所有這六個體系的思想是——人類若不明瞭最終的真理，就沒有真正的自由可言。後來的《奧義書》確認了這六個體系裡的《瑜伽經》，含有達成直接體驗真理的最有效方法。通過瑜伽的實際技巧，人們可將無用的思索永遠拋諸腦後，在體驗中認知到實相的本體。

---

4 「瑜伽為控制心智本質的波動」（瑜伽經1：2）。帕坦伽利的年代不詳，但許多學者認為他是西元前二世紀的人。這位聖人的洞察力是超越時空的。不過，讓後世的歷史學家驚愕的是，這些聖人們並未將他們的時代及人格特質加諸在自己的作品中，他們知道他們的生命在偉大無限的永恆中只是一閃即逝，只有真理是永恆的，不可能被標記，也不能占為己有。

5 六個正統的教派是數論派、瑜伽派、吠檀多、彌曼差派、正理派、勝論派。讀者若有學術上的興趣，會對達斯古波搭教授在《印度哲學史》第一冊中，對這些古老表述的微妙之處樂在其中。

神以濕婆形貌出現（印度藝術家密多羅〔Mitra〕所畫）。濕婆代表三位一體（創造者、保護者和毀滅者）的毀滅之神。濕婆——幻相的摧毀者——在經典中象徵「棄絕離世之主」、「瑜伽行者之王」。在印度教藝術中，祂總是髮帶新月、頭戴蛇冠，這是戰勝邪惡和完美智慧的象徵。無所不知的「第三只眼」在祂的前額張開。

帕坦伽利所概述的瑜伽系統就是所謂的八步功法[6]。首要的步驟是持戒（一）與精進（二），需要遵守十種消極與積極的戒律，包括避免傷害其他生命、不說謊、不偷盜、不邪淫、不收禮物、淨化身體和意念、知足、自制、學習和奉獻神。

下一步驟是體位（正確的姿勢，三）：脊椎要挺直，身體穩固地以舒適的姿勢打坐；呼吸控制（四），控制生命能量；感官收攝（五），收回對外在物體的感覺。

最後的步驟是瑜伽本體的形式：集中（六），集中注意力在一個念頭上；禪定（七）和三摩地（八）：超意識的體驗。以上就是瑜伽的八步功法。

「誰比較殊勝？」有人可能會問，「出家人還是瑜伽行者？」事實上，當最後達到與神合而為一時，不同途徑的分別已然消失了。不過《薄伽梵歌》指出，瑜伽的方法是無所不包的，它的方法並不意味著單純適合某些類型及氣質的人，譬如少數傾向出家生活的人，瑜伽並不需要形式上的忠誠。瑜伽的科學可以滿足人們的普遍需要，它有著自然普遍的適用性。

一個真正的瑜伽行者可以盡職地生活在社會上，他像是不溶於水的奶油，而不是未經攪拌、容易被稀釋的牛奶，變成毫無戒律的俗人。履行一個人的世俗責任，實際上是更高層次的途徑，它可以讓瑜伽行者在沒有我執的情況下成為神的工具，並稱職地扮演他的角色。

6 不要與佛教的「八正道」——正見、正思惟、正語、正業、正命、正精進、正念、正定——相混淆，它是人類生活的指南。

如今，有一些住在美國、歐洲或其他非印度國家的偉大靈魂，雖然他們可能從來沒有聽說過瑜伽行者或僧人的字眼，但他們卻是這些名詞真正的典範。通過對人類無私的服務，或是對自己思想的掌控，或是對神全心全意的愛，或是他們專注起來的巨大力量，在本質意義上來說，他們就是瑜伽行者，他們為自己設定的目標就是瑜伽的目標——對自我的控制。這些人如果被授以瑜伽修煉之法，使他們更能意識到心靈和生活的方向，則很快可以達到更高的境界。

瑜伽一度受到某些西方作家們膚淺的誤解，但它的批評者從來都不是修習過瑜伽的人。在許多深度推崇瑜伽的文章中，有一篇是由瑞士著名心理學家榮格博士寫的。

「在西方，當一個宗教的法門『符合科學』時，就可以確定它較容易被接受。瑜伽合乎這個預期，」榮格博士寫道[7]，「除了相當新奇以及大眾對它一知半解的魅力外，瑜伽之所以會有眾多擁護者，是因為它的實踐是可受控制的，滿足了科學上講求『事實』的需要。除此之外，也是因為它的深度和廣度，以及令人肅然起敬的悠久歷史，包括它對生活中每個階段提出的教義和方法，都為人們帶來了夢想不到的可能性。

「每種宗教或哲學上的修習都意味著心理上的紀律，也就是淨化心靈的方法。身體從事各式各樣的瑜伽[8]動作也意謂著身體的淨化，這是優於一般的體操與控制呼吸的練習，因為瑜伽不僅是物理性的、科學的，同時也是哲學的。在鍛鍊身體各部位時，瑜伽將身體與精神結合起來，例如在控制呼吸練習中，生命能量不僅是呼吸，也是宇宙普遍的動力。

「當個體所做的事也是宇宙的事件時，身體所體驗到的感受（神經感應）與精神上的情感（宇宙意識）結合起來，由此發展出生動的統一性，這是用任何科學方式都無法產生的。若是沒有瑜伽哲理的概念做基礎，瑜伽的修習不但是難以想像的，同時也是沒有用的。瑜伽用非常完整的方式將身體與心靈結合起來。

「在東方，這些理念和實踐經過數千年的發展，已經成為不可磨滅的傳統，形成了必要的心靈基礎。我確信，瑜伽無庸置疑是最完美且最合適的身心融合方式，這種融合可以產生超越意識的直觀。」

西方確實已經來到發現自我控制的內在科學與對外在自然的征服同等重要的時刻了。在這個新的原子時代，由於科學證實「物質是能量的集中」，而使得人類的心智更加清醒和開闊。人類的心靈可以釋放出比石頭和金屬內在更強大的能量，然而愚蠢地將物質原子裡的巨大能量釋放出來，則足以破壞世界[9]。

7 榮格博士在一九三七年參加了印度科學大會，並獲得了加爾各答大學的榮譽學位。

8 榮格博士在這裡指的是哈達瑜伽，是一種強調身體姿勢與增進健康長壽技巧的特殊支派。哈達是有用的，可以產生驚人的身體效果，但這個瑜伽分支很少被致力於精神解放的瑜伽行者使用。

9 在柏拉圖關於亞特蘭提斯的《蒂邁歐篇》故事中，他講述了當時居民先進的科學知識。失落的大陸據信在西元前九千五百年左右由於自然界一次劇烈的變動中消失了。不過某些超自然的作者宣稱亞特蘭提斯人是由於濫用原子能的力量而被毀滅的。兩位法國作家最近彙編了亞特蘭蒂斯參考書目，列出了一千七百多篇歷史和其他方面的參考文獻。

25 哥哥阿南達與妹妹娜莉尼

「阿南達不久人世了，他這一世業力的壽命已經到期了。」

一天早上，當我打坐入定時，這些無情的字眼進入我內在的意識裡。加入僧團後不久，我去了出生地戈勒克布爾，並看望了哥哥阿南達。他突然病倒在床，我深情地看護著他。

這個沉重的宣告使我充滿了悲痛。我再也無法忍受在戈勒克布爾繼續待下去，眼睜睜地看著哥哥離去。在親戚不諒解的批評聲中，我坐上了最早可以離開印度的船，沿著緬甸經過中國海，駛向日本。我在神戶上岸，只停留了幾天。我的心情實在太沉重了，無心觀光。

在返航回印度的途中，船停靠在上海。隨船的密斯拉醫生帶著我到幾家古董店去，我為聖尤地斯瓦爾、家人和朋友們選購不同的禮物。我買了一個大型的竹雕，打算送給阿南達。當中國店員把竹製紀念品交給我的時候，我不小心把它掉在地上，我叫喊著：「這是為我即將死去的哥哥買的！」

一個清楚的事實閃過了我的腦海，他的靈魂剛剛在無限中解脫了。紀念品猛烈地掉下來碎裂了，在啜泣聲中，我在竹製品上寫道：「獻給已經離去的阿南達。」

陪伴我的醫生目睹了這一切，嘲諷地笑著。

「省下你的眼淚吧，」他說道，「等你確定他的死亡時，再流淚還不遲呢！」

當我們的船抵達加爾各答時，密斯拉醫生再度陪著我，我的小弟畢修在碼頭等著迎接我。

「我知道阿南達離開這一世了。」在他還來不及開口以前，我就跟畢修說，「請告訴我以及旁邊的醫生，哥哥是什麼時候死的。」

畢修說了日期，正是我在上海買紀念品的那一天。

「小心點！」密斯拉醫生叫了起來，「不要讓這件事傳出去！那些教授們會在原本已經夠冗長的醫學課程中，再加入心電感應課的！」

當我回到古柏路的家時，父親親切地擁抱了我。「你回來了，」他溫柔地說，大顆的淚珠從眼睛裡滾了下來。他通常是含蓄的，過去從未對我顯露出這樣的情感。外表看起來很嚴肅的父親，其實擁有一顆母親般柔軟的心。在處理家庭事務上，他很清晰地表現出父兼母職的雙重角色。

阿南達去世沒多久，妹妹娜莉尼憑藉神的治癒力，從死亡的邊緣被救了回來。在講述這個故事以前，我先提一些她早年生活的片段。

坦白地說，我跟娜莉尼小時候的關係並不是很愉快。我很瘦，但她更瘦。由於一種精神病學家毫無困難就可以辨識出來的潛意識或所謂的「心理情結」，我過去經常取笑妹妹僵屍樣的外表。她的反擊同樣也充滿了無知無情的率直。有時候母親會介入，輕輕給年長的我一記耳光，暫時結束我們幼稚的爭吵。

時光飛逝。娜莉尼與加爾各答一名年輕的醫生潘嘉隆．博斯訂了婚。他從父親那裡獲得了一份豐厚的嫁妝，大概是要補償這位準新郎即將與一個瘦得像支竹竿的女人結婚的命運（我是這樣跟妹妹說的）。

繁瑣的婚禮在預定的時間舉行。當天晚上，我跟一大群快樂的親戚坐在加爾各答家中的客廳裡。新郎斜靠在一個金線織花錦緞的大枕頭上，娜莉尼在他旁邊。哎，華麗的紫色絲綢紗麗並不能完全掩蓋住她的削瘦。我藏在妹婿的枕頭後面，友善地對他露齒而笑。他沒有見過娜莉尼，一直要到婚禮當天，他才知道自己中了什麼樣的婚姻大獎。

博斯醫生感受到我的同情，悄悄地指著娜莉尼，跟我耳語道：「喂，這是什麼？」

「當然啦，醫生，」我回答道，「這是一副給你用來觀察的骨架！」

妹夫和我都快笑翻了，我們幾乎無法在聚集的親戚面前維持適度的莊重。

隨著時間的流逝，博斯醫生得到了我們家人的喜愛，只要有人生病，就會去找他。他和我成了摯友，我們常聚在一起開玩笑，對象經常是娜莉尼。

「這是醫學上的奇事，」有一天妹夫跟我評論道，「我在你削瘦的妹妹身上試過各種方法——魚肝油、奶油、麥芽、蜂蜜、魚、肉、蛋、補藥，她還是連百分之一英寸都胖不起來。」我們兩個同時咯咯地笑了起來。

幾天以後我到博斯家去。我在那裡的差事只需要幾分鐘，我以為娜莉尼沒有注意到我的離去。然而，當我走到前門時，卻聽到了她的聲音。

「哥哥，到這裡來。這一次我不會讓你溜走。我有話要跟你談。」

我上樓到她的房間去，驚訝地發現她在哭泣。

「親愛的哥哥，」她說道，「讓我們重修舊好。我現在看到你的腳穩固地踩在靈性的路上，我希望在每一方面都變得跟你一樣。」她滿懷希望地補充道，「現在你看起來很強壯，你可不可以幫助我？我的丈夫不靠近我，而我是那麼地愛他！但我更希望能夠在了悟神方面有所進步，即使我總是這麼瘦[1]且沒有吸引力。」

我的心被她的請求深深地打動著。我們新生的友誼穩定地進展著，有一天她請求做我的弟子。

「你可以用你喜歡的任何方式訓練我。我把信心放在神而非補藥上。」她把成堆的藥品聚集起來，將它們倒進屋頂的排水管中。

作為一項信心的測試，我要求她在飲食中去除所有的魚、肉和蛋。

幾個月之後，我去探訪她。在這段時間，雖然有無數的阻礙，娜莉尼還是嚴格地遵守了我告訴她的各種規定，並且堅定地維持著素食。

「妹妹，妳非常認真地遵守靈性的戒律，妳的回報近了。」我淘氣地笑了起來，「妳希望有多豐滿？像舅媽一樣，胖到已經好幾年都看不到自己的腳了？」

1 因為大部分的印度人都是瘦的，適度的豐滿被認為是很有魅力的。

「不！但我希望像你一樣結實。」

我莊重地回答道：「通過神的恩典，正如同我一向都說實話[2]，我現在真誠地說，通過神的恩賜，從今天起妳的身體將會有真正的改變，一個月之內，妳會擁有跟我一樣的體重。」

這些衷心的話實現了。三十天之內，娜莉尼的體重跟我相同。身材豐滿給她帶來優美，她的丈夫非常喜愛。他們的婚姻，開始是如此的不祥，結果卻是完美快樂的。

我從日本回來，得知當我不在時，娜莉尼感染了傷寒。我趕到她家去，驚駭地發現她病得只剩下皮包骨，已經處於昏迷狀態。

「在她神智還沒陷入恍惚之前，」妹夫告訴我，「她常說，『如果哥哥穆昆達在這裡，我就不會病到這個地步了。』」他絕望地補充道，「我和其他醫生都覺得沒希望了。除了長期和傷寒對抗，她又得了出血性痢疾。」

我開始竭盡全力地禱告，並請了一個在印度的英國護士，她全力配合，我在妹妹身上使用了各種不同的瑜伽治療方法，出血性痢疾消失了。

但博斯醫師悲傷地搖著頭說：「她已經沒有血可以再流出來了。」

「她會恢復的。」我堅決地回答道，「七天之內她的燒就會消退。」

一個禮拜後，我很高興地看到娜莉尼張開她的眼睛，深情地凝視著我。從那天起，她恢復得很快，但致命的疾病卻在她身上留下了一個悲傷的痕跡：她的雙腳麻痹了。印度和英國的醫學專家們表示，她的雙腳沒有復原的希望。為了她的生命，持續禱告已經使我筋疲力盡。我到塞蘭坡去請求聖尤地斯瓦爾幫忙，當我告訴他娜莉尼的困境時，他的眼神流露出深切的同情。

「你妹妹的腳在一個月內，就會恢復正常。」他補充道，「讓她戴上兩克拉的珍珠，幫助她復原。」

我如釋重負地拜倒在他的腳下。

「上師，您是一位大師，光是您的話就夠了。但如果您堅持，我會馬上為她取得珍珠。」

我的上師點點頭：「是的，就這樣做。」他準確地描述了他從未見過的娜莉尼的身體和精神上的特性。

「上師，」我問道，「這是星相的分析嗎？您並不知道她的出生日期或是時辰。」

聖尤地斯瓦爾笑了起來：「還有更深入的星相學，不是依據日曆和鐘錶的。每個人都是造物者或宇宙的一部分，他在天國有一個與地球上完全一樣的身體。肉眼只看得見肉體，但內在的眼睛可以更深入地透視，甚至看到宇宙的形相，每個人都是一個整體，也是分開的個體。」

我回到了加爾各答，買了一顆珍珠給娜莉尼。一個月後，她癱瘓的腳就完全恢復了。

妹妹要我轉達她對上師的衷心感激，上師靜靜地聽著她的信息。當我正要離去時，他卻說：

2 印度經典指出那些習慣說實話的人所說的話會具有實現的力量，他們打從心裡所說出來的命令在生活中都會成真。

「許多醫生都說你妹妹不可能生小孩，但你可以向她保證，在幾年內，她會生出兩個女兒。」

幾年以後，娜莉尼很高興地生了一個女兒，又過了幾年，另一個女兒也出生了。

「你的上師賜福給了我們家、我們整個家族，」妹妹說道，「這種人的存在聖潔了全印度。親愛的哥哥，請告訴聖尤地斯瓦爾，通過你，我謙卑地皈依在他克利亞瑜伽的門下。」

26 感悟克利亞瑜伽科學

本書中經常提及的克利亞瑜伽科學，在現代印度通過我師祖拿希里．瑪哈賽的傳播已經廣為人知。克利亞梵文字根「kri」（克利）是「做」、「行動」和「反應」的意思，與自然因果律「業障」的字根一樣。所以克利亞瑜伽就是「藉著某種動作或儀式與無限融合（瑜伽）」。一個瑜伽行者若能忠誠地遵行它的方法，就可以逐漸脫離業障或是宇宙因果的迴圈。

由於一些古代瑜伽大師的訓諭，我不能在一本公開給大眾看的書中詳細解說克利亞瑜伽，具體的方法必須向克利亞瑜伽老師學習。在此，概略的提及應該足夠了。

克利亞瑜伽是一種簡單、透過身心整合的方法，可排除人體血液中的二氧化碳，使之充滿氧氣。這個額外的氧原子會轉變成生命能量的流動，活化頭腦與脊椎中心。通過阻止靜脈血液的聚積[1]，瑜伽行者能減少或防止組織的衰退，高深的瑜伽行者可以將他的細胞轉變成純粹的能量。以利亞、耶穌、卡比爾[2]以及其他的先知們都是過去的上師，他們使用克利亞或類似的方法，可以讓身體隨意消

1 克利夫蘭著名的科學家喬治．克萊爾博士，在一九四〇年美國科學促進協會的會議中解說他的實驗，證明所有身體的組織都帶著負電，除了大腦和神經系統組織因為以更快速度汲取氧氣而帶著正電。

失。

克利亞瑜伽是一門古老科學。在黑暗時代失傳，之後巴巴吉重新發現並闡明了這項技巧。拿希里．瑪哈賽正是從他的上師巴巴吉處學到的。

「在十九世紀，我將克利亞瑜伽通過你傳給這個世界，」巴巴吉告訴拿希里．瑪哈賽，「這是與幾千年前由克里希納傳給阿周那[3]，隨後又傳給帕坦伽利、基督、聖約翰、聖保羅及其他門徒相同的科學復興。」

印度最偉大的先知克里希納在《薄伽梵歌》詩中的一節中提到克利亞瑜伽：「把吸入的氣息吐出，再把呼出的氣息吸入，瑜伽行者調和這兩種氣息，如此，他就可以從心臟那裡釋放出生命的力量並控制它。」這句話的解釋如下：「瑜伽行者藉著生命力的增加，阻止身體衰退，藉著消除能量的波動，阻止身體生長的變異。如此，瑜伽行者透過安定心臟的運作來抵消衰變和生長，學會了控制生命能量。」

克里希納也提到，是他前世的化身把這個不朽的瑜伽傳給古代的覺者維瓦斯瓦特，再傳給偉大的立法家摩奴[4]，接著他再傳給印度太陽王朝的建立者伊斯瓦庫。如此代代相傳，這個高貴的瑜伽由先知守護著，直到物質文明來臨[5]。後來，由於僧侶的祕藏以及人類的忽視，這個神聖的知識逐漸失傳了。

古代聖人帕坦伽利提過克利亞瑜伽兩次，他寫道：「克利亞瑜伽包括了身體的規律、心靈的控制及『唵』的冥想。[6]」帕坦伽利談到神是在打坐中聽到真實的宇宙之聲「唵」。「唵」也是創造的源起[7]，是「振動馬達」的聲音。即使初學瑜伽的人，也可以很快在心靈內聽到這個奇妙的「唵」聲。接收到這個靈性祝福的鼓舞後，虔信者可以確信他實際上已經接觸到神的領域。

第二次帕坦伽利提到生命能量的控制或是克利亞技巧時，他這樣闡述：「藉著分開吸氣和呼氣的做法，達到能量控制，獲得解脫。」

---

2 以利亞是《聖經》人物之一。卡比爾是十五世紀印度紡織工、神祕主義詩人和聖人。

3 阿周那，古印度史詩摩訶婆羅多中的核心人物之一。

4 《摩奴法典》的作者。這些普通律法的規則至今在印度仍然有效。法國的學者雅科里奧寫道，摩奴的時代「在印度史前的黑暗時期遺失了；沒有哪個學者敢拒絕他作為世界上最古老的立法者的頭銜。」在《印度聖經》中，雅科里奧提出與拜占庭帝國《查士丁尼法典》原文比對的參考，證明《查士丁尼法典》非常接近《摩奴法典》。

5 根據印度教經典的推算，物質主義時代開始於西元前三一〇二年。這是下降德帕拉時代的開始（見第16章二一八頁）。現代學者毫不猶豫地相信一萬年前所有人都沉淪在野蠻的石器時代，因此將印度、中國、埃及和其他國家非常古老的文明的所有記錄和傳統視為「神話」。

6 帕坦伽利的《箴言》（II：1）在使用「克利亞瑜伽」這個詞時，帕坦伽利指的要不嘛是巴巴吉教授的確切技巧，要不嘛就是與之非常相似的技巧。帕坦伽利的《箴言》II：49證明了這是一種明確的控制生命的技術。

7 「太初有道，道與神同在，道就是神……萬有都是藉著他造的；凡被造的，沒有一樣不是藉著他造的。」（約翰福音1：1-3）。《吠陀經》中的「唵」（Aum或Om）成為穆斯林的聖詞Amin、西藏人的Hum和基督徒的Amen（其在希伯來語中的意思是確定、忠實）。「那為阿們的，為誠信真實見證的，在神創造萬物之上為元首的。」（啟示錄3：14）。

聖保羅掌握了克利亞瑜伽或類似的技術，通過它，他可以在生命流與感官之間來回切換。因此他能夠說：「我在我主基督耶穌裡，指著你們所誇的口，極力地說：我是天天冒死！」[8]通過每天收回身體的生命力，他用瑜伽將其與基督意識的喜悅（永恆的幸福）結合在一起。在那種快樂的狀態下，他意識到，在感官世界的幻相裡，自己是死亡的。

在與神接觸的最初狀態（有餘三摩地），虔信者的意識融入了宇宙的心靈。他的生命力從身體收回，看起來好像是「死了」，僵硬不動。但瑜伽行者完全清楚暫停運作的身體狀況，隨著他進步到更高的靈性境界——無餘三摩地，他不再需要固定的身體。在日常清醒的意識下，甚至在艱難的世俗工作中，他也是與神融為一體的[9]。

「克利亞瑜伽是一種可以加速人類進化的工具，」聖尤地斯瓦爾向弟子解釋道，「古代瑜伽行者發現宇宙意識的奧祕與呼吸的掌控是緊密相關的。這是印度對世界知識寶庫獨特而永恆的貢獻。生命的力量通常消耗在維持心臟的基本功能，必須通過調息或止息的方式，將它釋放出來，用在更高層次的活動上。」

在心靈上，克利亞瑜伽將人的生命能量導引在六個脊椎中心（延髓、頸椎、背脊、腰部、薦骨和尾椎神經叢）周圍，旋轉、向上及向下移動。這些中心相當於星相上的十二宮，也是人類屬於宇宙的象徵。能量在人類敏感的脊髓周圍循環半分鐘，就可以產生進化上微妙的發展，這半分鐘的克利亞瑜伽，相當於心靈在自然情況下一整年的進步。

人類的靈體系統有六個（若包括正反極性的差異是十二個）內在星座，圍繞在全知第三眼的太陽與自然界的太陽及黃道十二宮中。因此，所有人都受內在及外在宇宙的影響。古代先知們發現，人類在地球和天文上的環境，以十二年為一個週期，推動著自然的進化。經典上言明，人類在正常沒有疾病的狀況下，需要一百萬年的時間，才能使他的頭腦完美進化到足以表現宇宙意識的程度。

一天花費八小時、練習一千次克利亞，帶給瑜伽行者相當於一千年的自然進化，一年下來就相當於三十六萬五千年的進化。因此一個克利亞瑜伽行者在三年內，靠著自己的努力，可以達到在自然界中一百萬年才能產生的進化。當然，克利亞瑜伽的捷徑只能由具有慧根的瑜伽行者採用。通過上師的指引，這些瑜伽行者小心地準備好他們的身體和頭腦，以接受密集練習所產生的力量。

克利亞瑜伽的初學者一天只能練習兩次瑜伽，每次十四到二十八下。一些瑜伽行者可在六年、十二年、二十四年或四十八年後達到解脫。倘若尚未到達完全的了悟就過世的話，他們會帶著過去練習克利亞瑜伽成果的善業，在新的生命中，繼續和諧地向無限目標推進。

---

8 哥林多前書15：31。「我們的歡喜」是正確的翻譯，而不是像通常翻譯的「你的喜悅」那樣。聖保羅在此指的是無所不在的基督意識。

9 劫數又稱「劫波」、「劫簸」或簡稱「劫」，是印度教及佛教宇宙觀術語，原是古印度人用以計算時間單位的通稱。意思是一段對人類來說極長或極短的時間，長可以長到無限長，短也可以短到一剎那。「有餘」的意思是受時間或變化的影響，但與自性或物質的某些連繫仍然存在。「無餘」意味著永恆、不變，這是三摩地的最高境界。

普通人的身體像一盞五十瓦特的燈泡，無法承受過度練習克利亞瑜伽所產生的十億瓦特的能量。通過有規律地逐漸增加簡單且「安全無比」的克利亞瑜伽，人類的身體一天天地靈體化，最後就可以表現出宇宙能量的無限潛能。

克利亞瑜伽與一些誤入岐途熱心人士所教授的非科學呼吸運動完全不一樣。後者試圖強制性地屏住肺部呼吸，這不但違反了自然規律，而且會讓人不舒服。反之，克利亞瑜伽從一開始就伴隨著平靜，以及安撫脊椎所產生的鎮靜感覺。

古代的瑜伽法門將氣息轉變為心智，通過靈性的發展，人們可以體認到，呼吸是心智的一種行為。

有許多圖表可以顯示人類在各種不同意識狀態下呼吸速度的變化。一個人在全神貫注時（例如在緊湊的辯論中），在試圖做一些精密或困難的身體動作時，呼吸會自然而然地變得很慢。穩定的注意力依賴和緩的呼吸；有害的情緒，例如恐懼、貪欲、憤怒等，無可避免地伴隨著快速或者不規則的呼吸。人類平均每分鐘呼吸十八次，活蹦亂跳的猴子每分鐘呼吸三十二次，那些以長壽著稱的大象、烏龜、蛇與其他動物的呼吸速度小於人類——可以活到三百歲的烏龜[10]，每分鐘只呼吸四次。

睡眠之所以可以讓人恢復精神，是由於人類暫時忘卻了身體和呼吸。睡覺的人成了一位瑜伽行者。每個晚上，他不自覺地進行著將自己從肉體的認同中解放出來的瑜伽儀式，融合了腦部及脊椎上六個附屬發電中心所具有的痊癒能量，以及流動的生命力。

擁有自由意志的瑜伽行者從事的是有意識、簡單並且自然的步驟，不像那些步調緩慢的睡眠者是無意識的。克利亞瑜伽以它的技巧，用永不衰變的光，養育並充實身體的全部細胞，保持它們的磁化狀態。它科學化地使人不再做那麼多無謂的呼吸，並且不會進入潛意識的睡眠，或產生無意識的狀態。

通過練習克利亞瑜伽，一個人流向外在世界的生命力不會被感官浪費掉，而會與更細微的脊椎能量重新結合。在這種生命力的強化下，瑜伽行者的身體和腦細胞會充滿活力，如此一來，他可以從一般人必須日復一日靠著適當地攝取食物、日照、和諧的思想、花上一百萬年才可達到目標的自然法則中脫離出來。即使只是腦部構造裡的一個細微改變，也需要十二年健康正常的生活；然而卻要花上一百萬年，腦部才能顯現宇宙意識。

克利亞解開了將靈魂綁在身體上的束縛，可以延長生命並將意識擴展到無限。瑜伽的方法克服了心靈和物質感官之間的拉鋸戰，解脫的求道者將重新進入自己的永恆王國。他知道，自己真正的本質既不會受到肉體外殼的束縛，也不會受到呼吸的限制。

內省或是「安靜地坐著」不是科學的方法，它們只是企圖強行分開被生命力綁在一起的心靈和感官。冥想的心靈想回到神性的意識裡，卻不斷被流動的生命能量拉回感官覺受裡。克利亞瑜伽則用生

10 根據《林肯重要資訊年鑑》第一〇二〇頁，大烏龜可存活二、三百年。

命力直接控制住心靈，它是通往無限最簡單、最有效而且最科學的大道。對比那些緩慢、不確定、如「牛車」般朝向神的求道之路，克利亞瑜伽可稱為「飛機之路」。

瑜伽科學是基於對所有形式的注意力和冥想練習的經驗性考量。瑜伽可使修行者能夠隨心所欲地控制來自色、聲、香、味、觸五種感官生命能量的流動。一旦達到這種阻斷感官的能力，瑜伽行者就可以很容易地連結心靈與神的領域，或是物質的世界。他再也不會不情願地被生命力帶回這個嘈雜、永不止息的世俗階層。一旦掌控了他的身體和心靈，瑜伽行者就等於戰勝了他的終極敵人——死亡。

若你以食人的死亡為食：
死亡一旦逝去，就不再有死亡。11

道行高深的克利亞瑜伽行者的生命是不受過去行為果報的控制，而是完全受靈魂的引導。如此，虔誠的求道者便可免於漸進式地、緩慢地監控「我執」的愚行，日常生活的好壞，對有如老鷹般敏捷的心靈而言，就如緩慢爬行的蝸牛一樣累贅。

修行無上妙法的瑜伽行者，得以斷開我執牢籠的鎖鏈，嘗到無所不在的自由空氣。相比之下，遵循自然演化的步調，一個人的身體和精神就算毫無違反自然法則，也需要一百萬年的輪迴才能得到最終解脫。

瑜伽修行者擺脫身心認同的束縛，認知到自己是靈魂個體，拒絕要花上千百萬年才得解脫。只有不與自然和諧相處、不照顧靈魂、追求複雜生活的凡夫俗子才要這麼久，這些人的身體和思想觸犯了自然的甜美理智。對這些人來說，要花上兩倍的時間才得解脫吧。

遲頓的人很少或從未了解過自己的身體像一個王國一樣，由坐在頭顱上的「靈魂」國王統治著，由六個脊椎中心或意識範疇作為攝政王。若以平均六十歲的壽命的人而言，這個神權政體統治著一群順服的子民：二十七萬億個細胞、五千萬個基本的思想感情，以及在不同時期所產生的變化。任何身體或大腦的細胞如果明顯地違反了靈魂國王，就會表現出疾病或精神抑鬱，這不是因為那些謙卑的子民不忠，而是因為人類在過去或現在，濫用了自己的自由意志。

一旦淺薄地認同「我執」，人類便理所當然地以為那是他在想、在希望、在感覺、在消化食物，以及維持自己的生存，他從未自省（只要一點點就足夠了），他其實什麼都不是，他只是過去行為（業力）及自然或是環境的傀儡。每個人在理智上的反應、感覺、心態和習慣，都被過去業力的作用限制了，不管今世還是前世的。不過，位於這些影響之上的，是他崇高的靈魂。所有經典都表示，人類並不是會腐敗的肉體，而是活生生的靈魂。藉由克利亞瑜伽，人類獲得一個可以證實經典真實性的方法。

11　莎士比亞十四行詩第一百四十六首。

「外在儀式不能消滅無明，因為他們都一樣。」商羯羅在他的著作《詩的世紀》中寫道，「只有悟道才可以摧毀無明……光是詢問：我是誰？這個宇宙是如何誕生的？誰是它的造物主？它的物質起因是什麼？等等這些問題是不會悟道的。」知識分子沒有這些問題的答案，因此先知們發展出瑜伽作為探索靈性的方式。

《薄伽梵歌》經常讚美克利亞瑜伽是真正的「火祭」。瑜伽淨化之火帶來了永恆的照耀，與效果微小的一般宗教火祭儀式有著極大的差異，那類火祭徒有其表，伴隨著焚香、莊嚴的唱頌，燒掉對真理的感知！

了悟的瑜伽行者阻止了所有因身體慾望而產生的心理、意志和感覺上的錯誤認同，融合了心靈與脊椎聖殿中的超意識力量，由此可以在這個世界上，如同神所計畫般地生活，不會被過去的衝動或人類後來的愚昧所驅使。這樣的瑜伽行者實現了他的最高渴望，在最終無窮極樂心靈的避風港中安歇。

瑜伽行者將他人性中錯綜複雜的無明慾望供奉給神的火焰。事實上，這才是真正的瑜伽火祭，當中所有過去和現在的慾望，都成了在神性的愛裡焚燒的燃料。至上的火焰接受所有人類的瘋狂祭品，使人類變得純淨，不含雜質。他剔除掉所有慾望肉體所剩下的骨頭，在智慧之光的照耀下，業力的骨架被漂白了，最後在人與造物主面前，他不再有業力，而是完全潔淨無瑕的。

有關瑜伽的功效，克里希納曾用以下的話稱讚那些瑜伽行者：「瑜伽行者比修練身體的苦行者更偉大，甚至比智慧瑜伽或行動瑜伽的追隨者更偉大。啊！阿周那弟子，成為一個瑜伽行者吧！」。

27 在蘭契創辦瑜伽學校

「為什麼你討厭團體性的工作？」

上師的問題讓我有些吃驚。的確，那個時候我曾私下裡相信，組織團體是「蜂窩」，團體工作就像捅馬蜂窩一樣。

「那是吃力不討好的工作，上師，」我回答道，「不論帶頭的人做或不做什麼，都會挨批評。」

「難道你要獨享整杯神聖的酸乳嗎？」上師的反駁伴隨著嚴峻的表情，「如果一脈相傳、心胸寬大的上師們不願意將瑜伽的知識傳遞給他人，你或任何其他人能從瑜伽中完成與神的接觸嗎？」他還說道，「神是蜂蜜，組織是蜂巢，兩者都是必要的。當然，若是缺乏靈性，任何形式都是無用的。但你為什麼不在一開始就讓忙碌的蜂巢充滿靈性的蜂蜜呢？」

他的忠告深深打動了我的心。雖然我外表沒有回應，但胸中升起了一個堅定的決心：我要與朋友分享在上師腳下學到的解除枷鎖的真理。「神，」我祈禱著，「願祢的愛永遠照耀我奉獻的聖殿，讓我能夠喚醒更多人心中的愛。」

在我加入僧團之前，聖尤地斯瓦爾與我有過一次非常出乎意料的談話。

「當你老邁的時候，你會非常想念一個妻子的陪伴！」他說道，「你難道不同意在神的眼裡，成家立業、努力工作維護自己的妻子和孩子也是一件很重要的事？」

「上師，」我驚恐地抗議著，「您知道，我此生唯一的願望，就是專心侍奉神。」

上師笑得非常高興，我知道他只是在試探我的信心。

「記住，」他緩慢地說道，「拋棄世俗責任的人，只能通過承擔另一個比一般家庭責任更大的東西，才能證明自己的行為是正當的。」

對青少年進行全方位教育的理想一直盤踞在我的心頭。我清楚地了解到，一般只以身體和智力發展為目標的教育只會產生枯燥乏味的結果。人類如果不重視道德和精神的價值，就無法接近快樂，這也是正規教育課程中所缺乏的。我決定創辦一所在各方面都能讓男孩們完全發展到成人階段的學校。我的第一步，就從教育孟加拉的鄉下小地方迪西卡的七個兒童開始。

一年後，一九一八年，通過卡辛巴剎爾大君南第閣下的慷慨解囊，我將快速成長的團體遷往位於比哈爾省、離加爾各答大約二百英里的蘭契，那裡有印度最宜人的氣候。卡辛巴剎爾在蘭契的宮殿變成了新學校的總部，依據先知們的教育理想，我將它命名為「梵志．維地拉亞」[1]。我在蘭契安排了初中及高中兩種教學課程，包括農業、工業、商業及文學等科目，也教授學生瑜伽的專注和打坐，以及獨特的進化身體的系統——我在一九一六年發現的「尤高達」原理。

人體就像電池，它可以在人類意志的運作下直接充滿能量。人一旦失去意志力，任何行動都是不可能的，人類可以利用他最基本的動力——意志，去更新身體組織，而不需要麻煩的設備或是機械性的運動。我教給蘭契的學生簡單的尤高達技巧，讓他們可以意識到並即時汲取無限的宇宙能量，讓它重新充滿儲存在人體延髓中樞的生命力。

男孩們對這項訓練的反應非常好，他們鍛鍊出將生命能量從身體的一部分轉移到另一部分的非凡能力，並可以完美平穩地以高難度的姿勢坐著[2]。他們展現出來的力量和耐力，是許多有力氣的成年人都難以做到的。我的小弟畢修加入了蘭契學校，他後來成了孟加拉體育界的領導者。他曾經和一個學生旅行到歐洲、美國，他們展示出來的力量及技巧震驚了包括哥倫比亞大學在內的許多知名大學的專家學者。

第一年結束時，申請入學的學生達到了二千人。但學校在那個時候，全部學生都要住校，所以只能容納一百人左右，於是後來也接受通勤生入學。

在學校裡，我必須在小孩子們面前扮演父親兼母親的角色，並應付許多行政上的難題。我常記著基督的話：「我實在地告訴你們，沒有人會因為我和福音離開自己的房子、兄弟、姊妹、父親、母

---

1 維地拉亞，學校之意。梵志在這裡是指的是吠陀中對人生規畫四個階段中的一個，四個階段包括：一、梵志期：獨身的學生；二、家住期：有世俗責任的在家居士；三、隱居期：隱士；四、苦行期：居住在森林或四處雲遊者，擺脫所有塵世的煩惱。在現代印度這種理想的生活方式已不再被廣泛地遵行，但仍舊有許多虔誠的擁護者。這四個時期是在同一個上師終身指導的方向下虔誠的完成。

2 一些美國學生包括洛杉磯自悟會的講師伯納德・科爾也精通各種不同的瑜伽姿勢。

親、妻子、兒女或土地，並且今世要受逼迫，在來世必得永生。」聖尤地斯瓦爾曾經解釋這句話：「虔信的人放棄了婚姻與家庭的生活，將小家庭問題及有限的活動換成了服務社會這一更大的責任，就大體而言，是承擔了一項經常因誤解而受到迫害的工作，但內在同時也伴隨著神聖的滿足。」

有一天父親來到蘭契，給了我一個作為父親的祝福，因為先前我拒絕了他所提供的在孟加拉—那格浦爾鐵路局的職位，這件事傷了他的心。

「兒子，」他說道，「我現在很滿意你在生命中做出的選擇。看到你在這群快樂的小孩中間，我很開心。你屬於這裡，而不屬於鐵路局時刻表上死氣沉沉的數字。」他向一群緊緊跟隨我的小傢伙揮了揮手，「我只有八個孩子，」他眨著眼睛說道，「但是，我可以理解你的感受！」

我們可以使用三萬坪的肥沃土地以及一個大果園，老師、學生和我本人在這個理想的環境裡享受著大量戶外勞動的歡樂時光。我們有很多寵物，包括一隻相當受孩子們歡迎的小鹿。我也很喜愛牠，允許牠睡在我的房間裡。天一亮，這個小傢伙就會蹣跚地走到我床邊，讓我送給牠一個清晨的擁抱。

有一天，我因為在蘭契鎮上有些事情要處理，便提早餵了小鹿。雖然我告誡過孩子們在我回來之前不要餵牠，但有人不聽話，給了小鹿大量的牛奶。我晚上回來的時候，一個悲傷的消息已經在等著我了：「小鹿由於進食太多，快要死了。」

我流著眼淚，把看起來已經沒有生命跡象的小鹿放在膝上。我向神禱告，希望祂能赦免小鹿的生命。幾個小時後，小鹿睜開眼睛，站了起來，衰弱地走動著。全校歡呼了起來。

位於比哈爾省蘭契的尤高達真理團體總部「梵志・維地拉亞」的中心建築，成立於一九一八年，是一所男孩瑜伽學校，提供文法和高中教育，並延續拿希里・瑪哈賽的慈善理念。

位在達森斯瓦爾恆河邊的尤高達精舍，成立於一九三八年，提供東西方學生瑜伽的靜修處。

但是那天晚上，我上了一堂永遠也不會忘記的課。我跟小鹿一直待到半夜兩點才睡著。隨後，牠出現在我的夢中，跟我說：「您留住了我。請讓我走，讓我走！」

「好的。」我在夢裡回答道。

我立刻醒過來，叫喊道：「孩子們，小鹿要死了！」孩子們趕到我的身旁。

我跑到房間裡安置小鹿的角落，牠正在做最後的掙扎，站起來搖晃地走向我，接著倒在我的腳邊死去了。

根據命運業力的法則，小鹿的生命已經走到了盡頭，牠準備好了要進化到更高的形式中去，但由於我深厚的感情——後來我了解到那是自私的——以及強烈的禱告，我把小鹿留在了牠的靈魂掙扎著要解脫的動物形態限制中。小鹿的靈魂在夢中懇求我，因為沒有我的許可，牠是不會也不能走的。我同意了，牠就該離開了。

所有的悲傷全部遠去，我重新認識到，神希望祂的子女愛每一樣東西，就好像要成為祂的一部分，而不是單純地認為死亡能夠終結一切。無明的人類只看到無法超越的死亡，好像永久地隱藏住他珍愛的朋友。但一個沒有受到束縛、愛他人如同愛神的人會了解到，親人的死亡，只是為了回到神的懷抱，享受喜悅的安息。

蘭契從一所簡單的小學校發展成一所印度知名的教育機構。學校的許多部門都是由樂意永久保存先知教育理念的人自動捐獻和支持的。在「尤高達真理團」[3]的旗幟下，我們先後在密德納浦、拉克斯曼浦爾，以及普里開辦了分校。

蘭契總校擁有一個醫務部門，醫生免費為窮人及當地民眾提供醫療服務和藥品。平均每年就診的患者超過一萬八千人。蘭契在印度的競賽性運動及學術上也享譽盛名，許多蘭契的校友日後進入大學都有傑出的表現。

這所學校現已邁入第二十八個年頭，是許多活動的舉辦中心[4]，東西方知名人士的造訪使它榮譽倍增。第一年最早視察蘭契的偉大人物之一是瓦拉納西「有兩個分身的聖人」的普拉納貝南達尊者。當這位偉大的上師看到在戶外的樹下，如畫般美麗的課堂，以及年輕男孩在夜晚靜止不動地打坐數小時，他深受感動。

「喜悅住進我的心中，」他說道，「看到拿希里．瑪哈賽的理念在這個機構得以延續，我的上師也必然祝福這裡。」

一個坐在我旁邊的少年大著膽子問這位偉大的瑜伽行者：

「先生，」他說，「我會成為一個和尚嗎？我的生命是否只為神而生？」

---

3 尤高達原文Yoga da，yoga（瑜伽）意為聯合、和諧、平衡；da（達）是傳授。真理團（Sat-Sanga），sat是真理，sanga是團體。在西方為了避免使用梵文名稱，尤高達真理團就稱為「自悟會」。

4 蘭契的活動在第40章進行了更全面的描述。拉克斯曼浦爾分校是由能幹的迪先生負責；醫療部門由帕爾醫生及穆立克博士管理著。

儘管普拉納貝南達尊者溫和地微笑著，但他的眼睛彷彿能透視未來。

「孩子，」他回答道，「你長大以後，有一位美麗的新娘在等著你。」這個男孩在準備了多年打算要進入僧團，最後還是結婚了。

在普拉納貝南達尊者造訪蘭契之後，有一天，我陪伴父親去加爾各答，到那位瑜伽行者作短暫停留的房子裡去。多年以前，普拉那貝南達對我作出的預言浮現在腦海中：「以後，我會再見到你的，而且，還會見到你的父親。」

當父親進入尊者的房間時，偉大的瑜伽行者從座位上站起身，以深厚的敬意擁抱了他。

「巴格拔第，」他說道，「你做得怎麼樣了？有沒有看到你的兒子正以飛快的速度跑向無限？」在父親面前聽到他的稱讚，我的臉紅了。尊者繼續說道，「你還記得我們神聖的上師經常說的話嗎？『巴納特，巴納特，班，勝利[5]』（努力，努力，看啊，天國的目標到了）。只要不間斷地修習克利亞瑜伽，很快就能到達天國的大門。」

我第一次在瓦拉納西拜訪普拉那貝南達時，他的身體看起來非常健壯，但現在明顯顯露出老化的跡象，不過他的身材還是挺的筆直。

「可敬的尊者，」我看著他的眼睛問道，「請告訴我實話，您有沒有感覺到歲月在悄然流逝？當身體變得衰弱時，您對神的感知有沒有減少？」

他像個天使般笑了起來：「親愛的神依然跟我在一起，比任何時候都要更加親密。」他的絕對信念使我的心智和靈魂非常感動。他繼續說道，「我仍然享受著兩份退休金——一份是從巴格拔第來的，另一份是從上面來的。」他的手指指向天堂。聖人進入了入定狀態，他的臉散發著天國的光輝。

我注意到普拉那貝南達的房間裡有許多包種子和植物，我問了問它們的用途。

「我要永遠離開瓦拉納西了，」他說道，「正準備前往喜瑪拉雅山。我將在那裡為弟子創建一所修道院，這些是菠菜和一些其他蔬菜的種子。我與所愛的弟子們將過著簡樸的生活，把時間用在與神的極樂融合裡。除此之外，沒有什麼東西是必不可少的。」

父親問他的師兄弟什麼時候能回到加爾各答。

「再也不會回來了，」尊者回答道，「拿希里．瑪哈賽告訴我，今年我將永遠離開心愛的瓦拉納西、前往喜瑪拉雅山，在那裡，我將扔掉自己凡夫俗子的身體。」

聽了他的話，我熱淚盈眶，但尊者依舊平靜地微笑著。他使我想到了天堂的小孩，安穩地坐在神母的膝蓋上。歲月的沉重負擔並沒有在一個偉大的瑜伽行者充分擁有的精神力量上造成不良的影響。他可以隨心所欲地更新身體，但有時候，他不想阻止老化的過程，而是聽憑業力在肉體層面上自行運作著，將他老化的身體作為節省時間的工具，排除來世還要洗去業力的必要。

幾個月後，我碰到了普拉那貝南達親近的弟子——我的老友薩南丹。

5　拿希里．瑪哈賽最喜歡的一句話之一，鼓勵他的學生堅持不懈。意思是：「努力，努力，看啊，天國的目標到了！」

「我敬愛的上師去世了，」他含淚告訴我，「他在瑞詩凱詩附近建了一所修道院，慈愛地教導我們。當我們都安頓好，並且在他的指導下靈性有了快速進步的時候，有一天，他提出了要供養瑞詩凱詩的一大群人，我問他為什麼要供養那麼多人。

「他說，這是我的最後一次慶典儀式了。當時，我並沒有完全了解他的話中隱含的意思。

「普拉那貝南達幫忙烹煮了許多的食物。我們邀請了將近兩千位客人。宴會結束後，他坐在一個高高的講臺上，做了一個關於無限主題的開示。結束時，在上千人的注目下，他轉向了我，因為我就坐在講臺上他的旁邊。他用不尋常的語氣說道：

「『薩南丹，準備好，我要拋棄我這個身體了。』

「在一陣沉默的震驚後，我大聲地哭喊道：『上師，不要這樣做！千萬不要這麼做！』客人們瞠目結舌，奇怪地看著我們。我的上師對我微笑著，但他神聖的眼睛已經凝視在永恆中了。

「『不要自私，』他說，『也不要為我悲傷。我長久以來快樂地服侍你們，現在歡欣地祝福我一路平安吧。我將去見宇宙的至愛。』普拉那貝南達私下裡低聲地補充道，『我很快就會再生。在享受過短暫的無窮極樂之後，我會回到地球上，加入巴巴吉[6]的行列。你很快就會知道我的靈魂在何時何地進駐到怎樣的新身體裡。』

「他又叫道，『薩南丹，我現在要用克利亞瑜伽第二式[7]捨棄這個肉身。』

「他看著我們面前眾多的臉孔，賜予了祝福。他的凝視轉入了內在的第三眼，他變得靜止不動了。當困惑的群眾以為他進入了打坐入定的狀態時，他已經離開了這個暫住的肉體，靈魂投入到了無窮無盡的宇宙中。弟子們觸摸他蓮花坐姿的身體，但再也不是溫暖的肉體了，只是個僵直的軀殼，它的房客已消失到永世的彼岸去了。」

我問他，普拉那貝南達會在哪裡重生？

「那是一個神聖的囑託，我不能洩露給任何人，」薩南丹回答道，「也許你可以用別的方式知道。」

幾年之後，我從僧人凱斯本南達[8]處得知，普拉那貝南達在轉世後幾年，就到喜瑪拉雅山的巴尊納拉揚去了，在那裡加入了偉大的巴巴吉的聖人團體。

---

6 拿希里．瑪哈賽的上師，至今仍活在人間（參閱第33章）。

7 拿希里．瑪哈賽所教導的克利亞瑜伽第二式，能讓精通它的求道者能夠隨時有意識地離開和返回身體。極高修行的瑜伽行者在預知最後一次死亡時刻時，使用克利亞瑜伽第二式做最後的離去。

8 第42章描述我與凱斯本南達的相遇。

28 凱西的再生

「請不要進入水中，讓我們用桶子舀水上來洗澡。」

我告誡隨我一起步行八英里來到鄰近山丘的年輕學生們。我們面前的池塘令人心動，但我對它有一股厭惡之情。大部分學生跟隨我的示範用桶子汲水，然而，依然有一些男孩抵擋不住冰涼池水的誘惑，一同跳入水中，不料巨大的水蛇馬上在他們身旁游動。那些男孩們馬上敏捷而又滑稽地跳出了池塘。

到達目的地後，我們享用了一頓野餐。我坐在樹下，被一群學生圍繞著。他們發現我似乎能夠未卜先知，於是不斷地向我提問。

「先生，請告訴我，」一個青少年詢問道，「我是否能一直跟隨著你，走在出家的路上。」

「喔！不！」我回答道，「你會被迫返家，以後你會結婚。」

他不相信，並強烈地抗議道：「只有我死了，我才會被帶回家。」但幾個月之後，他的雙親不理會他流著淚水的抗議，強行帶他回去了。幾年以後，他結婚了。

回答了許多問題之後，一個名叫凱西的少年向我提問。他約莫十二歲，很有才華，受到所有人的喜愛。

「先生，」他說，「我的命運會怎樣？」

「你很快就會死了。」這個回答帶著一股不可抗拒的力量，從我的口中說出。這個沒有預料到的回答，讓包括我在內的每個人感到震驚且難過。我默默地自責，自己像頑皮不負責任的小孩，拒絕回答進一步的問題。

我們回到學校後，凱西來到我的房間。

「如果我真的死了，當我重生時，您能找到我並再次帶我走上心靈之路嗎？」他哭泣道。

我覺得必須拒絕這個艱難隱祕的責任。但隨後的幾個星期裡，凱西固執地請求著我。看到他煩惱不安甚至快要崩潰了，我只好安慰他。

「好的，」我答應道，「只要神提供祂的幫助，我會嘗試去找你。」

暑假的時候，我開始了一趟短途旅行。很遺憾不能帶著凱西同行，離開之前，我把他叫到我的房間來，耐心地指導他。不知怎的，我覺得如果他不回家，也許可以避免即將發生的災難。

我一離開，凱西的父親就來到蘭契。他告訴兒子，只要到加爾各答看望他的母親，過後他就可以回來了。凱西一直拒絕。這個父親最後說他要去找員警幫忙來把小孩帶走。這個威脅煩惱著凱西，他不願意為學校帶來任何麻煩，只好跟著父親走了。

幾天後我回到蘭契。當我聽到凱西已經被帶走時，我立即坐上前往加爾各答的火車。在那裡我租了一輛馬車。很奇怪，在過了恆河上的豪拉橋，我馬上看到了凱西的父親和其他親戚穿著喪服。我急

死去又再生的凱西。

（從左至右）我的弟弟畢修、聖尤地斯瓦爾的資深弟子、我的父親、賴特先生、我、圖爾西·納拉揚·博斯、蘭契的僧人薩提阿南達。

忙叫車伕停了下來，衝過去，惱怒地看著傷心的父親。

「兇手，」我有些失去理智地叫喊道，「你殺了我的孩子！」

這個父親已經知道他強行帶凱西回加爾各答是個嚴重的錯誤了。在短短的幾天內，凱西吃到被污染的食物，染上了霍亂，不久就去世了。

我對凱西的愛，以及承諾找到他的誓言，日夜縈繞著我。不論我去哪裡，他的臉總是隱約地出現在我的眼前。我開始進行了一段難忘的找尋，就像很久以前，尋找我失去的母親一樣。

我覺得神既然給了我推理的能力，我就必須運用它並且使用自己的全部力量去找尋這男孩靈體的下落。他是一個振動著未完成願望的靈魂，在這麼多其他靈魂振動的光體中，我該如何調整、進入他的頻道呢？

我用瑜伽的祕法，通過位於兩眉中間第三眼的「麥克風」[1]，播放著我對凱西靈魂的愛。我將舉起來的手和手指作為天線，時常轉來轉去，嘗試著尋找他已再生為胚胎的方向。我希望內心的收音機能夠接收到他的回應。

1 從眉心投射出來的意志被瑜伽行者稱為思想的傳播裝置。當情緒平靜地集中在內心時，它就像一個心靈的收音機，可以接收來自遠近其他人的信息。心電感應是人類心中細微的思想震動，經由靈體乙太微妙的震動傳送出去，再經過較為粗鈍的地球乙太產生電波，轉到別人的心裡轉化為思想的波動。

我直覺地感到凱西很快就會回到地球，只要我保持對他不斷的召喚，他的靈魂就會回應。我知道，凱西哪怕是發送出最微小的脈衝，我的手指、手掌、手臂、脊椎和神經都能感覺得到。

在凱西死後大約六個月，我熱情不減地實行這個瑜伽祕法。一天早上，當我跟幾個朋友走在加爾各答擁擠的保巴沙區時，我照常舉起了手。這是第一次，我感受到了回應。我非常興奮地偵測到電流的脈衝細細地向下經過我的手指和手掌。這些電流在我意識深處轉化為一個強烈的訊息：「我是凱西，我是凱西，到我這裡來！」

當我專注於內心的收音機時，這個訊息幾乎變成可以聽見的。我聽到凱西[2]特有的略帶沙啞的低語聲，一次又一次地呼喚。我抓住其中一個同伴普羅卡希・達斯[3]的手臂，快樂地對他笑著說：「我好像找到凱西了！」

我開始轉過來轉過去，我的朋友和往來的路人毫不掩飾他們的竊笑。電流的脈衝只有當我朝向附近一條名為「蜿蜒巷」的巷子時，才會傳遞到我的手指上。當我轉到其他方向時，引起靈體的電流就消失了。

「啊，」我叫道，「凱西的靈魂一定住在這條巷子裡某位母親的子宮裡。」

朋友和我朝蜿蜒巷靠近，我舉起的手震動更為強烈、明顯。我好像被磁鐵吸引住了，被拉向路的右側。到了某間房子的門口，我驚異地發現自己被定住了。我在極度興奮的狀態下敲著門，屏住氣息。我感到長久以來艱難追尋的謎底已經揭曉了！

一個僕人出來開門，她告訴我主人在家。主人從二樓的樓梯下來時，探詢地對我微笑著，我幾乎不知道如何說出我的問題。

「先生，請告訴我，你的妻子是否已經懷孕六個月了？」

「是的，的確如此。」看到我是一個穿著傳統橘色僧袍的出家人，他客氣地補充道，「請告訴我你是怎麼知道的？」

當他聽到有關於凱西的事情和我所給予的承諾時，主人雖然震驚，但還是相信了我所說的故事。

「你們會生下一個皮膚白皙的男孩，」我告訴他，「他會有一張寬闊的臉型，額頭上有著卷髮，有著高貴的靈性。」我確定地感覺到這個即將到來的孩子，會擁有與凱西相似的容貌與氣質。

後來我去探訪那個孩子，他的雙親給他沿用了他的舊名凱西。即使是在嬰兒時期，他的外表已經很明顯地酷似我那親愛的學生。那個孩子對我立刻表現出親切的感情，過去吸引力的覺醒，加倍了它的強度。幾年之後，當我在美國時，這個十幾歲的男孩寫信給我，訴說他對走上出家之路的深切渴望。我指點他前往喜瑪拉雅山的一個上師處，至今這位上師仍引導著再生的凱西。

---

2 每一個處於純淨狀態的靈魂都是無所不知的。凱西的靈魂記住了凱西這個男孩的所有特徵，因此重現他沙啞的聲音以喚起我的注意。

3 普羅卡希·達斯當時是位於孟加拉達森斯瓦爾的尤高達修道院的院長。

29 泰戈爾與我

「泰戈爾教我們像小鳥般自然地流露出自我。」

有一天早上，當我讚美十四歲的快樂少年柏拉的歌聲悅耳動聽時，他給了我這樣的解釋。這個男孩不論是否被引導著，總能唱出和諧動人的曲調。他先前曾就讀於泰戈爾在波浦爾創辦的著名的「聖提尼克坦（和平的天堂）」學校。

「我從小就唱著泰戈爾的歌。」我告訴同伴，「全孟加拉的人，就連不識字的農夫都喜歡他高雅的詩歌。」

柏拉和我一起合唱了幾首泰戈爾的曲子，泰戈爾為數千首印度詩譜曲，有一些是出於他的創作，其他的則是遠古的詩歌。

「我在泰戈爾獲得諾貝爾文學獎後不久就與他會面，」合唱之後我說道，「我很想去拜訪他，因為我欣賞他毫不做作地面對那些文學評論者的勇氣。」我低聲笑道。

柏拉好奇地問起這個故事。

「泰戈爾採用了一種新的孟加拉詩文格式，結果遭到了學者們嚴厲的抨擊，」我開始說道，「他混合了口語與古典的表達方式，完全無視那些學者專家們所熟知的種種圭臬。他的歌在動人的詞句中

泰戈爾，孟加拉詩人，諾貝爾文學獎得主。

蘊含了深遠的哲學真理，不太在乎公認的詩詞格律。」

「一個頗有影響力的批評家輕蔑地說泰戈爾是『為了一塊錢把他咕咕的聲音印在紙上出賣的鴿子詩人』。但泰戈爾的回擊馬上到來——在他將自己的作品《吉檀迦利》譯成英文後，整個西方世界很快就拜倒在他的腳下。整車的學者專家，包括先前批評他的人，都跑去祝賀他。

「泰戈爾故意拖延了很久才出來接待客人，然後默不作聲地聽著他們的讚美，最後他以那些人慣用的批評武器還擊了對方。

「『各位，』他說道，『你們在這裡給予我的芳香讚譽，很不協調地混雜著過去的輕視臭味。我獲得諾貝爾獎跟你們突然變得敏銳的鑒賞力有任何可能的關係嗎？我依然是那個第一次在孟加拉文學殿堂裡獻上我卑微的花朵，因而觸怒你們的詩人。』

「報紙報導了泰戈爾的這番言論。我欣賞一個不沉迷於諂媚奉承之人的坦率言論，」我繼續說道，「在加爾各答，他的祕書安德魯斯先生[1]穿著樸素的孟加拉腰布，引我去見泰戈爾。他還深情地提到泰戈爾是他的天國導師。

「泰戈爾殷勤地接待了我。他散發出迷人謙遜而富有涵養的氣息。在回答我有關他文學背景的問題時，泰戈爾告訴我，除了宗教史詩外，古典詩人維迪亞帕提[2]也是他詩歌靈感的來源之一。」

受到這些回憶的鼓舞，我唱起了一首泰戈爾改編的孟加拉古曲《點燃你的愛之燈》。柏拉和我漫步在蘭契的校園裡，愉快地合唱著。

大約在蘭契學校創辦兩年後，我收到了泰戈爾請我到聖提尼克坦商討教育理想的邀請函。我很高興地前往。當我進去時，詩人正坐在書房裡。那時我在想，如同我們首次會面時所想的，他是任何畫家都會喜歡的絕佳模特兒人選：輪廓分明的美麗面孔，高貴的氣質，襯托著長長的頭髮和飄逸的鬍鬚，大而動人的眼睛，天使般的笑容，還有笛子般迷人的聲調。結實、高大、莊嚴，他融合了幾乎所有女性的溫柔和孩子般純真的快樂。沒有人比這個高貴的詩人更適合做理想詩人的化身了。

泰戈爾和我很快地深入比較了我們創辦的這兩所學校，兩者都是走非傳統路線的。我們發現了許多相同的特色——戶外教學、簡單、多元化、啟發兒童的創意。不過，泰戈爾比較注重詩詞與文學的研習，以及通過音樂和歌曲進行自我表達，這一點我已經從柏拉的身上注意到了。聖提尼克坦的孩童們遵守禁語的時段，但是沒有接受特別的瑜伽訓練。

詩人興致勃勃地專心聽我描述了所有蘭契學生都會學到的、賦予生命能量的「尤高達」鍛鍊和瑜伽專注集中的技巧。

泰戈爾告訴我他自己早年受教育時的掙扎。「我五年級以後就逃離了學校，」他笑了起來。我很能理解他天生的纖細敏感是如何被課堂上沉悶、紀律性的氣氛所褻瀆的。

1 英國的作家也是出版商，聖雄甘地親近的友人。安德魯斯先生由於對印度的諸多貢獻而受到尊敬。

2 維迪亞帕提，印度詩人，生平不詳。十九世紀末，他流傳的詩經整理出版後，廣為流傳。

「所以我在樹蔭和燦爛的天空下開辦了聖提尼克坦。」他指著一小群在美麗的花園裡讀書的孩子，「小孩子應當在鳥語花香的環境裡成長。只有如此，他才能完全顯露出內在隱藏的個人天賦。真正的教育不可能是由外界填鴨式注入的，我們必須幫助他們將儲藏在內心無限的智慧自然地引導出來。」[3]

我同意。我說：「年輕人的理想主義和崇拜英雄的本能，都被耗費在學算術和背歷史年表上了。」

詩人深情地談到了鼓勵他開辦聖提尼克坦的父親——迪文卓納斯。

「父親提供我這塊肥沃的土地時，上面已經蓋有賓館和寺廟，」泰戈爾告訴我，「我在一九〇一年開辦這個學校時，只有十個男孩。八千英鎊的諾貝爾獎金全都投入到了學校的運作中。」

泰戈爾的父親是遠近馳名的「大聖人」，從他的自傳中就可以看出他是一個非常傑出的人物，他成年後有兩年時間在喜瑪拉雅山中打坐。還有他的祖父德瓦卡納斯，是全孟加拉出名的公益慈善家。從這個輝煌的世系裡產生了一個天才家族，不僅是詩人泰戈爾，他所有的親戚都以富有創意的表現而著稱。他的兄弟戈高南卓拉和阿賓甯卓拉是印度最重要的藝術家[4]，另一個兄弟杜真卓拉，是一個有深厚造詣的哲學家，在他輕柔的召喚下，鳥兒和林中的走獸都會回應。

泰戈爾邀請我留宿。晚上，詩人和一群人坐在內院實在是一個迷人的場面。時光倒流，在我面前的好像是古代修道院的景象——快樂的演唱家被忠誠的聽眾環繞著，所有人都籠罩在天國之愛的光暈中。泰戈爾用和諧的弦把每個人都連繫在一起，他令人無法抗拒的磁場，不用誇飾就能擄獲人心。宛如稀有珍貴花朵的詩文盛開在神的花園裡，綻放著自然誘人的芬芳！

泰戈爾以悅耳動聽的聲音向我們朗誦了幾首他新近創作的絕妙好詩。他大部分的歌曲和戲劇是以描述學生的快樂而創作的，都是在聖提尼克坦完成的。對我而言，他字裡行間的美妙在於：幾乎每一節詩文都提到神，卻很少直接提及祂的聖名。「沉醉在詠唱的喜悅中，」他寫道，「我渾然忘卻了自己，讚頌祢為朋友，我的上主。」

次日午餐後，我依依不捨地道別了詩人。我很高興他的小學校現在已經發展成為一所國際性的大學「維斯瓦─帕拉提」，來自世界各地的學者都認為這是一個理想的環境。

在那地方，心沒有恐懼，頭抬得起來；
在那地方，知識是自由的；
在那地方，世界不曾被狹窄的家國之牆分裂爲碎片；
在那地方，話語來自眞理深處；

3 愛默森：「靈魂經常再生，或者，如同印度人所說的，『經由數千次的誕生，旅行在存在的道路上』……沒有什麼是她不知道的，難怪她能回憶起來……她以前就知道的……對於探究和學習是回憶一切。」

4 泰戈爾在六十歲的時候認真地研習繪畫。幾年前，他很具「未來感」的作品在歐洲各國首都和紐約舉辦過展覽。

在那地方，不懈的努力伸手朝向完美；
在那地方，理智的清流，不曾迷失在僵化的積習之可怕荒漠；
在那地方，心靈被你引導前進，成爲不斷變得開闊的思想和行動；
進入自由的天國，我的父啊！讓我的國家醒來！[5]

——魯賓卓納斯・泰戈爾

5 本詩摘錄自《吉檀迦利》。著名的學者拉達克里斯南所著的《泰戈爾的哲學》對詩人有深入研究。另一本是羅伊的《泰戈爾：這個人和他的詩》。由著名的東方藝術權威阿南達・庫瑪拉斯瓦尼所著《佛陀和佛教的教義》，其中包含詩人兄弟阿賓甯卓拉的畫作。

30 奇蹟法則

偉大的小說家托爾斯泰寫了一則很有意思的故事《三個隱士》。他的朋友尼古拉斯．羅瑞克[1]總結這個故事如下：

「在一個島上住著三位老邁的隱士。他們極其單純，唯一使用的禱告詞是：『我們是三位，祢是三位一體，憐憫我們吧！』在這個純真的禱告中，卻顯現出偉大的奇蹟。

「當地的主教[2]聽到這三位隱士以及他們不正確的禱告詞後，決定去拜訪他們教他們正確的禱告方式。他到島上去，告訴那些隱士他們對天國的禱告是不夠莊嚴的，並教導了他們常用的禱告詞，隨後主教就坐船離開了。在船上，主教看到了一道耀眼的光芒跟在船後，當光靠近時，他認出是那三位隱士，手牽著手跑在海浪上，努力地追趕他的船。

「『我們忘記你教我們的禱文了，』他們叫喊道，『所以我們追來，請求您再重複一次。』驚歎

1 這位著名的俄羅斯藝術家和哲學家在靠近喜馬拉雅山的印度生活了多年。「來自高峰的啟示，」他寫道，「先知住在山洞和山頂上。喜馬拉雅山白雪皚皚的山峰上燃燒著明亮的光芒，比星星和夢幻般的閃電還要亮。」

2 故事可能有歷史依據。有一篇研究註釋告訴我們，阿爾漢格爾到斯洛維斯堡修道院航程中的杜威拿河口遇到那三位僧侶的。

的主教搖著他的頭。

「『親愛的，』他謙卑地回答道，『繼續沿用你們以前的禱告詞吧！』」

那三位聖人是如何走在水上的？

基督是如何復活被釘死在十字架上的肉身？

拿希里．瑪哈賽和聖尤地斯瓦爾是如何展現奇蹟的？

現代科學尚未有答案，不過隨著原子彈和雷達的出現，心智世界的範圍突然變大了。科學界用到「不可能」這三個字的機會越來越少了。

古代吠陀經典認為，物質世界是基於「幻相」的法則運作的，也就是相對性與二元性。神「唯一的生命」是「一個絕對的整體」，祂無法示現成個別多變性的萬物，只有人在虛妄或不真實的帷幕下以為祂千變萬化。宇宙的幻象就是幻相。近代每個偉大的科學發現，都證實了先知的這個純粹的看法。

牛頓的運動定律是幻相的法則：「每一個作用力必有一個相等的反作用力，任何兩個物體相互的作用力必定相等且方向相反。」因此作用力和反作用力是完全相等的。「作用力是不可能單獨存在的，必須永遠成對，而且力量相等、方向相反。」

自然界的運行原理都顯示出幻相的根源。例如，電是一種斥力和引力的現象，電子和質子帶著相反的電性。另一個例子：原子或構成物質最小單位的粒子與地球相同，都是帶有正負極的磁鐵。整個

上師與弟子（印度藝術家密多羅〔Mitra〕所畫）。

現象界都處在不能改變的兩極之間擺動，在物理、化學或任何其他科學，從來未出現能違反此相對原則的特例。

所以物理學不可能自外於構成萬物本質的幻相而另創公式。自然界本身就是幻相，自然科學一定要處理此一無可避免本質的相關問題。在自然界的領域裡，自然是永恆而無窮盡的，將來科學家也只能探索自然界一個接一個無窮多變的外在面向，科學因此停留在無休止的變化中，無法達到終點。科學實際上很適合發現已經存在且正在運行的宇宙法則，但它無法偵測到法則背後的「構成者」與「唯一的操作者」。發現萬有引力與電是眾所周知的科學成就，但萬有引力和電的本質究竟是什麼，沒有人知道。[3]

超越幻相是千百年來先知們所指派給人類的功課。人類最高的目的就是超越創造的二元性，意識到造物者的一體性。那些執著於宇宙幻象的人必須接受它基本的兩極法則：漲潮與退潮、上升與降落、日夜、苦樂、善惡、生死。在人類經歷了數千次的生死輪迴後，這個輪迴方式顯現出某種極度痛苦的單調性，人類開始想掙脫幻相的控制。

撕開幻相的面紗就是洞察造化的奧祕。那些剝除層層宇宙幻相的瑜伽行者才是唯一真正的一神論者，其他所有人都只是崇拜偶像而已。只要人還停留在臣服於自然界二元的幻相中，幻相依然是他的雙面女神，他無法認識真正、唯一的神。

這個世界的幻相，也稱之為「無明」，字義是「非知識性的」，即愚昧、妄想。幻相或無明是不可能用理智的信念或分析摧毀的，只能達到內在「無餘三摩地」的境界才能摧毀無明。《舊約》中的預言家以及所有地方、時代的先知，都是在這種境界下預知事情的。以西結說：「以後，他帶我到一座門，就是朝東的門。以色列神的榮光從東而來，祂的聲音如同多水的聲音，地就因祂的榮耀發光。」瑜伽行者透過額頭（東方）的神聖眼睛，將意識帶入無所不在，傾聽聖言或「唵」——這種多水或振動的神聖聲音，就是創造的唯一真理。

在宇宙多如恆河之沙的奧祕中，最顯著的就是光。不像音波的傳導需要空氣或其他的物質當媒介，光波自由地穿過星際之間的太空。即使是在波動的理論中，假設乙太是星際間傳遞光的介質，然而根據愛因斯坦的理論，空間的幾何性質使得乙太理論是沒有必要的。無論何種假設，光是自然界表現形式中最細微、最不受限於物質形式的存在。

在愛因斯坦廣闊的觀念中，光速——每秒三十萬公里——在整個相對論中占有重要的地位。他用數學證明了，光速是到目前為止在變遷流動的宇宙中，人類有限的心智所能想到的唯一常數。人類對時間和空間的認知標準，完全取決於光速。時間與空間是相對和有限的因素，它們的實際測量值是由光速的標準而來，並不是人類一直以來所認為的那樣永恆不變的。相對論把時間結合空間成為次元，

3 偉大的發明家馬可尼在最後承認科學的不足：「科學無法闡明生命是無庸置疑的。如果不是信仰的話，這個事實實在是很嚇人的。生命的奧祕無疑地是曾經擺在人類思想面前最持久的課題。」

人們放棄了長久以來的認知，發現時間的本質本來就是模糊不清的！愛因斯坦大筆寫下了幾個公式，除了光之外，把其餘人類以為宇宙中不變的事實都推翻了。

這位偉大的物理學家後來發展的「統一場理論」，用一個數學方程式包含了萬有引力與電磁力。愛因斯坦[4]把宇宙的結構歸納為單一法則的變異，呼應歷來先知們所聲稱的——無常的幻相是造化的唯一真實。

在劃時代的相對論中，人類發展出以數學探測最小原子的可能性。偉大的科學家們現在不僅大膽地主張原子是能量而非物質，而且相信原子的能量實際上是心智的材料。

「清楚地了解到物理科學涉及幻影的世界，這可以說是最有意義的進展之一。」亞瑟·愛丁頓在《自然界的本質》中寫道：「在物理學的世界中，我們觀看著日常生活幻影戲的演出。我手肘的幻影靠在桌子的幻影上，幻影的墨水流動在幻影的紙上，這些全都是象徵性的，物理學家把它們當做記號留下來。若以煉金術士的心智來想，這些記號轉變成饒富意味的象徵……大致來說，世界是由心智構成的……先前物理學提出的實際物質與力場理論是全然不合用的，除了心智本身編織成的幻影除外……外在世界也成了幻影所投射的世界。當我們移去幻覺時，也移除了物質，而實際上我們已經知道物質是我們最大的幻想之一。」

最近發明的電子顯微鏡，確切地證明了原子光的本質及自然界無可避免的二元性。《紐約時報》對一九三七年在美國科學促進會上所展示的電子顯微鏡報導如下：

「先前只能用X射線間接地了解鎢的晶體結構，現在可以輪廓分明地顯示在螢幕上，有九個原子正確地出現在立方晶格的位置上，每個角落及中間各有一個原子。鎢結晶格中的原子在螢幕上看起來像排列成幾何圖形的光點。在這個光的晶格上，可以看到高能空氣分子的衝擊，就好像太陽光在波動的水面上閃爍的、跳動的光點……

「電子顯微鏡的原理最早在一九二七年由貝爾電話實驗室的克林頓・大衛森和利斯特爾・德莫爾博士發現。他們發現電子同時帶有波及粒子的雙重特性。波的性質賦予電子光的特質，因此，一項設計如何使用透鏡聚光的方式去集中電子束的研究就展開了。

「大衛森博士發現了電子雙重的本質，證實了法國諾貝爾獎得主物理學家德布洛伊在一九二四年所做的預測，並且顯示了整個自然界的本質是二元性的，他也獲得了諾貝爾物理獎。」

詹姆斯・金斯在《神祕宇宙》中寫道：「知識的潮流朝向非機械性的事實發展，宇宙已經開始看起來像一個巨大的思想，而不是一個巨大的機器。」二十世紀的科學因此更像是古老《吠陀經》中的一頁。

如果有必要的話，讓人們從科學中學習宇宙並非物質世界的哲學真理；宇宙的扭曲和顫動是幻相

---

4 愛因斯坦是偉大哲學家史賓諾沙終身信徒的事實，給了有關他天才所導至方向的線索，史賓諾沙最有名的著作是《倫理學：用幾何原理進行的論證》。

交織的錯覺。在分析中，宇宙的現實幻象全都崩潰了。當物質世界令人安心的支柱一根接著一根倒下時，人類隱約察覺到過去對偶像的盲目崇拜違反了聖神的誡示：「除了我之外，你不可有別的神。」（《出埃及記》20：3）

愛因斯坦在他著名的「質能互變」的方程式中，證明了任何物質粒子的能量等於質量乘以光速的平方。物質粒子的消滅釋放出原子的能量。物質的「死亡」也是原子時代的「誕生」。

光速是一個數學的標準或是常數，不是因為每秒三十萬公里的絕對值，而是因為當質量隨著速度的增加而加大時，沒有物體能夠達到光速。換句話說：只有質量是無限的物體，才可能等於光速。

這個觀念帶給了我們「奇蹟運作的法則」。

大師們可以將他們的身體或任何其他東西物質化或非物質化，以光速移動，利用富有創造力的光線即時產生任何可見的物質現象，這符合了愛因斯坦的必要條件：他們形體的質量是無限的。

完美的瑜伽行者的意識很容易與宇宙的結構合一而不受限於狹隘的身軀。不論是牛頓所謂的「力」或是愛因斯坦的「慣性現象」，萬有引力無法迫使一位大師顯出「重量」——這是萬有引力對所有物質所產生的影響。一旦知道自己是無所不在的「精神」時，就再也不會受限於時空中的肉體。

「要有光，就有了光。」（《創世紀》1：3）上帝創造宇宙的第一道命令就是帶來最重要的原子材料——光。在所有神聖的創造中，都出現這種非物質媒介的光芒。每個時代虔誠的信徒都見證過上帝以火焰或光的形象出現。「萬王之王，萬主之主，就是那獨一不死，住在人不能靠近的光裡，是人未曾看見，也是不能看見的，要將他顯明出來。」[5]

一位瑜伽士通過完美的冥想將自己的意識與造物主融合在一起，將宇宙的本質視為光。對他來說，構成水的光線與構成土地的光線沒有區別。脫離了物質意識，沒有三度空間和時間的第四度空間，大師就可以輕鬆地轉化為光體，自由地在光束組成的地、水、火、風中穿梭。瑜伽行者長期專注在解放心靈之眼，能夠消除物質世界的引力重量與所有幻相。從那以後，他視宇宙的本質是一團未分化的光。

哈佛大學的特羅蘭博士告訴我們，「光學影像是以跟普通『網版』圖形相同的原理構建的；也就是說，它們是由許多微小的點或線所構成的，可是因為太小了，所以眼睛看不到……視網膜的靈敏度是如此之高，以至於只要有適量光線就可以產生視覺。」瑜伽行者透過對光現象的了解，他可以立即將普遍存在的光原子投射為可看見的形相，無論是一棵樹、一台機器，還是一具人體，端看其意志力和觀想力。

在人的夢境意識中，他脫離了白日束縛著他的我執控制，展現出心靈的無所不能。瞧！在夢裡見到死去已久的朋友，去到最遙遠的地方，重溫兒時回憶。瑜伽行者已經處於與神永久連結的境界，因此能夠隨時徜徉在自由無拘束的夢境意識中。具有純淨無邪心靈的瑜伽行者運用造物主賦予他的創造

5 提摩太前書6：15-16。

力，重新排列宇宙的光原子，來滿足弟子虔誠的祈禱。人類萬物被神創造出來的目的——超越幻相，知道自己能夠主宰宇宙。

「神說，我們要照我們的形象，按著我們的樣式造人，讓他們管理海裡的魚、空中的飛鳥、地上的牲畜、所有的土地，以及地上所有爬行的昆蟲。」[6]

一九二五年，我加入僧團後不久，親身體驗到一異象，了解到人類意識的相對性，清楚感受到二元對立的幻相背後，隱藏著永恆之光的本體。那天早上，當我坐在古柏路父親家的小閣樓禪定時，異象突然降臨在我身上。在歐洲，第一次世界大戰已經持續好幾個月了，我對無數生靈塗炭而生起巨大的悲傷。

當我閉上眼睛打坐時，我的意識突然轉移到一艘戰艦的艦長身上。岸上的砲台和戰艦的大砲相互射擊，槍砲的轟鳴聲劃破了天空。一顆巨大的砲彈擊中彈藥庫，一聲轟然巨響，把整艘戰艦炸得支離破碎。我與幾名在爆炸中倖存下來的水手一起跳入海裡逃生。

我的心砰砰直跳，好不容易游到了岸邊，但是，一顆流彈射進了我的胸膛，我呻吟著倒在地上，整個身體都癱瘓了，但我還能意識到自己的身體，就像意識到腿麻了一樣。

「終於，死亡抓住我了！」我想，並嘆了最後一口氣。正當我快要昏迷過去了，哎呀！我發現自己以蓮花姿勢盤坐在古柏路的房間裡。

我高興地眼淚不停地流出來，一邊不斷地摸自己的胸膛，想找看看有沒有彈孔。我搖晃身體，吸氣又呼氣，確定自己還活著。當我暗自慶幸時，我的意識又再次回到躺在海岸邊、混身是血的船長屍體上。徹底的混亂向我襲來。

「神啊，」我禱告著，「我到底是死是活？」

一道耀眼的光芒充滿了整個海平面，一陣輕柔震動的聲音傳來：

「生或死，跟光有什麼關係？我以我的光的形象創造了你。生與死的對立是宇宙大夢。注意無夢的本質！醒醒，我的孩子，醒醒！」

作為人類覺醒的一步，神啟發了科學家，在正確的時間和地點發現祂創造的祕密。許多現代的發現，幫助人們理解宇宙是一種力量，是「光」所展現的不同樣貌，全由神的智慧所引導。電影、收音機、電視、雷達、光電管、原子能……全都是以光的電磁現象為基礎。

電影藝術可以描繪任何奇蹟。從視覺印象的觀點來看，電影特效可以製造任何奇蹟。可以看到一個人的透明靈魂從他的肉體中升起，在水面上行走，死而復生，逆轉自然的時序讓時空陷入混亂。電影隨心所欲組合光影所創造出來的視覺奇蹟，就如同真正的大師用真實的光束製造出奇蹟。

電影栩栩如生的影像說明了許多有關創造的真理。「宇宙導演」編寫了自己的劇本，並無數世紀的盛大演出，召集了龐大的演員陣容。祂從永恆的放映室裡，將祂的創作光芒，透過世世代代的連續

6　創世紀1：26。

膠片，投射在太空的銀幕上。雖然電影畫面看起來很真實，但只是光與影的組合而已，即便是千變萬化的宇宙也是一種虛幻的表相。擁有無數生命形式的行星天體，只不過是宇宙電影中的畫面，當無限造化的光束投射到人類意識的屏幕上時，人類五官會產生短暫的真實感受。

電影院的觀眾可以看到銀幕上的畫面都是從一道沒有畫面的光束中投射出來的。同樣的，宇宙上演的繽紛戲碼，同樣源自於宇宙源頭的一束白光。神以不可思議的聰明才智，為了娛樂祂的子民，創造出宇宙舞台，讓祂的孩子們在祂的星際劇院中，同時扮演演員和觀眾。

有一天，我走進一家戲院，觀看了一部關於歐洲戰場的新聞片。第一次世界大戰仍在西方進行，影片真實地拍下了大屠殺的畫面，以至於我離開戲院時，內心感到相當的不安。

「神啊，」我禱告著，「為何祢允許這種痛苦發生？」

令我非常驚訝的是，神馬上給了我答案。一個真正的歐洲戰場的景象出現，遍地死屍與瀕死之人的痛苦掙扎，恐怖程度遠遠超過新聞片的畫面。

「仔細看！」一個溫柔的聲音對我的內在意識說話。「你現在看到的是正在法國進行的戰爭，這些場景只不過是明暗交替的一齣戲，它是宇宙大戲，真真假假，就像你剛剛看過的新聞片一樣，是戲中戲。」

我的心並沒有因此而得到安慰。神聖的聲音繼續說道：「創造是光和影的結合，否則影像就不可能存在。在至高無上的創造中，幻相中的善與惡必須相互交替。如果這個世界歡樂永遠存在，那麼人類還會追尋什麼？沒有痛苦，人類就不會憶起那個被他們拋棄的永恆的家園。痛苦是要刺激人類回憶，唯有透過智慧才能逃離痛苦！死亡的悲劇是不真實的，那些害怕死亡的人就像無知的演員，在舞台上被人拿空包彈射中而死去，他不是真的被子彈打死而是被自己嚇死的。我的孩子是光明之子，他們不會永遠沉睡在幻相中。」

雖然經典記載過關於幻相的事，我雖讀過卻一直不很明白，直到我親身體驗並伴隨這些安慰的話語才明白幻相為何物。當一個人最終明白造化只是一齣盛大的電影時，自己並不在其中，而是在它之外，他的價值觀就會發生深刻的變化。

寫完這章後，我盤腿坐在床上，房間沉浸在兩盞罩燈的昏暗光芒中，我抬頭一看，點點黃光投射在天花板上，閃爍著鐳射般的光澤。無數筆直的光線猶如雨絲，匯聚成透明的光束，無聲地照在我的身上。

頓時我的肉體失去了重量，轉化成有如輕飄飄的靈體，我感覺這個失重的身體有點輕微地左右搖晃地往上漂浮，離開了床板。我環顧房間四周，家具和牆壁一如往常，但微弱的光線卻越聚越多凝結成一個光團，亮到我幾乎看不見天花板。我驚呆了。

「這就是宇宙電影放映機。」一道聲音彷彿從光中傳來。「它的光束灑在你的白色床單上，投射出你身體的畫面。看仔細，你的形象不是別的，就是光！」

我凝視著自己的手臂，前後移動它們，卻感覺不到它們的重量。一種欣喜若狂的喜悅淹沒了我。

這股宇宙光束彷彿是戲院放映室投射出的光束，打在銀幕上顯現出畫面，映照出我的身體。

有很長一段時間，我感覺自己身在影片裡，我昏暗的臥室就是戲院。儘管我見過許多異象，但沒有比這個更獨特的了。我徹底打破了肉體的幻相，領悟到所有物體的本質都是光。我抬頭看著跳動的生命粒子，懇求地說：「神聖之光，請收回我這卑微的幻體，回到祢那裡，如同以利亞乘著火焰升天。」

禱告的結果令人吃驚。光束消失了，我的身體恢復了正常的重量，回到床上。那群在天花板閃爍耀眼的光芒不見了。顯然我離開這個世界的時間還沒到來。

「再說，」我思忖，「我如此自以為是，搞不好會惹得先知以利亞不高興呢！」

31 拜會師母

「尊敬的師母，在我還是嬰兒時，您身為先知的丈夫曾為我加持。我的雙親及我的上師聖尤地斯瓦爾都是他的弟子。您能否說些您的故事給我聽？」

我跟拿希里·瑪哈賽的終生伴侶施瑞瑪蒂·凱西·摩妮說著話。我利用在瓦拉納西短暫的停留時間，達成了長久以來想要拜訪這位可敬女士的心願。她在格魯瓦·蒙烏拉區、拿希里的故居裡，親切地接待了我。雖然已經上了年紀，但她像一朵盛開的蓮花，安祥地散發著靈性的芳香。她身材中等，有著細長的頸子和白皙的皮膚，慈母般的臉龐上有一雙閃亮的大眼睛。

「孩子，歡迎你到這裡來，上樓吧。」

師母帶我到一個曾經是她和先生住的非常小的房間。我覺得很榮幸能夠親眼目睹這位無與倫比的上師獻身人類婚姻的聖地。這位仁慈的女士示意我坐在她身旁一個有墊子的座位上。

「過了好幾年，我才了解到我丈夫不凡的神聖境界，」她開始說道，「有一天晚上，就在這個房間，我做了一個鮮明的夢。光輝的天使優美地飄浮在我的上方。那個景象極為真實，我立刻醒了過來，整個房間奇異地籠罩在耀眼的光輝裡。

「我的丈夫以蓮花坐姿飄浮在房間中央，天使們莊嚴地合掌圍繞、崇拜著他。我以為自己還在睡夢中。

「『善女人，』拿希里·瑪哈賽說道，『妳不是在做夢。永遠不要再睡了。』說完，他緩緩地降到地板上，我拜伏在他的腳下。

「『上師，』我叫喊道，『一次又一次我在您的面前俯首致敬。過去我一直認為您是我的丈夫，您能寬恕我的無知嗎？現在我了解到自己是在一個已經悟道的聖人身旁，卻依然沉睡在無明中，我羞愧得要死。從今晚開始，您將不再是我的丈夫，而是我的上師。您能接受卑微的我做您的弟子嗎？』[1]

「上師溫柔地觸摸我。『神聖的靈魂，起來吧。妳被接受了。』他指向那些天使說：『請向這些神聖的天使們頂禮。』

「當我頂禮完畢之後，天使的聲音齊聲響起，像是古代經典裡形容的法界妙音。

「『聖人的伴侶，妳是受到祝福的。我們向妳致敬。』天使們跪拜在我腳下，突然間，他們發光的形體消失了，房間頓時暗了下來。

「我的上師要求我，接受克利亞瑜伽的傳法。

「『當然啦，』我回答道，『我很遺憾沒有早一點學它。』

「『當時時機尚未成熟，』拿希里·瑪哈賽微笑著安慰我，『我已經默默地幫妳去除大多數的業力。現在妳已經願意，並且準備好了。』

「他觸摸我的額頭。旋轉的光團出現了，光芒逐漸形成了粉藍色的第三眼，圍繞著金色的光環，中間為五角形的白色星星。

「『將妳的意識穿過星星，進入無限的王國。』我的上師聲調有些陌生，柔和得像是遠方的音樂。

「景象一幕接著一幕地來臨，像是衝擊著靈魂海岸的浪潮。這一連串球形的全景象奇景最後融入喜悅之海，我沉醉在永恆澎湃的幸福裡。幾個小時後，等我回神過來，上師傳授了我克利亞瑜伽的技巧。

「從那晚起，拿希里．瑪哈賽再也沒有在我的房間睡過覺，而且，他再也沒有睡過覺。他一直待在樓下前面的房間，日夜都有弟子陪伴著他。」

這位卓越的女士陷入了一片沉默。了解到她與無上的瑜伽行者獨特的關係後，我大膽地請求她回憶更多的往事。

「孩子，你夠貪心了。不過，你還可以再聽一個故事。」她靦腆地笑著，「我要承認我犯了一項違背我上師丈夫的罪行。接受傳法後幾個月，我開始覺得孤獨以及受到忽視。有一天早上，拿希里．瑪哈賽進到這個小房間來拿東西，我很快地跟上他。我被強烈的妄想壓倒了，苛刻地對他說道：『你把所有的時間都花在弟子身上，你對妻子和孩子的責任呢？我很遺憾你沒有把心思放在給家裡提供更

1 這裡使人想起密爾頓的詩：「他只為上帝，她只為了他內在的上帝。」

多的金錢上。』

「上師看了我一下，然後走了。我既敬畏又害怕地聽到從房間的每個地方都傳來一個響亮的聲音：『妳難道不明白，所有這些都是空的？我也是空的，又怎麼能為妳帶來財富呢？』

「『可敬的上師』，我叫喊道，『我千百萬次地懇求您的原諒！我罪孽深重的眼睛看不到您，請現出您神聖的形象吧』。

「『我在這裡。』這個回答從上方傳來。我仰望著看到上師在空中出現，頭頂著天花板，他的眼睛有如眩目的火焰。我害怕極了，在他安靜地下降到地板後，我匍匐在他的腳下啜泣。

「『善女人，』他說道，『要尋求靈性的財富，而不是塵世浮華沒有價值的東西。得到內在的財富後，妳會發現外在的供給在需要時，總是立即可得的。』他補充道，『我派一個靈性弟子供給所需。』

「上師的話當然實現了，一個弟子為我們家留下了一大筆錢。」

我謝謝師母和我分享她奇妙的體驗[2]。次日我又到她家，享受著與廷庫利和杜庫利．拿希里幾個小時的哲學討論。這兩位是偉大瑜伽行者的兒子，緊緊追隨著父親靈性的腳步。兩個人都很高大、結實，有著白皙的膚色、濃密的鬍子、溫和的聲音，以及老式迷人的態度。

拿希里．瑪哈賽的妻子不是他唯一的女弟子，包括我母親在內，他還有其他幾百個女弟子。有一次，一個女弟子請求得到上師的照片，他給她一張並說道：「如果妳認為它有保護作用，那它就有，否則它只是一張照片。」

幾天以後，這位女弟子與拿希里．瑪哈賽的妻子正在一張後面掛著上師相片的桌上研讀著《薄伽梵歌》，突然外面響起了一陣巨大而猛烈的雷聲。

「拿希里．瑪哈賽，請保護我們！」兩人向照片鞠躬致意，說時遲那時快，一道閃電擊中她們正在讀的書本，而兩人卻毫髮無傷。

「我覺得好像被一層冰圍繞住，使我避開了灼熱的高溫。」這位弟子事後解釋道。

拿希里．瑪哈賽也在女弟子阿荷雅身上展現過兩次奇蹟。有一天，她跟著在加爾各答做律師的丈夫啟程前往瓦拉納西去拜訪上師。繁忙的交通延誤了他們的馬車，當他們到達豪拉火車站時，只聽到開往瓦拉納西的火車已經鳴笛準備離去了。

阿荷雅靜靜地站在售票口附近。

「拿希里．瑪哈賽，我急切地請求您停下這班火車！」她無聲地祈禱著，「我無法忍受還要再延遲一天才能見到您的痛苦。」

噴著蒸汽聲的火車輪子繼續轉動著，卻無法前進。火車司機和乘客都下到月臺上來察看這個奇怪的現象。一位英國籍的列車長走近阿荷雅和她的丈夫，一反常態地主動提供幫忙。

---

2 可敬的師母於一九三〇年在瓦拉納西去世。

「先生，」他說道，「把車錢給我。我幫你們買車票，你們先上車。」

當這對夫妻坐好位子並拿到票時，火車緩慢地向前移動了。司機和乘客們驚恐地回到原來的位子，不知道火車是怎麼啟動的，也不知道剛才為什麼會停下來。

當阿荷雅到達拿希里．瑪哈賽瓦拉納西的家時，她無聲地拜伏在上師面前，企圖去碰觸他的腳。

「鎮定些，阿荷雅。」上師說道，「妳真喜歡找我麻煩！堅決不搭下一班火車到我這裡來！」

關於拿希里．瑪哈賽，還有一次令人難忘的奇蹟。這次阿荷雅希望上師幫忙的，不是趕上火車，而是送個孩子給她。

「我祈求您讓我的第九個孩子能活下來，」她說道，「前面八個都在出生不久之後都夭折了。」

上師同情地微笑著：「妳即將誕生的孩子會活下來。請小心地遵守我的指示。這個嬰兒是個女孩，會在晚上出生。注意讓油燈持續燃燒到天亮。不要睡著，不要讓燈光熄滅。」

阿荷雅果然在晚上產下一個女嬰，正如無所不知的上師所預見的那樣。這個母親指示護士讓油燈處於添滿油的狀態，兩個女人雖然警醒地守護油燈直到天亮，可是最後還是睡著了。燈油幾乎要燒光了，燈火微弱地閃爍著。

臥房的門栓被拉開了，伴隨著一聲巨響，門突然打開。她們驚醒過來，驚訝地看到了拿希里．瑪哈賽的身影。

「阿荷雅，注意啊，油燈就快要熄滅了！」他指著油燈，護士趕緊再添滿油。當油燈再度明亮地照耀時，上師消失了。門關了起來，門栓回到原來的位置，沒有移動過的跡象。

阿荷雅的第九個孩子存活了下來，當我在一九三五年詢問孩子的情況時，她還活著。

拿希里・瑪哈賽的弟子之一，可敬的卡莉・庫瑪・羅伊，告訴過我許多她與上師之間迷人的故事。

「我經常在上師瓦拉納西的家中作客，一去就是幾個星期，」羅伊告訴我，「我看到一群拄著拐杖像聖徒般的僧人[3]，在夜晚安靜的時刻到來，坐在上師的腳下。有時他們會討論禪修和哲學的觀點。這些歡喜的客人會在黎明時分離去。在我拜訪期間，我發現拿希里・瑪哈賽沒有一次躺下來睡過覺。」

「早期當我跟上師往來時，我還必須處理跟老闆的對立關係，」羅伊繼續說道，「我老闆是個物欲非常重的人。」

「『我不希望員工中有宗教狂熱者，』我的老闆譏諷地說道，『如果讓我碰到妳那位江湖術士的上師，我會給他一點顏色瞧瞧。』

「雖然老闆語出威脅，但我還是幾乎每個晚上都出現在上師面前。有一天晚上，我的老闆跟著我來到上師處，並無禮地衝進了客廳。他一坐下來，拿希里・瑪哈賽就問在座的十二個弟子：『你們想

3 拐杖象徵著脊椎，某些教派的僧侶根據儀規必須攜帶著。

要看場電影嗎？』

「當我們點頭時，他要求我們把房間弄暗。『一個跟在一個的後面，圍成一個圓圈坐好，』他說，『後面的人把手放在前面的人的眼睛上。』

「看到我老闆雖然不情願，但也照著上師的指示做，我一點也不驚訝。幾分鐘之後，拿希里．瑪哈賽問我們看到了什麼。

「『上師，』我回答道，『一個美麗的女人出現了。她穿著一件紅色花邊的紗麗，站在一棵葉子如象耳般大的植物旁』。所有其他的弟子都有著相同的描述。上師轉向我的老闆問：『你認得那個女人嗎？』

「『是的，』顯然他的內心有些掙扎，『雖然我已經有了一個好妻子，但我還是很愚蠢地將錢花在這個女人身上。我為自己來到這裡的動機感到羞愧。您能原諒我並接受我成為您的弟子嗎？』

「『如果你能過六個月符合道德的生活，我就收你為徒。』上師謎一般地補充道，『否則，我就不會傳法給你了。』

「有三個月的時間，我的老闆都在克制自己遠離誘惑，可是到後來，他又故態復萌，恢復了與那個女人的不倫關係，兩個月之後，他就死了。於是我才了解到我的上師先前所說的話，早就暗示要收這個人為徒是不可能的事。」

拿希里．瑪哈賽有個非常出名的朋友——翠藍加尊者，很多人認為他已經超過三百歲了。這兩位瑜伽行者經常在一起打坐。翠藍加聲名遠播，極少印度人會否認他那驚人如奇蹟般故事的真實性。如果基督回到這個世界走在紐約的街頭上，展現他天國的法力所引起的轟動，將會像數十年前翠藍加通過瓦拉納西擁擠的街道所造成的轟動一樣。

有好幾次，人們看到這位尊者喝下最致命的毒藥卻沒事。成千上萬的人包括一些現在還活著的，看過翠藍加漂浮在恆河上。他會連續坐在水上好幾天或是在波浪下隱藏很久。在瓦拉納西河邊沐浴的石階上，經常可以看到尊者寂然不動的身體坐在極燙的石板上，完全暴露在印度無情的烈焰之下。通過這些事蹟，翠藍加試圖教導人們，一個瑜伽行者的生活並不是依賴著氧氣，或是普通的環境以及其他種種條件要具足才行。不論在水上或水下，身體是否受到嚴酷的日曬，尊者證明，他是靠著靈性的意識生活的，死亡接觸不到他。

這個瑜伽行者不僅在靈性上卓越，連身體都很雄偉。他的體重超過三百磅，一磅代表他生命中的一年！而他很少吃東西。當一個上師為了某些通常只有他自己知道的微妙的特殊理由而意欲如此時，他可以輕易地忽視所有保健常規。那些從宇宙幻相的夢幻中覺醒的偉大聖人們，由於了解到這個世界是神聖意識的示現，知道身體只是一個可以操控、濃縮或凝結的能量形式，所以他們能夠隨心所欲地處理身體。儘管物理科學家現在已經知道物質不過是能量的凝聚，但是完全了悟的大師們，早已從理論走向實踐，擺脫物質的控制。

翠藍加總是完全赤裸著身體，這讓瓦拉納西的員警很頭疼，當他是個難以對付的問題人物。自然的翠藍加就像早期伊甸園中的亞當，渾然不覺自己的赤裸會令人尷尬。不過，員警卻清楚地知道這種尷尬，於是毫不客氣地將他拘禁起來。然而令公眾難堪的事情接著發生了，翠藍加龐大的身體很快就出現在監獄的屋頂上，可是他的牢房明明鎖得好好的，沒人知道他是如何逃脫的。

氣餒的警官再次執行他們的任務。這一次派了一名守衛在翠藍加牢房外守著，可是尊者再次在公權力之前脫身，翠藍加很快又被看到他漫不經心地在屋頂上溜達。

這位偉大的瑜伽行者保持著習慣性的沉默[4]，儘管翠藍加有著豐滿的臉和巨大的肚子，但他偶爾才進食一次。在幾個星期的禁食後，他會中止禁食，食用信徒所供養的整壺酸乳。有一次，一個疑心的人把翠藍加當成騙子，決心揭發他。他把一大桶用來粉刷牆壁的石灰水放在尊者的面前。

「大師，」這個人假裝尊敬地說，「我為您帶來了一些酸乳，請飲用。」

翠藍加毫不猶豫地把容器中還熱著的石灰水一飲而盡，幾分鐘之後，這個做壞事的人極度痛苦地倒在了地上。

「救命，大師，救命啊！」他哭喊道，「我像著了火一樣！請原諒我做的缺德事！」

這位偉大的瑜伽行者打破了他慣常的沉默。「害我的人，」他說道，「你不了解當你提供給我毒物時，我與你自己的生命是一體的。要不是因為我知道神在我的肚子裡，就像在萬物的每一個原子裡這個道理，這石灰水會致我於死地的。現在你已經知道自作自受的後果了吧，就不要再對任何人玩弄詭計了。」

這個被翠藍加的言辭治癒、徹底認罪的罪人，最後虛弱地溜走了。

痛苦的反轉並不是由於這位尊者的意念，而是透過正義法則而實現的，正義法則維繫著造物者的天秤。像翠藍加這樣有神聖意識的人，允許神聖的律法立即發生作用，消除所有阻撓自我的逆流。

就像翠藍加及本來要謀害他的人的故事一樣，報應經常在意想不到的地方發生以伸張正義，緩和了我們對人類不公不義的憤怒。「主說，伸冤在我，我必報應。」人還需要伸張什麼?宇宙已經給予應得的懲罰，只有那些愚蠢的人才會抹殺了神的正義、愛、無所不在與永恆。「虛幻的經典只是空談！」只有對宇宙奇蹟無知的人才會說出這種大話，得等到生命經歷一連串的事件，他才會覺醒。基督凱旋進入耶路撒冷時，曾提到了無所不能的心靈法則。門徒和群眾們歡樂地叫喊道：「在天上有和平，在至高之處有榮光。」某些法利賽人抱怨這個場面不夠莊重。「上師，」他們抗議道，「制止您的門徒吧。」

耶穌回答道：「我告訴你們，如果這些能維持他們的和平，連石頭也會立刻喊叫起來的。」

基督指責法利賽人，也指出天國的正義絕非是抽象性的語言，而一個平和的人，縱使他的舌頭被連根拔除，也會發現他的答辯和防衛，還是在宇宙本身的秩序中、在造化的基石裡。

---

4 他是一個穆尼（muni），遵守慕那（mauna，精神上的沉默）的和尚。梵文字根muni類似希臘文的monos（單獨的、單身的），是英文字和尚（monk）、一元論（monism）的字源。

「你們想想看，」耶穌說道，「要和平的人不說話？就好像你們希望壓制住神的聲音，可是連石頭都在歌頌著祂的榮耀和無所不在。難道你們要求世人不要慶祝天堂的和平，只應該為世上的戰爭聚集起來叫囂嗎？法利賽人啊！那你們就做好準備去推倒世界的基石吧，不單只是溫和的人們，連石頭或是泥土、水和火，還有空氣都會聯合起來反對你們。」

像基督般的瑜伽行者翠藍加，有一次賜福給了我舅舅。一天早晨，舅舅在瓦拉納西河邊的階梯上看到上師被一群信徒圍繞著，他設法接近翠藍加，並謙卑地觸摸他的腳之後，舅舅驚訝地發現自己慢性疼痛的疾病突然消失了[5]。

這位偉大的瑜伽行者唯一已知的在世弟子是個女子，桑卡莉·梅珠。她是翠藍加一個弟子的女兒，從小就皈依尊者。有四十年的時間，她一直住在喜瑪拉雅山靠近巴尊納斯、凱達爾納斯、阿瑪爾納斯和帕蘇帕汀納斯的偏僻洞穴裡。這位女性苦行者生於一八二六年，現在已超過百歲了，卻看不出她有衰老的跡象，她保有黑色的頭髮、潔白的牙齒，還有驚人的活力。每隔幾年她就會離開隱居的地方，出來參加定期的宗教法會。

這位女聖人經常拜訪拿希里·瑪哈賽。據說有一天，在靠近加爾各答的巴勒克波爾，當她正坐在拿希里·瑪哈賽的身旁時，偉大的上師巴巴吉安靜地進到房間，跟他們兩人談話。

有一次她的上師翠藍加突然打破沉默，當眾向拿希里·瑪哈賽致敬，一位弟子當場反對道：「上師，」他說，「為什麼您一個出家人要對一個在家人顯示出如此的敬意呢？」

「我的孩子，」翠藍加回答道，「拿希里．瑪哈賽就像是天國的聖嬰，待在宇宙神母要他在的地方。當他盡責地扮演著世俗角色的同時，也獲得了完全自我的了悟境界。那是我得捨棄一切，甚至是我的纏腰布才能追求的到呢！」

5 翠藍加和其他大師的生平讓我們想起耶穌的話：「信的人必有神蹟隨著他們，就是奉我的名（基督意識）趕鬼；說新方言；手能拿蛇；若喝了什麼毒物，也必不受害；手按病人，病人就必好了。」（馬可福音16：17－18）

32 死而復生的羅摩

「有一個患病的人名叫拉撒路……耶穌聽見後卻說：『這病不至於死，而是為了上帝的榮耀，為要使上帝的兒子藉此得榮耀。』」[1]

一個充滿陽光的早晨，在塞蘭坡修道院的陽臺上，聖尤地斯瓦爾正詳細地解釋著基督教的《聖經》。除了上師的一些弟子，我和一小群蘭契的學生也在場。

「在這段文字中，耶穌稱自己是神的兒子。雖然實際上他已經與神合一了，但他在此處這樣的提及，具有深層的客觀意義，」我的上師解釋道，「神的兒子就是人類的內在基督或神性的意識。沒有人能榮耀神。人唯一能夠榮耀造物主的，就是去追尋祂，人類無法榮耀那些連自己都不知道的抽象事物。環繞在聖人頭上的榮耀或光環，是他們對上帝表示敬意的證明。」

聖尤地斯瓦爾繼續讀著拉撒路復活的故事。結束時，上師陷入了一陣長時間的沉默，《聖經》還攤在他的膝蓋上。

「我也有幸親眼目睹過一個類似的奇蹟。」我的上師最後鄭重地說，「拿希里・瑪哈賽使我一個朋友死而復活。」

我旁邊的少年們饒有興致地微笑著，我也童心未泯，不僅只是欣賞其中的哲理，也喜歡聽聖尤地斯瓦爾講述有關他與上師之間的奇妙經歷。

「羅摩和我是形影不離的朋友，」上師開始說道，「因為他害羞而且孤僻，所以只選擇在午夜和黎明時分去看我們的上師拿希里·瑪哈賽，那個時間白天群聚的弟子都不在了。作為羅摩最親近的朋友，他會與我分享許多靈性上的體悟，我也從中得到許多啟示，他是我理想的修行夥伴。」上師的表情在回憶中和緩下來。

「羅摩突然間受到嚴厲的考驗，」聖尤地斯瓦爾繼續說道，「他染上霍亂。由於我們的上師從不反對在生病時找醫生診治，於是有兩位專家被請來了。在照料病人的同時，我真誠地向拿希里·瑪哈賽請求幫助。我趕到他家，嗚咽地說著這事。

「『醫生們正在照顧羅摩，他會安好的。』我的上師愉快地笑著。

「我心情輕鬆地回到朋友的床邊，結果卻發現他處於垂死邊緣。

「『他最多活不過兩小時了。』一個醫生絕望地對我說。我再度趕到拿希里·瑪哈賽那裡。

「『那些醫生是有良心的人，我確信羅摩會安好的。』上師快樂地打發我回去。

「回到羅摩那裡，我發現兩位醫生都離開了，留給我一張字條：『我們已經盡力了，但他沒有救了。』

1 約翰福音11：1-4。

「我的朋友實際上處在垂死的狀態。我不明白拿希里．瑪哈賽的話怎麼可能沒有成真，但是看到羅摩迅速消失的生命，我心裡一直想著：『現在一切都結束了。』就這樣擺蕩在信心和憂慮、懷疑的波濤中，並盡力地照料著我的朋友，他醒過來哭喊道：『尤地斯瓦爾，請你告訴上師，我要走了，請求他給我臨終的祝福。』羅摩說完這些話後，沉重地歎了一口氣就去世了。[2]

「我在他的身體旁哭了一個小時。一個總是喜愛寧靜的人，現在獲得了全然的寧靜。當另一個弟子進來時，我要求他守在屋子裡直到我回來。我精神恍惚地走到上師那裡。

「『羅摩現在情況如何？』拿希里．瑪哈賽的表情充滿著笑容。

「『上師，您很快就會知道他如何了，』我情緒激動地脫口而出，『再過幾個小時，等他的身體被移到火葬場前，您就會看到他了。』我當場崩潰，當眾嚎啕大哭。

「『尤地斯瓦爾，克制你自己。平靜地坐下來打坐。』說完，我的上師便進入了三摩地。整個下午及夜晚都在沉默中度過，我掙扎著企圖恢復內在的平靜，可惜無法成功。

「黎明時分，拿希里．瑪哈賽安慰地看著我，『我看你心情仍未平復。昨天為什麼沒有解釋說，你希望我給羅摩某些有形藥品的幫助呢？』上師指著一盞內含天然蓖麻油的杯形燈說道，『從燈中取一小瓶油，滴七滴進羅摩的口中。』

「『上師』，我抗議道，『他昨天中午就死了，現在這些油有什麼用？』

「『別擔心，照我的要求去做。』拿希里．瑪哈賽愉快的心情令人難以理解。我倒出少量的油，往羅摩的家去了。

「我看到朋友僵硬的身體，也不管他可怕的樣子，在左手及軟木塞的幫助下，用右手打開他的嘴巴，把油滴進他咬緊的牙關中。

「當第七滴油接觸到他冰冷的嘴唇時，羅摩猛烈地顫抖起來。當他疑惑地坐起來時，他的肌肉從頭到腳震動著。

「『我看到拿希里．瑪哈賽在一道強烈的光輝裡，』他叫道，『他像太陽般照耀著。他命令我：起來吧，捨棄你的睡夢，跟尤地斯瓦爾來看我。』

「我幾乎不能相信自己的眼睛，羅摩自己穿上衣服，並且強壯到能夠走路到上師家。在那裡，他帶著感恩的淚水跪拜在拿希里．瑪哈賽面前。

「上師大喜過望，淘氣地對我眨了眨眼。

「『尤地斯瓦爾，』他說道，『從今以後，想必你不會忘記隨身帶上一瓶蓖麻油了！每當你看到屍體時，只要滴些油！當然啦，七滴燈油必能擊退閻羅王的法力！』

「『可敬的上師，你在揶揄我。我不明白，請指出我錯在哪裡。』

「『我告訴過你兩次，羅摩會安好的，但你就是不相信，』拿希里．瑪哈賽解釋道，『我並非是

2 霍亂病人直到死亡時，通常是理智而且神智完全清醒。

指醫生能治癒他，我只是說他們在照顧他而已。我的兩個陳述間並沒有因果關聯。我不想干擾到醫生，他們也需要生活。』我的上師愉悅地補充道，『永遠要記住，無窮至上的靈魂能治癒任何人，不論是否有醫生。』

「『我明白我的錯誤了，』我極為後悔地承認，『我現在知道，您簡單的言辭就含蓋了整個宇宙。』」

當聖尤地斯瓦爾結束了這個令人敬畏的故事時，一個入迷的聽眾大膽地提了一個問題。

「先生，」他問，「為什麼您的上師要用蓖麻油？」

「孩子，用什麼油是沒有區別的，那是因為我期待著某些物質東西，拿希里．瑪哈賽為了喚醒我更大的信心，就近選擇了燈油作為一種客觀存在的象徵。因為我有所懷疑，上師便讓羅摩死去，但神聖的上師知道，只要他說過這個弟子會安好，痊癒必定會發生，即便是他必須將羅摩從死亡中治癒！」

隨後，聖尤地斯瓦爾解散了這個小團體，示意我坐在他腳下的毯子上。

「尤迦南達，」他不同尋常地嚴肅說道，「你從一出生，就被拿希里．瑪哈賽嫡系的弟子圍繞在身邊。這位偉大的上師半隱居地過著崇高的生活，而且總是拒絕他的追隨者根據他的教義建立任何教派。然而，他預言過。

「他說，『在我過世之後大約五十年左右，我的生活會被寫下來，因為西方會表露出對瑜伽的深切興趣。瑜伽的訊息會散布到全球，說明人類建立四海之內皆兄弟的理想，而那是從直接感知唯一的天父而來的。』

「我的孩子，尤迦南達，」聖尤地斯瓦爾繼續說道，「你必須盡你的責任傳播那些訊息，並寫下那些聖人的生活。」

拿希里・瑪哈賽於一八九五年去世。五十年後，也就是一九四五年，正是本書完成的年分。我不能不驚訝這一切的巧合，一九四五年也是一個新紀元的開始——改變世界的原子能時代到來。所有深謀遠慮的人都迫切謀求和平，推廣四海之內皆兄弟的觀念，深恐人類繼續不當使用原子武力，會使得人類與其伴隨的問題一併滅絕。

雖然人類和他的成就在時間或核子彈爆炸中會消失得無影無蹤，但太陽並不會偏離它的軌道，星星也維持著它們不變的守夜。宇宙的法則不能被阻止或是更改，人如果與它協調一致，就會有良好的進展。如果宇宙反其道而行，如果太陽隱退，不與行星對抗而讓行星們行使它們狹小的統治權，那麼我們的武力又有什麼用？和平會因此出現嗎？真相是，守護宇宙的支柱是善意而非殘酷。處於和平中的人類，將會品嘗到無數比從血泊中滋養出來的、更為甜美的勝利果實。

良好運作的國際聯盟自然會結合人心。要治愈世俗的禍患，需要博愛和關懷，不能僅憑分辨善惡的理性思考，還要對人與神的親密關係有所認識，才能達到四海一家的理想境界。也許此刻正是瑜伽——與神親密接觸的科學——傳播到世界各地與所有人分享的最好時機。

雖然印度有著最古老的文明，但只有很少的歷史學家注意到這個民族的延續性是由合理而非偶然的事件組成。印度在每一世代裡都有最優秀的人，把自己奉獻給永恆的真理。對如何面對時間的挑戰，印度都給出了最有價值的答案。

《聖經》故事中，亞伯拉罕懇求上主，如果自己能在城中找到十個正義之人，神就赦免索多瑪城。神回答：「為這十個的緣故，我也不毀滅那城。」從這個故事，我們明白，印度是憑藉什麼才沒有像跟她同時代的巴比倫、埃及以及其他強盛國家一樣，一一走向滅亡的命運。上主的回答清楚地表明，一個國家的存亡，不在於它物質上的成就，而在於人的精神。

已經歷兩次世界大戰的二十世紀已過了一半，再讓我們聽一聽聖言：在無法賄賂的最高審判者的眼中，沒有一個擁有十個正義之人的國家會被毀滅。遵循這個聖言，印度證明自己不是僥倖安度數千年的時間。每個世代都有自我了悟的上師們神聖了這塊土地，近代有如基督般的聖人像拿希里·瑪哈賽和他的弟子聖尤地斯瓦爾的興起，彰顯了瑜伽科學比任何物質上的進步，對人類精神的快樂和國家的存亡都更為重要。

有關拿希里·瑪哈賽的生平資料非常少，他的哲理也未曾被出版。三十年來，我發現在印度、美國和歐洲的許多地方，有很多人對他傳授的瑜伽法門產生了深刻而誠摯的興趣，正如他所預言的那樣。此時，對這位上師生平的介紹，正是對現代偉大瑜伽行者的生活知之甚少的西方所需要的。

只有兩本英文小冊子寫過這位上師的生平。一本是孟加拉文的傳記《聖聖夏瑪·夏藍·拿希里·

瑪哈賽》[3]，於一九四一年出版，是由我的弟子、在蘭契指導學生修行多年的薩提阿南達寫的。我從他的書中節錄幾段文字在此，獻給拿希里・瑪哈賽。

拿希里・瑪哈賽於一八二八年九月三十日出生於一個虔誠的婆羅門世家。他出生的地方在孟加拉靠近那迪亞區的戈爾尼村。他是穆特凱西最小的兒子，穆特凱西是廣受尊敬的高爾・摩罕・拿希里的第二任妻子（他的首任妻子在生了三個兒子後，死於朝聖途中）。這個男孩的母親在他童年時期就去世了，我們對她知不多，只知道她是「瑜伽之王」濕婆神[4]的忠實信徒。

拿希里的俗名是夏瑪・夏藍，在那迪亞祖傳的老宅中度過了幼年時光。他在三、四歲左右就經常被看到以瑜伽行者的姿勢全身埋在沙堆之下，只露出頭來。

一八三三年冬季，因爲筍南濟河改變河道，夏瑪・夏藍的家和家族建立的一座濕婆神廟都被沖入恆河而毀滅。一位信徒從湍急的河水中救起了濕婆神的石像，將祂安置在一座新的神殿中，這就是現在著名的戈爾尼濕婆神聖蹟。

3 在偉大的印度教師的名字之前，會冠上「聖」字，通常重複兩次或三次。

4 三位一體神——梵天、毘濕奴、濕婆，其工作分別是創造者、保護者和毀滅者——其中一位。濕婆在神話中代表著「棄絕離世之主」，以各種不同的形象出現在祂的信徒的觀想中，像是纏結著頭髮的苦行者摩訶迪瓦和「宇宙的舞者」納塔拉甲。

高爾・摩罕・拿希里和他的家人離開了那迪亞，遷居到瓦拉納西。在那裡，這位父親立即建造了一間濕婆神殿。他依照吠陀經典的教規，帶領他的家庭規律地遵守禮拜的儀式，慈善布施，並且研讀經典。他有著公正而開闊的胸襟，對有益的現代思潮也沒有忽視。

夏瑪・夏藍在瓦拉納西學習北印度語和烏都語。他在喬伊納拉揚所辦的學校中學習梵文、孟加拉文、法文和英文。這位年輕的瑜伽行者致力於吠陀經典的深入研讀，他熱切地傾聽著博學的婆羅門在經典上的討論，其中包括在偉大的梵文權威那格巴特座下學習。

夏瑪・夏藍是一位仁慈、溫和而又勇敢的青年，所有朋友都喜歡他。他聰穎的頭腦及強健的身體均衡發展，擅長游泳及各種技術性活動。

一八四六年，夏瑪・夏藍與底比納拉揚・薩雅的女兒凱西・摩妮結婚。凱西・摩妮是一個模範的印度家庭主婦，她快樂地操持家務並履行傳統責任，服侍賓客及窮人，生下兩個聖人般的兒子廷庫利和杜庫利。

一八五一年，夏瑪・夏藍二十三歲時，接受英國政府軍械處會計師的職位。任職期間，他數度晉升，因此他不僅在神的眼中是大師，在人類社會中，他也成功地扮演了文職人員的角色。

夏瑪・夏藍在軍隊部門任職時，多次調動。父親死後，他必須承擔起整個家庭的重擔，他在瓦拉納西附近買了一處安靜的居所。

夏瑪・夏藍在三十三歲時，了解到他轉世到人間的目的。隱藏在燃燒殆盡灰燼中的餘焰，等待適當的時機就會爆發出熊熊的火焰。在一個適當的時間，他在喜瑪拉雅山的瑞尼凱特附近，碰到偉大的上師巴巴吉，並接受克利亞瑜伽的傳法，從此成爲拿希里．瑪哈賽。

值得慶賀的不僅僅是拿希里．瑪哈賽一人而已，對全體人類而言，那也是幸運的時刻，許多人後來都接受到喚醒靈魂的克利亞禮物，這個原已失傳的瑜伽密法終於重見天日。許多心靈乾涸的男女，最後終於找到親近克利亞瑜伽清涼甘泉的途徑，就像在印度傳說中，恆河之母提供天國的甘露給乾涸的弟子巴吉瑞斯。同樣地，來自神聖喜瑪拉雅山的克利亞瑜伽之水，有如天國洪流，流入了人類塵封已久的心靈。

33 巴巴吉——近代印度的瑜伽聖人

喜瑪拉雅山北麓的懸崖峭壁，也就是靠近巴尊那拉揚的地方，至今還受到拿希里．瑪哈賽的上師巴巴吉的祝福。這位與世隔絕的上師幾個世紀以來一直維持著肉身的形態，也許已有數千年之久了。不死的巴巴吉是一個「阿梵達」（avatara），梵文為「降生」之意，它的字根「ava」是「向下」、「tri」是「通過」，在印度的經典裡，阿梵達表示道成肉身。

「巴巴吉的精神境界是超越人類的理解範疇的，」聖尤地斯瓦爾向我解釋「人類相形失色的視野無法透視他這顆超凡的明星，即使只是嘗試著描述阿梵達的成就都是徒勞的，因為那是人們無法想像的。」

《奧義書》中將靈性發展的每個階段都進行了詳細分類：一個悉達（意為完美的存在）是由吉凡穆塔（活著解脫）進化到帕拉穆塔（無上的解脫——完全淩駕在死亡之上的能力）；帕拉穆塔完全脫離了幻相的束縛及輪迴轉世。因此，一個帕拉穆塔很少會回到肉身，如果他回來的話，就是個阿梵達——神藉由他，將其超凡的祝福示現在人間。

阿梵達不受制於世俗的法則，他純淨的身體看起來像是光的形象，免於自然界的任何污染。人類隨意一瞥可能無法看出阿梵達的形體有什麼特殊的地方，但他不會產生影子或在地上留下腳印——這些是內在沒有黑暗、外在也已脫離物質束縛的證明。只有這樣的神人才清楚地知道生死背後的真理。

巴巴吉，摩訶阿梵達（偉大之神的化身），是拿希里·瑪哈賽的上師。
在我的協助下，一位藝術家畫出現代印度偉大瑜伽行者的真實形象。

奧瑪・海亞姆[1]在《魯拜集》曾經唱頌這種解脫的人：

「啊！我喜愛的月亮不知有圓缺，天空中的月亮再度升起了；今後她升起時將會經常在這同樣的園中找尋我——只是惘然！」

「喜愛的月亮」就是神，永恆的北極星。「天空中的月亮」就是受業力輪迴束縛的外在宇宙，它的鎖鏈被這位波斯的先知透過自我了悟，永遠地溶化了，「今後她升起時將會經常在……找尋我——只是惘然！」瘋狂的宇宙找不到他，會是多麼沮喪啊！

耶穌基督用另一種方式表達了他的解脫：「有一位文士來了，對他說，師父，無論你走到哪裡，我都會跟著你。耶穌對他說，狐狸有孔，飛鳥有巢，但人子卻沒有安放頭的地方。」耶穌無所不在，但除了凌駕一切的心靈，誰能亦步亦趨跟隨他？

克里希納、羅摩、佛陀和帕坦伽利都屬於印度古代的阿梵達。在印度南方的阿格斯提亞有一位阿梵達，他用坦米爾語創作許多詩歌、文學。他在耶穌基督生活的前後幾世紀，行了許多奇蹟，據說他至今還活著。

巴巴吉在印度的使命是幫助先知們完成特殊的天命，因此他符合經典分類中的「摩訶阿梵達」（偉大的阿梵達）。他曾將瑜伽方法傳給古代僧團制度的創始者商羯羅和著名的中世紀聖人卡比爾。

他在十九世紀的主要弟子，就是我們都知道的克利亞瑜伽的復興者拿希里．瑪哈賽。

摩訶阿梵達持續地與基督意識交流著，他們一起放出救贖的振動力，並擬定了拯救這個時代靈性的方法。這兩位已經完全了悟的大師——一位具有肉身另一位則沒有，他們的工作是鼓勵每個國家放棄自殺性戰爭、種族仇恨、宗教派系鬥爭，以及自食惡果的物質文明。巴巴吉洞察現代趨勢，尤其是西方文明的複雜性和影響力，因此了解到在東西方都需要助人解脫的瑜伽之道。

我們無需驚訝歷史文獻中沒有關於巴巴吉的記載。這位偉大的上師不曾在任何世紀公開出現過；公眾誤解的怒視，在他千年的計畫裡並沒有立足之地。就像造物主唯一但無聲的「力量」，巴巴吉只是謙卑地默默工作著。

偉大的先知們就像基督和克里希納，為了特殊的目的來到世上，當目的達成時，他們就離開了。其他的阿梵達們（像巴巴吉）所從事的工作——跟歷史上著名的事件相比——更傾向於與人類緩慢進化的工作有關。這類型的上師總是盡量隱藏自己，讓自己不受公眾關注，並具有隨意隱形的能力。由於這些因素，再加上他們通常指示弟子對有關他們的事蹟保持沉默，使得一些卓越的靈性人物在世上仍舊不為人知。我在接下來所描述的，僅是巴巴吉生活中的點滴——這些是他認為適合公開透露的。

至今，關於巴巴吉的家庭或出生地，都沒有明確的記載。他通常使用印地語講道，但他可以使用

1 奧馬．海亞姆（約西元一〇四八至一一三一），是古波斯的數學家、天文學家、詩人及哲學家。

任何語言輕鬆進行交談。他採用了簡單的名字巴巴吉（意為尊敬的父親）；拿希里．瑪哈賽的弟子給了他其他尊敬的頭銜，像是「至高無上的聖人」、「偉大的瑜伽行者」和「濕婆神的化身」。對一個超越塵世束縛的上師，我們知不知道他的出身重要嗎？

拿希里．瑪哈賽說過，「任何時候、任何人，只要尊敬地念著巴巴吉的名字，這個虔信者就會立即受到靈性的祝福。」

在這位不死的上師身上看不到歲月的痕跡，他外表看起來像不超過二十五歲的年輕人。巴巴吉膚色白皙，中等身材，強壯出色的身體散發著能夠感知的光輝。他有著平靜溫柔的黑色雙眸，長而漂亮的古銅色頭髮。奇怪的是，巴巴吉跟他的弟子拿希里．瑪哈賽有著異常類似的外表，他們極為相似，拿希里．瑪哈賽在晚年的時候，看起來就像是年輕巴巴吉的父親。

我那聖人般的梵文家庭教師凱巴南達，曾跟巴巴吉在喜瑪拉雅山相處過一段時間。

「這位無與倫比的大師和他的團體在群山中不同的地方移動著，」凱巴南達告訴我，「他的團體中有兩個靈性高度發展的美國弟子。巴巴吉在一個地方待了一段時間之後，就說『帳篷和弟子們，讓我們拔營起飛吧』。他帶著一根具有象徵意義的竹杖。他的言辭是他的團體從一處立即飛到另一處的信號，但他不是一直使用這種靈體的方式旅行，有時他會用步行的方式，從一座山走到另一座山。

「巴巴吉只有在他願意的時候，才會讓人看到或是認出來。他對不同的信仰者顯示出多種不同的樣子——有時留著鬍子，有時沒有。由於上師不會衰弱的身體不需要食物，他很少吃東西。當他探視弟子時，為了社交上的禮節，他偶爾會接受水果、煮在牛奶裡的飯和淨化的奶油。

「我知道兩件巴巴吉在生活中令人驚異的事情，」凱巴南達說道，「有一天晚上，他的弟子們圍坐在慶祝神聖吠陀祭典的營火旁邊，上師突然抓住一塊燃燒的木頭，輕輕地碰觸營火旁一位弟子裸露的肩膀。

「『上師，您怎麼這麼殘忍！』當時在場的拿希里．瑪哈賽抗議道。

「『依照他過去的業報，難道你寧願讓他在你眼前燒成灰燼嗎？』

「巴巴吉把他療癒的手放在弟子變形的肩膀上，『今晚，我讓你免除痛苦的死亡。你被火灼燒，這點輕微的痛苦已經消除了業障。』

「還有一次，巴巴吉神聖的團體被一個陌生人的到來打擾了。這人以驚人的技巧，攀爬上幾乎是無法到達的突出岩壁上，靠近上師紮營的地方。

「『上師，您一定是偉大的巴巴吉。』這個人的臉上閃過難以形容的尊敬之情，『有幾個月的時間，我在這些險惡的峭壁中持續不斷地尋找您。我懇求您，接受我成為您的弟子。』

「當偉大的上師沒有回應時，這個人指著他腳下岩石的懸崖。『您若拒絕我，我就從這裡跳下去。如果我無法贏得您的指引，生命對我來說就沒有價值了。』

「『那你就跳下去吧，』巴巴吉無動於衷地說道，『以你現在的情況來說，我無法接受你。』

「這個人立即躍下懸崖。巴巴吉指示震驚的弟子取回這個陌生人的身體。當他們帶著嚴重受損的形體回來時，上師將他的手放在這死亡的人身上，他睜開眼睛謙卑地拜伏在全能的上師面前。

「『現在你已經準備好成為一個弟子了。』巴巴吉滿臉慈愛地對著他復活的弟子說道，『你很勇敢地通過了艱難的考驗。死亡不會再接觸到你，你現在是我們不朽團體中的一員了。』接著他說，『帳篷和弟子們，讓我們拔營起飛吧』；然後，整個團體從山谷中消失。」

阿梵達生活在無所不在的聖靈中，對他而言，沒有距離的問題。因此，只有一個理由，才會讓巴巴吉從一個世紀到另一個世紀維持肉身的形態：他要以自己的存在向人類證明，如果人類看不見內在的神性，被肉體束縛，那麼他會被殘酷的妄想所壓制，永遠無法超越自己的死亡。

耶穌從一開始就知道生命的結局，他經歷的每個事件都不是為了自己，也不是來自因果報應，而是純粹為了提升人類的自覺。他的四個門徒：馬太、馬可、路加和約翰為了造福後代，記錄下他們不可思議的歷程。

對於巴巴吉來說，過去、現在和未來沒有相對性。從一開始，他就知道了他生命各個階段的任務，然而為了順應人類的有限理解力，他在一個或很多個證人在場的情況下，行了許多神蹟。因此，當巴巴吉認為宣布「人可以永生不死」的時機成熟時，他在拿希里．瑪哈賽的弟子穆祖瑪面前承諾，聽聞此事之人必發求道之心。偉大的人只是為了人類的利益，才講某些話，並參與歷史的自然發展，就像基督說的那樣：「父親，我知道你總是在垂聽我，但我這麼說，是為了這些站在周圍的民眾，好讓他們相信是你差派了我。」在我到蘭巴普拜訪蘭．高帕這位「不眠的聖人」[2]時，他敘述了第一次與巴巴吉相遇的奇妙故事。

「我有時候會離開與世隔絕的洞穴，坐在瓦拉納西拿希里．瑪哈賽的腳下，」蘭．高帕告訴我，「有一天午夜，當我正安靜地與他的一群弟子打坐時，上師出乎意外地要求道：『蘭．高帕，』他說，『馬上到達薩沙美河邊沐浴的階梯去。』

「我很快就到達了那個隱密的地方。當晚月色明亮，星光閃耀，我安靜耐心地坐了一會兒之後，注意力被腳邊一塊巨大石板所吸引。它慢慢地升起，露出一個地下洞穴。當那塊石板以某種未知的方式維持著平衡時，一個身著寬大衣服、非常秀麗的年輕女子從洞穴中冉冉上升到空中。她全身沐浴在柔和的光中，慢慢地降到我的面前，靜止不動地站著，沉浸在內在的極樂狀態中。終於她打破沉默並溫柔地說道：『我是瑪塔吉[3]，巴巴吉的妹妹。我今晚請求他還有拿希里．瑪哈賽到我的洞穴來，討論一件非常重要的事情。』

「一道朦朧的光團快速地漂浮在恆河上，奇妙的冷光反射在暗淡的河水上。它越靠越近，直到一束眩目的閃光出現在瑪塔吉的身旁，並立即凝縮成拿希里．瑪哈賽的人形。他謙卑地跪拜在這位女聖

---

2 這位無所不在的瑜伽行者觀察到我沒有在塔拉凱斯瓦爾神殿前鞠躬致敬（第13章）。

3 「聖母」瑪塔吉也活了好幾個世紀。她在靈性上幾乎達到和哥哥一樣高的境界。她隱身在達薩沙美河邊石階附近的地下洞穴中，保持在甚深禪定的狀態中。

人的腳下。

「在我尚未從迷惑中回神過來時，我更吃驚地看到一團神祕旋轉的光在天空中移動著。它飛快地下降，火焰般的漩渦靠近我們這群人，並化為一位出色年輕人的身體，我馬上認出那就是巴巴吉。他看起來很像拿希里．瑪哈賽，唯一的差別是巴巴吉看起來年輕多了，而且還有一頭漂亮的長髮。

「拿希里．瑪哈賽、瑪塔吉和我跪在這位上師的腳下。當我碰觸到他有如神一般的肉體時，快樂飄逸的感覺刺激著我身上的每根神經。

「『受到祝福的姊妹，』巴巴吉說道，『我想拋棄我的形體，投入無限的洪流中。』

「『親愛的上師，我早就知道您的計畫了。今晚，我要跟您討論這件事情。為什麼您要離開這個身體呢？』這個燦爛輝煌的女子懇求地看著他。

「『在心靈的海洋上保持自由，有形或無形，又有什麼區別呢？』

「瑪塔吉靈光一閃，機智地回答道：『不死的上師，如果沒有什麼區別，那麼請永遠不要拋棄您的形體。』[4]

「『如你所願，』巴巴吉莊嚴地說道，『我將永遠不會離開我的肉體。在這個世界上總會有少數幾個人可以看見它。神藉由妳的口，說出祂的意願。』

「當我敬畏地聽著這些崇高靈性生命的談話時，這位偉大的上師以仁慈的姿態轉向我。

「『蘭．高帕，不要害怕，』他說，『你是受到祝福的，作為這個永恆不朽承諾的見證人。』

「當巴巴吉悅耳的聲音逐漸消失時，他和拿希里・瑪哈賽的形體慢慢升起並且向後移到恆河上。當他們消失在夜空中時，眩目的光環繞著他們的身體。瑪塔吉的形體飄向洞穴並降了下去，石板好像有無形的槓桿在作用似的，自動關閉了。

「我受到無限的啟示，離開並回到拿希里・瑪哈賽的住處。當我大清早在他面前鞠躬致意時，我的上師會心地對我微笑著。

「『我為你高興，蘭・高帕，』他說，『你經常向我表示希望看見巴巴吉和瑪塔吉，最後終於實現了。』

「後來我的師兄弟告訴我，拿希里・瑪哈賽從前一晚開始就沒有離開過住所。一個弟子告訴我，『在你離開前往達薩沙美後，他做了一場有關永生的精彩開示。』這是我第一次完全了解到經典文章上所敘述的，一個自我了悟的人可以在同一時間、不同地點，出現兩個或更多的分身。」

蘭・高帕總結道：「為了這個特殊世界輪迴的週期，神選擇了巴巴吉並留在他的身體裡。時代不斷地變化著——依然是不死的上師[5]——觀看著在地球舞臺上，將要上演的世紀戲劇。」

---

4 這件事讓我想起了泰勒斯。這位偉大的希臘哲學家教導說，生與死沒有區別。「那麼，」一位批評者問道，「你為什麼不去死？」泰勒斯回答，「因為，生與死沒有區別。」

5 「我實實在在地告訴你們，人若遵守我的話（不間斷地維持在基督的意識中），必定永遠不見死。」（約翰福音8：51）

34 在喜瑪拉雅山裡變出宮殿

「巴巴吉跟拿希里·瑪哈賽的第一次相遇是個傳奇，也是為數不多的幾個能夠讓我們從中窺見這位不死上師的故事之一。」

這些話是凱巴南達對這個奇妙故事的引言。當他第一次講給我聽時，我就被迷住了。我好幾次央求這位溫和的梵文家庭教師重複這個故事，後來聖尤地斯瓦爾也告訴我相同的故事。這兩位拿希里·瑪哈賽的弟子都曾從他們上師的口中，直接聽到過這個令人敬畏的故事。

「我第一次碰到巴巴吉是在三十三歲，」拿希里·瑪哈賽說道，「一八六一年秋天，我駐紮在丹拿浦爾，在陸軍工程部門擔任會計師一職。一天早上，部門主管叫我過去。

「『拿希里，』他說，『總部剛才傳來了一封電報。你被調到瑞尼凱特，現在，那裡成立了一個軍營。[1]』

「我帶著一個僕人開始了五百英里的旅程。我們騎馬或乘坐輕便的馬車，花了三十天時間才到達喜瑪拉雅山的瑞尼凱特[2]。

「我的工作並不繁重，有很多時間可以在壯麗的山谷中遊覽。傳聞中，偉大的聖人們會以示現來祝福這個地區，我有一股強烈想見到他們的渴望。在一個午後的閒逛中，我驚訝地聽到遠處有一個聲音在呼喚我的名字。為了尋找聲音的來源，我奮力爬上莊吉里山。當我想到在夜色降臨之前，我可能無法順著原路返家時，心裡開始有點煩惱不安。

「後來，我來到了一處小空地，旁邊布滿了洞穴。在一塊突出的岩石上站著一位微笑的年輕人，他伸出手來表示歡迎。我很驚訝地注意到，除了他那古銅色的頭髮，他長得幾乎跟我一模一樣。

「『拿希里，你來了！』這位聖人親切地用印地語跟我說話，『在這個洞穴裡休息一下吧，是我在呼喚你。』

「我進入到一間整潔的小石室，裡面有幾張羊毛毯子和幾個托缽的碗。

「『拿希里，你還記得那個座位嗎？』這位瑜伽行者指著角落裡的一塊折疊好的毛毯。

「『不記得了，先生。』我對自己奇異的冒險覺得有些迷惑，我補充道，『我現在必須離開了，天快黑了，明早我在辦公室還有事情要做。』

「這位神祕的聖人用英語回答說：『工作是為你而設的，你不是為工作而生的。』

「我驚呆了，這位森林的苦行者不僅會講英語，而且還能引述基督的話。[3]

1 現在是軍方的療養院。英國政府在一八六一年以前已經在印度建立了一些電報通訊網。

2 瑞尼凱特在聯合省的阿摩拉區，位於南達迪維山腳下，南達迪維是英屬印度境內喜瑪拉雅山最高的山峰（七八二一公尺）。

3 「安息日是為人設立的，人不是為安息日設立的。」（馬可福音2：27）

拿希里・瑪哈賽的孫子（右數第二位身穿白衣者）以及其他三位信徒，前往喜馬拉雅山的拉尼凱特附近的莊吉里山，參訪巴巴吉曾待過的洞穴之一。

「瑜伽行者接著說：『我知道我的電報生效了。』我無法理解他的話，於是問他那是什麼意思。

「『我指的是那封召喚你到這個與世隔絕地方來的電報。是我無聲地暗示你上司的意識，將你調到瑞尼凱特的。當一個人感覺到他與全體人類是一體時，所有的心靈都變成了傳播站，借此他可以隨心所欲地工作。』他溫和地補充道，『拿希里，這個洞穴想必對你而言很熟悉！』

「當我還因困惑而沉默不語時，聖人靠近我並輕敲我的額頭。在他磁性的觸碰下，一道不可思議的電流掃過我的大腦，釋放出我前生愉快的記憶之源。

「『我記得了！』我帶著喜極而泣的音調，半哽咽地說道，『您是我的上師巴巴吉！』前世記憶的情景歷歷如繪地顯現在我心頭，『前世我在這個洞穴裡度過了許多年！』當難以形容的回憶淹沒我時，我淚眼汪汪地抱住上師的腳。

「『三十多年來，我一直在這裡等你——等你回到我身旁！』巴巴吉的聲音迴響著天國的愛，『但是你溜走了，消失在死亡後騷亂的生命洪流中。業力的魔杖碰觸到你，你迷失了！雖然你看不到我，但你從來沒有離開過我的視線！我像母鳥守護小鳥般地，跟隨著你走過陰霾、暴風雨、動亂和光明。當你在母親的子宮裡形成胎兒，出生成為嬰孩的時期，我的目光始終跟隨著你。當你小時候以蓮花坐姿將形體覆蓋在那迪亞的沙下時，我也以看不見的守護者守候著你！月復一月、年復一年，我耐心地保護著你，等待著這個完美的日子。現在你在我身旁了！瞧，這裡是你往昔所愛的洞穴！我一直為你保持潔淨以便你隨時可用。這裡是你神聖的瑜伽毯子，你每天坐在上面，讓你舒展的心靈與神交流！那邊是你的碗，你經常用來啜飲我調製的甘露！我把這只銅杯擦得閃閃發亮，好讓你可以再度用它來喝水！我的愛，你現在明白了嗎？』

「『我的上師，我能說什麼？』我斷斷續續地低語道，『一個人能在何處遇到這種不朽的愛？』我久久不能自已地陶醉地凝視著我永恆的寶藏、生死不離的上師。

「『拿希里，你需要淨化。喝下這碗裡的油，在河邊躺下。』我露出會心一笑，巴巴吉的智慧一直都是那麼顯著。

「我遵照了他的指示。雖然喜瑪拉雅山寒冷的夜晚已經降臨，但一種內在舒服溫暖的感覺卻在我體內的每個細胞中躍動著。我感到驚異，難道那個不知名的油裡包含著宇宙的能量？

「在黑暗中，冰冷刺骨的寒風淒厲而猛烈地在我身上抽打。冰冷的河水一波接著一波拍打著我，甚至越過我的身體衝到岸上。老虎就在附近吼叫著，但我的心無所畏懼，因為我體內產生新的力量，帶給我無懈可擊的安全感。幾個小時很快就過去了，過往生活的記憶退去，重新編織成了現在與我神聖上師重聚的耀眼光華。

「我獨自的冥想被逐漸接近的腳步聲打斷了。在黑暗中，有人溫柔地扶我起來，並遞給我一些乾的衣服。

「『師兄，跟我來，』我的同伴說道，『上師正等著你。』他帶我穿過了森林，黑暗的夜晚突然被遠方一團光輝給照亮了。

「『日出了嗎？』我詢問道，『可是黑夜還沒有過去呢！』

「『現在是午夜時分。』帶路的人輕輕地笑著說，『遠處的光是一座黃金宮殿發出的光輝，是無與倫比的巴巴吉今晚在此變化出來的。在暗淡的過去，有一次你表示想要欣賞宮殿的華美。現在上師滿足你的願望，借此讓你脫離業力的束縛[4]。』他又說道，『這座奢華的宮殿將是你今晚接受克利亞瑜伽傳法的地點。你在這裡的所有師兄弟們都將參與歡迎你的讚頌，慶祝你長久以來流浪生活的結束。等著瞧吧！』

「一座巨大耀眼的黃金宮殿矗立在我的眼前，上面裝飾著無數的寶石，花園裡呈現出罕見的奇觀。天使般容顏的聖人站在光彩奪目、被紅寶石的光輝染紅的大門前。裝飾用的鑽石、珍珠、藍寶石和綠寶石鑲嵌在拱門裡，發出巨大光彩。

「我隨著同伴進入一個寬敞的大廳，空中飄蕩著焚香和玫瑰的香味，朦朧的燈火放射出彩色的光輝。一群弟子——有些膚色是白皙的，有些是深色的——唱頌著優美的旋律，或是以禪定的姿勢，沉浸於內在的寧靜中。空氣裡，彌漫著喜悅的氣氛。

「『盡情地欣賞吧！享受這座宮殿精美輝煌的藝術，這完全是因你的榮耀而產生的。』當我驚奇地失聲叫出來時，我的嚮導體諒地微笑著。

[4] 因果的法則需要每個人類的欲望找到最終的滿足，因此欲望是束縛著人類在轉世輪迴的鎖煉。

「『師兄，』我問道，『這座建築之美超過了人類想像的極限，請告訴我它源起的祕密。』

「『我很樂意指點你。』我同伴的黑色眼睛裡閃爍著智慧的光芒，『事實上，變化出物質是沒什麼難以理解的，整個宇宙都是造物者思想的體現。這個飄浮在太空中沉重的地球泥塊，是神的一場夢。祂從意識裡造出萬物，正如同人類在夢境中複製萬物並賦予生命一樣。』

「『神最早先以一個概念創造了地球，接著活化它，於是具有能量的原子形成了。神組合原子形成這個星球的實體，它的所有分子是藉著神的旨意而連結在一起的。當神收回祂的意念時，地球會再度分解成能量，能量會再融回意識裡，這個地球的概念也會客觀地消失。

「『在做夢者潛意識的思想中，維持著夢境本質的物質性。當他覺醒時，凝聚的思想被收回了，夢和夢境也就消失了。一個人閉上眼睛，建立了一個夢幻的世界，當他醒來後，夢境毫不費力地消失了。這跟神創造的模式一樣。同樣的，當他從宇宙意識中醒來時，宇宙夢境的幻象也會毫無困難地消失。

「『巴巴吉與無所不能的無限意志是一體的，他可以召集基本的原子聚合起來，表現出任何形態。這座瞬間創造出來的黃金宮殿是真實的，就像這個地球是真實的一樣。巴巴吉從心中創造出這座宮殿的大廈，用他的意志力維持著原子的結合，就像神創造這個世界，並保持它的完整性，』他補充道，『當這座宮殿達成它的目的時，巴巴吉就會將它分解。』

「當我還處在敬畏的沉默中時，我的嚮導做了一個總括性的手勢，『這座華美的、裝飾著寶石的閃亮宮殿，不是用人類的辛勞開採出來的黃金和寶石建造起來的，但它堅固地聳立著，撼動人心[5]。任何了解自己是神兒女的人，如同巴巴吉，都可以用隱藏於他內在無限的力量達成任何目的。一塊普通的石頭裡鎖著巨大的原子能祕密[6]。相同的，一個凡人也是一座神聖的發電廠。』

「這個聖人從近旁的桌上拿起了一個把手上閃耀著鑽石的雅致花瓶。『我們偉大的上師，凝結了無數自由的宇宙光射線，創造了這座宮殿，』他繼續說道，『摸摸這個花瓶和它上面的鑽石，它們可以滿足所有感官的慾望。』

「我凝視著花瓶，用手摸過平滑、閃亮、厚實的金質瓶身，上面一塊塊的寶石，足以讓每一個國王都心動。我感到心滿意足。在生命潛意識裡隱匿的慾望，現在都已被滿足並消失了。

「莊嚴的同伴帶我穿過華麗的拱門和回廊，來到一排按皇帝宮殿格局布置的富麗堂皇的房間。我們進入一間非常寬敞的大廳，中間有一個金製的王座，外層鑲嵌著散發燦爛光彩的寶石，至上的巴巴吉以蓮花姿勢盤坐在上面，我跪在他腳下閃閃發光的地板上。

「『拿希里，你還在享受你夢想中的黃金宮殿嗎？』上師的眼睛像藍寶石般閃爍著，『醒來吧！

5 「什麼是奇蹟？是一種責備，一種對人類隱含的諷刺。」——愛德華．楊《夜思》

6 物體原子結構的理論在古印度《勝論》和《正理》兩本專論中有詳細的解釋。「廣大無邊的世界安置在每個原子內在的虛空中，有如日光中的微塵一樣的繁多。」——勝論瑜伽。

所有你在塵世的渴望即將永遠平息。』他低語著一些神祕祝福的字眼，『我的孩子，起身接受我克利亞瑜伽的傳法，進入神的國度。』

「巴巴吉伸出他的手，一道獻祭的火焰出現了，周邊環繞著水果和鮮花，我在這燃燒的聖壇前，接受了解脫之道的瑜伽法門。

「儀式在黎明時完成。在極樂的狀態下，我不覺得需要睡眠，並到處在充滿著珠寶及貴重藝術品的宮殿中遊覽著。我向下走到華美的花園，注意到附近的洞穴和岩壁，昨天並沒有宮殿或花園露臺。

「我再度進入這座沐浴在喜瑪拉雅山的陽光下、閃耀著驚人光輝的宮殿，尋找上師。他仍在寶座上，旁邊圍繞著許多安靜的弟子。

「『拿希里，你餓了吧。』巴巴吉又說道，『閉上你的眼睛。』

「當我再次睜開眼睛時，美麗的宮殿和如畫般的花園消失了。我自己的身體、巴巴吉的形體和整群的弟子現在全都坐在原來宮殿所在的荒野上，離被陽光照耀著的岩洞入口不遠。我想起那位嚮導提到過宮殿會消失，那些被擄獲的原子，會被釋放回到至上意識。我雖然很驚訝，但依然信任地看著我的上師，不知道下一步該期待些什麼。

「『創造宮殿的目的現在已經達成了，』巴巴吉解釋道，他從地上拿起一個陶製的碗，『手放在那裡，接受任何你想吃的食物。』

「我一觸碰到那個空碗，它就盛滿了熱的奶油烤麵包、咖哩，還有罕見的甜點。我自行取用著，注意到碗裡的食物總是裝滿的。吃完飯，我環顧四周找水喝。我的上師指著我前面的碗。瞧！食物不見了，碗裡是山泉般清澈的水。

「『很少人知道，在神的國度也能滿足世俗的欲望，』巴巴吉說道，『神的領域延伸到塵世，但後者，由於是幻相的，所以缺乏真實的本質。』

「『親愛的上師，昨晚您為我展現了天國與塵世連結的美！』我欣慰地回想著消失的宮殿，確信沒有任何瑜伽行者是在如此令人印象深刻的奢華環境下接受傳法，進入使人敬畏的心靈奧祕！我平靜地看著眼前荒涼的景象。光禿禿的土地，高聳的穹蒼，遮風避雨的洞穴——這一切看起來都像是為了我周遭的聖人而設立的。

「那天下午我坐在自己的毯子上，前世的種種了悟淨化著我。神聖的上師靠近我，把手放在我的頭上。我進入了無餘三摩地，連續七天在它的祝福庇佑裡。越過連續的層層自覺，我穿過了真正不死的領域，所有幻相的束縛消失了，我的靈魂完住在宇宙永恆精神的聖壇上。第八天，我跪在上師腳下，懇求他讓我在這神聖的荒野中，永遠跟隨他。

「『我的孩子，』巴巴吉擁抱著我說道，『你必須在人世間的舞臺扮演這一世的角色。受到過去生無數冥想的祝福，今生你必須與世俗中人生活在一起。

「『你一直要等到結婚、工作後才能遇到我，這是有原因的。你必須把加入我們這個喜瑪拉雅山祕密團體的想法放在一旁，回家去，在擁擠的市集裡生活，做在家修行者的榜樣。

「『塵世間許多迷途男女的哭喊，並非沒有傳到神的耳朵，』他繼續說道，『你被選出來藉著克利亞瑜伽帶給無數真誠的追尋者精神上的安慰。幾百萬個被家庭的牽絆以及繁重的社會職責所拖累的人將因你——像他們一樣是個在家修行者——而鼓起新的勇氣。你必須引導他們了解，在家修行並不是達成最高瑜伽成就的阻礙。』

「『無需強迫自己脫離社會，因為內在的你已經切斷了每一個業力的束縛。雖然你不屬於這個世界，但你仍然必須留在這個世界中。你還需要好幾年的時間，認真負責地完成你的家庭、事業、社會和靈性的責任。清新、甜美的天國氣息，將會注入世人乾枯的心靈中。從你均衡的生活中，他們將會了解到，解脫是取決於內在修行，而非外在的出家。』

「當我在孤寂的喜瑪拉雅山上聆聽上師的話時，家庭、工作和這個世界看起來是如此遙遠。但上師的話裡迴響著堅定的真理，我順服地同意離開這個被祝福的寧靜天堂。巴巴吉以只能由上師傳承給弟子的古老規則，嚴格地傳授我瑜伽法門。

「『克利亞的鑰匙只能賜予合格的弟子，』巴巴吉說道，『發誓在追尋神的過程中，可以做任何犧牲的人，才適合通過靜坐的科學，解開生命中最後的奧祕。』

「『天使般的上師，您是否能放寬成為弟子的限制，讓更多人享受這樣的福澤？』我懇求地看著巴巴吉，『我祈求您准許我把克利亞瑜伽傳給所有追尋它的人，即使他們在剛開始時無法發誓完全做到捨棄內在執著。世上被三重痛苦糾纏[7]、飽受折磨的男女們，需要特別加以鼓勵。如果克利亞瑜伽不能傳給這些人，他們可能永遠不會嘗試解脫之路。』

「『如你所願。神的願望通過你表達出來。』以這些簡單的話語，仁慈的上師解除了世世代代保護克利亞瑜伽的嚴格規定，『自由地將克利亞瑜伽傳給所有謙卑並需要幫助的人吧。』

「一陣沉默後，巴巴吉文說道，『向你每個弟子覆述這句出自《薄伽梵歌》的崇高承諾——即使只是些微地修習這個法門，也可以將你從悲慘的恐懼和驚人的痛苦中拯救出來。』

「隔天早上，當我跪在上師腳下接受臨別的祝福時，他感受到我對即將離開他是多麼不情願。

「『我心愛的孩子，我們之間是沒有分離的。』他深情地觸摸我的肩膀，『無論你在何處，只要你呼喚我，我即刻與你同在。』

「我被他不可思議的承諾安撫著，滿載著發現神的智慧的財寶下山回去。同事在辦公室裡歡迎我，十天以來，他們以為我迷失在喜瑪拉雅山的叢林裡了。很快地，從總部傳來了一封信。

「『拿希里應該調回到丹拿浦爾[8]，』信上寫著，『他是被誤調到瑞尼凱特去的，我們會另外派人去瑞尼凱特。』

「我微笑著，想著這件事中隱藏的含意，原來是這樣，才將我帶到印度最遠的地方。

7　身、心、靈的痛苦分別以疾病、心理的不適或「情結」和靈魂的無明表現出來。

8　一個靠近瓦拉納西的城鎮。

「回到丹拿浦爾前，我在莫拉達巴德一個孟加拉人的家裡住了幾天，六個朋友聚集起來歡迎我。當我將話題轉到靈性上時，主人悲觀地說：『唉！如今印度已經沒有聖人了！』

「『先生，』我溫和地抗議道，『在這塊土地上當然還有偉大的上師！』

「在熱切的情緒中，我覺得應該說出我在喜瑪拉雅山上不可思議的經驗，然而這些人並不相信。

「『拿希里，』一個人安慰地說道，『在山上那種稀薄的空氣中，你的心理可能過度緊張了，你所遭遇的只是個白日夢。』

「由於熱切地想向他們證實，我未經思索便脫口而出：『如果我呼喚上師，他就會出現在這間屋子裡。』

「每雙眼睛都閃現出興趣的火花，整群人都渴望見到一個聖人以這種奇妙的分身方式出現。我要求他們給我一個安靜的房間和兩條新的羊毛毯子。

「『上師會從乙太中化現出來，』我說道，『你們在門外安靜地等著，我很快就會叫你們。』

「我進入了冥想狀態，謙卑地召喚我的上師。黑暗的房間很快地充滿了月色的光輝，巴巴吉光亮的身體出現了。

「『拿希里，你為了小事呼喚我嗎？』上師的目光是嚴峻的，『真理是為了誠摯的追尋者，而不是為了那些無謂的好奇心。只有那些能夠克服懷疑的人，才能發現超越感官的真理。』他又嚴肅地說道，『我走了！』

「我乞求地跪倒在他的腳下。『神聖的上師，我知道我錯了，我謙卑地請求原諒。我是為了要讓這些盲目的心靈產生信心，才大膽地呼喚您。既然您已經在我的祈求下仁慈地出現了，就請您不要沒有賜予我朋友祝福就離開。雖然他們不相信，但至少他們願意查證我聲明的真實性。』

「『好吧，我會留下來一會兒。我不希望你在朋友面前食言。』巴巴吉的表情緩和了下來，但是他溫和地補充道，『我的孩子，從今以後，每當你需要我的時候，我就會來，但不是每次你叫我，我就會來。』[9]

「當我開門時，緊繃的寂靜彌漫在那一小群人裡。我的朋友們好像不相信自己的眼睛一樣，緊盯著在毯子上的光輝形體。

「『這是集體催眠術！』一個人公然地笑道，「沒有人可以在我們不知情的情況下進入這個房間！』

「巴巴吉微笑地前進著，示意每個人接觸他溫暖結實的身體。懷疑消失了，我的朋友們敬畏地、懺悔地拜伏在地上。

---

9 在通往無限的路上，即使是像拿希里．瑪哈賽這類開悟的大師們也會受到徒弟的影響，遭受熱心過度之苦。我們在《薄伽梵歌》裡讀到很多有關神聖的上師克里希納斥責虔信的弟子阿周那。

「『準備好哈盧亞[10]。』巴巴吉要求道。我知道，上師是想進一步讓這群人確信他肉體的真實性。粥在沸騰，這位神聖的上師和藹可親地閒聊著。這些眼見為憑者完全變成了虔敬的信徒。我們吃完之後，巴巴吉逐一賜福我們。突然間一道聖光，我們目睹巴巴吉的身體瞬間分解成霧狀散開。上師協調神的意志力，解除了對那些聚集在一起成為他身體的乙太原子的控制，頃刻間百萬兆微小生命粒子的光芒，消失在無限宇宙的儲藏庫中。

「這群人當中的麥特拉[11]恭敬地說道，『我親眼看到征服死亡的人。』他的臉因覺醒的喜悅而容光煥發，『至上的上師玩弄時間和空間，就好像小孩子玩泡沫。我看到一個擁有天國與塵世鑰匙的人。』」

「我很快就要回到丹拿浦爾，再度擔負起各種日常工作以及一家之主的責任。」

拿希里．瑪哈賽也告訴凱巴南達和聖尤地斯瓦爾另一次跟巴巴吉碰面的故事，那個情況使人回想起上師的承諾：「每當你需要我的時候，我就會來。」

「那是在阿拉哈巴德舉行的大壺節法會的現場，」拿希里．瑪哈賽告訴他的弟子們，「我是在一個短暫的假期裡去那裡的。當我漫步在那些從遙遠的地方前來參加這個神聖節慶的僧侶和聖人之中時，我注意到一個全身塗滿灰泥的苦行僧，拿著一個討飯缽。我心裡升起一個念頭，這個人很虛假，外表是出家人的樣子，內在卻沒有相對應的美德。

「正當我經過這個苦行僧時，我竟然看見巴巴吉正跪在這個出家人面前。

「『可敬的上師！』我趕緊走到他身旁，『您在這裡做什麼？』

「『我正在替這位出家人洗腳，接著還要清洗他的炊具。』巴巴吉像個小孩般對我微笑著。我知道他在暗示我不要批評任何人，神是平等地存在於所有身體中，不論是高貴或是卑賤。偉大的上師還說：『通過侍奉有智慧與無明的隱士，我正在學習最偉大的美德，那是在所有美德當中，最能使神高興的美德——謙卑。』」

10 用奶油煎過的小麥加上牛奶煮成的粥。

11 拿希里．瑪哈賽在這裡所指的麥特拉，後來在自我了悟上有極高的進展。我高中畢業後不久碰到他；當他造訪在瓦拉納西的摩訶曼達拉修道院時，我還是個在家人。那時他告訴我巴巴吉在莫拉達巴德那群人面前化身出現的故事。「這個奇蹟的結果是，」麥特拉向我解釋道，「我變成拿希里．瑪哈賽的終身徒弟。」

35 拿希里．瑪哈賽如耶穌般的生活

「你暫且許我，因為我們理當這樣盡諸般的義。」耶穌對施洗約翰說，要求約翰為他施洗，並且承認施洗約翰的神聖權利。就一個虔誠研讀《聖經》的東方人觀點[1]、以及直覺的認知來看，我確信施洗約翰前世曾是基督的上師。《聖經》中有多處意味著約翰的前世是以利亞，耶穌的前世是以利亞的弟子以利沙。

《舊約》的結尾正是以利亞和以利沙轉世的預言：「看，在上主來到這個令人敬畏的偉大日子之前，我會先差遣先知以利亞給你們。」因此約翰（以利亞）比耶穌早誕生，在「上主到來之前」被差遣來，作為耶穌的先驅者。一位天使出現在約翰的父親撒迦利亞面前，表明他即將誕生的兒子約翰就是以利亞。

「天使向他說道，撒迦利亞，不要害怕，你的祈禱已經被神聽見了，你的妻子伊莉莎白將為你生一個兒子，你要將他取名為約翰……他會將許多以色列的子民轉向上主，他們的神。他必有以利亞的心志能力，行在主的面前，叫為父的心轉向兒女，叫悖逆的人轉從義人的智慧，又為主預備合用的百姓。」

耶穌兩次明確地確認以利亞就是約翰：「以利亞已經來了，但人們卻不認得他……後來門徒們才明白耶穌對他們說的就是施洗約翰。」耶穌說道：「因為眾先知和律法說預言，到約翰為止。你們若肯領受，這人就是那應當來的以利亞。」

當約翰否認他是以利亞時，意味著在約翰這個卑微的裝扮裡，他不再是以顯而易見、崇高偉大的上師以利亞的身分到來。在前世中，他已將他榮耀的「衣缽」及靈性的財富給了弟子以利沙。以利沙說道：「願感動你的靈加倍地感動我。」以利亞說：「你所求的難得。雖然如此，我被接去離開你的時候，你若看見我，就必得著。……他拾起了從以利亞身上掉下來的衣缽。」

兩人角色顛倒過來了，因為前世是以利沙的耶穌，現在已經不再需要約翰作為他的上師了。

當耶穌在山上改變外形時，他所看到的就是他的上師以利亞和摩西。在十字架上陷入絕境時，耶穌叫喊著：「我的神！我的神！為什麼祢遺棄我？」一些站在那邊的人聽到聲音後說道：「這人向以利亞求援呢，讓我們看看以利亞會不會來救他。」

同樣的關係也出現在巴巴吉和拿希里．瑪哈賽之間。這位不死的上師深情關愛地遊走在他弟子最後兩世的生命間、忘川河的漩渦裡，引導著拿希里．瑪哈賽向前的腳步。一直等到這個弟子三十三

---

1 聖經的許多章節顯示輪迴的法則是被了解而且是公認的。比起西方常見的理論，用輪迴說來解釋人類處在不同的進化階段是種較為合理的解釋。西方假定某物（自我意識）從無到有，以不同程度的慾望在世間存在三十或九十年，然後回到原本的空無。這種難以想像空無的本質是中世紀哲學家們喜愛思考的問題。

歲，巴巴吉認為公開恢復那未曾斷絕的聯繫的時機已經成熟了。接著在瑞尼凱特附近短暫的相會後，這位無私的上師為了外在世俗任務，將他深愛的弟子從山中的小團體中放逐出來。「我的孩子，每當你需要我時，我就會來。」有什麼世間的愛能給予這種無限的承諾？

在社會大眾不知不覺的情況下，偉大的靈性復興從瓦拉納西遙遠的角落開始奔湧，就像花的芳香是無法抑制的，拿希里．瑪哈賽也是一樣。雖然他安靜地過著一個理想居士的生活，但他內在的榮光卻無法隱藏。慢慢地，從印度每個地方、蜜蜂般的信徒開始追尋這位已經解脫的上師，向他祈求神聖天國的花蜜。

辦公室裡的英籍主管是最早注意到自己員工奇妙變化的人，他親切地稱拿希里．瑪哈賽為「歡喜先生」。

「先生，你看起來很憂愁。有什麼讓你煩惱的事？」一天早晨，拿希里．瑪哈賽問他的上司。

「我太太在英國病得很嚴重，我非常擔憂。」

「我將為你接收一些有關她的消息。」拿希里．瑪哈賽離開房間，在一個隱蔽的地方坐了一會。他一回去就微笑地安慰他的上司道：「你的妻子在康復中，她正在寫信給你。」這位無所不知的瑜伽行者還引述了部分信上的內容。

「歡喜先生，我早就知道你不是普通人。但我實在無法相信你可以隨心所欲地穿越時空！」

信件終於來了。震驚的主管發現信中不只包含著妻子痊癒的好消息，還有與拿希里．瑪哈賽數週前覆述過的一樣的話語。

幾個月後，這位妻子來到印度。當她來到辦公室拜訪時，拿希里．瑪哈賽正坐在他的桌前，這位女子恭敬地走近他。

「先生，」她說道，「幾個月前，我在倫敦的病榻上看到的就是您的形體，圍繞著閃耀的光環。剎那間，我的病完全恢復了！之後，我很快就可以承受海上的長途旅行來到印度。」

日復一日，一個或兩個信徒懇求這位崇高的上師傳授克利亞的法門。除了這些傳法的職責以及家庭和工作的生活責任外，偉大的上師還熱心關注著教育。他組織了許多研讀小組，在瓦拉納西孟加利托拉區的中學裡扮演著重要的角色。許多真理的追尋者，熱情地參與他後來稱之為「梵歌聚會」的演講活動。

拿希里．瑪哈賽藉著這些不同的活動，企圖回答一個常見的疑問：「一個人在履行工作和社會的責任後，哪裡還有時間虔誠地禪定打坐？」這位偉大的在家上師和諧平衡的生活無聲地鼓舞了成千上萬疑惑的心靈。上師只賺取一份普通的薪水，節儉樸素，平易近人，他自然、快樂地走在世俗生活的道路上。

雖然安居在至高無上的位置，但拿希里．瑪哈賽尊敬所有人，讚賞他們不同的美德。當信徒向他行禮時，他定然鞠躬回禮。上師經常像孩子般謙卑地碰觸他人的腳，但很少讓他們向他行類似的禮，即使這種對上師的致敬是東方古老的習俗。

拿希里·瑪哈賽生平一個重要的特色，就是他將克利亞瑜伽傳給各種不同信仰之人的能力。不單是印度教徒，他早期的弟子中還有回教及基督教徒。不管是一元論或二元論者，所有不同宗教信仰或沒有信仰的人，都受到上師平等的接納和指導。他那些靈性高度發達的弟子中有一位名叫阿杜爾·古夫爾汗的人，是一個回教徒。拿希里·瑪哈賽雖位居最高的婆羅門階級，但他在那個時代顯示出了偉大的勇氣，他盡最大努力消除頑固偏執的種姓階級制度，帶給社會上賤民階級及受到壓迫的人們新的希望。

「永遠記住，你不屬於任何人，任何人也不屬於你。仔細想想，總有一天，你必須突然離開這世界上的每一樣東西——所以現在就要認識並接觸神。」這位偉大的上師告訴弟子們，「每天請準備好進入神的感知中，為下一個死亡的靈體旅行做好準備。通過幻象，你認為自己是一堆血肉和骨頭，但充其量那只是一堆麻煩而已[2]。通過不斷打坐，你很快就可以看到自己是無限的本質。掙脫肉體的牢籠，使用克利亞瑜伽的奧祕鑰匙，學會遁入精神自由之中。」

偉大的上師鼓勵不同的學生堅守他們自己信仰中傳統善良的戒律。拿希里·瑪哈賽強調，作為一種實際可行的解脫技巧，克利亞瑜伽的本質是包含一切的。他讓弟子們自由地生活在養育他們的環境中。

「一個回教徒每天應該禮拜阿拉[3]四次，」上師指出，「一個印度教徒每天應該打坐四次。一個基督徒每天應該下跪四次，向神禱告並研讀《聖經》。」

具備智慧、洞察力的上師根據他的追隨者天生不同的傾向，引導他們步上奉獻瑜伽、實踐瑜伽、智慧瑜伽或帝王瑜伽。上師不輕易認同希望正式走上出家之路的求道者，總是告誡他們要先考慮修行人的艱苦生活。

偉大的上師教導弟子不要拘泥於經典上字句的爭論。「致力於體會並實踐經典的啟示，而不是只看字面的意思，才是聰明的人，」他說道，「通過禪定冥想來解決自身所有的問題[4]，以實際與神的接觸，取代無用的宗教推論。清除心中神學教條的垃圾，讓直觀而來的新鮮活水療癒你的內心。傾聽內在的指引，神會回應生命中每一道難題。儘管人總是自找麻煩，但這神聖的救援也同樣是無限的。」

有一天，上師在一群聆聽他闡述《薄伽梵歌》的弟子面前，展現了他的無所不在的能力。當時他正在解釋靈界能量和所有振動的萬物內在都有基督意識時，突然倒抽了一口氣，叫喊道：「我在日本外海、許多靈魂快要淹死的身體裡！」

隔天早上，弟子們看到一則新聞，昨天有艘靠近日本的船在外海沉沒，有許多人遇難。

拿希里．瑪哈賽住在遠方的弟子，也經常覺察到他彷彿就在身旁的存在。「我永遠與那些修習克

2　「我們的身體裡有多少種死亡！在那裡面什麼都沒有，只有死亡。」——馬丁路德《桌邊談話》

3　回教徒主要的禱文，通常每天重複四到五次。

4　「在冥想中尋求真理，而不是在發霉的書本上。仰望天空尋找月亮，而不是在池塘中。」——波斯諺語

利亞的人同在，」他安慰那些不能經常接近他的弟子說，「通過你們擴大的感知，我將引領你們回到宇宙的家去。」

有一個弟子告訴薩提阿南達，他雖然不能到瓦拉納西去，不過拿希里・瑪哈賽回應了這位弟子的祈求，顯現在他的夢中教導他，讓他接受正確的克利亞傳法。

如果弟子疏忽了世俗的責任，上師會溫和地糾正並懲戒他。「即使是被迫公開指出弟子的錯誤時，拿希里・瑪哈賽的話語也是溫和而療癒的，」聖尤地斯瓦爾有一次告訴我，「從來沒有一個弟子會主動逃離上師的鈞鉤。」我忍不住地大笑起來，但我真誠地向聖尤地斯瓦爾保證，不論嚴厲與否，他所說的每個字在我的耳中聽來都是音樂。

拿希里・瑪哈賽仔細地將克利亞分成四個循序漸進的傳法階段[5]，只有當弟子在靈性上表現出切實的進步時，他才會傳授那二個較高的法門。有一天，某個弟子因為自己沒被傳授更高的法門而表達不滿。

「上師，」他說道，「我確信自己已經準備好接受第二階段的傳法了。」

就在這個時候，門打開了，進來一位在瓦拉納西當郵差的弟子布藍達・巴格特。

「布藍達，到這裡來，坐在我旁邊。」偉大的上師親切地對他微笑著，「告訴我，你準備好接受克利亞第二階段的法門了嗎？」

這個身材矮小的郵差合掌懇求，驚慌地說道，「天國的導師，拜託！不要更多的傳法了，我怎麼能吸收更高級的教導呢？我今天來是請求您的賜福的，因為初級的克利亞讓我如此陶醉，以至於我無法送信了！」

「布藍達已經徜徉在靈性的海洋裡了。」拿希里．瑪哈賽的這些話，讓其他弟子感到羞愧。

「上師，」他說道，「我知道了，我是一個差勁的學生，不用功，還挑剔著老師。」

拿希里．瑪哈賽除了在瓦拉納西有許多弟子之外，還有數百人從印度遙遠的地方來到他這裡。他自己也有幾次旅行到孟加拉，拜訪兩個兒子的岳父的家鄉。由於他的祝福，孟加拉像蜂巢般地充滿了許多克利亞的小團體。特別是在克里希納佳爾和比斯奴浦爾區，直到今天，仍有許多不為人知的弟子，持續地讓這股無形的靈性禪定的潮流流動著。

許多聖人從拿希里．瑪哈賽那裡接受克利亞瑜伽，當中值得一提的有瓦拉納西著名的維斯克阿南達．薩拉斯瓦堤、住在迪歐高爾的苦行者巴爾阿南達．布拉瑪查理。拿希里．瑪哈賽還一度當過瓦拉納西大君辛哈閣下兒子的家庭教師。體認到上師在靈性上的成就後，大君和他的兒子都請求上師傳授克利亞瑜伽。

一些拿希里．瑪哈賽在社會上有影響力、有地位的弟子想要公開宣揚、擴展克利亞瑜伽的信徒，

5 由於克利亞瑜伽能夠分成許多細部，拿希里．瑪哈賽明智地篩選出那些他認為包含著基本要旨，並在實際修習中具最高價值的四個階段。

卻被上師拒絕了。有一位弟子是瓦拉納西大君的御醫，他發起了一個活動，想稱上師為「凱西巴巴」，意為瓦拉納西的上人[6]，並廣為宣傳。上師再次拒絕了。

「讓克利亞花朵的芬芳在沒有任何展示的情況下自然地飄送，」他說道，「它的種子將生根在靈性富饒的心田裡。」

雖然偉大的上師沒有採用現代化的組織方式或是透過出版來傳道，但他知道自己訊息中的力量會像一股無法抗拒的洪水，可以影響並淹沒人類心靈的堤岸。求道者改變及淨化的生活，就是克利亞不朽生命力最簡單的保證。

一八八六年，在瑞尼凱特接受傳法後的二十五年，拿希里．瑪哈賽從世俗的工作退休了[7]。隨著他白天空閒時間增加，追隨他的弟子也越來越多。偉大的上師現在大多數時間，都平靜地以蓮花坐姿禪定。他很少離開他的小客廳，甚至不會隨意走動或到房子內部其他的地方。為了得到上師的加持（神聖的會面），弟子們像一道寧靜的溪流，幾乎是源源不斷地來到這裡。

讓所有旁觀者敬畏的，是拿希里．瑪哈賽超人特質的生理狀態——無息、不眠、脈搏心跳的停止、數小時眨也不眨的平靜雙眼，以及深沉和平的氣息。沒有一個訪客在離去時，心靈不被提升的，所有人都知道自己接受到一位真正神的化身之人的無聲祝福。

上師允許他的弟子潘嘉隆．巴特阿查爾亞在加爾各答開辦一所「阿利亞傳道會」。聖人般的弟子們在這裡傳播克利亞瑜伽，並為公眾準備一些瑜伽草藥[8]。

依據古代的風俗，上師給一般大眾一種苦楝油[9]，治療各種不同的疾病。當上師要求弟子蒸餾這種油時，弟子可以輕易地完成這項工作，但如果其他任何人照著做，都會遭遇奇怪的難題，他會發現在蒸餾的過程中，這些醫療用油幾乎全都揮發掉了。顯然，沒有上師的祝福，是製不成這種油的。下頁是拿希里．瑪哈賽孟加拉文的手稿和簽名。這段文字出現在給一位弟子的信中。偉大的上師解釋一首梵文詩意如下：

---

6 徒弟贈與拿希里．瑪哈賽的其他頭銜還有「最偉大的瑜伽行者」、「瑜伽之王」、「最偉大的聖人」，我又加上「瑜伽的化身」的尊稱。

7 他總計在政府同一個部門服務了三十五年。

8 古代梵文的專著中有大量的草藥知識。一九三八年喜瑪拉雅山的草藥在一項回春療法中引起了舉世的注意，當時瓦拉納西印度大學七十七歲的副校長也是梵文學家的瑪丹．摩罕．馬拉威亞接受這個治療。這位著名的學者在四十五天內恢復健康、力量、記憶及正常的視力，而且又開始長牙，並且所有的皺紋都消失。這項名為「卡亞．卡帕」的草藥療法是印度阿育吠陀八十種回春療法中的一種。是聖卡帕查爾亞．畢參達斯甲尊者為馬拉威亞施行此種治療的，尊者聲稱他是在一七六六年出生的，擁有證明自己超過一百歲的文件；美聯社的記者認為他看起來像四十歲的樣子。古印度的專著將醫藥科學分成八個科別：薩亞（外科）、薩拉克亞（頸子以上的疾病）、卡亞曲奇薩（內科）、布塔維迪亞（精神科）、庫瑪拉（小兒科）、阿佳達（毒物科）、洛薩亞那（老年科）、維吉克洛那（新陳代謝營養科）。在吠陀經典上，醫生使用精細的手術工具運用於整形外科，知道化解毒氣作用的醫學方法，執行剖腹生產術和腦部手術，熟悉複方藥物的運用。西元前五世紀著名的醫學家希波克拉提斯在他的藥物學中採用了許多的印度文獻。

9 東印度的苦楝樹，它的藥用價值現已在西方得到認可，苦楝樹皮被用作滋補品，種子和果實中的油被發現在治療麻瘋病和其他疾病方面具有極大的價值。

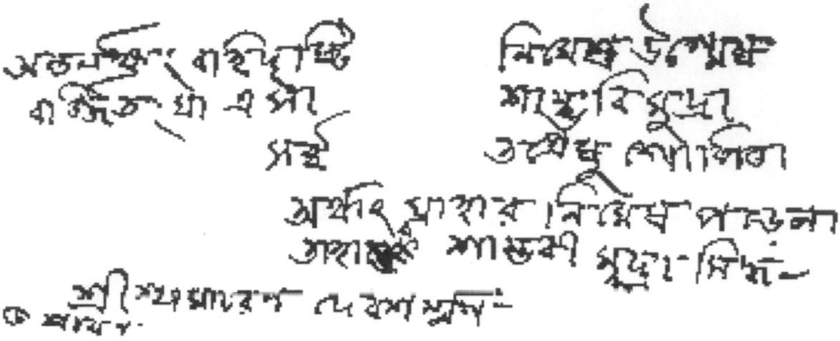

達到安寧境界而眼皮不會眨的人，已經獲得了凝視眉心契合法的眞傳。

（簽名）聖夏瑪・夏藍・迪瓦・沙文

阿利亞傳道會發表了許多上師對於經典的論述。像耶穌及其他偉大的先知們一樣，拿希里．瑪哈賽本人未曾寫下任何書，但他極具洞察力的口述由不同的弟子記錄、編輯。通過弟子的熱情，這個世界擁有了拿希里．瑪哈賽對二十六種古代典籍的詮釋。

上師的孫子聖阿南達．拿希里寫了一本有關克利亞瑜伽的有趣小冊子。「《薄伽梵歌》是偉大史詩《摩訶婆羅多》的一部分，有幾個論點上的難題，」聖阿南達寫道，「如果不去解開那些論點上的難題，我們會認為那只是古怪且容易受到誤解的神話。要是都不解釋那些論點上的難題，我們就失去了印度數千年來以超人的耐性、實驗探索後所保留下來的科學[10]。拿希里．瑪哈賽的詮釋，澄清了經典裡不清楚的象徵寓意，揭露了宗教特有的科學，是如此巧妙地放在經典文字和意象謎語的字裡行間。它不再只是一場晦澀難懂的文字遊戲，也不是無意義的儀式常規，在上師的證實下，這一切充滿了科學的意義。

10 「最近從印度河流域考古遺址出土的一些文物，裡頭有現今瑜伽系統所採用打坐姿勢坐著的人像，可以追溯到西元前三千年，證明在那個時候一些基本的瑜伽已經為人所知。我們沒有理由不做出如下的結論：系統性的內省伴隨著冥想的方式在印度已經實行五千年了……印度發展出某些具心靈價值的宗教態度和道德觀念，至少在生活層面廣泛的應用上而言是獨特的，其中之一就是對不同信仰、教義的寬容，這讓西方感到驚訝。西方好幾個世紀以來，獵捕異端邪說是家常便飯，國家之間因宗教不同而發動戰爭導致血流成河是常有的事。」——摘錄自紐曼．布朗教授一九三九年五月分在華府特區美國學術協會期刊《公報》上的一篇文章。

「我們知道人類通常無法抵抗邪惡慾望的衝擊，但透過克利亞了悟到高層意識和持久喜悅時，這些衝擊就變得軟弱無力了，而且人們也會發現自己不想再沉溺其中了。放棄低等的渴望，保住神的福澤，沒有這樣的過程，再多的道德準則，對我們來說都是徒勞的。

「我們對世俗活動的渴望，扼殺了對內在靈性的敬畏。我們不會因為科學讓我們確信如何使用自然的力量，就能領會在各種名字和形式背後的偉大生命；這也造成人類對自然終極祕密的鄙視。我們與自然的關係也變得很現實——我們知道如何利用自然來滿足我們的目的；我們利用自然的能量，但對其源頭仍是一無所知。科學把人與自然的關係當成主人與僕人，在哲學的觀點上，自然像是證人席上的囚犯，我們盤問她、質疑她，以人類無法衡量她隱藏價值的工具，去仔細地評估她。反之，當自我與更高的力量交流時，無需壓力或努力，自然便會自動遵行人類的意志。對不了解這種情況的唯物主義者，稱這種對自然輕鬆駕馭的能力為『奇蹟』。

「拿希里．瑪哈賽的生活樹立了一個榜樣，改變了瑜伽是一種神祕修行的錯誤觀念。每個人通過克利亞瑜伽，都可以找到一個能夠了解自己與自然適當關係的方式，而且會對所有不論是神祕或是日常發生的現象[11]，不管能不能夠用物理學去解釋，都會感到心靈上的敬畏。我們必須記得，一千年前被認為是神祕的事，現在已經不是了，而現在被認為是神祕的事，一百年後可能會變成可以理解的定律。在所有表象背後的，是無限，是動力之海。

「克利亞瑜伽的法則是永恆的。像數學一樣真實，克利亞法則像簡單的加減乘除，是不可能被摧毀的。即使將所有數學書籍燒成灰燼，邏輯推理的心智還是會再度發現這些運算法則。同樣，即便摧毀所有瑜伽的神聖書籍，任何時候只要出現一位真正的瑜伽行者，帶著純粹奉獻的心和隨之而來的純粹知識，瑜伽的基本法則就會再度出現。」

就像巴巴吉屬於最偉大的阿梵達一樣，聖尤地斯瓦爾也是一個智慧阿梵達，也就是智慧的化身，而拿希里．瑪哈賽則是瑜伽阿梵達，即瑜伽的化身。經由質與量兩方面，上師提升了社會靈性的水平。拿希里．瑪哈賽擁有使自己的門徒提升至如基督般存在的力量，並在群眾中廣泛傳播真理，因此他可以躋身於人類的救世主之列。

作為一名先知，他的獨特之處在於實際強調克利亞瑜伽明確的方法，率先對所有人類開啟瑜伽解脫之門。除了自身生平的奇蹟外，這位瑜伽阿梵達將古代繁複的瑜伽轉變成常人可以掌握的簡單有效的方式，可說是功德無量。

在提到奇蹟時，拿希里．瑪哈賽經常說：「一般人不懂微妙法則如何運作，如果未能適當地識別，不應公開地討論或發表。」在本書的章節中，如果我看起來像是藐視了他所告誡的言辭，那是因

11 這裡使人聯想到卡萊爾在《衣服哲學》中的評論：「一個不會感到疑惑，或不習慣疑惑（及崇拜）的人，即使他是無數皇家協會的主席，帶著所有實驗室及觀測所的概要，並把他們的結果存放在他唯一的腦袋中——也只不過是一副後面沒有眼睛的眼鏡而已。」

為我的內在獲得他的認同。此外，在記載巴巴吉、拿希里·瑪哈賽和聖尤地斯瓦爾的生活時，我已經省略了許多真實的奇蹟故事，那些幾乎是不可能寫進來的，因為有許多深奧的哲理要解釋。

瑜伽阿梵達宣稱：「通過自身的努力，與神的融合是可能的，不需要依賴神學上的理論或是『宇宙獨裁者』的專制意志。」

通過克利亞之鑰，那些不相信任何內在神性的人，最終也會看到他們自己的內在神性。

36 巴巴吉對西方的興趣

「上師，您是否見過巴巴吉？」

那是在塞蘭坡一個平靜的夏夜，修道院二樓陽臺上，我坐在聖尤地斯瓦爾的身旁，漫天繁星在我們頭頂閃爍著。

「沒錯。」上師衝我微笑的眼睛閃亮著。「我有幸見到不死的上師三次。第一次相遇是在阿拉哈巴德的大壺節上。」

這個不知道從何時開始在印度舉行的宗教集會被稱為「大壺節」。每隔六年，就有幾百萬虔誠的印度人聚集起來，會見來自四面八方的聖人、瑜伽行者、僧人及苦行者。他們當中有許多人是隱士，除了來參加節慶為世俗男女恩賜祝福外，從不離開隱居的地方。

「剛遇到他時，我還沒有出家，」聖尤地斯瓦爾繼續說道，「但我已經接受拿希里．瑪哈賽克利亞瑜伽的傳法。他鼓勵我參加這個在阿拉哈巴德舉行的節慶。那是我第一次參加法會，洶湧嘈雜的人聲讓我覺得有些眩暈。我用目光四下搜索著，沒有看到任何一張讓我想親近的大師臉龐。只有在經過恆河岸邊的一座橋時，我看到一個舊識站在附近向行人乞討。

「唉，這個節慶不過是一團混亂的噪音和一群乞丐而已，我的夢幻破滅了，『那些堅忍不拔的西方科學家們，在知識領域對人類做出實質益處的貢獻，難道比不上這些宣稱信仰宗教但卻集中精神要求別人施捨物質和遊手好閒的人更有價值嗎？』

「我的思緒被一位停在我面前的高大托缽僧的聲音打斷了。

「『先生，』他說道，『一位聖人要你過去。』

「『他是誰？』

「『你自己過來看吧。』

「我猶豫地遵循著這個簡潔的指示，很快就來到一棵樹旁邊，它的枝幹蔽蔭著一位上師和一群引人注目的弟子。這位上師有著非凡偉岸的形體和洞察一切的眼睛。他起身迎接並擁抱了我。

「『可敬的師父，歡迎你。』他親切地說道。

「『先生』，我強調道，『我不是出家人。』

「『那些被我藉著神的指示賦予師父頭銜的人，是從來不會捨棄這個頭銜的。』聖人向我說了這樣一句簡單卻又蘊含真理的話。我的心靈瞬間被祝福的浪潮吞噬了，突然被提升到古代僧團的地位[1]，我微笑著拜倒在這位如天使般的上師腳下。

「巴巴吉——沒錯，就是巴巴吉——示意我坐在樹下靠近他的地方。他年輕強壯，看起來很像拿希里·瑪哈賽。巴巴吉擁有阻止一個人心中升起任何雜念的力量。這位偉大的上師希望我在他面前能夠完全自然，不會因為知道他的身分而手足無措。

「『你對這法會有什麼想法？』

「『大師，我非常失望。』但我趕緊補充道，『但這是我在碰到您之前這麼想的；我沒想到會在這場混亂的法會裡遇見您。』

「『孩子，』上師說道，雖然表面上看起來我的年齡幾乎是他的兩倍。『許多人都犯了以偏概全的錯誤。世上每樣東西都是混合的，就像沙和糖的混合。而一隻聰明的螞蟻，就會只攫取糖，而不觸動沙子。雖然這裡的許多隱士還漫遊在幻相中，但仍有一些已經了悟神的人，深切祝福著這個法會。』

「在這位崇高上師的指引下，我很快就同意了他的看法。

「『大師，』我說道，『我正在想著，那些遠在歐洲和美國的科學家們，到目前為止，他們的智商比大多數聚集在這裡的人都優秀，精通不同的教條，但卻不知道眼前這種靈修大會的真正價值。他們若能遇到印度上師，就一定能得到極大的益處。雖然他們在智力上達到很高的成就，但許多西方人卻仍執著在低下的物質主義中，而其他在科學和哲學上享有盛名的人，也不了解科學和哲學與宗教在本質上是相同的。他們無法逾越教條所設下的藩籬，那導致他們與我們永遠無法溝通。』

「『我知道你同時關心著東方與西方，』巴巴吉的臉上顯示出贊同的笑容，『我感到你悲天憫人的內心足夠寬廣，甚至可以涵蓋全人類的痛苦，這就是我為什麼召喚你前來的原因。』

---

1 聖尤地斯瓦爾後來在菩提伽耶住持的授戒下加入僧團。

「『東方和西方必須建立一條行動和心靈合而為一的中庸之道，』他繼續說道，『在物質文明的發展上，印度有許多地方要向西方學習，那麼，印度就可以以教導參透宇宙的方法作為回報，使西方可以將他們的宗教信仰建立在瑜伽科學這個堅定不移的基礎上。』

「『你，在即將來臨的東西方和諧的交流中，將扮演一定的角色。幾年後，我會派遣一位弟子給你訓練，讓他到西方去宏揚瑜伽。我感覺那裡有許多追尋靈性的靈魂正像潮水般地湧向我。我已經感知到在美國和歐洲，有許多潛藏的聖人正等著被喚醒。』」

當故事講到這裡時，聖尤地斯瓦爾把他的眼光轉向了我。

「我的孩子，」他在月光下微笑地說道，「你就是巴巴吉那時承諾過要派給我的弟子。」

我很高興地知道巴巴吉把我帶給聖尤地斯瓦爾這個事實，但我還是很難想像自己將遠離親愛的上師和簡單、寧靜的修道院，到遙遠的西方去。

「巴巴吉接著說到了《薄伽梵歌》，」聖尤地斯瓦爾繼續說道，「令我驚訝的是，他用一些讚美的言辭表示，他知道我曾寫下許多對《薄伽梵歌》的闡釋。

「『可敬的師父，我還要請求你答應我的另一項要求，』這位偉大的上師說道，『你可否寫一本有關基督教和印度教經典之間共通之處的小書？用對照的方式說明兩個宗教之間的關係，指出受到神啟示的兒女都掌握著同樣的真理，只是如今受到教派對立的影響，人類都看不出這層關係了。』

「我不是很有信心地回答道：『這是何等重大的使命啊！我能完成嗎？』

「巴巴吉溫柔地笑了起來。『我的孩子，為什麼你會懷疑自己呢？』接著，他再度保證說，『事實上，所有這些是誰的工作？誰又是一切行為的行動者？任何神讓我說的事情，就像真理一樣，一定會實現。』

「我認為自己受到聖人的加持，決定去寫那本書。感到告別的時刻到了，我很不情願地從樹下的座位起身。

「『你認識拿希里[2]嗎？』上師詢問道，『他有著一個偉大的靈魂，不是嗎？告訴他我們見面的事。』接著，他給我了一個訊息，要我傳給拿希里．瑪哈賽。

「我謙卑地鞠躬告別之後，上師仁慈地微笑著承諾，『當你的書完成時，我會拜訪你，那麼，暫時再見了。』

「我隔天就離開了阿拉哈巴德，搭乘火車到瓦拉納西去。到了上師的家中，我述說著在大壺節遇見這位奇妙聖人的故事。

「『哦，你沒有認出他來嗎？』拿希里．瑪哈賽有些忍俊不禁，『我知道你沒有，因為他不讓你認出來，他就是我無與倫比的上師，神聖的巴巴吉！』

「『巴巴吉！』我震驚了，『如基督般的瑜伽行者巴巴吉！那可遇不可求的巴巴吉！啊，我真希

---

2 上師通常在提到自己徒弟時，只提名字，省略任何頭銜。所以巴巴吉說「拿希里」而不是「拿希里．瑪哈賽。」

望能再次在他的面前，在他的蓮花座下，虔誠地向他頂禮跪拜。』

「『沒有關係，』拿希里．瑪哈賽安慰我，『他已經答應會再來看你。』

「『這位天國的導師、神聖的上師要求我帶一個訊息給您。』他說，『告訴拿希里，他為此生所儲存的能量即將耗盡；快結束了。』

「在我說著這些我難以理解的話時，拿希里．瑪哈賽的身體像被雷電擊中般地震顫著。頃刻間，周遭的每件事物都陷入了寂靜，他充滿微笑的表情此刻變得嚴肅。他像一尊紋風不動、僵硬在位子上的雕像，身體也變得蒼白。我即驚恐又迷惑。在我一生中，從來沒見過這個充滿喜悅的靈魂曾有如此令人不安的嚴肅，其他在場的弟子們也擔心地注視著上師。

「三個小時就這樣在全然的寂靜中過去了。之後，拿希里．瑪哈賽又恢復像往常一樣的喜悅，親切地與每個弟子談話。所有人都鬆了一口氣。

「看了拿希里．瑪哈賽的反應，讓我了解到，巴巴吉的訊息是一個明確的信號，拿希里．瑪哈賽從中明白，他很快就不能再使用這副身體了。他那令人敬畏的靜默，證明了我的上師正在控制自己的靈體，切斷與這個物質世界最後的繫帶，飛向他心靈永恆的故鄉——他的上師身邊。如同巴巴吉說過：『我將永遠與你同在。』

「雖然巴巴吉和拿希里．瑪哈賽都是無所不知的，不需要我或任何其他中間者來互相聯繫，但這些偉大的人物經常屈尊在人類的舞台上擔任一個角色。偶爾，他們也會用平常的方式，通過使者傳達他們的預言。而當他們的預言最終得到實現時，就可讓那些後來知道這個故事的人，對神的國度有更大的信心。

「我很快就離開了瓦拉納西，在塞蘭坡開始認真寫著巴巴吉所要求的書。」聖尤地斯瓦爾繼續說道，「我剛開始工作，就寫出了一首獻給這位不死上師的詩。雖然之前我從來沒有寫過梵文詩，但我卻毫不費力地寫下了這些優美的詩句。

「在夜晚的寂靜中，我忙著比較《聖經》和吠陀教義[3]。我引述耶穌的話，證明他的教義在本質上與吠陀經典中的啟示是一致的。書在很短的時間內就完成了，這讓我鬆了一口氣。我知道我能這麼快寫完，是拜我至上上師[4]的恩典所賜。書中的章節最早被刊載在《聖人森巴》雜誌上，後來我在吉

3 吠陀教義字面意思是「永恆之法」，這個名字是指吠陀教義的主體。自從希臘人將印度河沿岸的人們稱為印度（Indoos或Hindus），吠陀教義就被稱為「印度教」。印度（Hindu）這個詞，正確地說來，是指吠陀教義或是印度教的追隨者。由於哥倫布在地理上混淆的錯誤，錯把美國蒙古人種族稱作「印第安人」（Indian），這個詞彙同樣地適用在印度教徒、回教徒和印度土地上的其他居民。

印度古稱雅利安瓦塔，意為「雅利安人的居處」。梵文的字根arya是「值得的、神聖的、高貴的」。後來在人種學上「雅利安」被誤用成代表物質而不是靈性的特性，使得偉大的東方文化學者馬克斯．穆勒打趣地說：「對我而言，一個人種學者談到雅利安人種、雅利安血統、雅利安眼睛和頭髮，就好像是一個語言學家談到長頭型的字典或是短頭狀的文法般，嚴重到是個罪人。」

4 至上上師的字面意思是「至高無上的上師」或「超越上師」，表示連續傳承的老師們。拿希里．瑪哈賽的上師巴巴吉就是尤地斯瓦爾的師祖。

德波爾的一個弟子私下把它印成了一本書。

「完稿之後的早晨，」上師繼續說道，「我到廢棄的南加特巷浴場，沐浴在恆河中。我靜止著站了一會兒，充分享受著陽光下的平靜。在閃閃發光的河水裡浸泡過後，我啟程回家。寂靜中，只有我身上那被恆河水浸透的衣服，隨著腳步衝擊的嗖嗖聲。當我經過恆河岸邊的一棵大榕樹時，一股強烈的衝動驅使我轉過頭去。就在那兒，在榕樹的樹蔭下，被一些弟子圍繞著，坐著偉大的巴巴吉！

「『可敬的師父，歡迎你！』上師的美妙聲音讓我確信自己不是在做夢。『我知道你已成功地完成了你的任務。正如我所允諾的，我在這裡感謝你。』

「我心跳加速地拜伏在他的腳下。『可敬的師祖，』我懇求道，『您和弟子們，能否光臨我就在附近的家？』

「至上的上師微笑著婉拒了。『不，孩子，』他說道，『我們是喜歡樹蔭的人，這裡就相當的舒服。』

「『請稍等一會兒，上師。』我懇求地看著他，『我馬上去拿一些特別的甜點回來給各位享用。』

「幾分鐘之後，當我端著一盤美味佳餚回來時，瞧！宏偉的榕樹還在，天國的團體卻不見了。我找遍了河邊附近的階梯，但心裡明白他們已經用乙太的翅膀飛走了。

「我的感情受到了深深的傷害。『即使我們再度見面，我也不想再跟他說話了。』我對自己說，

『他如此突然地離開我是不仁慈的。』這當然只是種愛的憤怒，沒有別的意思。

「幾個月之後，我到瓦拉納西看望拿希里・瑪哈賽。當我走進他的小客廳時，我的上師微笑著歡迎我。

「『歡迎你，尤地斯瓦爾，』他說道，『你剛才有沒有在我房間門口碰到巴巴吉？』

「『什麼？沒有啊。』我驚訝地回答道。

「『到這裡來。』拿希里・瑪哈賽輕觸我的額頭，我立即看到了，在靠近門口的地方，巴巴吉像一朵完美綻放的蓮花。

「我因記起舊日的創傷，並沒有鞠躬致意。拿希里・瑪哈賽驚訝地看著我。

「天國的上師用深不可測的目光看著我：『你在生我的氣。』

「『上師，難道我不應該生您的氣嗎？』我回答道，『您和您神奇的弟子從天空中來，又那麼快地消失在空中。』

「『我說過我會去看你，但沒有說會待多久。』巴巴吉輕輕地笑了起來，『你當時情緒非常激動。我是由於你帶來了紛擾不安的氣息，才消失在虛空之中的。』

「我馬上接受了這個解釋。我跪在他腳下，至上的上師親切地拍拍我的肩膀。

「『孩子，你必須多多打坐，』他說，『你的眼光還沒有完美無瑕——你看不到隱藏在日光後的我。』天國笛聲般的話音落下後，巴巴吉就消失在隱藏的光輝裡了。

「那是我最後一次到瓦拉納西拜訪我的上師，」聖尤地斯瓦爾說道，「正如在大壺節中巴巴吉所預言的那樣，拿希里．瑪哈賽轉世在家修行的生命即將結束。一八九五年夏天，他結實的背後長了一個小膿包，他反對動手術把它切除，說是要用自己的肉體來償還一些弟子的惡業。一些弟子非常急切地希望上師接受治療，上師隱祕地回答說：『我的身體必須找一個理由離開，但我會開心地接受任何你們想做的事。』

「之後不久，這位無與倫比的上師就在瓦拉納西捨棄了他的肉身。我也不再需要到他的小客廳找他了，因為我發現他無處不在地在引導、祝福著我每天的生活。」

幾年以後，從拿希里．瑪哈賽的入室弟子凱斯本南達[5]的口中，我又聽到許多有關他去世時的奇異故事。

「在上師捨棄肉身的前幾天，」凱斯本南達告訴我，「當我坐在哈德瓦的修道院時，他的化身出現在了我面前。

「『馬上到瓦拉納西來。』說完這些話，拿希里．瑪哈賽就消失了。

「我立刻搭乘火車前往瓦拉納西。在上師的家中，我看到許多弟子聚集在那裡。那天[6]，上師花了幾個小時來解說《薄伽梵歌》，之後他簡單地對我們說：『我要回家了。』

「悲痛的淚水像一股無法壓抑的洪流瞬間爆發了出來。『我會復活的。』說完這些後，拿希里．瑪哈賽順著圓圈轉身三次，最後，把蓮花座朝向北方，榮耀地進入了摩訶三摩地[7]。

「弟子非常珍愛拿希里．瑪哈賽的身體，在神聖恆河邊的曼尼卡尼卡階梯舉行了莊嚴的火葬儀式。」凱斯本南達繼續說道，「第二天早上十點鐘，當我還在瓦拉納西時，我的房間閃現了一道巨光。瞧！在我前面站著的是有著血肉之軀的拿希里．瑪哈賽！看起來與他原本的身體完全一樣，而且顯得更為年輕且容光煥發。我天國的上師跟我說話了：

「『凱斯本南達，』他說道，『這是我。從火葬身體瓦解的原子中，又重新組成了一個新的形體。我在人世間的任務已經達成，但我不會完全離開地球。今後，我將與巴巴吉一起在喜瑪拉雅山中待一段時間。』

「在說完一些祝福的話後，這位超越宇宙的上師就消失了。他激勵的妙語充滿了我的心，我的靈性也被提升了，就像耶穌和卡比爾[8]的弟子看到上師死而復活一樣。

「當我回到哈德瓦與世隔絕的修道院時，」凱斯本南達繼續說道，「我帶著神聖上師的骨灰，我知道他已經逃脫了時空的牢籠，如大自然的鳥兒一樣自由了。但是，奉祀他神聖的骨灰卻能安慰著我的心。」

---

5 我拜訪凱斯本南達修道院的事在第42章中有描述。

6 一八九五年九月二十六日是拿希里．瑪哈賽離開肉身之日。再過幾天，就是他六十八歲生日。

7 當上師預先知道肉體最終時刻到來時，會面向北方身體旋轉三圈，這是吠陀儀式的一部分。在最後一次打坐冥想時，上師將自身融入宇宙的「唵」，進入摩訶（無上甚深的）三摩地。

另一位很有福氣也看到上師復活的弟子，是加爾各答阿利亞傳道會[9]的創辦人，潘嘉隆．巴特阿查爾亞。

我到潘嘉隆加爾各答的家中拜訪他，他告訴了我他一生中覺得最不可思議的事情。

「在加爾各答，」潘嘉隆說，「就在拿希里．瑪哈賽火化後隔天早上十點，他居然活生生地出現在我面前。」

「分身聖人」普拉納貝南達尊者也向我透露他自己非凡經歷的細節。他訪問蘭契學校時告訴我，「拿希里．瑪哈賽捨棄肉身的前幾天，我收到他的信，要我馬上到瓦拉納西去。然而，我因事耽擱了，沒有馬上趕過去。那天早晨十點左右，當我正在做行前的準備時，突然看到我上師閃亮的形體，我整個人浸淫在喜悅之中。

「『不用趕去瓦拉納西了，』拿希里．瑪哈賽微笑地說道，『你去那裡已經看不到我了。』

「當我明白他話中的含意時，心碎地啜泣起來了，我認為自己此刻只是在夢幻中看到他。

「上師走過來。『來，觸摸我的肉體，』他說，『我一直是活著的，不要哀傷，我會永遠跟你在一起的。』」

從這三位偉大弟子的口中，我得出了一個不可思議卻又真實的結論：在拿希里．瑪哈賽的遺體被付之一炬的隔天早上十點，這位復活的上師以真實但又美化過的身體，同時出現在居於不同城市的三個弟子的面前。

「這必朽壞的既變成不朽壞的，這必死的既變成不死的，那時經上所記，死被得勝吞滅的話就應驗了。死啊，你得勝的權勢在哪裡？死啊，你的毒鉤在哪裡？」

8 卡比爾是十六世紀一位偉大的聖人，他的眾多追隨者包括印度教徒和回教徒。在他去世時，門徒們為舉行葬禮的方式爭論不休，惱怒的上師不得不示現並給予指示：「我的一半遺體以穆斯林儀式埋葬，另一半用印度教聖禮火化。」說完就消失了。弟子們打開裝著他屍體的棺材，發現裡面只有一束耀眼的金色香柏花，回教徒遵從地將半數的花埋葬在至今他們還崇敬的聖地。

在卡比爾年輕的時候，有兩個弟子找到了他，他們希望在神祕的求道之路上得到速成的智力指導。大師簡單地回答：「路徑以距離為前提；如果祂是這麼近，你根本不需要路徑。就像聽到水裡的魚口渴，這真會讓我笑起來！」

9 潘嘉隆在比哈省的迪歐高爾一座七公頃的花園中蓋了一間寺廟，裡面有一尊拿希里．瑪哈賽的石像。徒弟們在這位偉大上師瓦拉納西家的小客廳裡，安置了另一尊雕像。

37 前往美國

「這裡是美國！他們真的是美國人！」有幾張西方臉孔出現在我的禪定中。此刻，我正在蘭契學校的儲藏室裡、一堆布滿灰塵的箱子後面專心地打坐。在那些與小孩相處的忙碌歲月裡，我很難找得到一處隱密的地方。

禪定中的影像持續著——一大群人專心地看著我[1]，在意識的舞臺上，他們的臉像演員般掠過。儲藏室的門被打開了，如往常一樣，一個小傢伙發現了我的藏身之處。

「畢瑪，到這裡來，」我高興地叫道，「我告訴你一個消息，神召喚我到美國去！」

「到美國去？」男孩重複這話的口氣好像聽到我說「到月球去」。

「是的！我將像哥倫布那樣前去發現新大陸，但他認為自己找到的是印度——這兩塊土地無疑有著因果上的關聯性！」

畢瑪蹦蹦跳跳地出去了，很快，消息就傳遍了整個學校[2]。我召集了困惑的教職員們宣布這個消息之後，便把學校交給他們負責。

「我知道你們會永遠將拿希里·瑪哈賽的瑜伽教育理想擺在首位，」我說，「我會經常給你們寫信，根據神的旨意，有一天我會回來的。」

當我對小男孩們和充滿歡樂的蘭契的土地投以最後的一瞥時，淚水在我的眼眶中打轉。我知道，我生命中的某個時代已經結束了，今後我將居住在遙遠的地方。幾個小時以後，我就搭乘火車前往加爾各答。隔天我接到邀請函，要求我代表印度出席在美國舉行的國際自由宗教大會。那年的大會在波士頓召開，由美國「一神論協會」贊助。

我的頭腦一片混亂，就到塞蘭坡去找聖尤地斯瓦爾。

「可敬的上師，我剛被邀請到美國的一個宗教會議上發表演說。我一定要去嗎？」

「所有的門都為你而開，」上師簡單地答道，「莫失良機。」

「但，上師，」我沮喪地說道，「我對演講一無所知，我很少演講，更沒有用英語講過。」

「不管用不用英語，西方人都會聽到你對瑜伽的宣揚。」

我笑了起來。「好吧，親愛的上師，美國人不懂孟加拉語！請祝福我把英語的障礙推到一邊，傳揚克利亞瑜伽。」

當我向父親說出這項計畫時，他感到很震驚。對他來說，美國簡直是難以想像的遙遠，他擔心再也看不到我了。

1 那些出現在我禪定中的臉孔，有許多我後來在西方見到並立即辨認出來。

2 普雷馬南達師父現在是華盛頓特區全信仰自悟堂的住持，在我離開蘭契學校到美國時，他是蘭契學校的學生之一。

一九二〇出席在波士頓舉行的國際自由宗教大會的代表，我在那裡發表了我在美國的首次演講。

「你怎麼去？」他嚴肅地問道，「誰資助你？」因為之前他擔負起了我所有的教育費用和生活費。無疑，他希望這個問題會讓我打消前往美國的計畫。

「神一定會資助我的。」當我這樣回答時，想起了很久以前，在阿格拉對哥哥阿南達也有過類似的回答。沒有過多的拐彎抹角，我補充說，「爸爸，也許神已經把這件事交給您，讓您來幫助我。」

「不，絕不！」他同情地看著我。

因此，當第二天父親把一張巨額支票交給我時，我嚇了一跳。

「我給你這筆錢，」他說，「不是因為我是你的父親，而是因為我是拿希里．瑪哈賽忠誠的弟子。到遙遠的西方的土地上去吧，你要在那裡傳揚沒有宗派區分的克利亞瑜伽的精神。」

父親這種能夠迅速地將一己之私拋在一邊的無私精神，無疑地讓我深受感動。昨天晚上，他深刻地了解到我到西方去，並非出於一般人對國外旅行的渴望，而是有特別的任務。

「此生也許我們再也無法碰面了。」已經六十七歲的父親傷心地說道。

可我的直覺促使我回答道，「神一定會讓我們有機會再次相聚。」

當我著手準備離開上師及家鄉，前往未知的美國時，我一點也不覺得驚慌。我聽過很多有關西方物質文明的故事，與印度許多世紀以來彌漫著的聖人氣氛的精神背景迥然不同。「一個敢面對西方氛圍的東方導師，」我想，「必定是強壯到可以承受超過喜瑪拉雅山任何寒冷的試煉！」

有一天，一大清早我就開始禱告，下定決心要堅持到能聽見神的聲音為止，為此，即使在禱告中死去亦在所不惜。我需要祂的祝福來保證自己不會迷失在西方現代功利主義的迷霧中。我心裡已經準備好要到美國去，但更堅定的決心，是要聽到來自神的應允的安慰。

我抑制著哭泣，禱告了又禱告，卻沒有得到回應。我無聲的請求逐漸難以忍受地加強著，直到過了中午，我的頭腦已經無法再忍受這樣痛苦的壓力了。我覺得如果我再次以更深入內在的熱情把這種壓力叫喊出來，我的頭就會分裂開來。就在那時，古柏路房間的前廳外，傳來了敲門聲。我打開門，看到一個穿著出家人簡樸衣服的年輕人。他走進來關上門後，婉拒了我請他坐下的要求，示意他希望站著跟我說話。

「他一定是巴巴吉！」我迷惑地想，因為我面前的這個人有著年輕的拿希里．瑪哈賽的相貌。他回答了我的想法。「是的，我是巴巴吉。」他說著悅耳的印度話，「我們的天父聽到了你的祈禱。祂派我來告訴你：遵照你上師的指示到美國去。不要害怕，你會受到保護的。」

「你就是我選擇到西方去傳播克利亞瑜伽的人。很久以前，我在大壺節法會上遇到你的上師尤地斯瓦爾，那時我告訴他，我會送你到他那裡去接受訓練。」

我激動得說不出話來，對他的出現充滿著虔誠的敬畏。從他的口中親耳聽到他引領我到聖尤地斯瓦爾處，讓我深受感動。我拜伏在這位不死的上師面前。他仁慈地把我從地上扶起來，並告訴我許多有關生命的事情，接著，他給了我一些個人指示，並說了一些祕密的預言。

「克利亞瑜伽，了悟神的科學法門，」他最後莊重地說道，「最後一定會傳遍天下，提升人類對

『無限天父』超自然的感知，促進國家、民族的和諧。」

上師最後滿含宇宙意識的一瞥震撼了我。過了一會兒，他向門口走去。

「不要試圖跟隨我，」他說，「你做不到的。」

「巴巴吉，請不要離開！」我再三叫喊道，「請帶我離開！」

他回頭答道，「不是現在，而是以後。」

我被情感壓倒了，不去理會他的警告。當我試圖去追隨他的時候，發現我的腳被牢牢固定在地上。巴巴吉在門口的地方慈祥地看了我一眼，舉起手作為祝福，然後就離開了。我充滿渴望地凝視著他離去的地方。

幾分鐘後，我的腳能動了，我坐下來進入更深入地打坐，並不斷地感謝神，因為祂不但回應我的禱告，還賜福我與巴巴吉會面。在與這位亙古長青的上師接觸之後，我的全身好像都被淨化了，因為我一直熱切地渴望能夠親眼看到他。

但是，直到現在，我都沒有跟任何人說過這個我與巴巴吉會面的故事。我把它珍藏在心裡，認為那是我最神聖的人生體驗。但如果我說出自己曾親眼看到他，我想這本自傳的讀者們也許會更加相信這位隱士及其關心世界的真實性。我請一位畫家描繪出了這位近代印度瑜伽行者的真實畫像，附在書中（見33章）。

去美國前夕，我來到聖尤地斯瓦爾的面前。

「忘掉你生來是個印度人，也不要變成一個美國人，要汲取兩者的優點。」上師平靜地說道，「做真正的你自己，神的兒子。尋找並融合世界各地不同種族的優點，並將其融入你的本體。」

接著他祝福我：「所有那些滿懷信心前來尋找神的人，將會得到你的幫助。當你看著他們時，從你眼中發出的靈性波動，會進入他們的大腦，改變他們物化的習性，使他們能更好地感知到神。」

他繼續說道，「你很有福氣，能吸引到許多真誠善良的靈魂。無論你到何處，哪怕在荒野中，你也能找到朋友。」

他的兩樣祝福最後都被充分地證實了。我獨自一人來到美國，一個朋友都沒有，但在這裡我發現成千上萬的人已經準備好接受歷經時間考驗的靈性指導。

一九二〇年八月，我搭乘斯巴達號離開了印度。那是第一次世界大戰結束後，第一艘從印度開往美國的客輪。在兩個月的航程中，有一位同船的乘客發現我是印度出席波士頓宗教大會的代表。

「尤迦南達師父，」他說道，這是我第一次聽到美國人提到我的名字時的有趣發音，「下星期四晚上，請給船上的乘客做一場演講。請您談談生命中的戰役與如何戰鬥，我想大家一定會從中受益的。」

天啊！我開始拚命努力將我的想法組織成英文的演講稿，但最後還是放棄了。我的思緒像一匹脫韁的野馬，拒絕與英文文法有任何的合作。但是，我完全信任上師曾經對我的保證，所以，星期四我還是準時出現在客輪的交誼大廳內。我站在群眾面前說不出話來，觀眾忍耐了十分鐘，了解到我的尷尬處境後，開始笑了起來。

當時的情況對我來說，一點也不好笑，我憤怒地向上師無聲地禱告著。

「你辦得到！只要開口說話！」他的聲音馬上在我的頭腦中響起。

我的思想在這一瞬間連結上了英文，足足講了四十五分鐘之後，觀眾依然在凝神傾聽。這次演講的成功，也為我贏得了日後在美國面對不同團體的演講機會。

演講結束後，我無法記起我剛才講的任何一個字。一些乘客評論道：「你用正確的英語給我們帶來了一場鼓舞人心的演講。」我謙卑地感謝我的上師的即時幫忙，更深切了解到他真的超越了所有時空的障礙，永遠與我同在。

在那次越洋航行中，有一些時候，我還是會擔心自己無法承擔在即將到來的波士頓大會上的英語演講。

「上主，」我禱告著，「請將我的靈感當成是祢自己的，不要讓我在聽眾面前出糗！」

九月底，斯巴達號在波士頓碼頭靠港。十月六日，我在美國發表了首次演說。聽眾反應良好，我鬆了一口氣。一神論協會寬宏大量的祕書處，在後來出版的大會記錄中寫了如下評論：

「尤迦南達師父，來自印度蘭契的僧人向大家致意。他以流利的英語有力地傳達了一場關於『宗教的科學』的講演。他的演講現已被印成小冊子廣為流傳。他主張，宗教是普遍性而且是一統的。我們不可能將特定的風俗習慣普遍化，可是宗教上共同的本質卻是可以普世化的，我們都在問一個同樣

在一場於美國華盛頓特區舉行的瑜伽授課，我站在講臺上，臺下有一千名的學生。

的問題，並且跟隨、遵守這問題的答案。」

憑藉父親慷慨的支票，我在大會結束後還能留在美國。四年快樂的時光就在波士頓單純的環境中度過了。我經常公開演講、授課並寫了一本名為《靈魂之歌》的詩集，紐約市立學院院長魯賓遜博士撰寫了序文[3]。

一九二四年夏天，我開始在美國各主要城市進行巡迴演講，西部的旅程最後在美麗的阿拉斯加畫下句點。在一些學生的慷慨資助下，一九二五年底前，我在洛杉磯的華盛頓山成立了美國總部。這棟建築是我幾年前在喀什米爾的異象中看過的。建築落成後，我趕快將這些遠在美國的活動照片寄給聖尤地斯瓦爾。他以孟加拉文給我回了一張明信片，我現將文字翻譯如下：

我心愛的孩子尤迦南達啊！

看到你的學校和學生的相片，我內心的喜悅真是筆墨難以形容。看到那些從不同城市前來學習瑜伽的學生，我非常的感動而且高興。你帶領他們頌唱經文、啓動靈能療癒和從事神聖的禱告，我發自內心感謝你的付出。看著蜿蜒的山路直通至大門，站在山頂眺望，山下的美麗景象盡收眼底，我眞希望自己能夠親眼目睹這一切。

---

3 魯賓遜博士夫婦於一九三九年拜訪印度，是蘭契學校的貴賓。

這裡的每樣事情也都進行得很順利。感謝神的恩典，祝你永遠在喜悅中。

聖尤地斯瓦爾·吉利
一九二六年八月十一日

幾年的時間很快就過去了。我在這塊新土地上，到過許多地方授課，在俱樂部、大學、教會以及各種教派團體中演講，已經有好幾萬的美國人接受我的瑜伽傳法。我在一九二九年出版的關於祈禱思想的新書——《從永恆來的耳語》，完全是獻給他們的，並有加利庫爾奇[4]所寫的序文。在此，我摘錄書上一首名為〈神啊！神啊！神啊！〉的詩，那是有一天晚上我站在講臺上寫的：

從睡眠的深淵中，
當我登上覺醒的螺旋梯時，
我低語著：
神啊！神啊！神啊！
祢就是食糧，當我禁食
夜晚與祢隔絕時，

我嘗到祢，精神上說著：
神啊！神啊！神啊！
不論我到何處，我心中的聚光燈
永遠保持在祢身上；
在對抗喧囂的活動中
我無聲永遠地吶喊著：神啊！神啊！神啊！
當猛烈考驗的風暴尖叫著，
當憂慮對我狂吼著，
我壓過他們的吵鬧，大聲唱頌著：
神啊！神啊！神啊！
當我的心裡以回憶的絲線
編織著夢想，
接著在那神奇的衣服上我發現的浮雕是：

4 加利庫爾奇夫人和她的鋼琴家先生荷馬．塞繆爾已經學習克里亞瑜伽二十年了。這位多年來在主流音樂上占有一席之地的女士，最近出版了一本激勵人心的書《加利庫爾奇歌唱生涯》。

神啊！神啊！神啊！
每晚，睡眠最深沉的時刻裡，
寧靜的夢裡，呼喊，喜悅！喜悅！喜悅！
我的喜悅來臨時，永遠唱著：
神啊！神啊！神啊！
在清醒、吃東西、工作、夢想、睡覺、
服侍、打坐、唱頌、深愛神時，
我的靈魂不斷地哼著，任何人聽不見的：
神啊！神啊！神啊！

有時候——通常是每個月的第一天——當為維持華盛頓山總部及其他自悟會運作的帳單大量堆到我面前時，我就思念起在印度單純、平靜的生活；可是當我看到東西方的相互了解逐漸加深時，我的心裡又充滿了歡喜。

我發現，美國偉大的精神就隱藏在艾瑪．拉撒路刻在自由女神像底座美妙的詩行裡——〈流亡的母親〉：

她手持著明亮的燈塔
閃爍著歡迎全世界的光輝，
她溫柔的眼神
注視著懷抱兩個城市的海港。
「古老的土地喲，留著你們昔日的輝煌！」
她緊閉著雙唇，默默地呼喚。
「給我吧，你們那些勞累貧賤的窮人，
那渴往自由呼吸的難民，
那擁擠於彼岸的芸芸眾生。
送過來吧，那些顛沛流離，飽經風雨的人們，
在金色的大門旁，我高擎起手中的明燈！」

38 玫瑰花聖人——路德・貝本

「除了科學知識外，唯一能促進植物生長的祕訣就是愛。」當我在路德・貝本位於聖塔羅莎的花園裡，和他一起漫步時，他說出了這句名言。我們在一畦可食用的仙人掌苗圃邊停下了腳步。

「當我在進行『無刺仙人掌』的培育實驗時，」他繼續說道，「我常透過與植物說話，來營造一種愛的振動力。『沒有什麼好害怕的，』我告訴它們，『你們不需要自衛的針刺了，我會保護你們的。』長期下來，這種在沙漠裡極為有用的植物，就緩慢地成長為沒有刺的品種。」

我對這個奇蹟很是著迷，就對他說：「親愛的路德，請給我一些仙人掌的葉子，我想在華盛頓山丘的花園裡種一些。」

一個站在近旁的工人正準備摘下一些葉子，貝本阻止了他。

「讓我來。」他親手採下了三片葉子交給我，在我種下之後，它們很快繁殖了好大一片。

這位偉大的園藝家告訴我，他的第一個成就是現在以他個人的名字命名的巨大馬鈴薯。後來，他又堅持不懈地以非凡的創造才能，繼續奉獻給世界數以百計經過自然改良的雜交新品種——貝本蕃茄、玉米、番瓜、櫻桃、梅子、油桃、草莓、罌粟、百合與玫瑰等等。

當路德帶我到那棵證明自然可以加速進化而出名的胡桃樹前時，我照了張相片。

我與親愛的朋友路德・貝本在他的聖塔羅莎花園裡合照。

路德・貝本的親筆簽名照。

「才十六年的時間，」他說道，「這株胡桃樹就可以產出大量的堅果，若是在一般情況下，這需要兩倍的時間才能得到。」

這時，貝本領養的小女兒跟她的小狗蹦蹦跳跳地跑進花園。

「她就像是我人類的植物。」路德慈愛地向她揮著手，「我現在把人類看成是一株巨大的植物，要讓她到達最高的成就，就需要愛、自然的祝福和明智地選擇與配種。我觀察到的植物的進化過程是如此的奇妙，只要孩子們被教以簡單理性的生活原則，我就可以樂觀地期盼著收穫一個健康快樂的世界。因此，我們必須回歸到自然以及自然的神。」

「路德，你會喜歡我蘭契學校的戶外教室，以及簡單、愉快的學習氣氛。」

我的這句話撥動了貝本的心弦深處——兒童教育。他開始不斷地問我問題，深邃平靜的眼睛裡閃爍著興味盎然的光輝。

「師父，」他最後說道，「像你們那種學校才是未來千禧年的希望。我反對現在這種隔絕自然並扼殺所有個性的教育體系。我在心靈上完全同意你的教育理念想。」

當我向這位溫和的聖人告辭時，他在一本小書上簽了名並贈送給我。[1]

「這本《人類植物訓練》的書，」他說道，「新形態的教育法——不要怕實驗，這是有必要的。有時候，最大膽的實驗可以產出最好的果實與花朵。兒童教育上的革新，同樣也應該變得更多樣化、更有勇氣。」

當晚，我津津有味地看完了這本小書。在對人類輝煌的未來進行展望時，他寫道：「在這個世界上，最頑固最難改造的生物，是一株已經在某些習慣上定形的植物……記著，這種植物自長遠以來，已經保留了它的個性。它就像那種可以追溯至萬古以前的岩石，在長遠的時間中，從來不曾有過任何巨大的改變。在經過千百億萬年不斷重複演化後，你認為這株植物不會擁有頑強的意志嗎？事實上，有些植物，比如棕櫚樹，是如此地固執，以致於人類至今尚未能改變它們的習性。和植物的意志相比，人類的意志力無疑是薄弱的。但你看，植物長久以來固執的意志，現在只要透過重新配種就能打破了。通過配種，可以對植物的生命造成徹底強力的改變。之後，當這個改變產生後，再通過耐心的照顧和選擇，將它固定住，這樣，這株新的品種就會開始它新的生長方式，再也不會回到過去的生命型態。當一件事變得像小孩子般敏感柔順時，問題就容易解決得多了。」

我被這位偉大的美國人吸引住了，多次去拜訪他。有一天早上，我跟郵差同時到達，他送來了大約一千封來自世界各地園藝家的信。

「可敬的師父，你來的正好，讓我有藉口到花園去走走。」路德興高采烈地說著，然後打開了書

---

1 路德·貝本也給我一張親筆簽名的照片，我很珍惜它，就像一個印度商人曾經珍視過林肯的照片一樣。那位印度人在美國內戰的時候，是如此地欽佩林肯，除非得到一張這位偉大解放者的畫像，否則他不會回去印度。他堅決地守在林肯的門口不肯離開，直到這位驚訝的總統答應他讓紐約著名的藝術家丹尼爾·亨丁頓為其畫像。當肖像畫好了之後，這個印度人凱旋式地帶回加爾各答。

桌的一個大抽屜，裡面有數百份旅遊資料夾。

「看！」他說，「這就是我的旅遊方式。為了照顧這些植物和回覆這些信件，我哪裡都去不了，只能偶爾看看這些照片來滿足我對異國土地的渴望。」

我的車停在路德家的大門口，之後，我們沿著小鎮的道路，一邊開車一邊欣賞沿路花園裡的景色。這些花園裡栽滿各式路德培育出來的玫瑰品種，像聖誕玫瑰、紫紅玫瑰和貝本玫瑰。

「我的朋友亨利．福特和我都相信古代宗教輪迴的理論，」路德告訴我，「它說明了生命中無法解釋的一面。記憶之所以不被作為事實的檢測標準，只因為人類無法記起他的前世，可是這並不能證明他未曾有過。人對胎兒和嬰兒時期的記憶也是空白的，但他顯然經歷過了這些時期！」他輕聲地笑著。

這位偉大的園藝科學家在我之前的一次拜訪中，已經接受了克利亞瑜伽的傳法。「可敬的師父，我虔誠地修習這個法門。」他說道。在問了許多有關瑜伽方面的問題後，路德緩慢地說道：

「東方實際上擁有無限的知識，許多都是西方幾乎還沒有開始探索的。」

在貝本長期與自然親密的交流下，大自然向他顯露了許多祕密，讓他心靈上對自然界產生無限的崇敬。

「有時，我覺得非常接近那個無限的力量，」他靦腆地表達著，敏感的臉龐上閃現著回憶的光采，「那時，我就可以治癒我周遭生病的人和許多有病的植物。」

他跟我講了他的母親，一個虔誠的基督徒的故事。「她死了之後，有許多次，」路德說道，「她出現在我的異象，並與我說話。」

我們依依不捨地把車開回到他家和那上千封等著回覆的信件。

「路德，」我說道，「下個月我要創立一本新雜誌，介紹東方與西方在真理方面的貢獻，請幫我為這本雜誌取個好名字吧。」

我們討論了一會兒之後，決定用《東方與西方》。再進入他的書房後，貝本給了我一篇他談「科學與文明」的文章。

「這篇文章會發表在第一期的《東方與西方》雜誌上。」我感激地說著。

當我們的友誼逐漸加深後，我稱貝本為我的「美國聖人」。他內心的謙卑、耐性和犧牲精神是深不可測的。他被玫瑰叢包圍的小屋非常簡樸，因為他知道奢華是無用的，很少的財物卻能帶給他快樂。他在科學界的名聲響亮，為人卻很謙虛，這再三提醒我，結滿成熟果實的枝條才會低垂，而光禿禿的枝條總是把頭抬得高高的。

一九二六年，當這位我親愛的朋友過世時，在紐約的我流著眼淚想：「噢！為了再看他一眼，我會樂意從這裡一路走到聖塔羅莎！」在隨後的二十四小時，我閉關不接見祕書和訪客，把自己隔絕了起來。

次日，在路德的一張大照片前，我為他舉行了一場吠陀的紀念儀式。一群美國學生穿著印度衣

LUTHER BURBANK

SANTA ROSA, CALIFORNIA

U. S. A.

December 22, 1924

I have examined the Yogoda system of Swami Yogananda and in my opinion it is ideal for training and harmonizing man's physical, mental, and spiritual natures. Swami's aim is to establish "How-to-Live" schools throughout the world, wherein education will not confine itself to intellectual development alone, but also training of the body, will, and feelings.

Through the Yogoda system of physical, mental, and spiritual unfoldment by simple and scientific methods of concentration and meditation, most of the complex problems of life may be solved, and peace and good-will come upon earth. The Swami's idea of right education is plain commonsense, free from all mysticism and non-practicality; otherwise it would not have my approval.

I am glad to have this opportunity of heartily joining with the Swami in his appeal for international schools on the art of living which, if established, will come as near to bringing the millennium as anything with which I am acquainted.

我研究了尤迦南達師父的尤高達瑜伽系統，在我看來，它是訓練和協調人的身體、心理和精神本性的理想選擇。師父的目標是在世界各地建立指導「如何生活」的學校，其中教育不僅限於智力發展，還包括身體、意志和情感的訓練。

藉由簡單而科學的專注和冥想技巧，透過身心靈展開的尤高達系統，或許可以解決大多數複雜的生活問題，讓和平與善意降臨地球。師父的教育理念其實是很簡單的常識，不是神秘主義或不切實際，否則他也不會得到我的認同。

我很高興有機會誠摯地加入師父，一起呼籲成立以生活藝術為主的國際學校，如果能夠設立，將會把我所熟知的生活藝術帶進千禧年。

路德・貝本

美國加州聖塔羅莎

一九二四年十二月二十二日

服，唱頌著古代的聖歌，以花、水和火作為供奉，象徵著各種身體的元素已回歸到自然的源頭。

雖然貝本的形體躺在幾年前他親手在聖塔羅莎花園中種下的一棵柏樹下面，但他的靈魂卻被我珍藏在路邊每一朵盛開的花裡。

他的名字現在逐漸變成了日常生活用語。新韋氏國際辭典將「貝本」歸類為及物動詞，定義是：「（植物的）異種交配或嫁接。比喻通過選擇或加入好的或排斥壞的品質來改進事物（任何事物的過程或設立）。」

「親愛的貝本，」我讀完這個字的定義後哭道，「你的名字現在已成為『美德』的同義詞了！」

39 德雷絲的聖痕

「回到印度吧！我耐心地等你十五年了，我很快就要離開肉身到光亮的地方去了。尤迦南達，回來吧！」

當我在華盛頓山丘的總部打坐時，聖尤地斯瓦爾的聲音驚人地在我內心響起。剎那間，他的訊息越過了一萬英里，閃電般地穿透了我。

十五年了！是的，我知道，現在是一九三五年，我在美國傳揚我上師的教理已經十五年的時間了。現在，他正召喚我回去。

那天下午，我將這個體驗告訴一位來訪的弟子。在克利亞瑜伽的培育下，他的靈性已經卓越到我經常稱他為「聖人」。這也證實了巴巴吉的預言：在古代瑜伽的薰陶下，美國也會出現了悟神的男男女女。

他和其他一些弟子慷慨地堅持要捐贈我回去的旅費。費用問題於是就這樣解決了，我從歐洲回到了印度。一九三五年三月，自悟會根據加州的法律立案成為一家非營利性組織。所有公眾的捐獻，包括販售我的著作、雜誌、講義還有學費和其他所有收入，都由這個機構全權處理。

「我會回來的，」我告訴學生們，「我永遠不會忘記美國。」

我那些親愛的朋友們在洛杉磯為我餞行。我一直看著他們的臉，感激地想著：「神啊，那些記得祢是『唯一的給予者』的人，在人群中，永遠不會缺乏友誼帶來的甜美歡樂。」

一九三五年六月九日[1]，我乘歐羅巴號從紐約啟程。有兩個學生陪伴著我：我的祕書查理．萊特先生和一位來自辛辛那提的年長女士艾提．普里慈小姐。與過去忙碌的幾週相比，我們此刻正享受著海上令人愉快平靜的日子。可惜，我們的悠閒時光是短暫的，現代輪船的速度在某種意義上，也是讓人遺憾的東西！

和其他好奇的觀光團體一樣，我們在倫敦這座龐大、古老的城市到處遊覽。次日，法蘭西斯．楊豪斯本爵士邀請我在卡克斯頓廳堂的一個大型會議上演講，要把我介紹給倫敦的民眾。我們一行人也接受哈利．勞德爵士的邀請，在他蘇格蘭的莊園裡度過了愉快的一天。很快，我們就渡過英吉利海峽到達歐洲大陸，我想要到巴伐利亞做一次特別的朝聖。因為我覺得這將是我拜訪柯能路斯[2]偉大的天主教神祕主義者德雷絲．紐曼的唯一機會。

幾年前我看到過有關德雷絲的報導，那篇文章所提供的資料如下：

---

1 我之所以能夠記得日期，是由於我的祕書萊特先生天天記下旅遊日記。

2 柯能路斯是德國巴代利亞州的一個市鎮。

一、德雷絲生於一八九八年，二十歲時由於一場意外，成爲瞎子並且癱瘓。

二、透過向「基督的小花」聖女小德蘭的禱告，一九二三年，德雷絲奇蹟般地恢復了視力，四肢也瞬間痊癒了。

三、一九二三年之後，德雷絲每天除了吃一小片聖餅外，棄絕任何食物和飲料。

四、一九二六年，基督神聖的傷疤出現在德雷絲的頭、胸、手和腳部。之後的每個星期五，她的肉體都要經歷同耶穌在十字架上所承受的苦難。

五、德雷絲平常只會說母語德語，但在星期五進入出神狀態時，她所說的話，被學者認定爲古代的阿拉姆語，有時還會說希伯來語或希臘語。

六、在教會的許可下，德雷絲受過幾次嚴謹的科學觀察。德國《新教徒日報》的編輯傅里茲·德里克博士本來打算到柯能路斯去「揭發天主教的騙局」，結果卻寫了一篇向她致敬的傳記[3]。

像往常一樣，不管是在東方還是西方，我都渴望能夠會見聖人。當我們一行人在七月十六日進入古樸雅致的柯能路斯村莊時，我高興極了。巴伐利亞的農人對我的福特車子（我們從美國帶來的），也顯露出了強烈的興趣。

德雷絲的小屋整齊乾淨，簡樸的井旁盛開著天竺葵，門卻靜靜地關著。開始下雨了，我的夥伴們提議離去。

「不！」我頑固地說道，「我要待在這裡，直到獲得可以找到德雷絲的線索。」

在沉悶的雨裡等待了兩個小時之後，我們依舊坐在車中。「神，」我歎息著抱怨說，「如果她已經消失的話，為什麼祢會帶我來此？」

一位會講英語的人停在我們旁邊，很有禮貌地向我們提供幫助。

「我不確知德雷絲在哪裡，」他說，「但她經常拜訪艾斯特神學院院長伍爾茲教授，離這兒還有八十英里。」

第二天早晨，我們一行人就開車前往寧靜的艾斯特村，狹窄的路面上鋪著鵝卵石。伍爾茲博士在家裡熱情地接待了我們：「是的，德雷絲在這裡。」他派人告訴她有訪客，報信的人很快回來並轉達她的訊息：「雖然主教要求我，沒有他的允許不可接見任何人，不過我想見見來自印度的聖人。」

我被這些話深深地感動了，並跟隨伍爾茲博士到了樓上的客廳。德雷絲馬上進來，渾身散發著一股和平喜悅的氣息。她穿著黑色長袍和潔白的頭巾。雖然這時她已三十七歲了，但看起來比實際年齡年輕多了，她身上擁有著可以說是孩子般的清新與魅力。健康、苗條，兩頰紅潤而且興高采烈，這就是不吃飯的聖人！

---

3 其他關於她生平的書包括弗里德里希・里特・馮拉瑪寫的《德雷絲・紐曼：我們時代的聖痕者》和《德雷絲・紐曼深入紀事》。

德雷絲非常輕柔地與我握手歡迎我，我們無聲地微笑交流著，彼此知道對方是神的熱愛者。

伍爾茲博士仁慈地充當我們的口譯員。坐下來後，我注意到德雷絲用天真好奇的眼光看著我——顯然巴伐利亞很少有印度人。

「你不吃任何東西嗎？」我想從她的口中得到最確切的答案。

「是的，除了每天早上六點鐘的一片聖餅。」

「聖餅有多大？」

「像紙一般薄，一個小銅板大小。」她補充道，「我吃它是因為聖禮的緣故，如果它沒有被聖化過，我就無法嚥下去。」

「但是，在過去的十二年裡，妳不可能只靠它過活。」

「我靠神的光生存著。」她的回答是多麼的簡單、多麼的愛因斯坦式！

「我知道妳已經了解能量可以從乙太、太陽和空氣中流入妳的身體。」

她的臉上迅速閃過一抹微笑，「這說明你了解我是如何生存的。」

「妳神聖的生活，每天都見證著基督所說的真理：『人不是靠麵包而活，而是靠出自神口中的每一個字。』」4

她對我的解釋再一次表示出歡喜，「事實的確如此。我今天存在在這個世界的原因之一，就是要證明人可以靠神無形的光生活，而不是只靠食物。」

「妳可以教導其他人如何不靠食物生活下去嗎？」

她聽到後有些震驚。「我不能那樣做，神並不希望如此。」

當我的眼光落到她強壯優美的雙手上時，德雷絲給我看她手掌上新近才痊癒的傷口。在她每隻手的手背上，都有道才剛癒合、小小的新月形傷口，這些傷口都筆直地穿過了手掌。這個景象使我清晰地記起了東方現在還在使用的大的、方形、有著新月形尖端的鐵釘，但在西方我不曾見過。

聖女告訴我她每個星期出神的事情：「我就像一個無助的旁觀者，觀看著基督的整個受難過程。」每個禮拜，從星期四午夜到星期五下午一點，她的傷口就會裂開流血，平常一百二十一磅的體重會也會減輕十磅。雖然德雷絲在對耶穌的愛裡承受著極大的痛苦，但她仍舊欣喜地期待這每週一次能見到主的體驗。

伍爾茲教授敘述了一些他與這位聖人在一起時發生的故事。

---

4 馬太福音4：4。人的身體能量不僅僅靠粗糧（麵包），而是靠宇宙震動的能量（真理或是唵）。無形的力量通過延髓的大門流入人體，這第六個身體中心位在頸背上五個脊髓脈輪（Chakra，梵文「輪子」或輻射力量的中心）的頂部。延髓是供應身體宇宙生命力量（唵）主要的入口，直接聯繫著人類的意志力量，並集中在第七個或是所謂基督意識中心，即兩眉間的第三眼。宇宙能量隨後儲存在大腦中，作為無限潛力的蓄水池，在《吠陀經》中詩意地稱其為「千瓣光蓮」。聖經總是將「唵」稱為「聖靈」或無形的生命力，它神聖地支持所有萬物。哥林多前書6：19：「豈不知你們的身子就是聖靈的殿嗎？這聖靈是從神而來，住在你們裡頭的；並且你們不是自己的人。」

「我們幾個人，包括德雷絲在內，經常在德國境內進行為期數天的旅行，」他告訴我，「那是個強烈的對比：我們一天吃三餐，德雷絲卻什麼都不吃。但她卻能保持著玫瑰花般的氣色，絲毫不像我們受到舟車勞頓所引起的疲勞影響。當我們飢腸轆轆，忙著找尋飯店時，她卻笑得很開心。」

教授又補充了一些她生理上的有趣細節：「德雷絲不吃食物，所以她的胃萎縮了。她沒有排泄物，但她的汗腺依然運作著，所以她的皮膚總是柔軟又緊實的。」

離開的時候，我向德雷絲表達了希望能目睹她出神的願望。

「好的，請在下個星期五到柯能路斯來，」她親切地說著，「主教會批准的，我很高興你到艾斯特來看我。」

德雷絲又溫柔地跟我握了好幾次手，並且送我們到門口。萊特先生打開了車上的收音機，聖女面露淺笑地檢視了它一下。一大群小孩圍了過來，德雷絲退回屋內。我們看到她在窗邊，像孩子般地望著我們並揮著手。

次日，我們從跟德雷絲兩個非常親切友善的兄弟談話中得知，聖女晚上只睡一到兩個小時。儘管她身上有許多傷口，但她很活躍並充滿了精力。她喜愛小鳥，又養了一缸魚，所以經常在她的花園裡工作。另外，她要讀的信也很多，虔誠的天主教信徒寫信給她，祈求她的禱告和祝福。許多患重病的信徒透過她的祝禱，也恢復了健康。

她二十三歲的弟弟斐迪南解釋說，德雷絲通過禱告可以把別人身上的病痛，轉移到自己身上。聖

在德國巴伐利亞的柯能路斯，我與德雷絲的兩位兄弟。

德雷絲．紐曼。一九三五年我前往巴伐利亞的柯能路斯朝聖，她啓發了我。

女禁食的由來，可以追溯到她曾經為教區裡一位準備擔任聖職的年輕人的喉嚨疾病祈禱，病就轉移到她的喉嚨，從此她就不再進食。

星期四下午，我們一行人開車到了主教家，他看著我柔順的長髮有些驚訝，但還是立即開出了必要的許可證，沒有收取任何費用。教會訂下的許可證這個規矩，只是單純為了要保護德雷絲不受蜂擁而至的觀光客隨意打擾。因為在前幾年，每個星期五，這裡都會聚集數千名的觀光客。

星期五早上，我們大約是九點半到達了柯能路斯。我注意到，德雷絲小屋的屋頂有一部分是玻璃的，可以提供給她充足的光照。這次，我們很高興看到門不再是關著的，而是歡欣地敞開著。一邊，大約還有二十人帶著他們的許可證排成了一排，許多人都從很遠的地方來見證這不可思議的出神狀態。

德雷絲在教授家已通過了我的第一次的測試，她也知道我是為了靈性的原因而來，不是為了滿足好奇心才去見她。

我的第二個測試與事實有關：在我上樓到她房間之前，為了要與她的心靈感應及看到她所見到的異象，我讓自己進入到瑜伽的出神狀態。我走進她滿是訪客的房間，看到她穿著白袍躺在床上。萊特先生緊跟著我，我踏入門檻後就停了下來，眼前奇怪而又極為可怕的景象讓我大為吃驚。

德雷絲的下眼皮不斷地流著血，她的眼神往上集中在眉心處，她頭上包裹的布浸染在從棘刺王冠刺出的傷口所流出的血泊中，白色的衣服在她心臟上方的傷口處沾滿了鮮紅的血蹟，那正是很久以前，基督的身體所忍受的最後侮辱——士兵用矛刺入的地方。

我的祕書萊特先生、我、普里慈小姐在埃及。

德雷絲以母性的、懇求的姿勢伸張著手，臉上同時顯現著痛苦但神聖的表情。她看起來較為消瘦，許多內在和外表的小地方都出現細微的改變。她喃喃地講著異國的語言，微微顫動的嘴唇在跟出現在她內在異象中的人對話。

當我的心靈與她協調到一致時，我開始看到她所看到的異象。她看到耶穌在充滿嘲笑的人群中背負著十字架[5]。突然，她驚恐地抬起頭來，因為上主在殘忍的重壓下跌倒了。景象消失了。德雷絲的頭沉重地陷入了枕頭中。

就在這個時候，我聽到身後「砰」的一聲巨響。回過頭去，我看到兩個人正把一個昏倒在地上的人抬出去。因為我剛從深沉的出神狀態中回來，並沒有立即認出倒下的人。我的目光再度注視著德雷絲在汩汩的血流中變得有如死亡般慘白的臉。她現在是平靜的，正散發著神聖和純潔的光輝。我向後看了一下，看到萊特先生正用手摀著臉頰，他的臉流血了。

我焦急地問道，「剛才是你昏倒嗎？」

「是的，我被這恐怖的景象嚇暈了。」

「好吧，」我安慰地說道，「你敢再回來，說明你很勇敢。」

5 在我到達之前的幾個小時，德雷絲已經歷了許多基督生命最後日子的體驗。她的異象通常始於「最後的晚餐」之後的事件一直到耶穌死在十字架上才結束，偶爾會延長至耶穌的葬禮才結束。

想起外面還有那些排著長龍耐心等候的朝聖者，萊特先生和我默默地向德雷絲道別，離開了她神聖的居所[6]。

第二天，我們的小團體又開車南下了。我很欣慰我們不必依賴火車，可以在任何地方隨處停下我們旅行的腳步。我們途經德國、荷蘭、法國和瑞士阿爾卑斯山，享受著每一分鐘。在義大利，我們特別前往阿西西向謙卑的使徒聖法蘭西斯致敬。整個歐洲之旅在希臘結束，在那裡，我們參觀了雅典神廟以及讓高貴的蘇格拉底喝下致命毒藥的監獄[7]。希臘人到處以雪白的大理石雕像承載他們非凡想像力的藝術創作，令人激賞。

坐船穿越陽光普照的地中海，我們在巴勒斯坦上岸。天天漫遊在神聖的土地上，我更加相信朝聖的價值。基督精神彌漫整個巴勒斯坦，在伯利恆、客西馬尼園、各各他山、神聖的橄欖山[8]、約旦河和加利利海；我虔訪地走在祂的身旁。

我們一行人造訪了耶穌誕生的馬槽、約瑟夫的木匠鋪，拉撒路的墓地、抹大拉和瑪利亞住的房子，以及最後晚餐的大廳。古代的生活一幕又一幕地展開，我看到基督為了那個世代所演出的神聖戲劇。

到了埃及，我們看到了現代化的開羅和古老的金字塔，接著，又乘船離開了狹窄的紅海，穿過廣闊的阿拉伯海。瞧，印度到了。

6 根據一九四五年美國新聞從來自德國的報導指出，德雷絲逃過納粹的迫害，仍住在柯能路斯。

7 在優西比烏中有一段文章描述蘇格拉底與一位印度聖人有趣的相遇。文中寫到：「音樂家亞里士多塞諾斯說了有關印度人的故事如下：這些人當中的一位在雅典碰到蘇格拉底，問他有關他哲學探討的範圍。『探索人類的現象。』蘇格拉底答道。印度人對此爆笑起來，『當一個人對神的那一面一無所知時，他如何能夠探索人類的現象？』」文中所提到的亞里士多塞諾斯是亞里斯多德的學生，也是一個著名的和聲學家。他是西元前四世紀的人。

8 客西馬尼園是耶路撒冷的一個果園，根據《新約聖經》，耶穌被釘死在十字架上的前夜，和他的門徒在最後的晚餐之後前往此處禱告。

各各他山是羅馬統治以色列時期，耶路撒冷城郊的一座山。據《聖經》記載，耶穌基督曾被釘在各各他山上的十字架上。

橄欖山是耶路撒冷老城東部的一座山，得名於滿山的橄欖樹。山腳有客西馬尼園和萬國教堂——據說耶穌經常和門徒在此聚會，耶穌最後也在此被羅馬人抓捕，是老城外最著名的教堂之一。

40 回到印度

我很慶幸能再呼吸著印度神聖的空氣。一九三五年八月二十二日，我們乘坐的船「拉吉普坦拿」號停泊在孟買的港口。我離船上岸的第一天，就預示著未來的一年內會非常的忙碌。朋友們帶著花環群集在碼頭歡迎我們，在我們下塌的泰姬瑪哈旅館房間內，很快就聚集了成群的記者和攝影師。

孟買對我來說是有些陌生的，我發現它充滿了活力，有許多來自西方的現代化革新。這裡有高大棕櫚樹織就的林蔭大道，宏偉的市政建築與古代廟宇競相輝映。然而我急切地渴望去見我心愛的上師和其他親愛的人，沒有時間和心情去觀光遊覽。將福特車交由火車托運後，我們一行人就坐上火車趕往加爾各答[1]。

到達豪拉車站時，我們看到一大群人聚集起來歡迎我們，陣容龐大，以至於拖了好長時間我們都無法從火車上下來。年輕的卡辛巴剎爾大君和弟弟畢修領隊歡迎，我沒想到會有這麼盛大、熱烈的歡迎場面。

在汽車、摩托車隊的前導下，街道兩旁交織著歡樂的鼓聲和海螺聲。普里慈小姐、萊特先生和我從頭到腳都掛滿了花環，車緩緩地駛向父親的家。

上了年紀的父親把我當成死而復生的兒子似的抱在懷裡，我們歡欣地看著對方良久無語。兄弟姊妹、伯父、伯母、堂兄弟、學生和多年前的老友都圍繞在我身旁，每個人的眼眶裡都是濕的。雖然這一切現在已經塵封在我的記憶裡，但這歡樂的重聚景象，會在我心裡永存，難以磨滅。

至於與聖尤地斯瓦爾的重逢，我更是無法用言語來形容，就透過我祕書的描述來跟各位分享吧。

「今天，我滿懷期待，從加爾各答開車送可敬的尤迦南達到塞蘭坡去，」萊特先生在旅行日記上寫道，「我們經過古樸的商店，還有一間尤迦南達在大學時代最喜歡光顧的食堂，最後開進了一條兩側矗立著高牆窄巷。突然，一個左轉，在我們面前出現了一幢簡樸卻有著動人力量的兩層樓修道院，它的二樓有著西班牙式突出的陽臺，給人一種寧靜隱密的感覺。

「我謙卑地走在可敬的尤迦南達後面，進入圍牆後的修道院庭院裡，心跳加速地踩在那些陳舊的、可能被無數眞理追尋者踩過的水泥階梯上。大步前行時，我的內心愈來愈緊張，靠近樓梯口，偉大的聖尤地斯瓦爾在我們面前安靜地出現了，他以一個聖人般的高貴姿態站著。

「尤迦南達跪下磕頭，獻上他發自靈魂的感恩和敬意，又用他的手碰觸上師的腳，當他接著用頭謙卑地敬禮時，淚水模糊了我的視線。尤迦南達起身後，他被可敬的聖尤地斯瓦爾緊緊地擁抱著。

「起初他們並沒有說任何話，但強烈的情感卻在無聲的靈魂中交流著。他們彼此的眼神中閃爍著

1 我們在橫越大陸的旅程中，在中央省短暫停留，前往瓦爾達探訪聖雄甘地，這在第44章有描述。

靈魂重逢所激起的熱情！靜謐的陽臺沉浸在溫柔的氛圍中，連太陽都穿過了雲層，散發出榮耀的光芒。

「我在上師面前跪著，表達我未說出口的愛意和感恩，觸摸他因歲月風霜而結滿老繭的腳，接受他的祝福。隨後我站起來，看到了一雙美麗深沉，燃著內省和快樂光芒的眼睛。我們進到了客廳，客廳的四面都有陽臺，從街上就可以看到。上師倚靠著一張舊沙發，坐在鋪了一張墊子的水泥地板上。可敬的尤迦南達和我斜靠著橘色的靠枕，輕鬆地坐在上師腳邊的草蓆上。

「雖然人稱至上上師的聖尤地斯瓦爾會說英文，但他與尤迦南達兩人都用孟加拉語交談。從他眞誠溫暖的微笑及閃亮的眼神中，我感受到了這位聖人的不凡。在他認眞而愉悅的談話中，很容易看出一種特質，那就是他都是用肯定的語氣表達，這是智者的標誌——知道自己所知爲何，因爲他了解神。他所擁有的大智慧、達成目標的力量和果敢，在各方面都表現得很明顯。

「我注意到，他有著運動員般高大的身材，出家的試煉和犧牲使他變得更加強壯。他的儀態威嚴，寬大的額頭——彷彿天國大門——主導面容的特徵。他有一個相當大但不是很好看的鼻子，無聊的時候，他會像小孩般用手揉搓它自娛。那雙炯炯有神的深邃眼眸，泛著一圈藍色光暈。他的頭髮中分，從髮根開始，由銀白色轉爲條紋相間的銀黃色或銀黑色，髮尾捲曲貼在肩膀上。兩鬢和鬍鬚都很稀疏，卻讓五官更加突出，就像他的性格，同時具有深沉與明亮的特質。

「他那發自丹田、愉快而歡樂的笑聲鼓動全身，令旁人都能感受到他的開朗與眞誠。他的身材、容貌、肌肉以及發達的手指都顯示出堅實的力量，並以莊嚴的步伐、挺直的身軀行動著。

「他穿著簡單款式的襯衫和腰布，原本是深赭色，但現在都已褪成橘色了。

「環顧四周，我發現房間相當破舊，顯示著主人毫不貪戀物質的享受。長方形的房間看起來歷經風霜，白色的牆壁上露出斑駁的藍色灰泥條紋。房間的盡頭掛了一幅拿希里．瑪哈賽的照片，被花圈環繞著；還有一張舊照片，上面是可敬的尤迦南達首次抵達波士頓時，與其他參加宗教大會的代表的合照。

「我注意到，傳統與現代在這裡奇特有趣地共存著。一盞巨大、由數個燭臺組成的玻璃吊燈由於廢棄不用，已經布滿了蜘蛛網，牆上卻掛著一本色彩鮮艷的新式月曆，整個房間散發出和平寧靜的氣氛。越過陽臺，我可以看到高聳的椰子樹正在無聲地護衛著整個修道院。

「上師只要拍手，談話結束之前就會有一些小弟子前來，這個很有意思。其中一個名叫普羅富拉[2]的瘦小少年特別吸引我，他有著及肩的黑色長髮、一雙閃亮清澈的眼睛及天使般的笑容。當他咧開嘴時，閃爍的眼睛就好像是黃昏過後天邊掛起的一輪新月和星星。

「可敬的聖尤地斯瓦爾對他的『產品』回來，顯然非常喜悅，並且看起來對我這個『新產品』也有些好奇。不過，聖人占優勢的本有智慧，不會輕易地將內在感情外露。

2 普羅富拉就是那個在第12章提到的，當一條眼鏡蛇接近上師時在場的少年。

上師聖尤地斯瓦爾拿著我送的可用作手杖的雨傘，攝於一九三五年。

「遵照弟子遠行回來後看望上師的習俗，可敬的尤迦南達還呈獻了一些禮物給他。稍晚，我們坐下來一起吃了一頓簡單精緻的午餐，每一道菜都是米和蔬菜的不同搭配。可敬的聖尤地斯瓦爾很高興看到我能入境隨俗，比如用手吃飯。

「在彼此用孟加拉語交談，並用熱情的微笑和快樂的目光交流了幾個小時後，我們在他腳前頂禮、問訊[3]後，即起身告辭，並帶著永恆的回憶前往加爾各答。雖然我寫的主要是對他的一些外在印象，但我一直在品味著這位聖人內在靈性的榮光。我感受到他的力量，並將那種感覺，當作是神給我的祝福。」

在美國、歐洲和巴勒斯坦，我特地為聖尤地斯瓦爾買了許多禮物。送給他時，他微笑著接受了，卻沒有說什麼。我在德國為自己買了一把可以作手杖的雨傘，但到了印度，我決定把它獻給上師。「我確實喜歡這件禮物！」當上師發出這少見的評論時，他深情地看了看我。在所有的禮物中，他也特別挑出手杖給來訪的客人看。

「上師，請允許我幫客廳換一張新的地毯。」當我注意到聖尤地斯瓦爾的虎皮正放在一張破舊的

3 問訊（pronam）字義是「神聖的名字」，是印度教徒間的問候語，伴隨著將手掌相疊從胸口舉至額前致意。在印度，問訊相當於西方的握手禮。

一群蘭契學生和老師與尊貴的卡辛巴剎爾大君（中間身穿白衣者）合影。一九一八年，他捐出卡辛巴剎爾宮和十公頃土地，作為男子瑜伽學校的永久校地。

小地毯上。

「如果那會使你高興，就去做吧。」上師的聲調顯得並不十分樂意，「我覺得這虎皮墊子挺舒適而且乾淨，我是自己小王國內的君主。超出這個範圍，就只是對外在表象有興趣的廣大世界。」

當他說出這些話時，我覺得時光倒流了，我再次成為一個年輕的弟子，我的靈魂每天都在斥責的火焰中淨化著！

當我們依依不捨地離開塞蘭坡和加爾各答後，我和萊特先生就立刻出發前往蘭契。真是盛大熱烈的歡迎！當我擁抱著那些無私的教師，淚水在我的眼眶裡打轉。沒有我在的這十五年裡，他們讓學校的旗幟依舊飄揚著，那些住校生和通勤生一張張明亮的臉和快樂的笑容，充分證明了學校的多元化和瑜伽訓練的價值。

可惜的是，蘭契機構的財務此時正處於極端的困境。昔日慷慨把卡辛巴剎爾宮捐出來改為學校行政大樓的老大君南第閣下已經過世了。由於缺乏足夠的資金，舉步維艱的財政狀況已經嚴重地危及了許多學校免費提供的慈善措施。

我在美國待的這些年，學會了如何以百折不撓的意志面對難關。我在蘭契待了一個禮拜，努力幫忙解決一些困難，包括在加爾各答和重要的領導者及教育學家會晤，與年輕的卡辛巴剎爾大君長談，向我父親懇求財務上的援助。瞧！蘭契原本動搖的根基開始穩固了，我在美國的學生的捐獻（包括一張大額支票）也即時到達了。

我回到印度後的幾個月內，欣喜地得知蘭契學校已成為法人組織。我畢生的夢想實現了——有了一所永久獻給瑜伽的教育中心。這個理想引領著我，謙卑地從一九一七年只有七個小男孩開始，一路走到今天。自一九三五年之後的十年，蘭契的規模已遠超過只是一所男校的範圍，它嚴格地執行著拿希里·瑪哈賽的使命，從事各種慈善活動。

學校在戶外教授文法課和高中課程，住校生和通勤生也接受某些職業訓練，男孩透過自組的自治委員會規範大多數的活動。我在早期從事教育工作時，就發現比較頑皮、會欺騙老師的學生比較樂意接受同學所訂下的紀律規則。從來就不是模範學生的我，比較能理解那些愛惡作劇、找麻煩的孩子的心理。

學校也鼓勵孩子運動和比賽；運動場上充滿了練習曲棍球和足球的聲音。蘭契學生經常在各種競賽中獲勝，通過意志力使肌肉重新獲得能量，是尤高達瑜伽的特色——心靈能將生命能量導向身體的任何部位。這些男孩們也同時接受體位瑜伽、劍術、棍棒術和柔道的教導。有成千上萬的人參加過在蘭契舉辦的尤高達健康展。

我們用北印語教授當地土著部落寇爾、聖淘斯和曼達斯一些基礎課程，也特地為鄰近村莊的女孩子們開班授課。

蘭契的最大特色就是克利亞瑜伽的傳法。孩子們每天靈修、唱頌，學習單純、自我犧牲、榮譽和真理的戒律與美德，以及邪惡會產生苦果，只有善行才能帶來真正的快樂。也許可將惡行比喻成有毒的蜂蜜，雖然誘人但隱藏著死亡。

通過專注技巧克服身心的煩躁，可以取得驚人的成果：九歲、十歲的小孩以不動也不動的姿態，打坐了一個小時或更長的時間，眼睛眨也不眨地凝視眉心。這些蘭契學生的畫面常常會出現在我的腦海中，因為我觀察了世界各地的大學生，他們幾乎無法好好地坐滿一節課[4]。

蘭契位於海拔二千英尺，氣候溫和穩定。占地十公頃的校地，有一座大浴池，還有全印度最好的果園，種植了五百棵果樹，包括芒果、番石榴、荔枝、菠蘿蜜、椰棗等等。學生們除了自己種菜，還會織布。

學校有一間賓館可以用來招待來自西方的訪客。蘭契圖書館收藏了大量雜誌，以及大約一千冊英

[4] 經由某些專注的技巧訓練心智，在印度每個世代都造就了有驚人記憶的人。維嘉亞拉哈瓦查理爵士在《印度時報》描述了馬德拉斯省現代專業「記憶者」的測試。他寫道：「這些人非常嫻熟梵文的文獻。這個測驗如下：一個人開始按鈴，『記憶者』必須記住鈴聲的次數；第二個人從一份試卷上口述一長串包括加減乘除的數學運算；第三個人繼續朗讀之後需要受試者複誦出來的、出自《羅摩衍那》或《摩訶婆羅多》的長詩；第四個人會在給定的主題上，要求受試者作出適當長度與韻律的詩句，每行詩還要以指定的單詞結尾；第五個人與第六個人繼續一個神學上的爭論，辯論者必須正確無誤地依序引述正確的語詞；第七個人一直轉動著一個輪子，受試者必須計算出旋轉的次數。『記憶者』不允許用任何的紙筆，只能純用心智的技巧同時接受這些測試。這些在心理上的壓力一定是很驚人的。通常人在不自覺的妒忌情況下，傾向於貶低這種努力，因為他們認為這些努力只涉及大腦較低功能的鍛煉。然而那不止是純粹的記憶問題，更重要的因素是心的高度專注力。」

語和孟加拉語的書籍，都是來自海內外的捐贈；同時也收藏了世界各地的經典，此外，還有一間分類的很不錯的展覽室，陳列考古、地理和人類學方面的展品，其中有一部分，是我遊歷世界時所帶回來的紀念品。

拿希里．瑪哈賽佈道團在很多偏鄉都有設立小型的診所和藥局，至今已經為十五萬名印度窮人提供服務。蘭契的學生也會接受急救訓練，為遭受洪水或飢荒的家鄉提供廣受稱讚的服務。

學校果園裡矗立著一座濕婆神廟，裡面供奉著拿希里．瑪哈賽的雕像。每天的祈禱和經文課程，都是在果園的芒果樹下進行。

蘭契的高中分校已經開辦而且校務蒸蒸日上，特色是學生一律住校以及接受瑜伽訓練；一所是位於比哈爾省拉克斯曼浦爾的尤高達真理團男子中學，另一所則是在米德納波爾省伊瑪利查克的尤高達真理團高中和道場。

一九三九年，莊嚴的尤高達道場建立在達森斯瓦爾，直接面對恆河，僅離加爾各答北部幾英里遠，為城市居民提供了一個寧靜的避風港。道場也為西方訪客提供住宿，特別是為那些將自己的生命奉獻給靈性追求的求道者。同時每兩週會寄發《自悟會訊》給印度各地的道友。

不用說，所有這些教育和人道主義活動都需要許多教師和義工的自我犧牲和奉獻精神。我不在這裡列出他們的名字，因為太多人了，但在我的心中，每個人都是一座光彩熠熠的壁龕。受到拿希里．瑪哈賽理念的啟發，這些教師和義工們放棄了世俗的遠大前程，謙卑地服務，做出了巨大的貢獻。

萊特先生很快地就與蘭契的男孩們建立起了友誼，他穿著簡單的印度腰布，跟孩子們一起生活了一段時間。在蘭契、加爾各答、塞蘭波，無論他走到哪裡，都會將所見所聞生動地記載下來。有一天晚上，我問了他一個問題。

「迪克，你對印度有何印象？」

「平靜，」他若有所思地說，「整個國家的氛圍是平靜。」

41 領略南印度迷人的田園風景

「迪克，你是第一個走進這座聖殿的西方人，許多人也曾嘗試過，但都白費力氣。」

聽到這些話，萊特先是感到驚訝但隨後就變得很高興。我們剛離開這座矗立在山丘上、俯視著位在南印度的邁索爾城的伽蒙迪女神廟。在那兒，我們在金銀打造的聖壇前，向守護當地統治者大君家族的女神伽蒙迪鞠躬行禮。

「作為這個特殊榮耀的紀念品，」萊特先生小心翼翼地收起一些神聖的玫瑰花瓣，說道：「我會好好保存這些僧人用玫瑰聖水灑過的花瓣。」

一九三五年十一月，我和同伴[1]應邀至邁索爾地區做客一個月。大君克里希納拉甲·瓦迪亞爾四世是一位很明智、總是為他的人民奉獻的王子。這位大君是一個虔誠的印度教徒，他任命一個回教徒、能幹的伊斯美做他的總理，並且由邁索爾七百萬居民選出組成議會和立法機構的代表。

大君的繼承人優瓦拉甲王太子邀請我和祕書訪問他開明進步的王國。在過去的兩週裡，我先後在市政大廳、摩訶拉甲學院、醫學院，向成千上萬的邁索爾市民和學生演講。在班加羅爾，我參加了三場大型會議，分別是在國立高中、預科學院和來了超過三千名聽眾的雀提市政廳。我不知道台下那些熱切的聽眾，是否能想像我所描繪的美國，但當我說到東西方交流可以互蒙其利時，聽眾的掌聲總是最熱烈的。

現在，萊特先生和我輕鬆地享受著熱帶的寧靜。他的旅遊日記記載了邁索爾給他留下的印象：

「廣袤的平野上冒出一座座岩石丘陵，綠油油的稻田與甘蔗園交替出現，依偎在山腳下。當太陽突然戲劇性地沉沒在莊嚴的丘陵後方歇息時，色彩的視覺變化就更加強烈了。

「好多次我幾乎忘我地凝視著那千變萬化、猶如畫布的浩瀚穹蒼，變幻著神奇生動的純淨色彩。當人們試圖用顏料模仿時，那種新鮮青春的色彩就會消失不見，因爲神使用的是更簡單、有效的材料——光，既非油彩也不是顏料。祂在這裡拋擲一片光，映照出紅色；又在那裡揮灑著畫筆，使紅色中逐漸融入橙色和金色；接著，祂又銳利地一推，在雲中刺出一道紫色的斑痕，留下了一圈邊緣滲著血紅的傷口。如此不斷進行著、塗抹著，不斷變幻，永遠新鮮；沒有固定，沒有複製，甚至沒有一模一樣的顏色。印度從早到晚不斷變幻的美景，是別的地方無法比擬的；這裡的天空看起來經常像是神從祂的工具箱中拿出所有的色彩，然後奮力地將它們如同萬花筒般地投擲到天空中。

「我不得不提我在黃昏時候，造訪離邁索爾十二英里的克里希納拉甲．薩加[2]大壩時所看到的壯麗景象。可敬的尤迦南達和我搭上一輛小巴士，還有一個負責發動車子的小男孩隨行。當太陽落到地

1 普里慈小姐無法跟上萊特先生和我快速的腳步，愉快地留在加爾各答跟我的親戚在一起。

平線上，像顆熟透的蕃茄時，我們從一條平坦的泥土路上出發。

「經過了遍及各處的稻田，我們穿過一排長在高大的椰子樹叢中的榕樹林，以及其他茂密叢生的植物，最後到達山丘的頂端。我們正對著一個巨大的人工湖，湖面反射著星星、湖畔鑲綴著棕櫚樹與其他樹木，美麗的梯形花園和一排燈光環繞著水壩的邊緣。在它的下面，我們看到了炫目的景象，五彩的光束打在間歇噴湧泉水的水池上，像是許多道傾瀉而出的亮麗光燦的藍色瀑布。醒目的紅色的激流，綠色和黃色的浪花，還有噴著水柱的大象，像是一個小型的芝加哥世界博覽會，不過卻神奇地凸顯在這塊充滿水田和純樸勞動人民的古老土地上。當地人非常熱情地歡迎我們，以至於我有點擔心到時無法把尤迦南達帶回美國。

「我還享受到另一個少有的特權——第一次騎大象。昨天，優瓦拉甲邀請我們到他的夏季行宮去乘坐他的大象，我爬上事先準備好用來登上象轎或象鞍的梯子。象轎像個箱子，鋪著絲綢的墊子。騎上象背後，大象旋轉、上下搖晃、左右搖擺以及顛簸著走到一個小峽谷去。由於太過刺激了，以至於無法擔心或驚叫，爲了寶貴的生命，我只能緊緊抓住象轎不放！」

南印度充滿歷史和考古遺蹟，實在是一塊迷人的土地。邁索爾的北方是印度原本最大的土邦海德拉巴，如畫般的高原被浩蕩的哥達瓦里河切割而過。寬廣肥沃的平原，優美的藍色山脈尼爾吉里，還有其他寸草不生的石灰岩或花崗岩山丘。海德拉巴有著多彩多姿的悠久歷史，始於三千年前的安達拉王朝。信奉印度教的王朝一直延續到西元一二九四年，政權才轉移給至今仍在位統治的回教徒。

全印度最令人歎為觀止的建築、雕刻和繪畫，都在海德拉巴的艾洛拉和阿旃陀的古代石窟內。艾洛拉有一塊巨石雕鑿出的凱拉薩大神廟，保存著諸神、人和動物的雕像，這些雕像都有著像米開朗基羅般驚人均衡的比例。阿旃陀有五間大教堂和二十五間修道院，所有用岩石開鑿出的洞穴都以巨大的石柱支撐著，內部有當時藝術家和雕刻家創作出巧奪天工的不朽壁畫和雕刻。

奧斯馬尼亞大學與可容納一萬名回教徒聚集祈禱的麥加清真寺，也為海德拉巴市增添了光彩。

邁索爾地區稱得上是景色秀麗的人間仙境，它高出海平面三千英尺，有著蔥鬱、茂密的熱帶雨林，是野生象、野牛、熊、豹和老虎的故鄉。它的兩個主要城市，班加羅爾和邁索爾都很乾淨、很吸引人，也有很多公園。

從十一世紀到十五世紀，在印度君主的贊助下，印度的建築和雕刻藝術在邁索爾達到了完美的高峰。在貝魯爾的維希奴瓦爾漢那君王統治時期完成的廟宇是十一世紀的經典之作，它裡面細膩、豐富

2 這個水壩是一個巨大的水力發電設施，照亮了邁索爾城市並供應了絲織、肥皂和檀香油等工廠的用電。邁索爾的檀香木紀念品有著令人愉悅的香味，不會隨著時間流逝，稍微用針紮一下就又會散發出香味。邁索爾擁有印度一些最大的先進工業，包括有柯拉金礦、邁索爾糖廠、巴占瓦提鋼鐵廠和涵蓋境內三萬平方英里廉價便捷的邁索爾鐵路。

一九三五年在邁索爾招待我的大君克里希納拉甲和優瓦拉甲王太子兩人最近都過世了。現任的大君是優瓦拉甲的兒子，是一個企業家，在邁索爾設立了一間製造飛機的大工廠。

的雕像舉世無雙。

在北邁索爾發現的石柱可追溯至西元前三世紀，它引起了人們對阿育王的回憶。阿育王繼承了孔雀王朝的王位，並將其國家版圖擴大至今日的全印度、阿富汗以及俾路支[3]。這位著名的國王，連西方史學家都認為是舉世無雙的統治者，在一塊石碑上刻下了如下的智慧：

「此碑文是為了讓我們後代子孫明白，新的征服是不必要的，武力征服算不上真正的征服。讓他們了解，武力只不過是毀滅和暴力；只有宗教上的征服，才是真正的征服。這種征服在此世以及來世自有它的價值。」

阿育王是令人敬畏的旃陀羅笈多孔雀王的孫子。旃陀羅笈多在他年輕的時候曾遇見過亞歷山大大帝。後來，他摧毀了馬其頓人留在印度的駐軍，在旁遮普省擊敗了入侵的塞琉古帝國[4]的希臘軍隊，在巴特納宮廷接見了希臘使節梅嘉蘇德尼斯。

希臘的歷史學家和其他追隨亞歷山大遠征印度的人，都詳細記下了許多極為有趣的故事。麥克藍道博士[5]翻釋了阿里安、狄奧多羅斯、普盧塔和地理學家史特拉波[6]的敘事文章，讓人對古印度有了些了解。亞歷山大表現出對印度哲學以及偶爾遇到的瑜伽行者和聖人的深切的興趣，他們所處的社會也是他渴望追求的。在希臘戰士到達北印度塔席拉不久後，他派遣希臘第歐根尼學派的弟子歐涅西科里托斯為使者，去邀請塔席拉一位偉大的印度托缽僧丹達密斯上師前來。

「婆羅門的導師啊！我向您致敬，」歐涅西科里托斯找到在森林中隱居的丹達密斯後說道，「非凡的天神宙斯之子，亞歷山大是全人類的王中之王。他要求你去見他，你若遵從，他會賞賜你許多禮物，你若拒絕，他就會砍下你的頭！」

這位瑜伽行者平靜地聽完這個語帶威脅的邀請，「舒服地躺臥在樹葉上，連頭都不抬一下」。

「如果亞歷山大是宙斯之子，那我也是，」他評論道，「我不想要亞歷山大的任何東西，我已經滿足於我所擁有的。他與他的人馬飄洋過海，四處遊蕩著，這樣毫無益處。而且，他會無止境地遊蕩著。

「請回去轉告亞歷山大，至上的神，從來都不是侮慢、錯誤的唆使者，而是光、和平、水、人類肉體和靈魂的創造者。當死亡使人類自由時，祂會接納所有的人，而決不會受到邪惡和疾病的影響。我唯一尊崇的神，祂厭惡屠殺，更不會挑起戰爭。

「亞歷山大不是神，他最後必會嘗到死亡的滋味，」聖人平靜輕蔑地繼續說道，「像他這樣的人不可能成為世界的主宰，因為他無法坐上統治內在宇宙的寶座。他尚未能活著進入冥府，也不知道太

3 俾路支省位於今巴基斯坦西部，是該國四個省分之一。

4 塞琉古帝國，古代中國稱之為條支，是由亞歷山大大帝部將塞琉古一世所創建，以敘利亞為中心，包括伊朗和美索不達米亞在內（初期還包括印度的一部分）的希臘化國家。

5 《古印度》共六冊。

6 阿里安出生於西元一世紀，是一位希臘歷史學家，著有一部描述亞歷山大大帝功勳的《遠征記》。狄奧多羅斯，是一位西元前一世紀的古希臘歷史學家。普盧塔克生於西元一世紀，是羅馬時代的希臘作家。史特拉波，生於西元前一世紀，是古希臘歷史學家、地理學家。

陽經過地球中心區域的軌跡，還有很多國家的人民甚至還沒有聽過他的名字呢！」

在這番無疑稱得上是所有曾經送給這位「世界之主」最為刻薄的斥責後，聖人諷刺地補充道，「如果現有的廣闊領土還不能滿足亞歷山大的慾望，那就讓他度過恆河吧！如果現在這邊的國家對他而言太過狹窄的話，在那裡，他會發現一個足以容納他和所有人的地方[7]。

「你要知道，亞歷山大要給的禮物，對我來說都是毫無意義的東西。我所珍視並認為有價值和用途的東西是這些樹葉、我的屋子、這些開著花供應我日常食物的植物，還有我可以飲用的水。而那些用焦慮、煩惱累積起來的財產，通常被證實是具有毀滅性的，只會帶給每個可憐的凡人憂傷和苦惱。至於我，躺在森林的樹葉上，沒有任何需要守護的東西，可以閉上眼睛安寧地睡覺。反之，如果我有任何需要守護的東西，就無法安眠了。大地供應我每樣東西，就像每個母親給她的小孩餵奶一樣。我可以到任何我喜愛的地方去，沒有任何牽掛。

「即使亞歷山大砍下我的頭，也無法摧毀我的靈魂。我的身體會像爛了的衣服留在這塊土地上，回到它原來的地方，而我的靈魂，會上升到神那裡。祂以血肉之軀包覆我們所有的人，把我們放在地球上，考驗我們是否遵照祂的旨意生活。祂也要求所有的人，當回到祂面前時，要敘述自己在地球的生活。神是所有罪惡的審判者，祂會把那些被壓迫者的呻吟，最終變成對壓迫者的懲罰。

「讓亞歷山大用這些威脅、恐嚇去對付那些渴望財富、畏懼死亡的人吧！這兩種武器對我來說都是無用的。婆羅門既不喜愛金子，也不怕死亡。你回去告訴亞歷山大：丹達密斯不需要任何他的東西，所以不會到他那裡去，如果他想得到任何屬於丹達密斯的東西，只能請他到我這裡來。」

亞歷山大非常認真地傾聽了這位瑜伽行者通過歐涅西科里托斯傳達的訊息之後，「感到比先前任何時候更渴望見到丹達密斯。那個人雖然年老且赤裸，卻是這位已經征服許多國家的征服者，所碰到的唯一比自己更為強勁的對手。」

亞歷山大邀請一些以簡練回答哲學問題而著稱的婆羅門苦行僧到塔席拉。普盧塔克記述了他們之間的對話，所有問題都是亞歷山大提出來的。

「活的或死的，哪一種爲數較多？」

「活的，因爲死的不會增多。」

「海洋或陸地，哪一樣更能孕育較大型的動物？」

「陸地，因爲海洋只是陸地的一部分。」

---

7 亞歷山大和他的將領都沒能渡過恆河。馬其頓軍隊在西北方遇到頑強的抵抗後，拒絕前進；亞歷山大被迫離開印度，轉而征服波斯。

「哪一種動物最聰明？」

「人類尚未知悉的那一種（人類害怕未知的事物）。」

「白天或夜晚，哪一個先存在？」

「一天中的白天。」亞歷山大對這個的答案表示驚訝。婆羅門補充道，「不可能的問題，需要不可能的答案。」

「如何讓他人更愛你？」

「一個人如果擁有偉大的力量卻不被人所懼，就會受人愛戴。」

「人如何能成爲神？」[8]

「做人所不能做的事。」

「生或死，哪一個較爲強大？」

「生，因爲它承擔了許多罪惡。」

就這樣，亞歷山大終於找出一位真正的印度瑜伽行者作為他的老師。這個人就是史非尼斯。因為這位聖人是卡莉女神的信徒，總是念著祂吉祥的名字歡迎著每個人，因此，希臘人稱他為「卡莉諾斯」。

卡莉諾斯伴隨亞歷山大到波斯的蘇薩，在預定離開的日子，卡莉諾斯在馬其頓大軍的注視下，從容地走進火葬用的柴堆中，捨棄他年老的肉體。史學家們記載，那些士兵都非常驚訝地看著這位對痛苦和死亡毫無恐懼的瑜伽行者，動也不動地被火焰吞噬。卡莉諾斯在火葬前，擁抱了他所有親近的朋友，但卻沒有跟亞歷山大告別，這位印度聖人只跟他這樣說：

「不久之後，我們在巴比倫見。」

亞歷山大離開波斯，果然，一年之後死在了巴比倫。印證了他印度上師的話，無論生與死，他都與亞歷山大同在。

希臘的歷史學家留給後人許多印度社會栩栩如生的描述。阿里安告訴我們，印度的法律保護著人民，並且「在任何情況下，沒有任何人應當成為奴隸，每個人都享有自由，並且尊重所有人擁有的平等權利。他們認為，既不跋扈也不屈服於他人的人，才能適應變幻莫測的生活。」[9]

8 從這個問題我們可以推測「宙斯之子」偶爾會懷疑自己是否已經達到完美的境界。

9 所有希臘觀察家都認為印度沒有奴隸制度，這點與希臘社會的結構完全不同。

《印度創造》書中寫道：「印度人既不放高利貸，也不知道如何借錢；他們不想做錯事，也不想受罰，因此他們不訂合同也不要求保證。」據說，他們用簡單自然的方法治病。「治病是靠規律正常的飲食，而不是靠藥物來實現的，最受推崇的療法是藥膏和貼布，其他的療法都被認為是有害的。」只有武士才能作戰，「也不會有敵人到耕作的土地上傷害農人，因為農人被視為是對眾生有利的階級，應該受到保護，不受任何傷害。土地也因此免遭破壞，才能五穀豐收，供應百姓糧食，滿足生活所需。」[10]

旃陀羅笈多王在西元前三〇五年時，擊退了亞歷山大的將軍塞琉古，七年後將印度王朝交給他的兒子統治，自己則到印度南部去旅行，在後來十二年的餘生裡，作為一個身無分文的苦行僧，在斯洛凡那比拉葛拉的一個洞穴中尋求自我了悟。現在，該處被尊稱為「邁索爾聖地」，附近聳立著世界上最大的雕像，在西元後九百八十三年由耆那教徒用一塊巨大的圓石雕琢而成，紀念神聖的可梅提斯瓦拉[11]。

邁索爾無處不在的宗教聖殿，讓我們想起了南印度許多偉大的聖人。這些上師中的一位——薩曼阿梵達，留下了如下意味深長的詩篇：

你可以控制一頭瘋狂的象，
你可以閉上一頭熊和老虎的嘴巴，
你可以騎在一隻獅子上，

你可以與一條眼鏡蛇玩耍，
用煉金術你可以勉強維持生計，
你可以微服漫遊宇宙，
你可以做諸神的侍從，
你可以永遠年輕，
你可以走在水上，生活在火中，
但要想更好地控制心靈，很困難。

位於印度最南端的特拉凡科，優美富饒，水道縱橫。特拉凡科的大君每年都要為遠古時候發動戰爭併吞鄰國的罪行贖罪。每年連續五十六天，大君每天要到廟裡聆聽吟唱吠陀三次，贖罪的儀式以點燃十萬根蠟燭照亮寺廟作為結束。

10 沙卡教授所著的《創造性的印度》全面描繪了印度在經濟、政治、科學、文學、藝術和社會哲學方面的古代和現代成就和獨特的價值觀。另一本推薦的書是《歷代印度的文化》，作者是維納提斯瓦拉。

11 是耆那教初祖巴霍巴利的別名。巴霍巴利和兄長爭奪王位，但是王位到手之後，他突然覺得內心難以平靜，因此放棄王權進行苦修，最終成為耆那教的「成就者」。

偉大的印度立法者摩奴[12]概述了一位君王的職責。「他必須像因陀羅（天神的上主）般賜予人民舒適的生活；像太陽從水中獲得水氣般，輕柔微細地征繳稅賦；像到處都去的風，關心臣民的生活；像閻羅王般給予所有人同樣的正義；像波羅那（吠陀的天神和風神）般將犯罪者繩之以法；像月亮般讓所有人喜愛；像諸神之火燒盡邪惡的仇敵；像大地之母扶持所有的人。

「在戰爭中，君王不應使用有毒或火燒的武器，也不該殺害弱者、沒有準備、手無寸鐵的敵人或是那些恐懼、請求保護和逃跑的人。戰爭應該只被視為一種最後的手段，因為戰爭的結果通常使人疑惑。」

在印度東南沿海的馬德拉斯省，包含平坦、寬敞、環海的馬德拉斯市和有「黃金城市」之稱的康吉布勒姆——帕拉瓦王朝的首都，統治時期約在西元前幾個世紀。在現代的馬德拉斯省，瀰漫著聖雄甘地非暴力主義的理想，白色獨特的「甘地帽」到處可見。在南方，這位聖人為「賤民」完成了許多廟宇以及種姓制度方面的重要改革。

偉大的立法者摩奴制定的種姓制度，起源是令人欽佩的。他清楚地看到人類隨著自然進化而區分為四大類：能夠通過體力勞動為社會服務的人（首陀羅）；那些通過思想、技能、農業、貿易、買賣、業務服務的人（吠舍）；具有行政、立法、保護性質的統治者和武士（刹帝利）；具有冥想性的人、受靈性啟發或鼓舞靈性的人（婆羅門）。《大戰詩》說：「不是從出生、聖禮、學習或祖先來決定一個人是否為婆羅門，只有品格和行為能決定。」[13]摩奴教誨大眾要尊敬有智慧、美德、年長者、工匠，最後才是有錢人。吠陀經典藐視只會積蓄財富卻不願做慈善的富人，富有卻吝嗇的人在社會的地位很低。

當種姓階級制度在幾個世紀以來成為一種對民眾根深蒂固的束縛後，就產生了嚴重的禍害。現今

---

12 摩奴是普世法則的立法者，不僅僅是印度教社會，而是世界性的。所有明智的社會規則甚至正義的體系都以摩奴為模式。尼采曾讚頌道：「我知道沒有一本書像《摩奴法典》那樣對女人說了這麼多微妙和善意的話；那些對女人有騎士風度的老人和聖人也許都無法超越……一部無與倫比的智慧和卓越的作品……充滿了崇高的價值觀、完美的感覺、肯定生活，對自己和生活都有一種勝利的幸福感；陽光照耀在整本書上。」

13 一九三五年一月發表在《東方與西方》雜誌上的一篇文章告訴我們：「隸屬於這四個種姓中的一個，最初並不取決於一個人的出生，而是取決於他選擇想要達成的生活目標中，所顯示出來的天生才能。這個目標可以是：一、愛欲，生命感官的活動（首陀羅階段）；二、利益，滿足但控制慾望（吠舍階段）；三、佛法，自律、負責任的生活與正確的行為（剎帝利階段）；四、解脫，靈性和宗教指引的生活（婆羅門階段）。這四個種姓通過身體、思想、意志力、靈性為人類服務。

「這四個階段有永恆不變的屬性或自然特質與其對應，也就是惰性、變性和悅性：對應為障礙、行動和擴展，或物質、能量和智能。這四個種姓以屬性分，被標誌為四類：一、惰性（無明），二、惰性—變性（無明與行動的混合），三、變性—悅性（正確的行動與開悟的混合），四、悅性（開悟）。因此，以每人天性中占主導的一種或兩種混合的屬性，上天由此來決定他的階級。當然每個人都有這三種屬性，只是比例不同。上師能夠正確地決定一個人的階級或是進化的情況。

「就某種程度來看，所有的種族和國家——不只是理論上——實際上都有著種姓階級制度的色彩。在非常放縱或所謂自由的地方，尤其是在自然形成的極端階級之間的通婚，種族將會逐漸減小或滅絕；《往世書》中將這種結合的後代比喻為無益的雜種，像騾子一樣無法繁衍自己的後代。人工育種終將滅絕。歷史提供了豐富的證明，許多偉大的種族都已不復存在了。印度最有見地的思想家認為種姓制度抑制住或防止了放縱，保持了種族的純潔，並使其安全地度過了千年的滄桑，而其他種族已消失在遺忘中。」

印度社會的改革者（像甘地以及其他許多團體的成員）正緩慢、穩健地恢復古代種姓階級制度的價值觀念，並以天生的屬性而非血統作為基礎。世上每個國家都有它自己不幸的業障需要應付和消除，而印度就以她無懈可擊的堅持精神，證明自己能夠勝任種姓制度改革的工作。

南印度如此令人陶醉，萊特先生和我渴望能夠延長我們的田園詩篇，但我已經安排要到加爾各答大學即將舉行的印度哲學大會上做閉幕演講，所以無法久留。在造訪邁索爾的最後，我很高興地與印度科學院院長拉曼爵士進行了會談。這位傑出的印度物理學家在一九三〇年因為在光漫射方面的重要發現獲得了諾貝爾獎。現在每個小學生都知道「拉曼效應」。

依依不捨地向一群馬德拉斯的學生和朋友們揮手道別後，萊特先生和我向北出發。中途我們在一間紀念薩達西瓦．布拉門[14]的小廟停了下來，這位聖人在十八世紀時行了無數的奇蹟。普杜科泰邦主在尼爾蓋了一間大薩達西瓦廟成了朝聖之地，治癒了許多前來朝聖的病人。

在印度南部，還流傳許多這位令人喜愛且完全開悟上師的奇聞軼事。有一天，在卡威利河畔，當薩達西瓦沉醉在三摩地時，有人看到他突然被一陣浪潮捲走了。幾個禮拜後，人們發現他被深埋在一堆土石之下，當村民的鏟子觸碰到他的身體時，這位聖人卻很快地起身並走掉了。

薩達西瓦從不說話也不穿衣服。有一天早上，這位赤裸的瑜伽行者唐突地進入了一個回教族長的帳篷裡，裡面的女士們驚恐地尖叫著，武士把劍兇猛地刺向薩達西瓦，切斷了他的手臂，但這位上師不在意地離去了。那位後悔不已的回教徒從地上拾起手臂追趕薩達西瓦，追上後，這位瑜伽行者平靜地將那隻手臂接回自己流著血的臂膀。當這位武士謙卑地要求希望得到一些靈性上的指引時，薩達西瓦用手指在沙上寫下：「不要做你想做的，之後你就可以隨心所欲。」

這位回教徒的心靈頓時被提升到一個崇高的境界，了悟了聖人看似矛盾的忠告。它是指引人們必須通過對自我的掌控，才能解放靈魂。

有一次，村裡的小孩對薩達西瓦表示想要觀賞一百五十英里外馬都拉舉行的宗教慶典。瑜伽行者就讓這些小孩碰觸他的身體。瞧！瞬間整群人都移到馬都拉去了。小孩子們快樂地漫遊在成千上萬的朝聖者中。幾個小時後，瑜伽行者又將這群人帶回家。驚訝的父母聽著孩子們生動地講述神像遊行的故事，還注意到有幾個小孩帶回了幾袋馬都拉的甜點。

一個對此表示懷疑的年輕人嘲笑聖人和這個故事。隔天早上，他跑來找薩達西瓦。

「上師，」他輕蔑地說道，「為什麼你不帶我去那個慶典，就像昨天你對其他小孩所做的那樣？」

薩達西瓦應允了，於是男孩馬上發現自己已經身在遙遠城市的人群中。但，天啊！當年輕人想要離開的時候，卻沒有看到聖人的影子。於是，這個筋疲力竭的男孩只好自己步行回家。

14 他正式的頭銜是聖薩達西瓦卓拉．薩拉斯瓦提尊者，是斯里吉利精舍著名的商羯羅派傳人，寫了一首激勵人心的頌詞獻給薩達西瓦。一九四二年七月號《東方與西方》刊載了一篇有關薩達西瓦生平的文章。

42 上師的臨終時光

「可敬的上師，我很高興今早能與您單獨見面。」說這句話時，我帶了許多芳香的水果和玫瑰，到達塞蘭坡修道院。聖尤地斯瓦爾和藹地看著我。

「你有什麼問題嗎？」上師環顧四周，好像準備離開。

「可敬的上師，我到您這裡來時只是個高中青年，現在已經是個成年人了，甚至有了一兩根白髮。從那時到現在，您一直對我傾注著無言的愛，您只在初次見面那天對我說過『我愛你』。」我祈求地看著他。

上師目視下方說道：「尤迦南達，我需要把心中無法用言語表達的溫暖感情拿到冷酷的語言世界來嗎？」

「可敬的上師，我知道您愛我，但我的耳朵非常渴望再聽到您這麼說。」

「如你所願。在婚姻生活中，我經常盼望能有一個兒子，可以培養他走上瑜伽的道路。但當你進入我的生命中時，我滿意了。我在你身上找到了我對兒子的那種感覺。」兩顆晶瑩的淚珠快要從聖尤地斯瓦爾的眼眶中滴落，「尤迦南達，我一直是愛著你的。」

「您的回答是我前往天堂的通行證。」我心中的一塊石頭落了下來，並在他的話語中永久地消融了。

幾天以後，當我在加爾各答的亞伯特會堂向一群聽眾演講時，聖尤地斯瓦爾、山多斯的大君摩訶拉甲以及加爾各答的市長都來到現場。雖然上師沒有跟我說什麼，但我在演講時不時看他一下，看到了他閃亮的眼神。

接下來，是與塞蘭坡學院校友的談話。當我看著老同學，他們也看著昔日的「瘋和尚」時，喜悅的淚水坦然地流了出來。口才絕佳的哲學教授戈夏爾博士走上前來歡迎我，我們過去的一切誤會也在時間的神奇魔力下湮消雲散。

十二月底，在塞蘭坡修道院有一場冬至慶典。如往常一樣，聖尤地斯瓦爾的弟子從各處前來共聚一堂，欣賞曼尼普爾[1]的表演、克里斯多達的甜美獨唱、年輕弟子布置的盛宴，還有星光下上師在擠滿人群的修道院的深刻動人的開示！

「尤迦南達，請跟大家說些話——用英語。」當上師提出這個非比尋常的要求時，他眨著眼睛。他是否想到我那時在船上第一次用英語演講之前的困境？我告訴了師兄弟們這個故事，最後，我將所有榮耀歸於上師。

「他對我的引導無所不在，不僅只是在輪船上，」我總結道，「在美國那塊廣大好客的土地上，

1　曼尼普爾是一種在寺廟和家庭空間中進行的宗教儀式性表演，透過擊鼓和跳舞，表現出宗教無與倫比的奉獻精神和活力。

十五年來他也始終與我同在。」

當客人離去後，聖尤地斯瓦爾召喚我來到同一個臥室——之前我只被允許過進來一次，是早年在一個節慶結束後——我被允許睡在他的木板床上。今晚我的上師靜靜地坐在那裡，弟子們在他腳下圍成半圓。當我迅速走進房間時，他微笑著。

「尤迦南達，你要離開這裡到加爾各答去了嗎？明天請回到這裡來，我有些事情要告訴你。」

第二天下午，聖尤地斯瓦爾說了一些簡單祝福的話，賜給我一個更高的出家者的頭銜——帕拉宏撒[2]。

當我跪在他面前時，他說：「現在它正式取代你之前『斯瓦米』[3]的頭銜。」我想到我那些美國的學生可能要與「帕拉宏撒」[4]的發音奮鬥時，暗自覺得好笑。

「我已經完成了我在世上的任務，你要繼續下去。」上師輕聲地說著，他的目光溫和而平靜，我的心卻驚懼地跳動著。

「請你委派一個人負責我們在普里的修道院，」聖尤地斯瓦爾繼續說道，「我把所有事情都交給你，相信你會成功地駕駛著生命之船，帶著大家抵達神的彼岸。」

我抱著他的腳，淚水長流。他站起來，充滿愛意地祝福我。

第二天，我從蘭契召來了一個弟子塞巴南達，將他送到普里接掌道場[5]。後來，上師與我討論如何處置他的房產的法律細節，他不希望親戚在他死後為了擁有他的道場和其他財產而興訟，因為他希望這些地方能純粹作為慈善之用。

「最近為師父安排了訪問基德波爾[6]，但他沒有去。」某天下午，師兄阿穆拉亞對我說了這句話。我有不祥的預感。在我強烈的詢問下，上師只回答：「我不會再去基德波爾。」有那麼片刻，上師好像受驚的孩子一樣顫抖。

帕坦伽利寫道：「對肉體的執著是出於本性，即使是偉大的聖人，也存在那麼一絲執著。」談到死亡時，上師總是說：「就像一隻籠中鳥在門打開時，仍不免猶豫是否要離開已習慣的家。」

「可敬的上師，」我啜泣著懇求他，「不要這麼說！永遠不要跟我說這樣的話！」

聖尤地斯瓦爾的臉色緩和了下來，帶著平靜的微笑。雖然快到八十一歲生日，他看起來還是很健

---

2 帕拉宏撒（Paramhansa）。字義上帕拉（param）是最高的，宏撒（hansa）是天鵝。天鵝在經典的傳說中是至上聖靈梵天的坐騎，是辨識力的象徵——白色的天鵝被認為可以從牛奶和水的混合物，單獨汲取蘇摩（早期印度婆羅門教儀式中飲用的一種飲料，得自於某種至今未知的植物或真菌的汁液）飲用。宏—撒（Ham-sa，發音：hong-sau）是兩個神聖的梵文讚美詩的語調，與呼吸的震動有關連。阿宏—撒（Aham-Sa）字義是「我是祂」。

3 參見第2章注釋1。

4 他們通常避開這個困難，稱我為先生。

5 在普里的修道院，塞巴南達仍舊管理著一所小型、興盛的男孩瑜伽學校以及成人的打坐團體。聖人和梵文學家定期也會在那裡聚會。

6 加爾各答的一個區域。

聖尤地斯瓦爾於一九三五年十二月在塞蘭波慶祝的最後一個冬至慶典。我的上師坐在中間，我在他的右邊。

壯。

我每天都沐浴在上師慈愛的陽光中，雖然不說，但我有意識的從頭腦中抹去他即將逝世的種種暗示。

「上師，大壺節這個月將會在阿拉哈巴德舉行。」我用手指向孟加拉月曆[7]上節日的日期向上師示意。

「你真的想去嗎？」

絲毫沒有覺察到聖尤地斯瓦爾並不願意我離開他，我自顧自說道，「您有一次在阿拉哈巴德的大壺節上看到神聖的巴巴吉，也許這次我也夠幸運，可以看到他。」

「我不認為你在那裡能夠遇到他。」上師說完沉默了下來，他不希望干涉我的計畫。

次日，當我與一小群人啟程前往阿拉哈巴德時，上師仍以他平常的方式祝福我。我渾然不覺聖尤

---

7 在古代的《摩訶婆羅多》有提到宗教性的大會。中國的旅行者玄奘留下了一篇西元六四四年在阿拉哈巴德舉行的盛大大壺節的描述。最大的法會每隔十二年舉行一次，中型的每六年舉行一次，小型的每三年集會一次。舉辦大壺節的四個神聖城市是阿拉哈巴德、哈德瓦、納西克、烏疆。

早期的中國旅行者留下許多關於印度社會令人印象深刻的寫照。中國的高僧法顯描述了他在印度旃陀羅笈多二世王朝（西元四世紀早期）十一年的歲月。這位中國的作者寫道：「全國不殺生也不喝酒……不養豬或家禽，不買賣牛隻也沒有肉店或釀酒廠。房間有床鋪和床墊、食物和衣服，供應給居民和雲遊四方的行腳僧。僧人忙於仁慈的侍奉和誦經儀式或是打坐。」法顯告訴我們，印度人民幸福而誠實，也沒聽說有死刑這回事。

這位女瑜伽行者——桑卡莉·梅珠士，是偉大的翠藍加尊者唯一在世的弟子。坐在她旁邊纏著頭巾的人是貝諾亞南達師父，他是我們比哈爾省蘭契男孩瑜伽學校的校長。這張照片是一九三六年在哈德瓦大壺節拍攝的，當時這位女聖人已經一百一十二歲。

地斯瓦爾態度中的暗示，顯然，這是神希望免除我被迫目睹上師的死亡。在我一生中，每當那些我所摯愛的人過世時，神總是慈悲地安排我遠離現場[8]。

一九三六年一月二十三日，我們一行人抵達大壺節會場。近乎兩百萬的人潮給我留下了極為深刻的印象。印度人，即使是最低下的農夫，也都具有與生俱來的特殊本質，那就是崇敬靈性財富以及那些捨棄世俗束縛、尋求先知導引的僧侶和隱士。事實上，在那個地方也有騙子和偽君子，但印度人會尊重所有的人。西方人若有機會目睹這難得一見的壯觀場面，會感受到這片土地的脈動，這是印度在時間的洪流中，展現出無與倫比的生命力與精神熱情。

我們的團體在第一天只是純粹地觀光。這邊，有無數的沐浴者為了減輕罪惡，浸泡在神聖的恆河水裡；那邊，我們看到了崇敬莊嚴的儀式；遠處，有虔誠的信徒供養腳下沾滿灰塵的聖人；我們轉過頭去，又看到一列象隊和華麗披掛的馬匹伴著駱駝緩步前進；還有奇特有趣的宗教遊行隊伍，或者是揮動著金銀手杖、旗幟與彩帶的赤裸隱士。

隱士們只纏著腰布，幾個人靜靜地坐著。他們身上塗滿了灰燼，避免酷熱或寒冷的侵襲。他們眉心處用檀香膏描繪出鮮明的標記。接著，成千上萬個身著橘色僧袍、帶著竹杖和托缽的光頭僧人出現

8 母親、哥哥阿南達、大姊羅瑪、上師、父親或幾個親近的徒弟逝世時，我都不在場（一九四二年父親在加爾各答過世，享年八十九歲）。

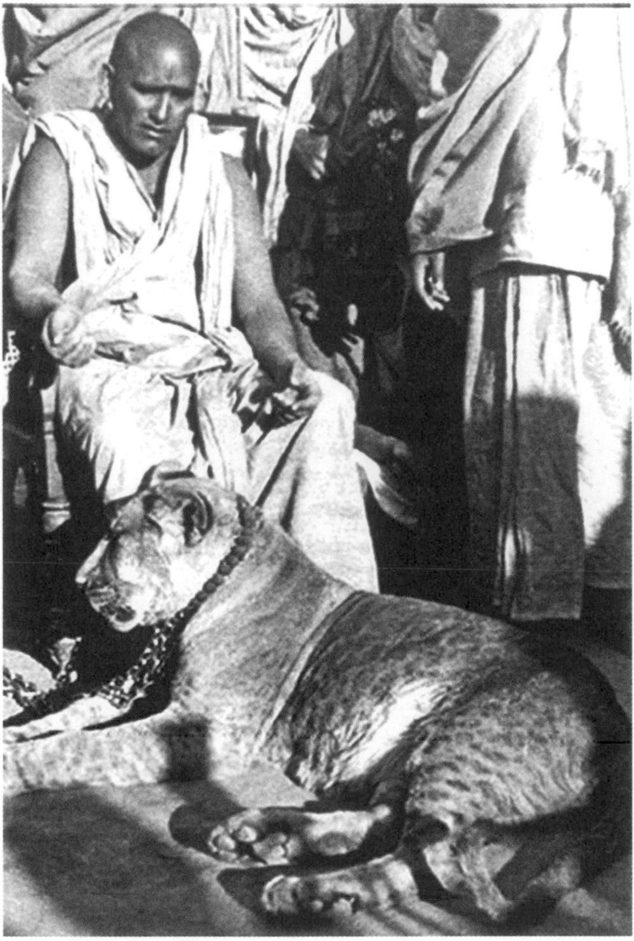

克里希納南達和他馴服的素食母獅，攝於一九三六年哈德瓦大壺節。

了。當他們四處走動或是與弟子討論哲學時，臉上散發著出家人特有的寧靜光彩。

在樹下，隱士們圍著正在燃燒的巨大柴堆坐著，生動地像是一幅畫[9]。他們的頭髮都編成辮子盤繞在頭上，有些還留著幾英尺長、捲曲打結的鬍子。他們安靜地或打坐或伸出手來祝福往來的群眾——乞丐、坐在大象上的大君、穿著五顏六色紗麗手鐲和腳環叮噹作響的婦女、用細瘦的手臂把缽舉在頭頂上的回教托缽僧、帶著靜坐用肘杖的禁欲梵行者、隱含著內心祝福的謙卑聖人們。在喧囂之中，我們還聽到了寺廟的鐘聲不斷地召喚著。

第二天，同伴和我去不同的修道院和一些臨時搭建的帳篷向聖人致意。我們接受了印度教吉利僧伽派教主的祝福——一個瘦小、眼中帶著微笑的苦行僧。我們接下來拜訪的修道院，它的上師在過去九年中堅守著禁語及只吃水果的嚴格清規。在修道院大廳中央的講臺上坐著一位盲眼的聖人——布拉格拉·查克舒，他精通古代經典，受到各個教派的尊敬。

我用印地語簡短地講了一小段吠陀經典後，就離開了寧靜的修道院去問候附近的僧人克里希納南達，他是一位英俊的和尚，有著紅潤的雙頰和讓人印象深刻的臂膀。斜躺在他旁邊的是一隻被馴服的母獅，我確信牠是臣服於和尚的精神魅力而不是他孔武有力的體格。這隻從叢林走出來的猛獸拒絕所

---

9 印度數十萬個隱士是由代表印度七大地區七個領導者的行政委員會所管理的。現任主席是喬安卓拉·布利。這位如同聖人般的人非常沉默寡言，經常將他的談話限縮在三個詞——真理、愛和工作，就足以涵蓋一切！

有的肉，只喜歡米飯和牛奶。和尚教導這頭黃褐色的野獸，用低沉而誘人的咆哮聲發出「唵」，獅子變成虔誠的小貓！

我們下一個遇見的是一個年輕博學的聖人，萊特先生的旅行日記裡對此人有生動的描述。

「我們開著福特車經過一座橫跨恆河、咯吱作響的浮橋，像蛇一樣曲折艱難地穿過人群，又穿過狹窄彎曲的巷道，在經過河邊某處時，尤迦南達向我指出當年巴巴吉與聖尤地斯瓦爾碰面的地方。不久，我們下車開始步行，在走過一段路，穿過圍坐著隱士與冒著濃煙的火堆以及沙地後，來到一處坐落著幾間用泥巴和稻草搭建的簡陋小屋的地方。我們在這些不起眼的小屋中的一間停下來，在這無門的低矮入口的裡面，住著一位以非凡智慧著稱的年輕隱士，他叫卡羅・佩特里。他盤腿坐在一堆稻草上，身上唯一的遮蓋物——也可以說是他僅有的財產——一塊披在肩上的橘色的布。

「我們低頭走進小屋，向這位有著開悟靈魂的聖人頂禮。一張神聖的面龐向我們真誠地微笑著，掛在入口處的煤油燈在茅草牆上映出各種怪異的影子。他的眼睛和整齊潔白的牙齒閃耀著光輝。雖然我聽不太懂印度話，但他的表情道盡了一切，我感覺得出他充滿了熱情、愛與靈性的榮光。沒有人會否認他的偉大。

「想像一個不執著於物質世界的人所過的快樂生活：免除了衣服的問題，免除了對食物的渴望，從不乞討，也不碰煮過的食物（除非那是隔日吃的），從不帶乞食缽；避免所有金錢的牽扯，從來不用管錢，也不需儲存任何東西，一直信賴著神；不必爲交通憂慮，也從不搭乘任何交通工具，總是沿著聖河行走；從不在一個地方停留超過一個星期，避免產生執著。

「如此謙虛的一個靈魂！而且不可思議地精通吠陀經典，還有著瓦拉納西大學『經典大師』的頭銜和文學碩士學位。當我坐在他腳下時，被一種崇高的感覺籠罩了。這一切看起來完全實現了我想要看到眞實古代印度的意願，因爲他就是這塊土地上有著最高靈性巨人的眞正代表。」

我向卡羅·佩特里詢問有關他的流浪生涯。「您在冬天也沒有多穿一點衣服嗎？」

「沒有，這就夠了。」

「您不會隨身攜帶任何一本書嗎？」

「不，我用記憶教導那些願意聽我講道的人。」

「您還會做什麼其他的事？」

「我會在恆河邊漫步。」

從這些平靜的話語中，我強烈地渴望獲得像他一樣單純的生活。我想起了美國以及落在我肩膀上的所有責任。

「不，尤迦南達，」我傷心了一下，想著，「此生你是不可能只在恆河邊漫遊的。」

隱士又告訴我一些他靈性上的了悟後，我提出了一個唐突的問題。

「您這些描述是從經典還是內在的體驗上得來的？」

「一半是從經典中學習，」他坦率地笑著回答，「另一半是從體驗中來的。」

我們在一起靜默著打坐，快樂地坐了一會兒。離開他的神聖住所後，我告訴萊特先生，「他是坐在黃金稻草寶座上的國王。」

那天晚上，我們在星空下席地而坐吃晚餐，用葉子盛食物，在印度，這樣可將洗碗的次數降到最低！

我們在迷人的大壺節法會多待兩天，然後沿著竹姆那河前往阿格拉。我再次注視著泰姬瑪哈陵，在記憶中，紀騰卓拉站在我身邊，讚嘆這座大理石城堡。然後繼續前往凱斯本南達的布倫德本道場。

我找凱斯本南達的目的與這本書有關。我從未忘記聖尤地斯瓦爾要我寫拿希里．瑪哈賽傳記的要求。在印度期間，我抓住一切機會與這位瑜伽阿梵達的弟子和親戚聯繫，大量記錄與他們的談話，檢核事實與日期，並且收集照片、信函與文件，我手邊拿希里．瑪哈賽的資料越來越多，我才意識到，我面對的是一項非常艱苦的寫作任務。我祈禱自己能夠勝任為這位上師立傳的工作，他的幾個門徒擔心，為他們敬愛的上師寫作立傳的形式，可能會導致上師被貶低或誤解。

潘嘉隆．巴特阿查爾亞曾經對我說過：「用冰冷的文字，很難對一個神的化身的生活做出評斷。」

因此，這位瑜伽阿梵達的親密弟子們寧可將對上師的愛隱藏在心中，作為他們永遠不死的明師。

我與同伴在阿格拉的泰姬瑪哈陵——大理石之夢——前合照。

萊特先生（前排蹲者）和我（右邊站立者）在布倫德本莊嚴的修道院與可敬的凱斯本南達師父（中間站立者）及一名弟子合影。

然而，一想到拿希里・瑪哈賽對為他作傳的預言，我責無旁貸地必須保存他生平的史料。

凱斯本南達在布倫德本的卡塔雅尼佩思道場——一座氣勢宏偉的磚砌建築，由巨大的黑色柱子支撐，坐落在一個美麗的花園中——熱烈歡迎我們一行人，他把我們帶到一個客廳，裡面掛著拿希里・瑪哈賽的照片。凱斯本南達快九十歲了，但他的身體硬朗又有活力，留著長髮與發白的鬍鬚，喜悅的眼神中閃爍著光芒，是個充滿智慧的長者。我告訴他，我想在拿希里・瑪哈賽的書中提到他的名字。

「請告訴我你早年的生活。」我微笑地問著。偉大的瑜伽士通常是寡言沉默的。

凱斯本南達謙卑地表示：「也沒什麼特別的。實際上，我人生大部分時間都在喜馬拉雅山的寂靜洞穴中度過，從一個安靜的洞穴步行到另一個洞穴。有一陣子，我在哈德瓦郊外的一個小修道院修行，四周都是樹林。由於這裡眼鏡蛇經常出沒，所以到訪的遊客很少。」凱斯本南達輕聲笑說，「後來恆河氾濫，沖走了修道院和眼鏡蛇，後來我的弟子們幫我蓋了這座在布倫德本的道場。」

我們其中一位同行者問師父，他是如何保護自己不受喜馬拉雅老虎[10]的襲擊。

師父搖了搖頭說：「在那充滿靈氣的地方，野獸很少騷擾瑜伽行者。一次在叢林中，我面對面遇到了一隻老虎，就在我突然大喊一聲後，這隻老虎忽然動也不動，像顆石頭一樣。」師父再次笑著回憶道。

「有時候我會去瓦拉納西看望我的上師，他經常拿我不斷在喜馬拉雅山曠野中的洞穴搬來搬去的事開我玩笑。」

「你的腳上有旅遊癖的痕跡，」有一次他說，「我很高興喜馬拉雅山夠大，能讓你如此著迷。」

「很多時候，」凱斯本南達繼續說道，「在拿希里．瑪哈賽去世前後，他都在我面前顯靈。對他來說，喜馬拉雅山再高也難不倒他接近我！」

兩個小時後，他帶我們去用餐。我無聲地嘆了口氣：又是十五道菜的饗宴！在印度不到一年的時間，到處受到熱情款待，我已經增加了五十磅！然而倘若拒絕他人為我精心準備的菜餚，會被視為是最無禮的行為。在印度，如果看到很福態的出家人，會覺得賞心悅目[11]（很可惜在任何其他地方不是這樣）。

晚飯後，凱斯本南達帶我去了一個僻靜的角落。

「您的到來並不意外。」他說：「我有消息要告訴你。」

我很驚訝！沒有人知道我要來拜訪凱斯本南達。

「去年，當我在喜馬拉雅北部的巴尊納拉揚漫遊時，」師父繼續說：「我迷路了。在荒野中，我

---

10 智取老虎的方法很多。一個澳洲籍的探險家法蘭西斯．博爾陀斯回憶說，他發現印度叢林「多樣、美麗且安全」。他的平安護身符是捕蠅紙。「每天晚上，我鋪一些在營帳的周圍，從未受到騷擾，」他解釋道，「理由是心理上的。老虎是種自尊心很強的動物，牠四處尋覓挑戰人類，直到牠碰上捕蠅紙，隨後就溜走了。沒有一隻有尊嚴的老虎被捕蠅紙黏住後，膽敢面對人類的！」

11 我回到美國後瘦了六十五磅。

看到一個空曠的洞穴，但洞裡的地面上有一堆燃燒過後的餘燼，我好奇是誰住在這遺立獨立的洞穴裡。我坐在灰燼旁，凝視著照在洞口的陽光。

「『凱斯本南達，我很高興你來了。』這些話從我身後傳來，我嚇了一跳轉過頭，看見了巴巴吉！這位偉大的上師在洞穴的凹處顯靈了。多年後再次見到他，我說不出的歡喜，俯伏在他神聖的腳下。

「『是我召喚你來的，』巴巴吉繼續說，『所以你才迷路，被帶到這個洞穴。距我們上次見面已有很長時間了，我很高興再次看到你。』

「這位不死的上師向我說些精神上鼓勵的話並賜福我，然後補充說：『替我傳達信息給尤迦南達，因為他回印度後將拜訪你。許多跟他上師以及拿希里弟子有關的事會占據他許多時間。你告訴他，雖然他希望見到我，但這次我不去見他，但以後我會去看他。』」

從凱斯本南達的口中得到巴巴吉的承諾讓我深受感動。我內心中的傷痛消失了，我不再傷心了，即使聖尤地斯瓦爾曾經暗示，巴巴吉不會在大壺節法會上現身。

我們在道場留宿一晚，第二天下午就要回到加爾各答。穿過橫跨竹姆那河上的橋時，我們欣賞了布倫德本天際線的壯麗景色，太陽像是紅紅的火爐，將整片天空染成紅色，映照在寂靜的水面上。

上主克里希納曾在這裡度過童年，使得竹姆那河岸一帶變成聖地。在這裡，他與天真無邪的女孩一起玩耍，體現了神的化身與虔誠的皈依者之間神聖的愛。許多西方評論家誤解了上主克里希納的生活，經典的真正義涵經常被文字所曲解。有一位譯者所鬧的笑話，正好可以說明這點：故事講述了一位中世紀的皮匠聖人拉維達斯，他用簡單兩句話就把隱藏在全人類內在的靈性榮光給表達出來了：

「在廣闊的藍色穹蒼之下，神性隱藏在每一件衣服裡。」

後來有位西方作家將拉維達斯的詩作如下的詮釋，令人看了也不禁發笑：「後來他蓋了一間茅屋，立了一尊用獸皮作的神像，就此膜拜了起來。」

拉維達斯是偉大的卡比爾的弟子。拉維達斯的弟子中有一位是吉多爾王國的皇后，她的悟性很高。為了向老師致敬，她邀請了許多婆羅門人參加盛宴，但他們拒絕和地位卑微的皮匠一起吃飯。當他們入座後，高傲地吃著自己未被賤民碰過的食物時，瞧！每個婆羅門的身邊都出現了一位拉維達斯。這件事對吉多爾產生深遠的影響，推動吉多爾的靈性復興。

幾天後，我們抵達了加爾各答，我想去看望聖尤地斯瓦爾，結果卻失望地聽到他離開塞蘭坡了，前往南方有三百英里遠的普里。

「馬上到普里的修道院來。」這封電報是在三月八日發給了上師在加爾各答的弟子阿塔爾。消息傳到我耳裡時，我對它其中的暗示感到極為痛苦，連忙跪下來懇求神讓我的上師活下來。當我正準備離開父親的家去搭乘火車時，我的內在有個神聖的聲音說道：「今晚不要到普里去。你的禱告不被准許。」

「上主，」我極為悲傷地說道，「我知道祢不希望跟我在普里來場『拔河』僵持不下，在那裡，祢必須拒絕我為上師的生命所作的持續不斷的禱告。難道他必須聽命於祢，為更重要的任務離開肉身嗎？」

那晚，我順從內在的指令，沒有到普里去。第二天晚上，我才搭上火車，開到一半，七點的時候，一團烏雲突然遮蔽了星空[12]。之後，當火車還在隆隆地駛向普里時，聖尤地斯瓦爾的影像出現在我的面前。他表情嚴肅地坐著，周邊有一道光。

「一切都結束了嗎？」我舉起了手懇切地問。

他點點頭，然後又慢慢地消失了。

次晨，當我已經站在普里火車站的月臺上時，我依然抱著一絲希望。這時，一個陌生人向我走來。

「你知不知道你的上師過世了？」他只說了這麼一句就離開了，我卻一直沒有想起他是誰或他是怎麼知道能在那裡找到我。

我感到一陣暈眩，搖搖欲墜地靠在月臺的牆邊。了解到我的上師真的是在以不同的方式試著向我傳達這個噩耗，我的靈魂像一座火山，翻騰著，反抗著。當我到達普里的修道院時，幾乎要崩潰了。這時，一個內在的聲音溫柔地重複著：「鎮靜下來，冷靜點。」

我進到修道院的房間，上師的身體以蓮花姿勢盤坐著，看似活的一樣，健康又優美。上師在過世前不久，曾有輕微的發燒，但就在他升到天國的前一天，他的身體又完全康復了。所以此刻，不管我再怎麼細看他親愛的形體，也無法接受他的生命已經離去了。他的皮膚光滑柔軟，臉上的表情也是快樂寧靜的。但是，在靈性召喚的時刻，他還是自覺地放棄了他的肉體。

「孟加拉之獅走了！」我茫然地哭著。

我主持了三月十日舉行的莊嚴的葬儀。聖尤地斯瓦爾按著古代僧人的禮俗，被埋葬[13]在普里修道院的花園裡。他的弟子從各地趕來，在春分舉行的追悼會上，向他作最後的告別與致敬。加爾各答主流報紙《甘露市場報》刊登了他的照片及如下的報導：

吉利派宗師聖尤地斯瓦爾．斯瓦米逝世，享年八十一歲。三月二十一日在普里舉行喪禮，許多弟子前來悼祭。

師父是瓦拉納西瑜伽行者拿希里．瑪哈賽門下的大弟子，也是《薄伽梵歌》最偉大的詮釋者之一。師父是印度尤高達眞理團體（自悟會）的創辦人，也是傳揚瑜伽背後的偉大鼓舞力量，他的嫡傳弟子尤迦南達將其帶到了西方世界。是聖尤地斯瓦爾如先知般的能力和甚深了悟，鼓舞著尤迦南達遠

12　一九三六年三月九日下午，聖尤地斯瓦爾就在七點這個時間過世。

13　印度葬禮的習俗要求在家人用火葬，尊者和僧侶不用火葬而用土葬（偶有例外）。僧侶的肉體在受戒時，被認為已象徵性地由智慧之火焚化了。

渡重洋，將印度上師的福音傳揚到西方世界。

他對《薄伽梵歌》以及其他經典的詮釋，證明了聖尤地斯瓦爾已經深入掌握了東西方的哲學，並且是開啓東西方交流的啓蒙者。聖尤地斯瓦爾相信，所有宗教信仰都有共同的信念，因此，在各種宗派信仰領導者的大力協助下，他創辦了「聖人協會」來闡揚宗教中的科學精神。在他逝世之前，他指定尤迦南達承繼這一職責，擔任聖人協會的會長。

一個如此偉大的人過世了，實在是今日印度的不幸。祝福所有幸運地受過他諄諄教誨的人，可以從他身上體驗眞正的印度文化和靈修精神。

我又回到了加爾各答，來到了塞蘭坡修道院，那裡有神聖的回憶。我把聖尤地斯瓦爾在塞蘭坡的小弟子普羅富拉叫來，安排他進入蘭契學校讀書。

「你離開前往阿拉哈巴德大會那天的早上，」普羅富拉告訴我，「上師重重地倒在了長沙發上。」

「『尤迦南達走了！』他叫道，『尤迦南達走了！』他還說，『我必須用別的方法告訴他。』然後就沉默地打坐了幾個小時。」

我往後的日子裡充滿了演講、授課、會面以及與老朋友的重聚。在空洞的微笑和行程不斷的生活中，一道徘徊不去的黑泉污染了我內在極樂的河流，在我所有感知的沙堆下，它緩慢曲折地流動了許多年。「聖人到哪裡去了？」我在內心深處無聲地吶喊著。

沒有任何回答。

「上師完成了與他摯愛的至上宇宙合一，這是最好的了，」我安慰自己，「他會在不死的國度裡散發著永恆的光芒。」

「你在塞蘭坡的老房子裡再也看不到他了，」我的心悲痛地訴說著，「你再也不能帶你的朋友去看他，也不能再驕傲地對他們說：『看呀，坐在那裡的，是印度的智慧阿梵達！』」

萊特先生為我們安排在六月初從孟買回到美國。五月，在為期兩週的送行宴會和演講結束後，普里慈小姐、萊特先生和我就開著福特車到孟買去。當我們抵達時，船務當局卻要求我們取消行程，因為找不到空艙可以放我們在歐洲還要用的福特車。

「沒有關係，」我沮喪地跟萊特先生說道，「我還想要再回到普里。」我心想著：「讓我的眼淚在上師的墓前再灑一遍吧。」

43 聖尤地斯瓦爾復活

「克里希納聖主！」坐在孟買麗晶飯店的房間裡，我在閃耀的光芒中看到了這位阿梵達的光輝形體。我從三樓敞開的長窗向外凝視，這個不可思議的景象突然出現在我的眼前，他帶來的光輝照耀著對街高樓的屋頂。

這個神聖的形體向我揮手、微笑並點頭致意。那時，我無法了解克里希納聖主想傳達的確切訊息。他祝福之後就離開了。我的靈魂被奇妙地提升了，覺得他預示了某個靈性事件。

我回美國的航程暫時被取消了。在回到孟加拉之前，我又在孟買做了幾場公開的演講。

一九三六年六月十九日下午三點，我在孟買旅館房間的床上打坐——時間是在我看到克里希納一週以後——一道聖潔的光將我從打坐中喚醒。我驚訝地張開眼睛，整個房間變成了一個奇妙的世界，陽光變成了天國的光彩。

我欣喜若狂地看到了有著血肉之軀的聖尤地斯瓦爾！

「我的孩子！」上師溫柔地說著，臉上洋溢著天使般迷人的笑容。

這是我生平第一次沒有先跪在他的腳下向他致意，而是立即向前熱烈地擁抱了他。此時此刻！這突然降臨的狂喜，使得我在過去數月裡的極度痛苦，全都一下子煙消雲散了。

克里希納聖主，印度古代的先知（印度藝術家密多羅〔Mitra〕所畫）。祂在《薄伽梵歌》中的靈性教誨已成為印度教聖經。在印度教藝術中，克里希納被描繪成頭髮上有一根孔雀羽毛（象徵主的娛樂、玩耍或創造性運動），並拿著一支長笛，其令人著迷的樂音將追隨者從幻相的沉睡中或宇宙妄想中一個個喚醒。

「我的上師，我心所愛，您為何要離開我？」我因為過度的喜悅變得有些語無倫次，「您為何沒有阻止我去大壺節？我是多麼自責為何要離開您啊！」

「我不想干擾你對於這個我第一次碰到巴巴吉的聖地所抱持的快樂期待。我離開你只有一會兒而已，現在我不是又跟你在一起了嗎？」

「但這真的是您嗎？是原來的神之獅嗎？現在的您跟我當初埋葬在普里無情沙土下的您是同一個肉體嗎？」

「是的，我的孩子，還是原來的我。這一個血肉之軀，雖然我看它是靈體，在你的眼中卻是肉體。我用宇宙的原子創造了一個全新的身體，和你在夢幻世界中埋在普里的肉體是完全一樣的。我真的復活了——不過，不是在地球上，而是在靈界裡。靈界裡居民的層次比地球上的人更高。你，還有那些你所喜愛的人，總有一天會來這裡與我在一起。」

「不死的上師，請多告訴我一些！」

上師高興地微笑著：「親愛的，請你……」他說道，「能否把抱著我的手鬆開一點？」

「只能一點！」我還是像隻章魚般地擁抱著他，甚至可以聞到他身上跟從前一樣特有的一種自然清香。

「就像上帝派先知到地球上幫助人類消除肉體的業障一樣，我被神指派到靈界去拯救那裡的靈魂。」聖尤地斯瓦爾解釋道，「那裡叫作『希蘭亞洛卡』或『光亮的靈界星球』。在那裡，我幫助已經進化的靈魂消除他們自身的靈魂業力，讓他們從輪迴中解脫。希蘭亞洛卡的居民都有著很高的靈性。那裡所有的居民，當他們在地球的最後一世，通過禪定，在死亡時意識清醒地離開肉體。一個地球人除非已經從有餘三摩地進入更高等的無餘三摩地[1]境界，否則是無法進入希蘭亞洛卡的。

「希蘭亞洛卡的居民都已經通過了幾乎所有地球生物在死後都要去的普通靈界。在普通靈界中，他們努力消除許多過去業力的種子，但也只有靈修程度較高的靈魂，才能在靈界中做救贖的工作。接著，為了讓靈魂徹底地從靈體業障的束縛中掙脫出來，這些較為高等的靈魂會受到宇宙法則的牽引，以新的靈體重新降生在希蘭亞洛卡，即所謂的靈界太陽或天堂，我就是在那裡復生的。希蘭亞洛卡中，也有從其他更高等、更精細的因果世界來的高級進化的靈魂。」

我的心現在與上師相互感應，所以透過他的語言和思想，我很快地就同步接收到了他的思想畫面與訊息。

「你在經典上讀到過，」上師繼續說道，「神將人類的靈魂依序安放在三層身體中：意念身（或稱因果身）、細微身（人類心智及感情本質的所在），以及粗糙的肉身。在地球上，人類只具備肉體

1 在有餘三摩地中，虔信者的心靈已進步到內在與神合而為一的境界，但除了在不動的入定狀態外，他無法維持著宇宙的意識。藉由不斷的打坐，他可以達到更高等的無餘三摩地境界，此時他自由地在世間行動，執行外在的職責，不會失去任何真理的了悟。

的感官。在靈界，靈魂通過意識、感覺和生命粒子[2]組成的身體工作。一個有著因果身的靈魂會停留在極樂意念的領域中。我的工作就是幫助那些準備進入因果世界的靈魂。」

「敬愛的上師，請再多說一些有關靈界宇宙的事情吧。」在聖尤地斯瓦爾的要求下，我稍微放鬆了對他的擁抱，但手臂還是環繞著他。

「宇宙有許多靈界星球，住著許多靈體，」上師開始說道，「那裡的居民們使用靈界飛行或乘著光束，在各個星球間穿梭，那速度比電波及輻射能還要快。

「靈界的宇宙是由各種不同的微細的光和色彩的震動構成的，比物質世界的宇宙大數百倍。整個物質世界就像是懸掛在靈界的光亮氣球下的一個很小的實心籃子。在物質世界的宇宙裡有許多太陽和星球漫遊其中，靈界宇宙也有無數的太陽與行星系統，各個行星系統上的太陽和月亮都比物質世界的要漂亮得多。靈界的光體像是北極光，所以靈界的陽光更炫目、月光更柔和。靈界的白晝及夜晚也都比地球上的更長。

「靈界極其美麗、清潔、純淨、有序，沒有死寂的星球或寸草不生的地方。地球上的缺點——野草、細菌、昆蟲、蛇等等，那裡都不存在。另外，不像地球上有多變的氣候及不同的季節，靈界的星球永遠維持著如地球上的春天一般的恆溫，偶爾會有閃亮的白雪及五彩的光雨。靈界星球上還有許多乳白色的湖泊、光輝燦爛的海洋，以及如彩虹般斑斕的河流。

「普通的靈界宇宙，跟剛才提到較為精細的希蘭亞洛卡靈界天堂不同，住了數百萬個最近來自地球的靈魂，當中還有無數的仙子、美人魚、魚、動物、小妖精、地精、半人半神和精靈等，全都依照業力的歸屬分住在不同的靈界星球上。善靈及惡靈住在不同的天體宅第或震動頻率的區域，善靈可以自由旅行，但惡靈會被限制在有限的區域中。如同人類住在陸地表面，蟲在土裡，魚在水中，鳥兒在空中一樣，不同等級的靈魂都被分配到適合他們的震動區域。

「在那些被其他界驅逐的墮落天使之間，也會經常發生爭執和戰爭，他們用生命粒子炸彈或心智咒語[3]震動發出的射線為武器來互相攻擊。這些靈魂居住在靈界宇宙較為低層且充滿陰暗的地區，償還惡果。

「在黑暗靈界監獄之上的，則是光亮及美麗的國度。靈界宇宙比地球空間更加自然協調，幾乎接近神完美的旨意及計畫。靈界居民擁有一種能力，可以修飾或美化任何神已經創造出來的事物，這種可以隨心所欲改變或增進靈界宇宙的自由和權力，是神給予祂靈界子民的。在地球上，固體必須經過

2 聖尤地斯瓦爾使用生命能量（prana）這個字，我將它翻譯成生命粒子。印度經典指的不只是「微」（anu）即所謂「原子」，也提到「極微」（paramanu）意為「超越原子」——更細微的電子能量，也是指生命能量（創造性生命粒子的力量）。原子和電子是盲目的力量；但生命能量本身就具有智慧，例如，在精子和卵子中的生命能量粒子，根據業力的計畫引導著胚胎的發育。

3 Mantric是咒語的形容詞，以心靈專注當作武器，用聲音當子彈，以唱頌的方式發射子彈。往世書（古代的經典或專著）描述著這些天神與魔鬼之間的咒語戰爭。有個魔鬼一度企圖以一首強力的唱頌殺害一位天神，但由於發音上的錯誤，這顆心智的子彈像迴旋鏢似地反彈回來殺死惡魔自己。

自然力或化學變化才能轉化成液態或其他形式，但靈界的固體，可以透過居民的意願，立刻轉變成靈界內的液體、氣體或能量。

「地球上的海洋、陸地、天空各處，因戰爭和屠殺而變得陰暗，」上師繼續說道，「但在靈界感受到的是快樂、和諧與平等。靈界居民能隨心所欲組合、顯現或分解，消除自己的形體。花草、游魚或走獸也可暫時變形為靈界居民。所有靈界居民都可以自由選擇變幻成任何形體，並可以輕鬆地互相交流。不受固定、絕對或自然的法則所侷限，例如，他們可以要求任何一種靈界樹木長出靈界芒果或其他的水果、花朵，甚至是任何其他東西。當然，在靈界還是存在某些業力的限制，但不同的形體在靈界是沒有區別的。萬物都生氣勃勃地充滿了神創造的光芒。

「沒有靈體是由婦女生產出來的，靈界居民藉由宇宙意志的幫助，形成高密度形態靈體的方式來產生後代。最近才脫離肉身的靈魂，會藉由與自己有相似心智與精神傾向的靈體所吸引或邀請，加入靈界家庭。

「靈體不受冷熱或其他自然條件的影響。靈體包括靈腦（即千瓣蓮花之光），以及在中脈裡的六個覺醒中心（即靈體腦脊髓中樞）；心臟可以從靈腦汲取宇宙能量和光，再灌注到靈體的神經、細胞或生命粒子中。靈魂可用生命粒子或心智咒語的震動力來影響自己的身體。

「靈體的外觀與最後一世肉身完全一樣。所以，靈界居民可以保留他們先前旅居在地球時的年輕外貌，但有的也會像我一樣，選擇保持年老時的模樣。」散發著特有的青春氣息的上師，愉快地輕笑起來。

「不像三維空間的物質世界只能靠五種感官認知，用第六感——也就是直覺——可以看見靈界，」聖尤地斯瓦爾繼續說道，「所有的靈界居民以直覺感知色、聲、香、味、觸，他們有三隻眼睛，兩隻眼睛只是部分睜開，第三眼也是主要的靈眼則是直立地位在前額中央，是全部張開的。靈體也有外在的感官——眼、耳、鼻、舌、身，但他們可以透過直覺來操縱身體的任何一部分體驗感覺，像是他們可以用耳朵、鼻子或皮膚來看東西，也可以用眼睛或舌頭來聽，還可以用耳朵或皮膚來品嘗，諸如此類[4]。

「人類的肉體總是暴露在無數的危險中，而且很容易受到傷害或變成殘廢。靈體偶爾也會被割傷或挫傷，但憑藉意志力就可以立即痊癒。」

「神聖的上師，靈界的人都很美麗嗎？」

「在靈界，美麗被認為是一種心靈的品質，而不是外在的形態。」聖尤地斯瓦爾回答道，「因此，靈界居民不重視外在的長相。不過，他們有權隨心所欲地為自己打扮出嶄新的、五彩的靈界身軀。就像地球上的人在節慶時會穿上各種華服，靈界居民也是一樣。

「在像希蘭亞洛卡這樣較高等級的靈界星球上，當居民通過心靈的進化，從靈界解脫並準備好進

4 即使在地球上亦不乏具有這種能力的例子，像海倫凱勒及其他少數的人。

入因果世界的天堂時，就會舉行歡樂的靈界慶典。在這種場合裡，無形的天父及那些與祂合一的聖人們，就會化身成他們自己想成為的形象來參加慶典。而且為了讓心愛的弟子高興，神也可以變幻成任何他們喜歡的形態。比如說，如果弟子是一位虔誠的祈禱者，他所看到的神就會是聖母的樣子。耶穌認為至尊無上的形象是像父親一樣，上帝就呈現父親的樣子。造物主賦予萬物各異的特性，也導致了各種無奇不有、超乎想像的的需求！」上師和我一起快樂地笑了起來。

「在靈界中，去世的朋友很容易就能互相認出對方，」聖尤地斯瓦爾以悅耳的聲音繼續說道，「他們會歡慶不朽的友誼，了解到愛是不能被毀滅的，但在地球，每當生離死別的時候，就會懷疑愛是否存在。

「靈界居民可以透過直覺透視表層的面紗，看到人類在地球上的活動，但是人類卻無法看到靈界，除非發展他的第六感。數以千計的地球居民，偶而會在瞬間瞥見一個靈體或靈界。

「在漫長的白天和夜晚中，希蘭亞洛卡上進化的居民大部分時間都保持在清醒的入定狀態，幫助宇宙政府解決複雜的問題，救贖那些在塵世流浪、無法掙脫輪迴束縛的靈魂。當希蘭亞洛卡的居民在睡覺時，他們偶爾會進入靈界的夢境。他們的心智通常專注在無餘三摩地最高境界的意識狀態中。

「就算住在靈界中，居民依然會遭受到精神上的煎熬。像在希蘭亞洛卡這類星球上進化的靈魂，如果在對真理的認知或行為上犯下任何錯誤，他們敏銳的心智就會感受到強烈的痛苦。因此，這些進化的靈魂會努力調整自己的每一個行動和思想，力求與完美的靈性法則趨於一致。

「靈界居民彼此完全依靠靈界的心靈感應和視覺感應來溝通，不用忍受像地球人那種由語言、文字上的混淆與誤解所帶來的麻煩。就像電影銀幕上的人透過一連串的光影圖片來呈現移動和動作，也不需要呼吸，所以靈界居民行住坐臥都受到光的引導與協調，也不需要從氧氣中汲取能量。與人類必須依賴固體、液體、氣體以及能量過活不同，靈界居民主要以宇宙光維生。」

「上師，靈界居民需要吃東西嗎？」我用心智、心靈、靈魂啜飲上師奇妙的闡釋。超意識對真理的感知是永遠真實和不變的，而轉瞬即逝的感官體驗和印像只是暫時的或相對真實的，很快就會在記憶中失真。上師的話如此深刻地烙印在我的心識上，任何時候，只要我把意念轉移到超意識狀態，就可以重溫神聖的體驗。

「靈界的土壤種滿像光束般燦爛的蔬菜，」他回答道，「靈界居民食用這些蔬菜，飲用從靈界光之噴泉、溪流河川湧出來的瓊漿玉液。就像在地球上，看不見的人類影像可以憑空從乙太中、或電視機裡顯現出來，然後又再度憑空消失。靈界居民也是如此，用意念將神所創造、無形的靈界蔬菜及植物，憑空出現在靈界上。這些靈魂也用同樣的方式，通過他們最狂野的想像，催開滿園芬芳的花朵，然後再消失於無形的乙太中。雖然居住在希蘭亞洛卡這樣天堂的居民幾乎不需要任何飲食，但在因果世界中還有更高層次的存在——完全自由解脫的靈體僅憑神的賜福即可，根本無需進食。

「從地球上解脫的靈魂來到這裡，會遇見許多過去生出現的親友如父親、母親、丈夫、妻子及朋友等，依照在地球不同的轉世，出現在靈界不同的領域[5]。因此，他不知道該特別愛誰，也正因為這樣，讓他學會要對天國眾生保持平等的愛。雖然那些親人的外表可能會根據那個靈魂最近一世所發展出來的特質或多或少有所改變，但靈界居民仍能以其準確的直覺，認出誰是他過去生的親人摯友，並歡迎他們來到靈界的新家。因為萬物中的每一個原子都有無法抹滅的個性[6]，所以無論他如何掩飾，靈界的朋友都能馬上認出來；即使在地球上，只要仔細觀察，也能發現面具背後演員的真實身分。

「靈界上的生命遠比地球上的長久。如以地球上的時間為標準來估算，正常進化的靈界居民的平均壽命是五百到一千歲，正如某些紅杉比大多數的樹種多活了幾千年，或者像一些瑜伽行者能活好幾百歲，不像一般人可能在六十歲之前就死了，所以有些靈界居民可以活得更久。能在靈界待多久，端視其肉身業力的輕重而定，有的會在特定時間後，再被業力帶回地球。

「靈體在脫離他的光體時，不會感到死亡的痛苦。然而，這些靈體一想到要拋棄靈質的形體前往更細微的因果世界，仍不免會緊張。靈界沒有不情願的死亡、疾病和衰老等現象，這三種恐懼是地球的詛咒——在地球上，人類意識以為一個脆弱的身體，需要空氣、食物和睡眠才能生存。

「肉體死亡是伴隨著呼吸停止和細胞分解。靈體的死亡是生命粒子的分散，生命粒子是靈體生命能量的來源。肉身死亡時會失去對肉體的意識，卻對靈界精細的靈體有所察覺。在適當的時候，經歷靈體死亡的靈魂，能清楚意識到靈體的出生和死亡轉變成肉體的生與死。這種靈體和肉體的反覆輪迴是所有未開悟的生命不可避免的命運。經典裡對天堂和地獄的描述，有時會激起人類比潛意識更深層的記憶，想起在靈界的歡樂時光，和在地球令人失望的日子。」

「敬愛的上師，」我問道，「請您再詳細描述一下，在地球的輪迴與在靈界因果世界的再生有什麼不同好嗎？」

「人作為獨立的靈魂，在本質上，都是因果世界的靈體，」我的上師解釋說，「那個身體是上帝用三十五種意念的原型為基礎或因果的思想力量，從中取十九種元素做成精微的靈體，取十六種元素做成粗鈍的肉體。

「靈體的十九種元素的屬性是精神、情感和生命粒子。這十九種元素分別是智力、我執、感覺、心智（感官意識）；五識：視覺、聽覺、嗅覺、味覺、觸覺；五種行動的工具：生殖、排泄、說話、行走與技藝等執行能力的心理反應；以及五種生命力的工具：能夠執行形成、吸收、分解、代謝和循環等身體功能。這十九種精細的靈界元素不會消失，即便粗鈍的肉體（十六種金屬與非金屬元素組成）死亡後仍然存在。

「神將自己心中不同的想法投射到夢中，宇宙大夢因此而迸出，裝飾祂浩瀚無邊且相對的幻相世界。

---

5 佛陀曾被問到人為何需要平等地愛護所有的人。「因為，」這位偉大的導師回答道，「在每個人累世的生命中，其他人都曾經是他親愛的人。」

6 從原子到人，構成所有萬物的八種基本要素是土、水、火、空氣、乙太、行動、心智及個性（薄伽梵歌7：4）。

「組成因果世界靈體的三十五種意念，上帝精心融合了人類十九種複雜的靈體元素和十六種相對應的肉體元素。通過震動力的凝聚，先形成精細的，再來是粗鈍的；先造出人類的靈體，最後造肉身。根據相對律，從原初的單純變成了令人眼花撩亂的多樣。因果宇宙和因果體不同於靈界和靈體；同樣，物質宇宙和物質肉體也與其他創造的形態不同。

「肉身是由造物主固定、具體的夢所構成的。在地球上，二元對立一直都存在：疾病和健康、痛苦和快樂、失去和獲得。人類發現三度空間中的物質有其限制和相互抵抗。當人的求生欲被疾病或其他原因嚴重動搖時，死亡於是降臨；人得以暫時卸下沉重的肉身，然而，靈魂仍然被包裹在靈體和因果體中[7]。把這三個身體粘合在一起的力量就是慾望。未滿足慾望的驅動力是人類奴性的根源。

「肉體慾望根植於我執和感官愉悅。感官體驗的衝動或誘惑很強大，強過人類追求靈性與因果認知的慾望。

「靈界的慾望以震動的享受為主。靈界居民享受超凡的妙音，並且陶醉在永不耗竭、繽紛四射的創造之光中。靈體可以聞到、嘗到和觸摸到光。靈界的慾望就是這樣與靈體的力量連結，以光的形式或意念、夢境的凝結，產生出所有的客體或體驗。

「因果世界的慾望只能通過知覺來滿足。幾近解脫的靈體只是被束縛在因果體內，他們了解整個宇宙只是神的一場夢；他們只要生起意念，意念就可化成任何實相。因此，因果世界的靈體認為肉體感官的快樂或靈體的享受都是粗鈍的，而且會阻礙靈魂的感覺敏銳度。因果界的靈體能瞬間實現他們的願望[8]。那些發現自己只被因果體的精緻面紗覆蓋的靈魂，能像造物主一樣創造出宇宙來。因為萬物都是由宇宙夢境幻化而成的，所以只披著因果體一層薄外衣的靈魂，擁有強大的了悟力。

「靈魂——本質是看不見的——只能通過肉身的存在來呈現。肉身的存在也意味著它的存在是由未滿足的慾望所造成的。[9]

「只要人的靈魂還被裝在一個、兩個或三個肉身的容器內，用無明和慾望的塞子嚴實密封，就無法融入靈性之海。當粗鈍的肉體容器被死亡之鎚摧毀時，另外兩層靈質和因果的外衣，仍會阻止靈魂有意識地融入遍布宇宙的本體。當以智慧證得無欲時，它的力量會瓦解剩下的兩個容器。人類微小的靈魂浮現，終於獲得自由，與虛無合而為一。」

我請我的上師進一步闡明更高層次的因果世界。

「因果世界的微妙非常難以形容，」他回答道，「為了理解它，一個人必須擁有非常強大的定力，以至於他可以閉上眼睛觀想靈界宇宙和物質宇宙的浩瀚——猶如籃子裡的發光體——只存在於意

7 不論是粗糙或精細，身體意味著是任何靈魂的軀殼。這裡的三個肉身是天堂鳥的籠子。

8 正如巴巴吉幫助拿希里．瑪哈賽去除他下意識裡在過去某世中想要一座宮殿的渴望，如第34章中所描述的。

9 路加福音17：37：「門徒說，主啊，在那裡有這事呢？耶穌說，屍首在那裡，鷹也必聚在那裡。」只要靈魂被包裹在肉體或靈體或因果體中，不論在那裡，欲望之鷹——捕食著人類感官弱點，或靈界與因果界的執著——就會聚集起來，使靈魂繼續成為囚犯。

念中。如果通過這種超人的專注，成功地將兩個複雜的宇宙轉化或溶解為純粹的意念，那麼他就到了因果世界，站在心與物質融合的邊界上，了知萬事萬物——固體、液體、氣體、電、能量、眾生、神、人、動物、植物、細菌——都是意念的生成，就像一個人閉上眼睛仍可意識到自己的存在，雖然眼睛看不見身體，但身體就存在於意念之中。

「無論一個人在幻想中能做什麼，因果界的靈體都可以讓夢幻成真。人類大腦裡無窮無盡的想像力，可以在兩個極端思想間擺盪，從這個星球跳到另一個星球，或者無休止地墜入永恆的深淵，或像火箭一樣射向銀河，或像探照燈一樣在銀河和星空中閃爍。但因果世界中的靈魂擁有更大的自由，可以毫不費力地將他們的想法轉化為實體，沒有任何物質、靈界的障礙或業力的束縛。

「因果界的靈魂知道物質宇宙不是由電子構成的，靈界宇宙也不是主要由生命粒子組成的——兩者實際上都是由上帝意念最細微的粒子創造的，被幻相切割分離，但由於二元的相對法則介入，將本體與至上的現象分開[10]。

「在因果世界中的靈魂將彼此視為快樂的精神個體，念頭是唯一包圍他們的事物。因果界的靈魂知道身體與念頭的差異只在於意念。就像人閉上眼睛，可以觀想出耀眼的白光或微弱的藍霧，所以因果界中的靈魂僅憑念頭就能看到、聽到、感受到、嘗到和碰觸到；他們以宇宙意念的力量，創造或消滅一切。

「因果世界中的死亡和重生都在一念間。因果世界的靈體只以永恆的新知識作為美食，飲用和平的甘泉，漫遊在感知的土壤上，沉浸在無盡的幸福之海中。瞧！他們明亮燦爛的意念之體穿越無數心靈所創造出來的星球，宇宙的新鮮氣泡、智慧之星、金色星雲的光譜夢想，遍布在無限藍色穹蒼的懷抱裡！

「許多靈魂在因果宇宙中停留了數千年。經由體悟到更深層的喜悅，這些靈魂會從因果體解脫，進入廣大無垠的因果宇宙中。所有獨立的意念漩渦，特別是散發能量、愛、意志、喜悅、平和、直覺、冷靜、自制和專注的波動都融入了永遠喜悅的極樂之海。靈魂不再需要個別體驗意識波的喜悅，而是與所有的波動一起融入到宇宙之海，享受永恆的歡笑、刺激、悸動。

「當靈魂脫離三種身體的繭時，它將永遠擺脫相對法則，成為不可言喻的永恆存在[11]。看哪，無所不在的蝴蝶，它的翅膀上蝕刻著星星、月亮和太陽！靈魂擴展為精神，獨自遨遊於無光之光、非黑之黑、非想之想的境界，陶醉在上帝創造宇宙之夢中的狂喜中。」

「靈魂自由了！」我狂喜地吶喊。

「當一個靈魂最終從三種身體的幻相中解脫出來時，」上師父繼續說道，「它與至上合而為一卻

10 哲學家康德認為「現象」與「本體」在純粹理性批判中是對立的。人類身處的世界是由現象組成，與獨立於人類經驗的世界「本體」是相對的。

11 啟示錄3：12、21節：「得勝的，我要叫他在我神殿中作柱子，他也必不再從那裡出去。（也就是說不用再輪迴）。……得勝的，我要賜他在我寶座上與我同坐，就如我得了勝，在我父的寶座上與他同坐一般。」

沒有喪失個體性。耶穌基督早在誕生之前，就已經贏得了這最終的自由。在他過去經歷的三個階段，象徵他在人間經歷死亡到復活的那三天經歷，他已經得到全然昇華的靈性力量。

「靈性尚未開發的人，必須經歷無數次在人間、靈界、因果界的輪迴，才能脫離這三種身體。獲得最終自由的大師可以選擇返回地球作為先知，引領其他人帶到神的身邊，或者像我一樣，選擇居住在靈界宇宙中。在那裡，一位拯救者會承擔居民的某些業力[12]，幫助他們終止在靈界宇宙的輪迴，永久地進入因果世界。或者，一個解脫的靈魂可以進入因果世界，幫助因果界的靈體縮短因果身的年限，從而獲得『絕對的自由』。」

「復活的上師，我想多了解一下，讓靈魂回歸三界的業力。」我想，我可以永遠聽我無所不知的上師的教誨。在他還活著的時候，我從來沒有一次吸收他如此多的智慧。這是我第一次對生與死的棋盤上那神祕的空隙有了清晰、明確的了解。

「若想永遠留在靈界世界，必須先徹底清除人類的物質業力和慾望，」我的上師用激勵人心的語氣解釋道，「在靈界有兩種靈魂。一種是還有塵世業力要處理，因此必須回到粗鈍的肉體中以償還業債，待肉體死亡後，就成為靈界的臨時訪客，但還不是永久居民。

「還沒清償塵世業債的靈魂，即便靈體死亡後，也不能進入更高層次的因果界，而是必須在物質世界和靈界世界來回穿梭，持續意識到十六種粗鈍元素的物質肉體和十九種精微元素的靈體。然而，在塵世靈性尚未發展的個體，在每次脫去物質肉體之後，大部分時間仍然處於深層的死亡睡眠狀態，很難意識到美麗的靈界。在靈界休息後，人又返回物質世界去做進一步的功課，經由反覆的旅程逐步調整自己，直到習慣微妙靈界的步調。

「一般或長期居住在靈界宇宙的居民已經永遠擺脫了所有的物質欲望，不需要再回到地球的粗鈍震動之中。這些靈界居民只要消除靈界與因果界的業力，一旦靈體死亡，就可以進入更精細微妙的因果世界。在特定時間結束後，根據宇宙法則，這些靈性較高的靈魂會脫去思想所形成的因果體，返回到希蘭亞洛卡或類似的高等靈性星球，重生誕生成一個新靈體，消除他們尚未償還的靈界業力。

「我的孩子，你現在應該明白，我的復活是根據神的旨意，」聖尤地斯瓦爾繼續說道，「我是從因果世界轉世到靈界的救世主，而不是來自地球的靈魂。那些從地球來的靈魂，如果仍然保留著物質業力的痕跡，是不能進入到像希蘭亞洛卡那樣高等的靈質行星。

「正如地球上的大多數人，還沒有學習從冥想中看到靈界生活超凡的喜悅和益處，因此在死後，仍渴望回到處處受限、不完美的地球；許多靈界的靈魂，在靈體瓦解後，遺忘了因果界中更高精神狀態的喜悅，沉迷於靈界中更粗俗快樂的念頭裡，渴望重返靈界的樂園。這些靈魂必須償還沉重的靈界業力，在靈體死亡後才能永久停留在因果思想的世界裡，在那裡，造物主就近在咫尺。

---

12 聖尤地斯瓦爾的意思是，如同他化身在地球時，他偶爾會承擔疾病的重擔來減輕徒弟的業力，在靈性的世界也是一樣，身為教主的使命，使他能承擔希蘭亞洛卡居民某些靈性業力，如此可以加速他們進化至較高等的因果世界。

「只有當眾生不再渴望體驗更多悅目的靈界宇宙時，才不會受誘惑想回到那裡，他才得以進入因果世界。在那裡清償完所有的因果業力，或消除過去慾望的種子，拔除無明的三個塞子，最後從因果體的容器中脫身，與永恆合一。

「你現在明白了嗎？」師父笑得好迷人！

「是的，靠您的恩典，我高興得說不出話來，感激不盡。」我從未從聖歌或故事中獲得過如此啟發人心的知識。雖然印度教經文提到因果體、靈體和肉體這三體，但與我復活的上師溫暖的真實性相比，那些經文是多麼遙遠與無所謂啊！對上師來說，確實不存在一個「旅人一去不返的未知死後的世界」！

「人的三種身體是透過他的三元本質相互貫通的，」偉大的上師繼續說道，「當地球上的人類處於清醒狀態時，或多或少能意識自己有這三種工具：當他專注在色、聲、香、味、觸的時候，他是用肉身工具在工作；當他用想像力或意志力時，那是靈體在工作；當他在思考或潛入更深的自省或入定時，此時是因果體在發揮作用。所以啟發天才宛如宇宙浩瀚思想的是他的因果體。從這個意義上說，可以把人分類成『物質欲望強的人』、『精力充沛的人』或『智力高的人』。

「人每天大約有十六個小時是意識到自己處於肉身狀態，然後他睡覺，如果他做夢，他會留在他的靈體中，甚至像靈界的靈魂一樣毫不費力地創造出任何事物；如果一個人連續幾個小時睡得很沉又沒有做夢，那麼他能夠將意識或自我感官轉換到因果體，這樣的睡眠能使人恢復活力。做夢的人接觸的是他的靈體而不是因果體，所以他醒來後不會有精神飽滿的感覺。」

當聖尤地斯瓦爾發表精彩的解說時，我一直崇敬地注視他。

「天使般的上師，」我說，「你此時的身體看起來和我上次在普里修道院為它哭泣的那副身體一模一樣啊！」

「哦，是的，我的新身體是舊身體的完美複製品。我隨心所欲現出或化掉這個形體，比我在地球上的時候還要頻繁得多。透過瞬間非物質化，我可以乘著光馬上從一個行星到另一個行星，或者從靈界到因果界，或到物質宇宙去。」我的上師微笑了。「雖然這幾天你往來各地走得這麼快，但要在孟買找到你，一點也不難！」

「噢，上師，您的死讓我悲痛萬分！」

「啊，我死在什麼地方了？你不覺得有什麼矛盾嗎？」聖尤地斯瓦爾的眼中閃爍著愛意和愉悅。「在地球上只是一場夢；在那個地球上你看到的只是我的夢中之身，」他繼續說，「你埋葬了那個夢中的形體。現在你看到和擁抱著的我，是更精細的肉身——在上帝的另一個更美好的夢裡復活了。有一天，這副更美好的身體和更美好的夢也會消失；它們也不是永遠的。所有夢中的泡泡最終會在最後的清醒、觸摸中破裂。我的孩子，尤迦南達，夢與現實畢竟不同！」

突然間，我終於理解吠陀經典[13]裡復活的概念。我很慚愧我在普里看到上師的屍體時竟然很傷心。我終於明白，上師一直完全覺醒地活在上帝之中，感知自己在地球上的生命是過客，現在他復活了，這不過就是宇宙大夢中神聖的相對性概念罷了。

「尤迦南達，我現在已經告訴你，我的生、死和復活的真相。不要為我悲傷，而是要去告訴眾人，我從上帝夢境的人類地球復活了，現在要前往上帝另一個夢境中的靈界行球去了。新的希望將會注入這世上所以不幸、恐懼死亡的夢中人的心中。」

「是的，上師！」我是多麼希望與他人分享您復活的喜悅啊！

「在世時，我的高標準惹得眾人不舒服，不適合大多數人的天性。我不應該經常責罵你，可是你通過了我的考驗；你的愛穿過了責罵的烏雲而閃耀。」上師溫柔地說道：「我今天也是來告訴你的：我以後再也不會對你那麼嚴厲了，也不會再罵你了。」

我多麼懷念上師的責罵啊！每一聲責罵都是保護我的天使。

「親愛的師尊！您罵的再多也不夠，現在就罵我吧！」

「我不會再責備你了。」他的聲音凝重，卻帶著笑意。「你和我將一起微笑，就算我們兩人是出現在上帝不同的幻相夢裡。最終我們將在宇宙的至愛中合而為一；我們的微笑將是祂的微笑，我們喜悅之歌的聲波會在永恆中震動，傳揚給每個與上帝同頻率的靈魂收聽！」

聖尤地斯瓦爾告訴我一些我不能在此透露的事情。我與他在孟買酒店房間裡共度的兩個小時裡，他回答了我的每一個問題，還預言在一九三六年六月世界會發生的事情，後來都應驗了。

「我現在要離開你了，親愛的！」一聽到這話，我感覺上師就在我的懷抱裡融化消失了。

「我的孩子，」他的聲音響起，震動著我的靈魂深處，「每當你進入無餘三摩地時，呼喚我，我就會像今天這樣，以血肉之軀來到你身邊。」

帶著這個神聖的承諾，聖尤地斯瓦爾從我的視線中消失了。一個聲音從虛空中重複地說：「告訴所有人！無論誰在無餘三摩地了悟了這個真理——一旦知道人間是神的大夢，就可以來到更美好精細的希蘭亞洛卡，在那裡看到我這副與在世時完全一樣的復活之軀。尤迦南達，告訴所有世人吧！」

死別的悲傷已經一去不復返了。因上師的死所引起那干擾我平靜的悲傷與憐憫，如今像赤裸裸的強盜在羞辱中逃離。幸福像噴泉一樣，從無盡的新打開的靈魂毛孔中湧出，將長久以來因廢棄而堵塞的毛孔，在狂喜浪潮的沖洗下變得純淨了，讓我累世以來的潛藏意識和感受擺脫了業力的污點，在聖尤地斯瓦爾的神聖造訪後，重新煥發出光彩。

在這一章，我遵照上師的命令傳揚了這個來自天國的福音，儘管它又再次讓這渾渾噩噩的一代感到困惑。人類對如何卑躬屈膝知之甚詳，對絕望也不陌生，然而，這些都是不正常的，不是人類真正的命運。在人類下定決心的那一刻起，他就已經踏上通往自由的道路。長久以來，人類悲觀地認為自己只是塵世中的一副肉體而已，聽不見不可征服的靈魂呼喚。

13 生與死都只是相對思想的觀念。吠陀哲學指出上帝是唯一的真理；所有萬物或是分離的存在都是幻相。這一元論的哲理在商羯羅《奧義書》的評論中被表達的最為透徹。

我並不是唯一看見上師復活的幸運之人。

聖尤地斯瓦爾有一位弟子是個老婦人，大家親切地稱她為「媽」，她的家靠近普里修道院，上師在早上散步時經常會停下來與她聊天。一九三六年三月十六日傍晚，她到修道院去，要求會見上師。

「上師一週前就過世了！」現在掌管普里修道院的塞巴南達悲傷地看著她。

「那是不可能的！」她笑著說，「你只是想保護上師不被訪客打擾吧？」

「不是。」塞巴南達對她詳述了葬禮的細節，「來吧，」他說，「我帶妳到前面花園聖尤地斯瓦爾的墓地去。」

媽搖搖頭，「他怎麼可能有墓地！今天早上十點，他還像往常一樣，散步經過我家門前！我在光天化日之下還和他聊了幾分鐘。

「『請妳今天傍晚到修道院來！』他對我說。

「所以我來了！祝福降臨到我這老人身上了！不死的上師要讓我了解，今天早上他是以什麼不凡的身體來拜訪我！」

驚訝的塞巴南達跪在她的面前。

「媽，」他說道，「妳知道妳從我心中移去了多麼沉重的悲痛嗎？他復活了！」

44 瓦爾達的聖雄甘地

「歡迎來到瓦爾達！」聖雄甘地的祕書德賽先生，用手工編織的棉質花環以及親切的問候迎接普里慈小姐、萊特先生和我。我們一行人在八月的一個清晨終於從瓦爾達火車站下車，脫離了布滿灰塵及悶熱的車廂。我們將行李交給牛車托運，和德賽先生及他的同伴得沙穆克先生、彭格爾博士一起坐進一輛敞篷汽車。駛過一小段泥濘的鄉村道路之後，來到印度政治聖人甘地的道場——瑪岡瓦地。

德賽先生馬上帶我們到書房去。在那裡，聖雄甘地正盤腿坐著，一手持筆，另一手拿著一小片碎紙。他的臉上洋溢著開朗、勝利及熱情的微笑！

他潦草地用印地語寫下「歡迎」兩字。那天是星期一，是他每週禁語的日子。

雖然這只是第一次會面，但我們熱情地朝對方微笑著。一九二五年，聖雄甘地曾親臨蘭契學校，還在學校的貴賓簿上留下了優雅的頌詞。

這位只有約四十五公斤重的瘦小聖人在身體、心智、靈魂各方面都散發著健康的光彩。他柔和的棕色雙眸散發出智慧、真誠和洞察力。這位機智的政治家曾在無數法律、社會及政治戰鬥中贏得勝利。世界上沒有一位領導者可以像他這樣，成為上百萬未受過教育的印度人民心中的安全庇護所。他們自發地為他獻上這一舉世聞名的光輝——聖雄，意即「偉大的靈魂」[1]。甘地僅在腰間繫著一塊纏腰布，上身打赤膊，象徵著他與廣大受壓迫的群眾一樣，一無所有。

「修道院的人全都可以任由你們使喚，有任何需求只需吩咐他們。」當德賽先生準備帶領我們從書房走向招待所時，聖雄以特有的謙遜遞給我這張字跡潦草的紙條。

我們的嚮導帶領我們穿過果園和花圃，來到一棟有著格子窗戶和瓦片屋頂的建築面前。在前院有個水池，直徑約七公尺，德賽先生說是用來儲水的。附近還豎著一個可以旋轉碾米的水泥輪子。我們每個人的小臥室的陳設可說是少的不能再少了——由手工編織繩索做成的床。砌著石灰牆壁的廚房一角有個水龍頭，另一角還有個煮飯用的爐灶。質樸的田園牧歌傳入我們耳中——烏鴉、麻雀的叫聲、牛鳴聲以及雕鑿石塊的的敲擊聲。

德賽先生看著萊特的旅行日記，並翻到一頁空白頁寫下「不合作主義」[2]的誓約，凡追隨聖雄者均需嚴格遵守：

一、非暴力
二、誠實
三、不偷竊
四、獨身禁慾
五、無恆產

六、身體勞動
七、控制口慾
八、無懼
九、平等尊重所有宗教
十、使用國貨（家庭手工自製品）
十一、釋放賤民

這十一項誓言應以謙恭之心來遵守。

隔天甘地本人在這頁上親自簽名，並註明日期是一九三五年八月二十七日。

在我們抵達這裡兩小時後，我和同伴被通知去吃午餐。甘地從書房經過庭院，坐在修道院入口的拱廊下。一共大約二十五個赤足的追隨者盤腿坐在黃銅製的杯盤前，全體同聲祈禱後，開始享用黃銅大碗裡面裝著的灑上印度酥油的烤麵餅、切成小方塊的水煮蔬菜以及檸檬醬。

甘地吃著烤麵餅、水煮甜菜、一些生菜和柑橘。在他的盤中另外有一堆非常苦的印度楝葉，是一

1 甘地的全名是摩汗達斯・卡藍謙德・甘地。他從未自稱是「聖雄」。
2 不合作主義（Satyagraha）從梵文字面上的翻譯是「保持真理」。不合作主義是甘地所領導著名的非暴力運動。

一九三五年八月，我與印度政治聖人聖雄甘地（中間戴眼鏡者）在瓦爾達的修道院共進午餐。

種出名的清血劑。他用湯匙舀了一些放在我盤中，我和著水匆匆嚥下，想起兒時母親曾經強迫我吞下這討厭的食物。然而，甘地卻津津有味地細嚼慢嚥著這苦楝糊，彷彿是道可口的甜點。

從這件微不足道的小事中，我注意到，甘地其實可以隨心所欲地分離心靈及感官。我回想起數年前他那場轟動的盲腸開刀手術，他拒絕麻醉，整個手術過程中也都在高興地和弟子聊天，那富有感染力的笑容，顯露出他對疼痛的毫無感覺。

那天下午，我和甘地的一個著名的弟子、一位英國海軍上將的掌上明珠瑪德琳·斯萊德[3]小姐閒聊。當她以流暢的印地語向我講述她每日的活動時，她堅強平靜的臉龐上散發出熱情、快樂的光芒。

「重建農村是很有意義的工作！我們一群人每天清晨五點就出門，為附近的村民服務，並且教導他們一些簡易的衛教知識。我們將清潔公廁及茅草房當作工作重點，村民均未受過教育，除非實際操作示範，否則是無法教導他們的！」她愉快地笑著。

我讚賞地看著這位出身名門的英國女士，她的謙遜使她能夠拋卻尊貴的身分去做這些通常只有「賤民」才會從事的工作。

3 最近有惡意報導稱，斯萊德小姐與甘地斷絕所有的關係並拋棄自己的誓言。斯萊德小姐是聖雄不合作主義二十年的徒弟，她在一九四五年十二月二十九日對合眾國際社發出親筆簽名的書面聲明解釋，自她離開後出現一連串沒有事實根據的謠言。在甘地的祝福下，她在印度東北部靠近喜馬拉雅山的一個地方，成立了現在蓬勃發展的農民醫療及農業援助的中心。聖雄甘地曾計畫在一九四六年間拜訪此地。

「一九二五年我來到印度，」她告訴我，「在這片土地上我有『回家』的感覺。現在，我絕不會再回到過去的生活了。」

我們討論了一會兒有關美國的事情。「我一直很高興也很驚奇，」她說，「許多造訪印度的美國人，對靈性的探索都顯示出了極大的興趣。」4

瑪德琳小姐很快就在紡紗車上忙碌起來，紡紗車在修道院的所有房間都有——因為甘地的推廣。甘地有充分的經濟和文化理由來鼓勵振興家庭手工業，但他並不排斥現代化帶來的進步，機械、火車、汽車、電報在他忙碌的人生中扮演了重要的角色！五十年來為眾人服務，多次進出監獄，每天都在與現實生活的瑣事和政治世界中的殘酷現實搏鬥，這些都讓他更加堅持中庸之道，心胸更加寬廣、清明，以幽默面對稀奇古怪的人間百態。

我們三人很高興成為巴巴薩黑·得沙穆克的客人，享受完晚上六點的晚宴後，便回到瑪岡瓦地修道院參加七點的祈禱。我們爬上屋頂，在那裡，已有三十位追隨者環繞著甘地成半圓形，他盤腿坐在草墊上，面前是一只古老的懷錶。夕陽的餘暉映照在棕櫚樹及印度榕樹上，夜色籠罩下，蟋蟀開始鳴叫，寧靜的氣氛中，我沉迷了。

先是由德賽先生領唱，接著大家應和，他們唱了一首莊嚴的聖歌。聖雄示意我主持結束時的禱告，此時心與靈是如此的神聖和諧！永世難忘的回憶——在星光初升下的瓦爾達屋頂上打坐。

到了八點，甘地準時結束了他的禁語。超量的工作，使他必須精確地利用時間。

「歡迎，可敬的師父！」聖雄這次不再用紙筆向我們致意。我們剛剛才從屋頂下樓到達他的書房，屋內簡單陳設著正方形的坐墊（沒有椅子），一張低矮的書桌上放著書、紙及一些普通的筆（不是鋼筆）。一個不起眼的時鐘在角落中滴答響著，充滿了平靜與虔誠的氣息。甘地露出了他令人迷醉的微笑。

「多年以前，」他解釋道，「我開始每週禁語一天，利用這天的時間來回覆信件。但是現在，這二十四小時已經成為我靈性生活中不可或缺的重要時光。這種定期禁語對我來說不是折磨，而是恩賜。」

我完全同意[5]。接著，聖雄向我詢問了有關美國及歐洲的情形，我們還討論了印度及國際形勢。

「先生，」當德賽先生走進書房中時，甘地對他說：「明天晚上請在鎮上的大禮堂安排可敬的師父演講有關瑜伽的修行。」

當我向聖雄道晚安時，他體貼地遞給我一瓶香茅油。

---

4 斯萊德小姐使我想起另一位傑出的西方女性，瑪格麗特·烏卓·威爾遜小姐，她是美國偉大總統的長女。我在紐約碰到她，她對印度非常有興趣。後來她到朋迪榭里區，在那裡度過她最後的五年歲月，快樂地在聖奧羅賓多·高緒的指引下追尋戒律的道路。這位聖人從不說話，只在每年三個慶典場合無言地歡迎他的弟子。

5 我在美國的數年中，曾多次在讓訪客及祕書驚訝的情況下禁語。

「可敬的師父，瓦爾達的蚊子不懂什麼叫做不殺生[6]！」他笑著說。

隔天早上，我們一小群人很早就用了早餐，享用添加了糖蜜及牛奶的美味麥片粥。十點半，我們被通知到修道院前廊與甘地和他的追隨者一起共用午餐。今天的菜單居然有糙米、新鮮精選蔬菜及豆蔻種子。

中午，我在修道院內到處閒逛，在牧場上看到了一些悠閒自在的牛，甘地充滿熱情地保護著這些動物。

「對我而言，牛代表著一切低於人類的世界，」聖雄解釋說，「通過牛，人類可以了解自己與其他生命其實是一體的。為何古代的先知選擇把牛神化？答案對我來說非常清楚。印度的牛是最佳的例子，牠是慷慨的給予者，不僅提供牛奶，還幫助耕田。牛就像是憐憫的詩篇，通過這溫和的動物，人類可以感受到憐憫。牠可說是數百萬人類的第二個母親。保護牛就意味著保護所有神創造的無法言語的生物。因為無法言語，所以牠們的懇求會更加強有力。」

這裡每天都舉行三種傳統的印度教儀式。一個是奉獻食物給動物界的「布塔耶納」，這個儀式象徵著人類意識到他對進化程度較低的物種的義務，這些低等生命本能地認同自己的肉身（這種認同也逐漸地腐蝕人類的生活），卻缺乏人類特有的悟性以走向解脫之道。因此，布塔耶納讓人類隨時準備好救助弱者，反過來，人類也受到無數高等靈魂的眷顧。人類也有責任重振大自然的活力，彌補在地球、海洋和天空中被人類消耗的資源。以內心無聲的大愛，克服自然、動物、人類和靈界天使之間溝通的障礙。

第二種儀式是祭拜祖先的「皮崔耶納」，象徵著人類承認對過去祖先的虧欠，因為祖先的智慧，人類才有今天的成就。以及第三種儀式「耐耶納」，向陌生人和窮人提供食物，象徵著人類對當前同時代的人應盡的責任。

接近中午時，我想以耐耶納儀式布施一些食物給修道院附近的一些小女孩，萊特先生開車陪我去。那些小女孩穿著彷佛花莖的紗麗，洋溢著有如花朵般的笑臉。然而就在我剛結束用印地語[7]做簡短的致辭時，天空突然降下傾盆大雨。在暴雨中萊特先生和我笑著爬上車，疾駛回瑪岡瓦地。這真是典型的熱帶驟雨和泥濘！

當我回到招待所時，再度被這簡樸至極、到處都體現著奉獻精神的場景震撼住了。甘地在結婚後不久就發誓不再擁有私人財產，每年都把超過兩萬美元的收入全部捐出來，分給了窮人。

聖尤地斯瓦爾過去常常拿錯誤的「捨離」觀念開玩笑。

「一個乞丐無法捨棄財富，」上師說，「如果有個人傷心地說：『我的事業失敗了，妻子離開

6 無害、非暴力是甘地信條的基石，他出生於虔誠的耆那教家庭中，認為不殺生是根本的美德。耆那教是印度教的一支，西元前六世紀由與佛陀同時代的筏馱摩那所創立。筏馱摩那意為「偉大的英雄」；願他看顧著幾世紀之後的英雄兒子甘地。

7 印地語是全印度通用語，主要是源自於梵語的印度—雅利安語，印地語是印度北方主要使用的方言。印度西邊主要使用的方言是印度斯坦語，同時使用梵文及阿拉伯字書寫。它的子方言是回教徒使用的烏爾都語。

我，我要捨棄一切出家。』請問他捨棄了什麼？其實，他並沒有財富和愛可捨棄，而是財富和愛拋棄了他！」

在另一方面，像甘地這樣的聖人們，不但做到了有形的物質犧牲，還做到了更為困難的捨棄自私的動機及目標，將他們內在最深沉的本質與人道主義的洪流合而為一。

甘地的妻子卡斯特拉拜很了不起，她並未反對甘地沒有保留任何財產給她和孩子。甘地在很年輕時就結婚，在生下幾個兒子[8]後，夫妻倆就立誓禁欲。在這齣由他們夫妻共同演出的激烈生活戲劇中，她確實是一位鎮定的女英雄，追隨丈夫入獄，與他一起絕食三週，而且完全分擔著她丈夫無止盡的責任。她曾讚美甘地說：

「我感謝有幸成爲你終生的伴侶和助手，感謝你給了我世界上最完美的婚姻——奠基於自我克制而不是性。在你爲印度奉獻的一生中，我感謝你將我視爲與你同樣平等的人。我感謝你沒有成爲那些把時間花在聲色犬馬的丈夫之一，厭倦妻兒，就像小男孩對玩具很快就喜新厭舊。我多麼感激你不是那些花時間靠剝削他人的勞力而致富的丈夫。

「我多麼感謝你把上帝和國家置於賄賂之前，以及對上帝堅定的信仰和毫不保留的勇氣，將上帝和國家擺在我之前。當我年輕不懂事，抱怨和反對你散盡家財濟貧扶危時，我是多麼感謝你當時對我的包容。

「我很小時就嫁進你家，你的母親是一個偉大而善良的女人，她教我如何成爲一個勇敢無畏的妻子，以及如何去愛與尊重她的兒子——也就是我未來丈夫的你。隨著歲月的流逝，你成爲印度最受人愛戴的領袖，我不再擔心在你爬上成功的階梯時會被你拋棄，就像在其他國家經常發生的那樣。我相信，我們至死都會是丈夫和妻子。」

多年來，卡斯特拉拜擔任會計，管理聖雄所募到的數百萬美元捐款。在印度民間流傳著許多幽默的故事，就是丈夫會很緊張妻子打扮得珠光寶氣地去參加甘地的會議——因為聖雄神奇的口才會讓這些貴婦自願把金鐲、鑽石項鍊放進捐款箱中！

有一天，卡斯特拉拜對帳上四盧布的支出交代不清，甘地就正式公布帳目，並毫不留情地指出妻子的帳目有問題。

我經常對美國學生講這個故事。有天晚上，有位女士在講堂上非常憤慨地說：「管他什麼聖雄不聖雄，」她大叫道，「如果他是我丈夫，並且讓我受到這種不必要的公然侮

8　甘地在自傳《我對真理的實驗》中，以驚人的坦率敘述自己的生平。許多自傳充滿知名人物及多采多姿的事件，但幾乎完全沒有觸及內在心靈分析及發展。我們帶著某種程度的不滿放下這些書本，彷彿是說：「這個人認識許多名人卻不認識自己。」這種感覺是不可能出現在甘地自傳中，他以編年史上罕見力求客觀公正的態度，真實地顯示自己的缺點和詭計。

辱，我一定會賞他一巴掌！」

我在與他們輕鬆地討論了美國與印度妻子這個主題後，又做了一個完整的解釋。

「甘地的妻子是把聖雄視為她的上師，而不是丈夫。所以，即使只是一點小錯，上師也有權懲戒學生。」我指出，「在卡斯特拉拜被公開指責後不久，甘地就因為政治因素被宣判入獄。當他平靜地向妻子道別時，她跪在他的腳下，『上師，』她謙卑地說道，『如果我曾經冒犯您，請原諒我。』」9

那天下午三點，在瓦爾達，我依照約定來到聖人的書房，甘地面帶令人難忘的笑容望著我。

「可敬的聖雄，」當我盤腿坐在他身旁的草席上時，我問他，「請告訴我你對不殺生的定義。」

「在思想或行為上，避免傷害任何生物。」

「非常好！但世人總是會問：難道不能為了保護孩子或自己而殺死一條眼鏡蛇嗎？」

「我無法違反我的兩個誓言——無懼及不殺生——去殺死眼鏡蛇。我寧可嘗試先用內在愛的震動力使蛇平靜下來。我不可能降低我的標準去迎合環境。」甘地接著以令人驚奇的坦率補充道，「我必須承認，如果真的面對眼鏡蛇，我也無法堅持剛才的討論！」

這時，我注意到他的桌子上放著幾本西方最近出版的有關飲食的書籍。

「是的，飲食對不合作運動是非常重要的。」他輕笑著說道，「因為我對不合作運動者提倡徹底禁欲，所以我一直在努力尋找對獨身禁欲者最佳的飲食。一個人要先控制好口欲才能控制好性欲。半飢餓狀態或不均衡的飲食都不是解決的辦法。一位不合作主義者只有先克服身體內在對食物的貪欲後，同時，必須持續遵循合理的素食以獲得必要的維他命、礦物質、熱量等，並要藉著內在及外在的智慧，把性的能量轉變成為全身的活力。」

聖雄和我討論著比較優質的肉類替代品。「酪梨是非常好的，」我說，「在加州我的總部附近有許多酪梨樹。」

甘地臉上露出感興趣的表情。「我不知道它們能不能在瓦爾達生長？不合作主義者會很感謝有新的食物。」

「我一定會從加州寄一些酪梨樹苗到瓦爾達[10]。」我接著說道，「雞蛋是一種高蛋白食物，不合作主義者也不吃嗎？」

「沒有受精的蛋是不被禁止的。」聖雄笑著回憶道，「但是多年來，我都不支持他們食用，即使現在，我自己也不吃雞蛋。」

---

9 卡斯特拉拜・甘地一九四四年二月二十二日在浦那的監獄中過世。通常情緒平和的甘地默默流下眼淚。不久她的崇拜者建議發起紀念基金募款，全印度踴躍捐款募得一千二百五十萬盧布（近乎四百萬美金）。甘地將基金運用於鄉村婦孺福利工作，他在自己的英文週刊《神的子民》（Harijan，意為印度社會最底層的賤民，但甘地稱其為神的子民）上報導相關活動。

10 我回到美國後不久就以海運寄去瓦爾達，這植物，唉！因為無法忍受長期海上運輸而死在路上。

「『可敬的甘地，』醫師說，『未受精的蛋沒有活的精蟲，完全不涉及殺生。』

「於是我很高興地允許我的兒媳婦吃雞蛋，她很快就恢復健康了。」

前一天晚上，甘地表達了想接受拿希里．瑪哈賽的克利亞瑜伽傳法的意願。聖雄對靈性的追求沒有先入為主的成見，他的豁達深深感動了我。他像孩子般追尋神，揭示出耶穌曾讚美孩子「在天國的，正是這樣的人」的赤子之心。

到了我答應傳法的時間，幾位不合作主義者走進了房間——德賽先生、彭格爾博士及其他一些渴望學習克利亞瑜伽的人。

我先教導這幾個學生身體的尤高達運動。身體被區分為二十個部分，意識依次導引能量到達每一個部分。很快，每人在我前面就像馬達般開始震動。可以很清楚地看見甘地身體的二十個部位的起伏，而且幾乎從頭到尾都沒停過！雖然他很瘦，但並不難看，他的皮膚光滑也沒有什麼皺紋。

接著，我開始傳授克利亞瑜伽的解脫法門。

甘地虔誠地研究了世界上所有的宗教。耆那教的經典、《新約聖經》和托爾斯泰[11]的社會學著作，是甘地非暴力信念的三個主要靈感來源。他曾這樣表述他的信條：

「我相信聖經、可蘭經和波斯古經[12]與吠陀經典一樣，都是受到神的啟發。我相信上師的制度，但是在這個時代，數百萬人就算沒有上師也要繼續走下去，因為找到完美品德與智慧兼具的人是一件很難的事。但是，人們不必感到絕望，因為印度教的本質和每一種偉大宗教一樣，是不變的，而且很容易理解。

「我像每個印度教徒一樣相信上帝是唯一真神，相信重生和救贖……我無法形容我對印度教的感覺，就像對我自己的妻子一樣。她讓我感動，世界上沒有其他女人能做到。並不是說她沒有缺點，我敢說她有很多缺點我沒看到，但夫妻牢不可破的連結是不變的。即便我對印度教的所有缺點和局限性也深有感觸，但沒有什麼比《薄伽梵歌》的音樂或杜羅悉陀[13]的《羅摩衍那》更讓我高興的了。我希望在我嚥下最後一口氣時，《薄伽梵歌》是我最後的慰藉。」

印度教並不是一種排他性的宗教，可以接受崇拜世界上所有的先知。[14]它不是一般意義上的傳教宗教，毫無疑問，它吸收了許多民族的宗教，但這種吸收是漸進的且難以察覺的。印度教告訴每個人根據自己的信仰或「法」[15]來崇拜上帝，也以此態度與所有宗教和平相處。

11　甘地曾仔細研讀梭羅、拉斯金及馬志尼這三位西方學者的社會學觀點。

12　波斯古經這部神聖的經典是左羅亞斯德在西元前一千年左右在波斯傳授的。

13　杜羅悉陀（一五三二－一六二三），古印度作家、詩人，因《羅摩衍那》而著名。

14　印度教在世界宗教中的獨特之處在於它不是來自一個偉大的創始人，而是來自非個人的吠陀經典。因此，印度教將古今中外所有時代和所有土地的先知納入其信仰中。吠陀經典不僅規範了虔誠的實踐，還規範了所有重要的社會習俗，努力使人的一舉一動與神的法則協調。

15　法（dharma），梵語中代表法則的綜合詞彙；相似於律法或自然的正義；不論何時何處人類與生俱來的義務。經典中將法則定義為「宇宙自然的律法，遵守它們可使人類免於墮落及受苦。」

關於基督，甘地寫道：

「我確信，如果他現在住在人間，他會祝福許多甚至從未聽說過他的名字的人的生活……正如經上所寫：『凡稱呼我主啊，主啊的人不能都進天國；惟獨遵行我天父旨意的人才能進去。』耶穌用他自己的生命教導人類，什麼才是我們應該嚮往和熱切追求的目標。我相信他不僅屬於基督教，也是屬於整個世界，屬於所有土地和種族。」

在瓦爾達的最後一晚，德賽先生安排我到鎮上的大禮堂發表演講。室內擠滿了大約四百位聽眾。我先以印地語接著又以英文來演說。當我們一行人回到修道院時，正好趕上對沉浸於平靜與信件之中的甘地道聲晚安。

淩晨五點我起床時，夜色仍徘徊不去。而村莊的生活早就開始活躍。一輛牛車停在修道院的大門邊，一位農民頭上頂著龐然重物搖搖擺擺地經過。早餐後，我們三人前去向甘地頂禮道別。聖雄在淩晨四點就已經起床開始早禱了。

「可敬的聖雄，再見了！」我跪下來碰觸他的腳，「印度在您的護佑下一定會平安的！」

揮別瓦爾達田園生活後的數年，印度的大地、海洋及天空均因世界大戰而蒙塵。甘地提出務實的非暴力來代替軍備武力。為了平反冤情，消除不公，聖雄使用非暴力的方法，而這些方法一次又一次地被證明是有效的。他用如下的文字表達著他的信念：

「我發現生命在毀滅中仍然持續存在，因此，必定有高於毀滅的法則存在。只有在這一法則下，井然有序的理性社會才能存在，生命才值得存續下去。

「如果那就是生命的法則，我們必須在日常生活中去實踐它。不論戰爭在何處，不論我們在何處面對敵人，都要用愛去征服他們。我發現，只有愛的法則，才能給出人生困惑的答案，那是破壞無法做到的。

「在印度，我們已經看到實踐愛的法則能產生多大的影響力。雖然非暴力運動還沒深植在印度三億六千萬人的心中，但它在極短的時間內比任何其他教條來得更深入人心。

「要達到非暴力的心理狀態，需要經過相當艱苦的訓練。這是一種紀律嚴明的生活，就像軍人的生活。只有當身心和語言適當協調時，才能達到完美的境界。如果我們決心使真理和非暴力的法則成為生活的法則，那麼每個問題都會迎刃而解。

「正如科學家會從各種自然法則中，創造奇蹟一樣，人也能以科學嚴謹的方式應用愛的法則，創造更大的奇蹟。非暴力比自然界的力量（例如電力）微妙得多。愛的法則是一門比任何現代科學都要偉大的科學。

「回顧歷史，可以合理地指出，使用暴力並沒有解決人類的問題。第一次世界大戰產生了一個令人毛骨悚然的業力雪球，越滾越大，導致了第二次世界大戰。唯有博愛精神的溫暖才能溶解這業力的巨大雪球，否則可能會釀成第三次世界大戰。這邪惡的第三次世界大戰之後，也不會有第四次世界大戰了，因為毀滅性的原子彈會終結一切！使用弱肉強食的叢林法則而不是人道關懷來解決爭端會使地球返回叢林時代。兄弟友愛則同生，兄弟鬩牆則暴死。

「戰爭和犯罪永遠不會有回報。當原子彈一爆炸，數十億美元在灰飛煙滅中化為虛無，這些錢足以創造一個幾乎沒有疾病、沒有貧困的新世界，那裡沒有恐懼、混亂、飢荒、瘟疫、令人毛骨悚然的大地，而是一片和平、繁榮和知識豐富的廣闊土地。」

甘地的非暴力之聲彰顯了人類最高的良知。讓國家不再與死亡結盟，而是與生結盟；不是破壞，而是建設；不是殲滅者，而是創造者。

「無論受到什麼傷害，都應該原諒。」《摩訶婆羅多》說，「有人說，人類之所以能夠延續是由於人類的寬恕。寬恕是聖潔的，通過寬恕，宇宙因此而團結。寬恕是強者的力量，寬恕是犧牲，寬恕是心靈的平靜。寬恕和溫柔是自我靜定的本質，它們代表著永恆的美德。」

非暴力是寬恕和愛的法則的自然產物。「如果在一場正義的戰鬥中必須犧牲生命，」甘地說，「一個人應該像耶穌一樣做好準備，流他自己的血，而不是別人的血。最終，世界上流出的血會更少。」

總有一天，印度的不合作運動會被歷史記上一筆，他們以愛化解仇恨，以非暴力忍受暴力，寧可自己被無情地屠殺也不願以牙還牙。在某些歷史事件，結果是武裝的敵人丟下槍羞愧地逃跑，因為他們被那些把別人的生命看得比自己的生命還重要的人所震撼，而感到無地自容。

「就算要等很久，我還是會等，」甘地說，「而不是透過暴力手段尋求國家的自由。」聖雄永遠不會忘記：「凡持刀劍者必將死於刀劍。」[16]甘地寫道：

「我稱自己為民族主義者，但我的民族主義與宇宙一樣廣闊。它涵蓋了地球上的所有國家[17]。我的民族主義包括全世界的福祉。我不希望印度從其他國家的灰燼上崛起。我不希望印度剝削任何人，我希望印度強大，以便她也可以用自己的力量扶助其他國家。可是今天歐洲沒有一個國家這麼想，他們不願意幫助別的國家。

「美國的威爾遜總統提到了美好的十四點原則，可是他說：『如果我們實現和平的努力失敗了，我們還有武器可以依靠。』我想扭轉那個立場，換作是我會說：『我們的軍備競賽已經失敗了，讓我們現在去尋找新的解決方式；讓我們試試愛的力量，仰賴上帝的真理。』當我們得到它時，我們就不再想要別的了。」

甘地訓練了數以千計的真正的不合作主義者，他們遵守本章一開始提到的十一條誓約，傳遞非暴力的理念，耐心地教育印度群眾了解非暴力的靈性價值，堅持到最後一定會獲得物質層面的回饋。他們呼籲人民以非暴力當作武器——沒有公義就不合作，寧願忍受侮辱、監禁、死亡也不訴諸暴力。甘地舉出無數的不合作主義者英勇殉難的例子，贏得了世界的同情，並彰顯出非暴力的本質——不用戰

16 馬太福音26：52。

17 波斯諺語：「人當榮耀的，不是他愛的國家，而是他愛的同類。」

爭就能解決紛爭的莊嚴力量。

甘地通過非暴力的方式，為他的祖國贏得了無數政治上的權利，這是任何國家、任何領袖除了子彈以外所無法實現的。杜絕所有錯誤及罪惡的非暴力方法，不但引發了政治領域的改革，還引發了轟轟烈烈的社會改革。甘地及他的追隨者通過這一途徑，消除了許多印度教徒與回教徒之間的世仇。數十萬名回教徒將聖雄視為他們的領袖，賤民在他身上找到了無畏的鬥志。「如果我還要重返人世的話，」甘地寫道，「我希望生為賤民，因為只有如此，我才能更有效地為他們服務。」

甘地確實是一個「偉大的靈魂」，但這個稱號是數以百萬計不識字但有見識的文盲給他的尊稱。這位溫柔的先知在他的祖國廣受尊敬，他完全相信人類具有與生俱來的高尚本質，即使失敗也從未使他失去信心。「即使敵人欺騙你二十次，」他寫道，「不合作主義者還是準備好相信他第二十一次，因為對人類天性的絕對信任，是信念的本質。」[18]

「聖雄，你是一個非凡的人，你不能指望世人會像你一樣地行事。」一位評論家曾經發表過這樣的看法。

「很奇怪，我們知道如何自欺欺人，幻想身體可以得到改善，卻無法喚起靈魂的隱藏力量。」甘地回答說：「我一直告訴別人，我只是一個凡人，跟其他人一樣脆弱，從來都沒有擁有什麼神奇的力量。我是一個簡單的人，也會犯其他人會犯的錯，然而，我有足夠的謙卑來承認自己的錯誤並重新改過。我對上帝和祂的良善有著不可動搖的信心，以及對真理的愛有不可磨滅的熱情，可是這些不是每個人的潛能嗎？我們要進步，就不能重蹈覆轍，而是要創造新的歷史。我們必須把祖先留下的遺產發揚光大。如果我們在現實世界中有新的發現和發明，難道就要宣告我們的靈性國度破產了嗎？難道不能讓例外越來越多，使它們成為規則嗎？難道一定要先當畜牲才能當人嗎？」[19]

美國人可能還記得十七世紀威廉．佩恩在賓夕法尼亞州成功地建立他的殖民地時，用的就是非暴力手段實驗。那裡「沒有堡壘，沒有士兵，沒有軍隊，甚至沒有武器」。在新移民與印地安人雙方之間頻繁發生的殘酷戰爭和屠殺中，只有賓夕法尼亞的貴格會教徒沒有受到干擾。「其他人被屠殺、凌虐，只有他們是安全的。沒有一個貴格會婦女受到攻擊，沒有一個貴格會兒童被殺，沒有一個貴格會男子受到折磨。」當貴格會最終被迫放棄州政府時，「戰爭爆發了，一些賓夕法尼亞人被殺，但只有三名貴格會教徒被殺，因為這三人失去信仰，拿著武器抵抗。」

「第一次世界大戰訴諸武力並沒有帶來和平，」羅斯福指出，「勝利和失敗都是徒勞的，這個世

18 「那時，彼得進前來，對耶穌說，主啊，我弟兄得罪我，我當饒恕他幾次呢？到七次可以嗎？耶穌說，我對你說，不是到七次，乃是到七十個七次。」（馬太福音18：21–22）

19 偉大的電氣工程師斯泰茵梅茨曾被巴森先生問到：「未來五十年，哪一種研究會取得最大的發展？」斯坦梅茨回答道：「我認為最偉大的發現將沿著精神路線進行，這歷史清楚顯示，它是人類發展的最大力量。然而，我們只是玩弄它，從未認真研究過它，因為我們有物理力量。總有一天人們會明白，物質的東西不會帶來幸福，而且對讓男人和女人變得富有創造力和強大也沒有多大用處。然後全世界的科學家將把他們的實驗室轉向研究上帝、祈禱以及精神力量。當這一天到來時，世界將在一代人中看到比過去四年更多的進步。」

界應該汲取這個慘痛的教訓。」

「兵者，不祥之器也，物或惡之（暴力的武器越多，人類就越痛苦）。」老子教導說：「戰勝，以喪禮處之（暴力的勝利，將以哀悼的節日結束）。」

「我為世界和平而戰，」甘地宣稱。「如果印度在非暴力運動上取得成功，它將賦予愛國主義新的意義，我也可以謙虛地說，它也將賦予生命新的意義。」

在西方將甘地視為一個不切實際的夢想家之前，讓我們先看看加利利大師對不合作主義的定義：

「你們聽見有話說，以眼還眼，以牙還牙；只是我告訴你們，不要與惡人作對。有人打你的右臉，連左臉也轉過來由他打。」

宇宙時鐘以美妙的精準度，將甘地的新紀元延伸到一個已經被兩次世界大戰摧殘和破壞的時代。他宛如花崗岩般堅硬的生命之牆上出現了神聖的手稿，警告人類兄弟之間不要再手足相殘。

聖雄甘地訪問我所創辦的、傳授瑜伽的蘭契學校，他在訪客簽名簿上親切地寫下了這幾行文字，翻譯如下：

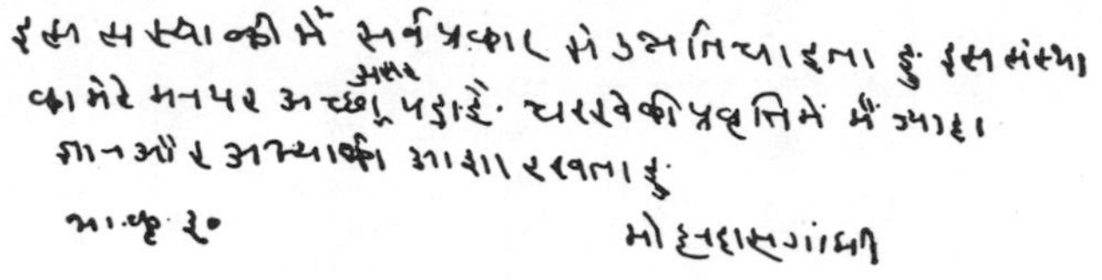

「這間學校給我留下了深刻的印象。我寄予厚望，希望這所學校未來能夠進一步推廣使用紡紗車。」

摩汗達斯・甘地（簽名）

一九二五年九月十七日

印度國旗是甘地在一九二一年設計的。橙黃色、白色和綠色三色條紋，配上中心深藍色的紡紗車輪。「紡紗車輪象徵著能量，」他寫道，「並提醒我們，在印度過去歷史上的繁華時代，手工紡織與其他手工藝非常地突出。」

後記：紀念莫罕達斯·甘地

「他是眞正意義上的民族之父，卻被一個極端主義分子暗殺身亡。數以億計的人發起悼念，他們心中的明燈終於熄滅……但這並非一盞普通的明燈，在未來千年的時間裡，它將繼續照耀這個世界，照亮我們的內心。」一九四八年一月三十日，莫罕達斯·甘地在新德里被暗殺之後，印度總理發表了上述的悼文。

就在甘地被暗殺之前五個月，印度通過和平方式取得獨立。這位七十八歲的英雄感覺大事已成，自己時日也不多了。「艾娃，幫我把那些重要的文件取來，」悲劇發生的當天早晨，他這樣告訴自己的孫女。「我今天就要做完這些，因爲我的明天可能再也不會到來了。」

三顆子彈穿透他疲憊脆弱的身體，就在即將倒地的那一刻，甘地伸出手做了一個印度傳統的歡迎手勢，表明自己已經原諒了兇手。終其一生，甘地都在像一個純淨的藝術家那樣行事，在其臨死的那一刻，他的行爲讓他成了一名絕世的偉大藝術家。只有一個終身奉獻的無私之士，才能在臨終的一刻原諒殺害自己的人。

「可能在未來的許多代人心中，」愛因斯坦在悼念甘地的文章中這樣寫道，「人們都無法相信人能活到如此境界！」羅馬梵蒂岡發來悼文，「這次暗殺讓這個世界陷入了巨大的悲痛。甘地成爲全世界悼念的對象。」

縱觀歷史上所有偉大的人物，他們的一生都是爲了實現某種正義。甘地之死也給這個支離破碎的世界發出了一個重要的啓示：

「非暴力已經降臨此世，它將成爲未來世界和平最堅實的柱石！」

尤迦南達・帕拉宏撒

45 孟加拉的極樂之母

「叔叔，在離開印度之前，您一定要見一見涅瑪拉．德維，她的靈性已經發展到了相當高的境界，大家都稱她為阿南達摩伊瑪（極樂之母）。」我的侄女阿密尤說這話時，誠懇地望著我。

「那當然！我也非常希望能夠見到這位女聖人。」我接著說道，「我曾經讀過有關她了悟神高度境界的報導。幾年前，《東方與西方》上面刊載過有關她的短文。」

「我曾經見過她，」阿密尤繼續說道，「她最近來過我住的小鎮詹謝浦爾。由於一位弟子的懇求，阿南達摩伊瑪去了一個垂死病人的家中，她站在病人的床邊，當她以手碰觸病人的前額時，病人停止了痛苦的呻吟聲，疾病瞬間消失，那人驚喜地發現自己痊癒了。」

幾天後，我聽說極樂之母正在加爾各答邦瓦尼普區的一位弟子家中，於是與萊特先生立即從加爾各答我父親的家出發。當車子駛近邦瓦尼普區時，我們目睹了街上的奇景。

阿南達摩伊瑪站在一輛敞篷車上，祝福著近百位弟子，顯然她正要離去。萊特先生把車子停在稍遠處，和我一起徒步走向安靜的人群。這位女聖人望著我們的方向，從車上下來並向我們走來。

「父親，你來了！」她一邊熱情地說著，一邊把手繞過我的脖子並將頭靠在我的肩上。我剛對萊特說過我不認識這位女聖人，但我非常喜歡這個特別的歡迎方式，上百名弟子的眼睛也有些訝異地盯

極樂之母——阿南達摩伊瑪。

著這個熱情的場面。

我馬上就知道這位女聖人是在極高的三摩地境界。她完全不在意自己女性的外表，明白自己就是不變的靈魂。她牽著我的手到她的車上去。

「阿南達摩伊瑪，我會延誤妳的行程！」我鄭重地說道。

「父親，歷經百千世劫，這是我今生第一次見到你！」她說道，「請不要離開。」

我們一起坐在車子的後座，極樂之母很快就進入了靜止極樂的狀態，她美麗的眼睛望著天空，半睜著靜止不動，凝視著內在四面八方的極樂世界，弟子們溫和地唱著：「勝利屬於神母！」

我在印度發現有許多了悟神的人，但從未遇過如此高貴的女聖人。她溫柔的臉龐上散發著難以形容的喜悅，烏黑的長髮披散在她未戴面紗的肩上。她的前額塗了一點紅色的檀香膏，象徵她內在永恆開啟的第三隻眼。細小的臉龐、纖瘦的手和小巧的腳，與她廣闊的心胸形成了強烈的對比！

當阿南達摩伊瑪還在入定狀態中時，我向她的一位女弟子提出一些問題。

「極樂之母在印度各地旅行，在許多地方都有數百名弟子，」那位弟子告訴我，「她的勇敢和努力促成了許多令人嚮往的社會改革。雖然是個婆羅門，但聖人並不在意種姓階級的分別一視同仁[1]。我們總是和她一起旅行，照顧著她的生活起居。我們必須像母親般地照顧她，因為她自己一點也不關心自己的肉體。如果沒人給她食物，她就不吃，即使將飯放在她面前，她也不會去碰觸。為了不讓她的肉體很快地從這個世界消失，我們只好動手餵她。她經常連續數天停留在入定狀態，幾乎沒有呼吸，雙眼也不眨一下。她的丈夫是她的弟子之一，許多年前，在他們結婚後不久，他就發誓禁語。」

這個女弟子指著一位留著長髮及灰白鬍子、肩膀寬闊、相貌出眾的男子。他安靜地站在一群弟子中，以恭敬的姿勢雙手合十。

阿南達摩伊瑪從禪定中出定後，生氣勃勃地將意識集中到這個物質世界。

「父親，請告訴我您住在哪裡。」她的聲音清晰且悅耳動聽。

「目前住在加爾各答或蘭契，但很快就要返回美國。」

「美國？」

「是的。那裡的心靈追尋者一定會誠摯地讚賞一位印度女聖人。妳願意去嗎？」

「如果父親肯帶我去，我願意去。」

這個答案讓她近旁的弟子有點擔心。

「我們二十多弟子總是跟隨極樂之母一起旅行，」他們其中一位明確地告訴我，「我們不能離開她，無論她去哪裡，我們一定會跟去。」

---

1 我找到一些刊登在《東方與西方》期刊上，有關阿南達摩伊瑪的資料。這位聖人一八九三年出生於孟加拉中部的達卡。她未曾受過教育，但她的智慧卻讓許多知識分子震驚。她以梵文詩句讓學者驚歎。她的出現帶給喪親的人慰藉，並奇蹟般的治癒病人。

這個計畫有些不切實際，會造成眾人的麻煩，我只好放棄！

「請妳和弟子至少來蘭契一次，」我在告別時對女聖人說，「作為神的孩子，妳會喜歡我學校的那些小孩的。」

「不論父親帶我去哪裡，我都會欣然前往。」

不久之後，蘭契學校就開始準備歡迎女聖人的到訪。孩子們總是期盼任何節日的到來，沒有功課，卻有持續數小時的美妙音樂演奏，以及最後的壓軸大餐！

「勝利！阿南達摩伊瑪！」當女聖人與弟子們進入學校大門時，數十個熱情的小孩子反覆唱著這讚頌的話來歡迎他們。如陣雨般灑落的金盞花，鐃鈸敲擊的叮噹聲，海螺活潑的吹奏聲，以及手鼓咚咚的打擊聲交匯在一起！極樂之母微笑著漫步在充滿陽光的土地上，她內在的天堂也跟著她移動。

「這裡真美麗，」當我帶著阿南達摩伊瑪向行政大樓走去時，她優雅地說道。她坐在我旁邊，像孩子般微笑著。她總是給人一種彷彿是你最親密摯友的感覺，但一種出離塵世的氛圍又籠罩著她——如同無所不在的神，既近又遠。

「請告訴我一些有關於妳的生活。」

「父親知道一切，為何還要我覆述呢？」顯然她覺得這短暫重生的生命歷程不值得一提。

我笑了起來，溫和地重複同樣的問題。

「父親，沒有什麼可說的。」她難為情地攤開雙手，「我的意識從未和這暫居的肉身連繫在一起。在我來到這個地球之前，父親，『我還是一樣的我』；當我成了一個小女孩，『我還是一樣的我』；長大成人後，『我還是一樣的我』。當我重生的這個家庭為我這肉身安排婚事時，『我還是一樣的我』；當我丈夫陶醉在激情裡，在身旁對我示愛並輕觸我的身體時，他彷彿被雷擊中，感受到了猛烈的衝擊，但在那時刻，『我還是一樣的我』。

「我的丈夫雙手合十在我面前跪下，懇求我的原諒。

「『母親，』他說道，『因為我情欲的碰觸，褻瀆了妳肉身的殿堂——我不知道在這肉體中的不是我的妻子而是神母——所以，我立下重誓，我要成為您的弟子，守獨身的戒律，永遠像僕人般沉默著侍奉您，並且，有生之年不再和任何人說話。我的上師，希望這樣可以彌補我冒犯您所犯下的大錯。』

「即使我悄悄地接受了我丈夫的提議，『我還是一樣的我』。而且，父親，現在我在您面前，『我還是一樣的我』。從那以後，儘管在永恆的殿堂裡，萬物在我周遭變幻莫測，但『我還是一樣的我』。」

阿南達摩伊瑪陷入了深沉的入定狀態，像雕像般一動也不動，她遁入了隨時召喚她的王國。黑色的眼眸看起來暗淡而且呆滯——當聖人的意識從肉體中脫離時，常會出現這種表情，此時的肉體不過是個沒有靈魂的空殼。我們一起坐著，在入定的極樂境界裡度過了大約一小時。後來，她愉快地微笑著回到了現實世界。

「阿南達摩伊瑪，」我說，「請隨我到外面花園轉轉，萊特先生想為妳拍照。」

「當然，父親。您的意願就是我的意願。」當她在為拍照而變換各種姿勢時，亮麗的雙眸一直閃爍著天國不變的光彩。

宴會時間到了！阿南達摩伊瑪盤腿坐在毯子上，一位弟子在旁邊餵她。女聖人就像嬰兒般順從地把弟子送到自己嘴邊的食物咽下。極樂之母顯然無法分辨出咖哩與甜點的味道有何不同！

黃昏降臨時，女聖人與她的弟子就要離開了，玫瑰花瓣如陣雨般地灑落。她舉起雙手為那些小男孩祝福，他們的臉上綻放著她毫不費力就喚醒的愛的光芒。

「你要盡心、盡性、盡意、盡力愛主你的神。」基督說，「這是誡命中的第一。」

阿南達摩伊瑪拋棄了低等的執著，忠誠地將自己完全奉獻給上主。這位孩子般的聖人憑藉的不是學者吹毛求疵、拘泥細節的精神，而是憑藉確實、可靠、合理的信念，來解決人類生活唯一的問題——與神合一。人類已經忘記了這種赤裸裸的單純，而被當下無數的問題所迷惑。人們拒絕對神奉上唯一的愛，而用慈善的外衣掩藏內在的不信神。這些慈善的舉動顯得品格高尚，因為它們暫時轉移了人們對自己的注意力，可是並沒有讓人完成生命中唯一的責任——耶穌提到的最重要的誡命。當人類自由地呼吸第一口由造物主賜予的空氣時，就已開始承擔這令人鼓舞的責任——愛你的神。在女聖人造訪蘭契後，我又有機會在另一個場合遇見她。那是幾個月後，她與弟子在塞蘭坡火車站的月臺上候車。

「父親，我將前往喜馬拉雅山，」她告訴我，「慷慨的弟子在德拉敦為我蓋了一間修行的小屋。」

當她上車時，我很驚訝地看到，不論在人群中、火車上、宴會中或者只是安靜地坐著，她的視線都沒有離開神。我的心裡依然聽得見她的無限甜美的聲音在迴響：「看，此刻到永遠都與永恆同在，『我還是一樣的我』。」

46 從不進食的女瑜伽行者

「先生，今天早上我們要去哪裡？」萊特先生開著福特車，將目光從眼前的路上移開，眨著眼睛滿懷疑問地看著我。幾乎每一天，他都很期待在孟加拉接下來會有什麼新發現。

「遵照神的旨意，」我回答道，「我們此刻正要前往觀看世界第八奇觀——一位以空氣為食的女聖人！」

「繼德雷絲．紐曼之後的又一個奇蹟。」萊特先生還是一樣充滿期待地笑著，他甚至把車子開得更快。看來，他的旅遊日記又要增添特別的內容了。

我們天未亮就出發。除了祕書和我之外，還有三位孟加拉朋友同行。陶醉在令人興奮的氣氛中，我們暢飲著清晨才有的天然醇酒。

我們的司機正小心翼翼地在早起的農夫和緩慢拖著牛車的公牛之間，以不速之客之姿，鳴按著汽車喇叭和他們爭路。

「先生，我們很想多知道一些與那禁食女聖人有關的故事。」

「她叫吉利．芭拉，」我告訴朋友，「多年前，我從學者南第先生口中第一次聽說有關她的事蹟。那位學者經常去我們位於古柏路的家，指導我弟弟畢修。」

「『我相當了解吉利．芭拉，』南第告訴我，『她可以運用某種瑜伽方法，使她不用吃東西也能生存。當時我住在宜佳浦爾[1]附近的納瓦剛，她是我的鄰居。我特別仔細地去觀察她，但從未發現她有任何進食或喝水的蛛絲馬跡。後來，我的興趣愈來愈濃，所以去面見巴爾達曼[2]的大君，請求他調查這件事。他聽後非常驚訝，就邀請女聖人去皇宮。那位聖人同意前去受試，接著被關在皇宮裡的一個小房間長達兩個月。後來，她又回到皇宮拜訪，住了二十天，接著又再到皇宮接受為期十五天的第三次測試。大君親自告訴我，經過這三次嚴格的觀察，他對這位聖女不需飲食的情況深信不疑。』

「南第告訴我的這個故事一直深藏在我心中，已經超過了二十五年，」我總結道，「我在美國的時候，有時會擔心時間的洪流會在我見到這位女瑜伽修行者之前將她吞噬。她現在應該已經相當老了，我甚至不知道她住在何處，是否依然健在。但此刻，我們將在數小時之後抵達布魯利亞，她的兄弟住在那裡。」

十點三十分，我們這一小群人正在和她的兄弟朗巴達爾，一個布魯利亞的律師寒暄。

「是的，舍妹依然健在。她有時會來這兒和我一起住，但目前她住在我們的比兀爾老家。」朗巴達爾懷疑地看了一眼福特車說：「可敬的師父，我實在很難想像能夠開著一部車抵達最內陸的比兀

1 在孟加拉北部。
2 巴爾達曼的大君已經過世。他的家屬毫無疑問仍保有大君對吉利．芭拉所做三次測試的紀錄。

吉利・芭拉。這位偉大的瑜伽女修行者自一八八〇年以來就沒有進食或飲水。我在一九三六年與她合照，在她位於孟加拉偏遠村莊比兀爾的家中。巴爾達曼的大君對她的不進食狀態進行了嚴格調查。她運用某種瑜伽技巧，用來自乙太、陽光和空氣的宇宙能量為她的身體補充能量。

爾。如果你們願意坐破舊、顛簸的牛車，那將是最好的選擇！」

然而我們大家對這輛來自美國汽車製造中心底特律的產品，都異口同聲保證不會有問題。

「這輛福特汽車來自美國，」我告訴律師，「如果剝奪它深入孟加拉內陸的機會，那真是令人遺憾！」

「願幸運之神與你們同在！」朗巴達爾笑著說。接著，他又客氣道，「如果你們真的能到達那裡，我相信吉利·芭拉會很樂意接見你們。雖然她快七十歲了，但身體依然很硬朗。」

「先生，請告訴我，她是否真的什麼都不吃？」我直視著他的眼睛問道。

「是真的。」他的眼神直率且讓人尊敬，「五十多年來，我從未看她吃過一口東西。」

「吉利·芭拉並沒有尋找什麼隱僻的地方來練習瑜伽，」朗巴達爾繼續說道，「她一生都和朋友及親人在一起生活，大家都很習慣她的奇異狀況。如果哪天吉利·芭拉突然決定要進食，我想他們全部都會昏倒！妹妹守寡後嚴格依照印度習俗，不參加社交活動，但在布魯利亞及比兀爾的小型社交圈內，大家都知道她是一個『特別』的婦人。」

這位兄弟非常有誠意，我們衷心地謝過他之後，就出發前往比兀爾。我們在街上停了下來到餐廳享用咖喱及露奇餅，這吸引了一群頑童圍繞在萊特先生旁邊看他像印度人一樣用手吃東西[3]。當時我

3 聖尤地斯瓦爾曾說過：「上帝賜給我們美好大地的果實。我們喜歡看到食物，聞它、品嚐它，印度人還喜歡用手去碰觸！」如果沒有其他人在場，一個人也不會介意聽到它！

們大家都胃口大開努力用餐，後來才明白，原來是為了迎接這個要耗盡體力的下午。

我們現在向東行駛，經過被陽光烤焦的稻田，進入孟加拉的巴爾達曼。路旁聳立著一排排茂密的植物，知更鳥的歌聲從巨大有如遮陽傘般的樹冠傾瀉而出，牛車的鐵皮木輪在前進時發出的咯吱聲，與城市中汽車輪胎滑過柏油路面發出的嗖嗖聲形成強烈的對比。

「迪克，停一下！」我的突然的要求惹來福特車一陣晃動，「那棵負荷過重的芒果樹，正在大聲呼喚我們呢！」

車停穩後，我們五個人就像孩子般地衝向掉滿芒果的地方，撿拾芒果樹慷慨掉下來的成熟果實。

「人們對這結實纍纍的芒果樹視而不見，」我說道，「任憑掉落滿地，真是糟蹋了它的甜美。」

「可敬的師父，美國沒有這種水果，是嗎？」我的一個孟加拉學生瑪珠達爾笑了起來。

「沒有，」我承認，「我在西方是多麼想念這種水果啊！簡直難以想像沒有芒果的印度，會是什麼樣子啊！」

我撿起一塊石頭，將高處一棵肥美的芒果打落下來。

「迪克，」熱帶的陽光非常溫暖，在我慢慢品味著這神仙美食的空檔時問他：「所有攝影器材都在車上嗎？」

「是的，先生。都在車子的行李箱內。」

「如果吉利．芭拉是一位真正的聖人，我想在美國宣揚有關她的事蹟。一位擁有如此激勵人心力量的印度女瑜伽行者，不應該沒沒無聞就像這些芒果一樣不為人知。」

一個半小時後，我依然在寧靜的森林中散著步。

「先生，」萊特先生說道，「要想有足夠的光線照相，我們必須在日落前到達吉利．芭拉那裡。」他面帶微笑地說道，「西方人都是懷疑論者，沒有照片，他們不會相信真有這位女士！」

我於是拒絕了自然的誘惑，再度坐進車內。

「迪克，你是對的，」當車子重新疾駛趕路時，我歎了一口氣，「一定要有照片！」

路況變得愈來愈糟。地面車轍的凹痕、突起的硬土塊，著實令人傷感！我們偶爾還要下去幫忙推車，好讓車子通過難走的路段。

「朗巴達爾說得對，」瑪珠達爾承認，「不是車子載我們，是我們在載車子！」

我們車裡車外、爬進爬出的厭煩，被不時出現的古樸有趣的鄉村景色消除了。

萊特先生在一九三六年五月五日的旅行日記中寫道：

「我們蜿蜒地從這些古老的、未受文明衝擊的村子的棕櫚樹下穿過，村屋都蓋在樹蔭底下。這些用茅草搭建的泥屋，每一扇門都裝飾有一個神的名字，非常迷人。許多天真無邪的小孩沒穿衣服地四處嬉戲。當我們這輛龐大、黑色、不是用牛拖著的汽車飛快地駛過他們的村莊時，他們都停下來觀望或瘋狂地追逐車子。婦女們躲在暗處窺伺，男人們則懶洋洋地倚靠在路旁的樹下，漠然中藏著一份好奇。在某個地方，所有村民都正快樂地在一個大水池中洗澡，他們穿著衣服洗，洗完後用幹布包裹身體，再將濕衣服脱掉。婦女用高大的黃銅罐裝滿水後帶回家。

「向前延伸的路引領著我們快樂地越過重重山脈，一路顛簸，駛過小溪，繞過尚未完成的堤防，滑過乾涸的布滿沙子的河床。大約下午五點，我們終於抵達了目的地——比兀爾。這個隱蔽在密林中的小村莊位於班庫拉的偏僻處，雨季時溪水會氾濫成洪流，路上飛濺的泥漿好似毒蛇吐出的毒液，一般觀光客是不會到這裡來的。

「我們向一群剛從廟裡拜拜完正要回家的信徒問路，卻被一群衣著襤褸攀爬在車邊的男童圍住，他們熱心地爲我們指出前往吉利．芭拉家的路。

「那條路朝向幾間蓋在棗椰樹陰底下的泥土屋舍，但在我們抵達之前，福特車突然大幅度傾斜並且上下晃動。狹窄的道路兩旁遍布樹木與池塘，路上都是坑洞和深陷的牛車車痕。車子先是在灌木叢裡熄火，接著又卡在土堆中，必須挪開土塊才能脱困。我們緩慢且小心地把車往前開去，可是路卻忽然被一堆傾倒的樹枝橫亙在中央而過不去，於是不得不沿著峭壁繞路而行，卻掉進了一個乾涸的池塘，必須又挖又攙地把車拖上來。一次又一次，前方的道路似乎已斷，但是朝聖者還是必須前進。當數百名兒童與他們的父母在路旁觀看我們時，那些熱心助人的少年就拿著鏟子幫忙將障礙物移除。

「不久之後，我們又沿著兩條似乎年代久遠、深陷的車轍上路，婦女在泥屋門前睜大眼睛看著我們，男人則尾隨在後，孩子們也蹦蹦跳跳地加入，壯大了這個行列。看來我們大概是第一批駛過這些道路的外人！『牛車工會』在這裡一定很強大！我突然有種感受——一個美國人開著一輛轟隆作響的汽車，首次開進這位於叢林深處的村落，侵犯了這古老文明之地的隱私與神聖！

「我們把車停在一條窄巷旁，發現距離吉利．芭拉的家不到一百英尺遠。在結束艱辛而漫長的旅途之後，我們都感到了一種巨大的興奮。我們慢慢向一座由磚泥砌成的兩層樓房靠近，這座樓房相較於周圍低矮的泥磚小屋，顯得高大突出。房子正在整修中，四周圍起了典型的熱帶竹籬笆。

「懷著狂熱的期待和壓抑的歡喜，我們站在這位受到上帝祝福的『不會餓』的聖女家那扇敞開的門前。村民們，老老少少，光著身子或穿著衣服，一直好奇地看著我們。婦女們雖然有些冷漠卻充滿好奇，男人和男孩們則是毫不怕羞地緊跟我們，不想錯過這前所未有的空前場面。

「不久，一個矮小的身影出現在門口——是吉利．芭拉！她身上裹著一件用金色絲線織成的衣服，謹慎猶豫地向我們走來，從那包在頭巾底下的眼睛看著我們。她的眼神在頭巾的陰影下，像是黑暗中燃燒的火苗一樣閃閃發光。我們被一張最仁慈、善良的面容深深吸引住了，這是一張了悟一切的臉，沒有世俗的污染。

「她溫順地走過來，並且默許我們用照相機及攝影機爲她拍照[4]。她耐心又害羞地忍受我們在拍照時調整光線並要求她擺出的姿勢。最後，我們終於爲後人留下了這位不吃不喝超過五十年的女聖人

4　聖尤地斯瓦爾最後一次在塞蘭坡主持冬至慶典時，萊特先生也曾為他拍攝影片。

的許多照片（當然，德雷絲．紐曼自一九二三年起也未進食）。吉利．芭拉的表情宛如慈母，全身被寬鬆的長袍完全遮蓋住，身體什麼也看不見，只能看見低垂的雙眼、雙手以及細瘦的小腳。她的臉龐流露出罕見的平靜與天眞，嘴唇像孩子般微微顫抖，在秀氣的鼻子和閃閃發亮眼睛的襯托下，微笑中帶著一絲感傷。」

萊特先生對吉利．芭拉的印象和我一樣，覺得靈性就像她那優雅閃亮的面紗一般包圍著她。她以一般人對出家人表示歡迎的傳統手勢向我頂禮，她那單純的魅力及安靜微笑著的歡迎，遠勝過甜言蜜語，我們旅途中的艱難和勞累都被拋在了腦後。

這位瘦小的聖人盤腿坐在陽臺上，雖然臉上也有了歲月留下的痕跡，但並不顯得衰老，橄欖色的肌膚依然潔淨並且富有彈性。

「母親」，我用孟加拉語對她說，「已經超過二十五年了，我一直渴望著這次朝聖之旅！我從南第先生那兒得知了您神聖的事蹟。」

她點頭同意，「是的，在納瓦剛，他是我的好鄰居。」

「這些年我雖然遠渡重洋，但從未忘記有朝一日要來看您。您在這裡默默地表演著這齣偉大的戲劇，在這世人早已遺忘內在靈糧的時代，應該被宣揚出來。」

聖人抬起眼睛看了我一下，安詳而感興趣地微笑著。

「天父最清楚。」她溫順地回答道。

我很高興她沒有覺得被冒犯而生氣，一般人永遠不知道瑜伽行者對於要把自己公諸於世的想法會有什麼反應。通常他們都會避免這些，而希望能夠默默地追求更深層的靈性。

「母親，」我繼續說道，「請原諒我接下來還要向您請教許多問題。您只需要回答那些您想回答的問題，不想回答的，我也能理解您的沉默。」

她以優雅的姿勢張開雙手說，「我很樂意回答，如果像我這樣一個無足輕重的人能夠給出令你滿意的答案的話。」

「喔，不，您怎會無足輕重呢！」我誠摯地抗議道，「您是偉大的聖人。」

「我只是大家卑微的僕人。」她接著說道，「我喜歡煮飯給大家吃。」

我想這對一個不吃不喝的聖人來說，真是一個奇怪的興趣！

「母親，請親口告訴我——您是否真的不用吃東西就能活？」

「這是真的。」她靜默了一會兒，之後的話則顯示了她剛才是在做心算，「從我十二歲又四個月到現在六十八歲——我已經不吃不喝超過五十六年了。」

「您都不想吃東西嗎？」

「如果我想吃，我就會去吃。」她二句話就簡單地點出了這個事實——世人認為一日吃三餐是永恆不變的真理！

「但您還是得吃東西吧！」我的語氣中帶著點抗議的味道。

「當然！」她微笑著。

「您的養分是來自空氣與陽光中的細微能量[5]，以及被貫注到身體延髓處的宇宙能量。」

「天父都知道。」她再次默認，態度溫和而不做作。

「母親，請告訴我有關您早年的生活，全印度甚至海外的兄弟姊妹都很想知道。」

吉利．芭拉此時終於放下矜持，放鬆心情開始聊天。

「好吧。」她的聲音低沉且穩定，「我出生在這叢林中，我的童年除了永不滿足的食慾外沒什麼可提的。我從小就訂婚了。

「『孩子，』我的母親時常警告我，『妳要控制妳的食欲，不然等妳嫁到夫家，身處在一堆陌生親戚中時，他們看妳整天不停地吃東西，他們會怎麼看妳呢？』

「她擔憂的事情果然發生了。我嫁進納瓦剛夫家時才十二歲，我的婆婆從早到晚不停地羞辱我貪吃的習慣。然而我卻因禍得福，由於她的責罵而喚醒了我沉睡的靈性。有天早上，她又毫不留情地對我冷嘲熱諷。

「『我很快就會證明給妳看，』我回答道，『只要我還活著，就不會再碰任何食物。』

「我的婆婆嘲笑我說，『喔！當妳嘴巴吃個不停，妳如何能不吃東西就活下去呢？』

「當時，這句話是我無法反駁的！但是鋼鐵般的決心支撐著我的心靈。我開始在僻靜的地方追尋天父。

「『神啊，』我不斷祈禱著，『請送給我一位上師，教導我如何只靠祢的光而不用食物就能活下去。』

「一種神聖的狂喜降臨在我身上。在神聖祝福的引導下，我走向納瓦剛恆河邊的浴場，在路上碰到了指導我夫家的師父。

「『可敬的師父，』我虔誠地問道，『請仁慈地告訴我如何可以不用吃東西就能生活。』

「他看著我，沒有回答。最後他安慰我說，『孩子，今天傍晚來廟裡，我會為妳舉行特別的吠陀儀式。』

---

5 克利夫蘭的克賴爾博士一九三三年五月十七日在孟菲斯的醫學會議上演講。「我們吃的都是輻射；我們的食物是許多能量的量子，這極重要的輻射，經由陽光進入食物中，在人體神經系統的電路中釋放電流。原子，是太陽系。原子是充滿太陽輻射能的工具，就像許多成圈的彈簧。這些無數原子的能量被當成食物吃下去。一旦進入人體中，這些飽滿的原子工具，被釋放到身體的原生質中，這輻射能提供新的化學能，新的電流。你的身體是由這樣的原子構成的，」克賴爾博士說道，「它們是你的肌肉、頭腦及感覺器官，例如眼睛和耳朵。」

總有一天科學家會發現人類如何能夠直接憑藉太陽能維生。「葉綠素是目前在自然界中唯一所知可以像『陽光捕捉器』般儲存能量，」威廉·勞倫斯在《紐約時報》上寫道：「葉綠素『捕捉』陽光能量並儲存在植物體內。沒有它就沒有生命存在。我們從儲存太陽能的植物食品或以植物維生的動物肉品中獲取維生所需能量。我們從煤或石油中獲得之能量是百萬年前植物葉綠素捕捉而來的太陽能量。我們經由葉綠素的媒介，依靠太陽而活。」

「這含糊的回答不是我要的，我繼續朝浴場所在的方向前進。早晨的陽光穿過水面，我在恆河中淨身，彷彿是為了一個神聖的傳法而準備。當我離開河岸時，身上穿著濕透的衣服，在白天的強光下，我的上師現身出現在了我的面前！

「『親愛的孩子，』他慈愛地對我說，『我就是神為了實現妳的祈求而被派來的上師。神被妳那不尋常的祈求深深地感動！從今天起，妳將藉著靈光存活，妳身體內的原子將以無限流動的能量為食物。』」

吉利・芭拉沉默了片刻，我拿了萊特先生的鉛筆和筆記本，將一些細節翻譯成英文供他參考。

聖人繼續說著她的故事，她輕柔的聲音幾乎聽不見，「那個浴場現在已經荒廢了。可是當時我的上師在我們周圍設下了一道守護的光環，這樣一來就不會有別的浴者誤闖進來而打擾到我們。他傳授給我一種克利亞瑜伽的法門，可以使肉體擺脫凡人依賴的粗糧。這方法包括使用某些咒語[6]，以及一般人難以辦到的呼吸練習。不是吃藥，也不是變魔術，就只有克利亞瑜伽而已。」

我用美國報社那些記者採訪的方法，請教了吉利・芭拉許多我認為世人可能會感興趣的問題，而這些採訪的程序也是那些記者在不知不覺中教會我的。她一點一滴地透露著以下的訊息：

「我並沒有孩子，許多年前就成為寡婦。我睡得很少，因為睡著和醒來對我來說是一樣的。我一般在晚上打坐，白天則料理家務。我幾乎感覺不到季節交替和氣候的變換。我也從來不生病，只有在意外受傷時才會感到輕微的疼痛。我沒有排泄物，並且能夠控制我的心跳和呼吸。我經常在入定中看到我的上師以及其他偉大的靈魂。」

「母親，」我問道，「為何您不教導其他人不吃東西就能生存的方法？」

我希望能找出解決世界上仍有數百萬饑民問題的方法，這個想法才剛萌芽就被扼殺了。

「不。」她搖搖頭，「我的上師嚴禁我洩漏這個祕密。如果我教導許多人不需進食就能生活，農民是不會感謝我的！很多甜美多汁的水果也會被遺棄在地上。不幸、饑荒、疾病都是我們的業障，這些業障最終將驅使我們追尋生命真正的意義。」

「母親，」我問道，「那您被挑中，向世人展示不需要進食就能活的意義為何？」

「是為證明人是有靈性的。」她的臉龐充滿智慧的光芒，「顯示人類通過靈性的修習，可以逐漸學到憑藉著永恆之光而非食物來生活。」

聖人陷入了甚深的禪定狀態。她的目光向內看，眼底溫柔的深處變得毫無表情。她發出了某種歎息聲，那是進入極樂無息入定狀態的前奏。一時之間，她遁入了沒人提問的王國，徜徉在內在充滿喜樂的天堂。

6 咒語（mantra），有強烈震動力的誦文。梵文mantra字面上的翻譯是「思想的工具」，代表理想、聽不見的聲音，是創造的一個面向。當用聲音發出來時，咒語就成為宇宙的術語。聲音無限的力量來自「唵」、「道」或宇宙原動力創造性的「唵」聲。

熱帶的黑夜已經降臨。微小的煤油燈光閃爍不定地照在一些村民的臉上，他們無聲地蹲在陰影中。疾飛的螢火蟲及遠處小屋的油燈，在這舒適的夜晚裡交織出了一幅明亮怪異的畫面。這是令人痛苦的分離時刻，但還有一段漫長的旅程在前方等待著我們。

「吉利·芭拉，」當聖人睜開眼睛時我對她說，「請給我一條您的紗麗當作紀念品吧。」她很快地回去拿了一條瓦拉納西絲質的紗麗，並用雙手托著，突然，她拜伏在地上。

「母親，」我虔誠地說道，「還是讓我來碰觸您神聖的腳吧！」

47 回到西方

「在印度和美國，我都曾教過許多瑜伽課程，但我必須承認，身為一個印度人，教英國學生讓我非常有成就感。」

我在倫敦授課時，班上的學生會心地笑著，沒有任何政治干擾，也不會妨礙修習瑜伽的平靜。

印度現在對我而言，是一個神聖的回憶。一九三六年九月，我在英國實現了十六個月前所許下的承諾——要重回倫敦演講。

英國人很容易就接受永恆的瑜伽訊息。新聞記者和攝影師擠滿了我在格洛斯維諾的公寓。九月二十九日，英國國家宗教評議會在懷特菲爾德公理會教堂舉辦了一場會議，在那裡，我針對「人類的信仰如何拯救文明」這一重要議題發表了一場演說。在卡克思頓大廳八點鐘開始的那場演講極其成功，接連兩個晚上，無法入場的群眾都在溫莎大廈的大廳，等待我在九點三十分的第二場演講。隨後幾週，來參加瑜伽課程的人越來越多，萊特先生不得不將上課場地安排到別的大廳。

英國人對靈性的追求令人印象深刻。我離開後，倫敦的瑜伽學生組織了一個自悟會中心，這個中心即使在激烈的戰亂期間都還堅持每週舉辦共修聚會。

我在倫敦遊覽了數日，接著轉往美麗的鄉村，在那裡度過了數週難忘的時光。萊特先生和我就駕駛著那輛可靠耐用的福特車拜訪了英國歷史上的偉大詩人和英雄的墓園以及出生地。

我們一行人在十月底搭乘布萊梅號從南安普敦港啟程赴美。當看到紐約外港莊嚴的勝利女神像時，不只是普里慈小姐和萊特先生，我的情緒也相當興奮和激動。

這輛福特車雖然因為長期艱難地在古老的印度大地上奔馳而有些老舊，但依然強勁有力。現在，一九三六年底，我們要橫越大陸到加州去。看呀！已經可以看到華盛頓山丘了。

每年十二月二十四日，在洛杉磯自悟會中心都會舉辦靈性耶誕節歡慶活動，一連八小時的共修，隔日是宴會。這一年的慶典被擴大舉行，許多親朋好友及學生都遠道而來，為三位世界旅行者接風洗塵。

聖誕晚宴上有從萬里之外為這個歡樂慶典送上的佳餚：如喀什米爾的蘑菇、罐裝的孟加拉牛奶球、芒果乾、香料餅，還有淋在霜淇淋上的印度凱歐拉花所提煉的油。晚上，大家圍繞著一棵高大閃亮的聖誕樹，壁爐裡劈哩啪啦地燃燒著芳香的絲柏樹枝。

送禮時間到了！這些禮物都來自世界各個遙遠的角落——巴勒斯坦、埃及、印度、英國、法國、義大利等等。每次在國外轉換交通工具時，萊特先生總要不辭勞苦地仔細清點著行李，免得這些要帶給美國友人的寶貝落入宵小手中。這些寶貝包括：用聖地神聖橄欖樹做成的牌匾，來自比利時、荷蘭的精緻織品和刺繡，波斯地毯，作工精細的喀什米爾披肩，麥索爾芬芳的檀香木盤，印度中央省的濕婆神牛眼石，印度古王朝的錢幣，鑲著珠寶的花瓶及茶杯，工筆畫，掛氈，寺廟用的焚香和香料，印度的不合作主義者做的印花棉布、瓷漆器，麥索爾的象牙雕刻，有著長長腳尖的波斯拖鞋，以及發人深省的古手稿、天鵝絨、錦緞、甘地帽、陶器、絲質高頂硬帽、銅器、禱告用的毯子等等——全是來自三大洲的戰利品！

這些精美的禮物全都包好放在樹底下，我逐一分送給大家。

「蓋爾南瑪塔師姊！」我拿起一個長方形盒子送給這位有著甜美容貌及深刻了悟的美國女士。我不在的時候，由她負責華盛頓山丘總部的管理事務。她從襯紙中拿起了一件瓦拉納西金色絲織的紗麗。

「謝謝您，師父。讓我一睹印度紗麗的華美。」

「狄金森先生！」下個包裹著的禮物是我在加爾各答的市集上買的。「狄金森先生會喜歡的，」當時我這樣想。我心愛的弟子狄金森先生從一九二五年華盛頓山丘總部成立以來，每年都來參加聖誕晚會。今年是第十一個年頭，他站在我面前解開了方形小盒子上的緞帶。

「銀製的杯子！」他抑制不住激動，凝視著禮物——一只長形水杯。他坐在稍遠的地方，看著禮物發呆。在我繼續扮演聖誕老人之前，我滿懷慈愛地微笑著看著他。

快樂的一夜在感謝的禱告聲中結束，大家一起齊唱聖誕頌歌。

稍晚，狄金森先生與我聊了起來。

「師父，」他說，「現在我要感謝您送我銀製杯子，在此聖誕夜，我的感謝實在無法用言語表達。」

「那個禮物是特別為你買的。」

「四十三年來我一直在期待著這個銀製杯子！故事說來話長，我一直把它隱藏在心裡。」狄金森先生靦腆地看著我，繼續說道，「開頭非常的戲劇性：我快被淹死了。在內布拉斯加州的小鎮上，哥哥開玩笑地把我推進了五公尺深的水池裡。那時我才五歲。當我快要沉到水下時，一道充滿所有空間的耀眼光彩閃現。光芒中有一個人，他有著寧靜的雙眸和讓人安心的微笑。當我的身體又再度下沉時，哥哥的同伴將一根細長的柳樹枝伸到水面，我在絕望中，伸手抓住了它。然後，他們把我拖到岸上，並為我施救。

「一八九三年，也就是十二年後，我十七歲，我和媽媽到了芝加哥。那裡正在進行盛大的世界宗教大會。母親和我走在馬路上，這時，我又看到了那道強烈的閃光。隔著幾步路遠，有個人悠閒地走著，他就是當年我在溺水時看到的那個人。他朝著一棟大樓走去，然後消失在門內。

「『媽，』我大叫道，『那個人就是在我快淹死時看到的人！』

「我和媽媽迅速地進入那棟房子，那個人正坐在講臺上。我們很快就得知他是從印度來的辨喜師父[1]。在他發表完一篇極為發人深省的演講後，我上前去拜見他。他親切地對著我笑，彷彿我們已經是老朋友。我那時太年輕，所以不知道如何表達我的感覺，但在心裡，我希望我可以做他的弟子，他也看出了我的想法。

「『不，我的孩子，我不是你的上師。』辨喜師父那美麗的雙眸深入地透視著我，『你的老師以後會來的。他會給你一個銀製的杯子。』停了一下後，他又笑著說道，『他將會對你傾注比你現在所能承受的更多的祝福。』

「幾天之後，我離開了芝加哥，」狄金森先生繼續說道，「我再也沒有遇見過偉大的辨喜師父。但是他對我說的每一句話都刻在了我的內心深處。許多年過去了，老師再也沒有出現。一九二五年的一個晚上，我虔誠地向神禱告，求他派遣一位上師給我。幾個小時後，我聽到了優美的旋律，然後從睡夢中醒來。就在我面前，出現了帶著笛子及其他樂器的天使樂團。在整個房間都充滿美妙的音樂後，天使們慢慢地消失了。

「隔天晚上，那是我第一次參加您在洛杉磯的講座，那時我就知道我的禱告應驗了。」

我們彼此默默地微笑著。

「到現在，我成為您克利亞瑜伽的弟子已經十一年了，」狄金森先生繼續說道，「有時我會疑惑銀製杯子的事，我幾乎說服自己相信辨喜師父的話只是一種隱喻而已。但在聖誕夜，當您把裝著禮物的小方盒遞給我時，我有生以來第三次看到了同樣耀眼的閃光。頃刻間，我就看到了四十三年前辨喜師父就已預知的我的上師將要送我的禮物——一個銀製的杯子！」

1 辨喜（一八六三－一九〇二），生於加爾各答，是印度近代哲學家，從事社會運動、印度教改革，是第一位將印度瑜伽介紹到西方的人。他是像基督般一樣的上師聖羅摩克里希那的大弟子。

48 加州的恩西尼塔斯

「給您一個驚喜，師父！在您出國期間，我們蓋了這座恩西尼塔斯修道院，作為『歡迎您回家』的禮物！」蓋爾南瑪塔微笑著帶領我穿過大門踏上樹蔭下的步道。

我抬頭看到了一棟像一艘大型白色遠洋客輪般的房子，面對著蔚藍色的海洋。我一時有些說不出話來，接著大聲地驚呼，「哦！」、「啊！」，言語已經不足以表達我的喜悅和感激之情了。我檢視了這座美麗的修道院——十六間非常大的房間，每間都有著迷人的布置。

莊嚴的中央大廳有很大的落地窗，透過窗子一眼望去，就是碧草、海洋和天空三者聯合構成的祭壇，一片和諧的翠綠、乳白和天藍交織形成的色彩。大廳巨大的壁爐臺上放著拿希里．瑪哈賽的照片，他微笑著，彷彿在祝福這位於遙遠的太平洋彼岸的天堂。

大廳的正下方，就在同樣的懸崖上，雕鑿了兩個單獨的打坐洞穴，正對著無盡的穹蒼和汪洋。走廊、日光浴的角落、遼闊的果園、尤加利樹叢、穿過玫瑰和百合花叢的寧靜涼亭和石板路，還有一段長長的階梯，通向僻靜的海灘和廣濶的太平洋。有比這更真實的夢嗎？

「願美好、英勇、善良的聖人靈魂來此，」在修道院的門口貼著摘自《波斯祆教聖典》中的祈禱文：

「願他們與我們手牽手齊走，爲促進人的康復，爲增加富饒與榮耀，請賜予他們神聖美好的才能，如大地般遼闊，如河流般廣布，如太陽般高懸。

「在這房中，願順服勝過反叛，願平靜征服紛亂，慷慨終結貪婪，誠實代替欺騙，尊敬替代藐視。如此，我們的心靈將充滿喜悅，我們的靈魂將向上提升。讓我們的身體同樣被榮耀著，光之神啊，願我們能瞻仰祢，願我們靠近祢身旁，並獲得祢您所有的友誼！」

這座自悟會的修道院得以順利落成，不得不感謝一些美國弟子的慷慨奉獻。美國的企業家們雖然工作繁忙，仍不忘卻每日抽空練習克利亞瑜伽。當我在印度和歐洲漫遊期間，我從未被告知任何有關建立新的修道院的訊息。我難免會驚訝、喜悅！

早先我在美國時，曾徹底地搜尋了加州海岸，希望能尋求一小處海濱作為修道院的用地。但每次當我找到一塊理想的地方，總會橫生枝節發生很多阻擾。現在，我凝視著廣闊的恩西尼塔斯[1]，我謙卑地看到聖尤地斯瓦爾很久以前的預言現在不費吹灰之力就得到了應驗——一座濱海的修道院。

幾個月之後，一九三七年的復活節，我在恩西尼塔斯平滑的草坪上舉行了在此的第一次早禱。數百名學生懷著虔誠的敬畏之心凝望著每日的奇蹟——清晨東方日升的火祭。西邊是無盡的太平洋，迴

1 恩西尼塔斯是個在101海岸公路上的小鎮，距洛杉磯南方一百六十公里，在聖地牙哥北方四十公里處。

響的潮音歌頌著這莊嚴的美，遠方，有一艘白色小帆船和孤獨飛翔著的海鷗。「基督，您復活了！」不只是在春天的太陽中，同時也在心靈永恆的曙光中！

數月的歡樂時光一閃即逝，在美麗的平靜氛圍中，我得以在修道院完成一項計畫了很久的工作——《宇宙頌》，我將四十首歌曲填上英文歌詞並譜上西方音符。有些是原創，有些是我從古代旋律中改編來的，包括商羯羅的聖歌〈無生無死〉，兩首聖尤地斯瓦爾的最愛：〈醒醒，我的聖人！〉及〈慾望是我的大敵〉，古老的梵文歌〈梵天的讚美〉，古代孟加拉歌曲〈閃電〉及〈他們聽見了祢的名字〉，泰戈爾的〈誰在我的聖殿？〉。我自己的作品有：〈我永遠屬於您〉、〈超乎夢想的土地〉、〈來自寂靜的天空〉、〈靜聽靈魂的召喚〉、〈無聲的殿堂〉及〈祢是我生命〉。

在這本樂輯的序言中，我描述了第一次感受到西方人對東方古樸聖歌反應的深刻體驗。那是一次公開演講的場合，時間是一九二六年四月十八日，地點在紐約卡內基大廳。

「哈辛格先生，」我向一個美國學生表示，「我打算邀請一些聽眾唱一首印度古代的讚美詩——〈主啊，祢真美麗！〉」

「師父，」哈辛格先生反對說，「這些東方聖歌對美國人來說太陌生了，如果演講被評論成爛蕃茄，那就太糟糕了！」

我大笑著表示反對：「音樂是世界語言，這首崇高的聖歌，一定能打動美國人的靈魂。」[2]

哈辛格先生在我演講時一直待在講臺上，坐在我的後方，大概是擔心我的安全。他的疑慮其實完全是多餘的，事實證明，不但沒有人朝我丟蔬菜，而且，在一個半小時的時間裡，〈主啊，祢真美麗！〉的旋律不斷地從三千名聽眾的喉嚨中傳送出來。親愛的紐約人是不會唱膩的，他們的心在唱著這首簡單、歡樂的讚美之歌時已經向上提升了。當晚，以主愛之名的聖歌響起時，神聖的療癒力就已撫平所有的創傷。

---

2 我在這裡將歌詞翻譯如下：

美麗的上帝啊！
美麗的上帝啊！
在林中，祢是綠色的，
在山上，祢高高在上，
在河裡，祢不捨晝夜，
在海中，祢是莊嚴的！
對需要服務的，祢是僕人，
對愛人，祢是愛情，
對憂傷的，祢是憐憫，
對瑜伽行者，祢是極樂！
美麗的上帝啊！
美麗的上帝啊！
我願意俯首在祢腳前！

俯瞰太平洋的恩西尼塔斯修道院。

一九四三年在聖地牙哥成立的全信仰自悟堂。

這種隱居創作的詩人生活並不長久。很快，我每月各有兩週時間待在洛杉磯和恩西尼塔斯。週日禱告、上課，在學院及俱樂部演講，與學生面談，處理如潮水般不停湧進的信件，撰寫《東方與西方》的文章，指導印度及美國許多城市小中心的活動……同時，我還要付出許多時間為那些遠地而來的瑜伽追尋者安排克利亞瑜伽及其他有關自我了悟的指導。

一九三八年，「全信仰自悟堂」在華盛頓特區舉行隆重的開幕儀式。在這風景如畫的土地上，莊嚴的教堂坐落在城市中一塊被稱為「友誼高地」的區域中。華盛頓地區的負責人是普雷馬南達師父，他曾在蘭契學校及加爾各答大學就讀。我在一九二八年請他擔任華盛頓地區自悟會中心的負責人。

「普雷馬南達，」我在參觀新落成的教堂時告訴他，「這個位於東岸的總部是你努力不懈的成果。在這個國家的首都，你已經將拿希里．瑪哈賽的理想之火發揚光大了。」

普雷馬南達陪我從華盛頓前往波士頓的自悟會中心進行短暫的訪問。再次看到這個自一九二〇年就成立的克利亞瑜伽團體，真是太高興了！波士頓的負責人路易士博士安排我們住在一間具有藝術風格的的現代套房中。

「上師，」路易士博士微笑著對我說，「您早年來美國的時候，住在一間沒有浴室的雅房，我想讓您知道，波士頓也有一些豪華的公寓！」

戰爭的迫近激發了人類對靈性的渴求，人們從來沒有像現在這樣渴望靈性的覺醒！通過在加州與上千人的會晤以及與世界各地的人的通信，我發現，不論男女都強烈渴望著追尋自我心靈，悲慘外在的不安愈發凸顯了永恆停泊的需要。

「我們確實學到了禪修的價值，」倫敦自悟會的負責人在一九四一年寫信給我，「並且知道沒有什麼可以擾亂我們內心的平靜。在過去幾週的聚會當中，我們聽到了空襲警報聲，也聽到了炸彈的爆炸聲，但我們的學生仍然聚集在一起，完全地沉浸在瑜伽的喜悅之中。」

另一封信是從飽受戰爭蹂躪的英國寄來的，當時美國尚未參戰。〈東方智慧系列〉的編輯克蘭默博士寫道：

「當我在讀《東方與西方》時，我了解到，我們看起來顯然是生活在兩個相隔甚遠的不同世界的人。美好、秩序、平靜、安寧從洛杉磯來到我面前，像是滿載著聖杯祝福與安慰的船駛進了受困城市的港口。

「我彷彿在夢中看見你們的棕櫚樹叢，以及依山傍海的恩西尼塔斯聖堂的山光海景，最重要的是，那些充滿靈性的男女們，都在致力於創造性的工作，以苦思冥想恢復精神活力。這是我所看到的世界，我也希望自己能夠略盡綿薄之力來參與其中，但是現在……

「也許，我沒有機會親身造訪你們的黃金海岸，或在你們的聖堂內禮拜。但這仍然是相當重要的，在戰爭中能看到此種景象，知道仍有一片淨土存在於你們的海灣中及山丘上。來自一個普通的士兵寫於等待破曉的瞭望臺上，問候所有自悟會的朋友。」

戰爭年代給人們帶來了精神上的覺醒，過去他們的消遣從未包括研讀《新約聖經》。如今從苦澀的戰爭藥草中，蒸餾出靈性的甜美！為了滿足逐漸增加的需求，一九四二年我們在好萊塢建造一間小型的全信仰自悟堂。教堂所在地正對著橄欖丘及遠處的洛杉磯天文臺。教堂外觀漆著藍、白、金的顏色，倒映在種植了風信子的大水塘中。庭園中栽滿豔麗的花草，還有幾隻有著驚愕表情的雕刻石鹿和一座彩色的玻璃涼亭，以及一座精巧有趣的許願池。通過許願池將硬幣與人類無奇不有的願望一起扔進去的，很多是渴望得到那靈魂獨有的寶藏！一股來自宇宙的仁慈力量從小壁龕裡流出，壁龕裡放著拿希里．瑪哈賽、聖尤地斯瓦爾、克里希納、佛陀、孔子、聖方濟的雕像，以及一幅重現「基督最後的晚餐」的美麗珍珠圖畫。

一九四三年我們在聖地牙哥創建另一座全信仰自悟堂。這是一間坐落在寧靜山丘上的聖堂，建在尤加利山谷的斜坡上，俯瞰著閃亮的聖地牙哥海灣。

某天晚上，我坐在這寧靜的避風港中，用歌曲抒發心情。我彈奏著教堂中那架音色優美的管風琴，唱著古孟加拉求道者追尋永恆慰藉的悲歎：

> 母親啊，在這世界沒人能愛我，
> 在這世界，人們不知道要愛神。

單純深情的愛在哪裡？
真正深情的祢在哪裡？
祢所在之處，即是我心渴望之處。

小禮拜堂內，陪伴我的聖地牙哥中心負責人肯乃爾博士微笑著聽完這首歌的歌詞。

「可敬的帕拉宏撒，坦白告訴我，您認為這一切都值得嗎？」他真誠熱切地看著我，期待我了解他簡短的問題後的深意：「您在美國快樂嗎？您對那些夢想的破滅和一些心痛的事情，比如中心負責人無法勝任，學生冥頑不靈，有什麼感覺？」

「受上主試煉的人是有福的，博士！祂偶爾也會記得給我一些重擔！」然後我想到了所有那些初心不退的人，想到了美國人心中的愛、虔誠與理解。我繼續緩慢強調地說道，「但我的答案是絕對肯定的！這些的確是非常值得的。看到東西方透過唯一不變的連結——靈性——而逐漸靠近，我受到很大的鼓舞，遠超過我的夢想。」

接著，我無聲地加上了一段禱文：「願巴巴吉及可敬的聖尤地斯瓦爾覺得我已經盡力了，不要對我到西方弘法的任務感到失望。」

我再次彈起管風琴，這次我的歌聲中帶了英勇戰士的味道：

時間的磨輪已經粉碎
盛滿著星辰與明月的一生
伴著許多洋溢著笑容的清晨
此時我的靈魂仍在前進！

黑暗、死亡和失敗爭相來臨；
爲了阻擋我的道路，它們妄圖發起猛攻；
我與這個世界嫉妒的天性激烈鬥爭
但我的靈魂仍在前進！

一九四五年的新年，我在恩西尼塔斯的書房工作，修訂這本書的手稿。

「可敬的帕拉宏撒，請到屋外來。」從波士頓來訪的路易士博士在我窗外對著我懇切地微笑。我們在陽光下散步，我的同伴指向沿著教區邊緣、緊鄰海岸公路旁那座正在興建中的高樓。

「先生，自從我上次來訪後，這裡蓋了許多新的建築。」路易士博士每年從波士頓來恩西尼塔斯兩次。

「是的，博士，我長期思考的一個計畫即將成形。我已經開始著手在這美麗的環境中建立一個小型的世界社區，透過示範會比戒律更容易理解四海之內皆兄弟的理想。從這個和諧的小社區開始，也許可以激發出世界上更多像這樣的理想社區。」

「先生，這真是個好主意！如果每個人都能善盡一己之力，這社區一定會成功。」

「『世界』是一個範圍廣大的語詞，但人類必須擴展他的忠誠，把自己視為一個世界公民，」我繼續說道，「一個人，如果他真的感覺到『世界是我的家鄉；這是我的美國、我的印度、我的菲律賓、我的英國，甚至我的非洲……』，那他就將永不缺少有益且快樂生活的機會。他那畫地自限的傲慢會因理解世界無限寬廣而消失，感受到創造性的宇宙大能。」

路易士博士和我在修道院附近的蓮花池上停下腳步，無垠的太平洋就在我們腳下。

「同樣的潮水公平地衝擊著東方中國與西方加州的海岸。」我的同伴朝這七千萬平方英里的汪洋中丟了一塊小石子，「恩西尼塔斯就是世界社區的象徵。」

「博士你說得沒錯。我們將在這裡舉行許多會議，還要邀請世界各地的代表來此參加宗教大會。世界各國的國旗都將懸掛在大廳中，還要在庭院中建造獻給世界各主要宗教的聖殿模型。」

我繼續說道，「我還計畫盡快在這裡開設瑜伽學會。克利亞瑜伽在西方神聖的任務才剛開始。我希望所有人都能了解，在這裡有一種明確且科學的自我了悟方法，可以戰勝人類所有的不幸！」

我這位親愛的朋友——第一個美國克利亞瑜伽行者——一直和我討論關於世界社區需要建立在靈性基礎上的問題直到深夜。肇始於「社會」這個抽象概念擬人化後所造成的痛苦或不幸，也許會更具體地挑戰每個人。烏托邦必須先在人們的心中萌芽，才能在公民的美德中綻放。人是有靈性的，不是一台機器，只要內心改革，就能夠帶來外在的永久改變。一個可以驗證「四海之內皆兄弟」的社區，透過強調自我了悟的心靈價值，能夠將激勵人心的訊息傳送到世界各地。

一九四五年八月十五日，第二次世界大戰結束了！舊世界結束了，不可思議的原子時代來臨！修道院的道友們齊聚在大廳祈禱：「天父，願戰爭不會再發生，從今以後，祢的子民將友愛如同兄弟。」

戰爭時期的緊張消逝了，我們的心靈在和平的陽光下歡呼。我快樂地凝視著我身邊的每一個夥伴。

「神啊，感謝祢賜給我這個和尚一個和諧的大家庭！」

中英譯名對照

代序

聖尤地斯瓦爾・吉利 Sri Yukteswar Giri
普里 Puri
賈格納神廟 Temple of Jagannath
《西藏度亡經》
The Tibetan Book of the Dead
《西藏偉大的瑜伽行者密勒日巴傳》
Tibet's Great Yogi Milarepa
《西藏瑜伽與奧祕教義》
Tibetan Yoga and Secret Doctrines
伊文思・溫慈 W. Y. EVANS-WENTZ

致謝

普萊特 L. V. Pratt
露絲・桑 Ruth Zahn
理查・萊特 Richard Wright
恩西尼塔斯 Encinitas

第 1 章

上師 guru
聯合省 United Provinces
戈勒克布爾 Gorakhpur
穆昆達・拉爾・高緒 Mukunda Lal Ghosh
剎帝利 Kshatriyas
巴格拔第・夏藍・高緒
Bhagabati Charan Ghosh
《摩訶婆羅多》Mahabharata
《羅摩衍那》Ramayana
孟加拉－那格浦爾 Bengal-Nagpur
《薄伽梵歌》bhagavad gita
瓦拉納西 Varanasi
拿希里・瑪哈賽 Lahiri Mahasaya
克利亞瑜伽 Kriya Yoga
宜佳浦爾 Ichapur
大自在天 Iswara
旁遮普邦 Punjab
拉合爾 Lahore
卡莉女神 Goddess Kali
巴布 Babu
埃米爾・庫埃 Émile Coué

第 2 章

巴雷利 Bareilly
斯瓦米 swami
奈尼塔爾 Naini Tal
隱士 sadhu

第 3 章

梵天 Brahma
紹特・瑪哈賽 Choto Mahasaya
基斯比・卡力佳利斯 Giuseppe Calligaris

第 4 章

昌德尼商業廣場 Chadni Chowk
柏德旺 Burdwan
哈德瓦 Hardwar
希塔哈格 sitabhog
茂提球 motichur
穆加爾薩賴 Moghul Serai
瑞詩凱詩 Rishikesh
克里希納 Krishna
聖典之王 Shastri Mahasaya
神的圖書館 divine library
吠陀經 Vedas
羅摩 Rama

注釋

庫爾納 Khulna
亞殊杜・雀特吉 Ashutosh Chatteji
《札記》Journal

第 5 章

那旃陀・納斯・巴篤利
Nagendra Nath Bhaduri
加格底斯・錢卓拉・博斯
Jagadis Chandra Bose

底比斯 Thebes
幻相 Maya
無窮存在 Infinite Presence
甘達巴巴 Gandha Baba
維穌達南達 Vishudhananda
露奇餅 luchis
生命粒子 lifetrons
阿布・賽義得 Abu Said

注釋
幻覺 Cosmic illusion
先知 rishis
喬治・克勞德 M. Georges Claude

第 6 章

邦瓦尼普 Bhowanipur
蘇宏 Sohong
科奇比哈爾 Cooch Behar

第 7 章

巴篤利・瑪哈賽 Bhaduri Mahasaya
能量控制調息法 Pranayamas
帕坦伽利 Patanjali
風箱式呼吸法 Bhastrika Pranayama
偉大的聖人 maharishi
阿奴哈瓦 anubhava
密羅眓伊 Mirabai
那旃陀精舍 Nagendra Math

注釋
索邦 Sorbonne
朱力斯 - 波伊西 Jules-Bois
超靈 Oversoul
聖女大德蘭 St. Theresa of Avila
阿奴哈瓦 anubhava
拉賈斯坦 Rajasthan
拉吉普塔納 Rajputana

第 8 章

馬可尼 Marconi
普省學院 Presidency College
加強檢測儀 crescograph
本體 Noumenon
那爛陀 Nalanda
塔席拉 Taxila
共振心臟儀 Resonant Cardiography
柯爾 K. S. Cole
柯帝士 H. J. Curtis
羅塞達石 Rosetta stone

注釋
諾曼第・布朗 W. Norman Brown
美國學術協會
American Council of Learned Societies
公報 Bulletin
勝論派 Vaisesika
奧魯克亞 Aulukya
卡那達 Kanada
乙太 akash
卡拉 kala

第 9 章

神母 Divine Mother
達森斯瓦爾 Dakshineswar
聖羅摩克里希那
Sri Ramakrishna Paramhansa
濕婆神 Shiva

注釋
瑪漢卓拉・納斯・柯塔
Mahendra Nath Cupta

第 10 章

聖尤地斯瓦爾 Sri Yukteswar
摩訶曼達拉 Mahamandal
單一的因緣 Single Cause
神聖的上師 Gurudeva

拉瑪哈區 Rana Mahal
塞蘭坡 Serampore
南加特巷 Rai Ghat
商羯羅 Shankaracharya

注釋

達溫那加里 Davanagari
帕尼尼 Panini
聖典 shastras
法典 shruti
傳承 smriti
往世書 purana
密教經典 tantra

第 11 章

阿格拉 Agra
布倫德本 Brindaban
格莉媽 Gauri Ma
瑪丹那摩漢那 Madanamohana
甜餅 sandesh

注釋

聯合省 United Provinces
馬特剌 Muttra
哈利 Hari

第 12 章

杜爾加祭典 Durgapuja
蘇格蘭教會學院 Scottish Church College
三摩地 samadhi
乳酪 Channa
帕坦伽利瑜伽 Patanjali's yoga
蘭契 Ranchi
精神實際主義 spiritual realism
隱晦神祕主義 obscure mysticism
《奧義書》Upanishads
《巴薩斯》bhasyas
達布魯・巴拉 Dabru Ballav
白朗寧 Browning

注釋

達商哈拉 Dashahara
沙克蒂 Shakti
《泰提瑞亞森林書》TaittiriyaAranyaka
普利亞 Priya
查爾斯・羅伯特・里契特
Charles Robert Richet
拉瓦錫 Lavoisier
克勞德・柏納 Claude Bernard
巴斯德 Pasteur
里文森 H. Levinthal
邁爾 F. W. H. Myers

第 13 章

蘭・高帕・瑪珠達爾
Ram Gopal Muzumdar
蘭巴普 Ranbajpur
塔拉凱斯瓦爾 Tarakeswar
盧爾德 Lourdes
瑜伽融合 yoga union
巴巴吉 Babaji

第 14 章

唵 Aum

注釋

薩特 Sat
塔特 Tat
意識能量 Kutastha Chaitanya

第 15 章

夏爾・羅貝爾・里歇
Charles Robert Richet
毗濕奴 Vishnu
薩拉斯瓦蒂 Saraswati
娑摩吠陀 Sama Veda
拉格 Ragas
拉吉尼斯 raginis

普查斯 putras
瓦帝 Vadi
薩馬瓦帝 Samavadi
阿努瓦帝 anuvadi
維瓦帝 vivadi
印朵拉格 Hindole Raga
底帕卡拉格 Deepaka Raga
摩哈拉格 Magha Raga
拜拉瓦拉格 Bhairava Raga
斯利拉格 Sri Raga
瑪昆撒拉格 Malkounsa Raga
愛克巴大帝 Akbar
微分音 srutis
撒他 thatas
塔拉斯 talas
帕拉塔 Bharata
桑可爾坦斯 Sankirtans

注釋

斯納那亞特拉 Snanayatra
羅沙亞特拉 Rathayatra
譚森 Tan Sen
查爾斯・凱洛格 Charles Kellogg

第 16 章

德帕拉 Dwapara
崔塔 Treta
薩特亞 Satya
數論派 Sankhya
大自在天一阿須達哈 Iswar-ashidha

注釋

《宙希塔曲梵書》KaushitakiBrahmana
周諦士 Jyotish
《婆羅門笈多》Brahmagupta
羅伊 P. C. Ray
《印度化學史》
History Of Hindu Chemistry
西爾 B. N. Seal
《古代印度教徒的實證科學》
Positive Sciences Of The Ancient Hindus
普拉哈斯・昌卓爾・高緒
Prabhas Chandra Ghose
宇迦 Yuga
卡莉期 Kali Yuga
一梵天紀 One Age of Brahma
巴莎迪那市 Pasadena
隆牧師 Rev. Chas. G. Long

第 19 章

再見 Tabaasi
帕瓦蒂 Parvati

第 21 章

西姆拉 Simla
薩默維爾 Somerville
拉瓦品第 Rawalpindi
斯里納迦 Srinagar
基拉姆河 Jhelum River
自悟會 Self-Realization Fellowship
貢馬 Gulmarg
奇蘭瑪 Khilanmarg
賈罕吉爾大帝 Jehangir Emperor
快樂花園 pleasure gardens
夏里瑪 Shalimar
尼夏特花園 Nishat Bagh
懸鈴木 chinar
喀布爾 Kabul
羅普里 rabri
西卡拉斯 shikaras
達勒湖 Dal
洛蒙德湖 Lomond Loch
派克懸崖 Pike Peak
索奇米爾科 Xochimilco
魔王的水彩罐 Devil's Paint Pot
優勝美地谷 Yosemite

毛象窟 Mammoth Caves
卡爾斯巴洞窟 Carlsbad Caverns
阿西西的聖方濟 St. Francis of Assisi
巴爾國王 King Baber
胡默元 Humayun
山度 Sandow
無餘三摩地 nirbikalpa samadhi
一體 Ekam sat
聖方濟各沙雷氏 St. Francis de Sales

第 23 章

維地亞薩格爾 Vidyasagar

注釋

《恰爾德· 哈羅爾德遊記》
Childe Harold's Pilgrimage

第 24 章

阿南達 ananda
吉利 Giri
薩迦爾 Sagar
帕拉提 Bharati
阿蘭亞 Aranya
普里 Puri
提爾塔 Tirtha
薩拉斯瓦蒂 Saraswati
帕坦伽利 Patanjali
《瑜伽經》Yoga Sutras
持戒 yama
精進 niyama
體位 asana
呼吸控制 pranayama
感官收攝 pratyahara
集中 dharana
禪定 dhyana

注釋

吠檀多 Vedanta
薩特 - 屈特 - 阿南達 Sat-Chit-Ananda
《吠檀多經》Brahma Sutras
保羅 · 德森 Paul Deussen
《吠陀哲學系列》Systemof the Vedanta
《聖商羯羅阿闍梨精選集》
Selected Works of Sri Shankaracharya
數論派 Sankhya
瑜伽派 Yoga
彌曼差派 Mimamsa
正理派 Nyaya
勝論派 Vaisesika
達斯古波搭 Surendranath DasGupta
《印度哲學史》
History of lndian Philosphy
《蒂邁歐篇》Timaeus

第 26 章

維瓦斯瓦特 Vivasvat
摩奴 Manu
伊斯瓦庫 Ikshwaku
有餘三摩地 Sabikalpa samadhi
靈魂個體 soul-individuality
《詩的世紀》Century Of Verses
智慧瑜伽 Jnana Yoga
行動瑜伽 Karma Yoga

注釋

喬治 · 克萊爾 George W.Crile
美國科學促進協會
American Association for the
Advancement of Science
以利亞 Elijah
迦比爾 Kabir
阿周那 Arjuna
《摩奴法典》Manava Dharma Shastras
雅科里奧 Louis Jacolliot
《查士丁尼法典》
Roman Code of Justinian
《印度聖經》La Bibledans I'Inde
《箴言》Aphorisms

劫數 kalpa
有餘 Sabikalpa
無餘 Nirbikalpa
《林肯重要資訊年鑑》
Licoln library of EssentialInformation

第 27 章

迪西卡 Dihika
卡辛巴剎爾 Kasimbazar
比哈爾省 Bihar
梵志．維地拉亞 Brahmacharya Vidyalaya
密德納浦 Midnapore
拉克斯曼浦爾 Lakshmanpur
巴納特，巴納特，班，勝利
banat，banat，ban jai
凱斯本南達 Keshabananda
巴尊納拉揚 Badrinarayan

注釋

家住期 grihastha
隱居期 vanaprastha
苦行期 sannyasi
伯納德．科爾 Bernard Cole
迪先生 G. C. Dey
帕爾 S. N. Pal
穆立克 Sasi Bhusan Mullick

第 29 章

波浦爾 Bolpur
聖提尼克坦 Santiniketan
《吉檀迦利》Gitanjali
維迪亞帕提 V idyapati
戈高南卓拉 Gogonendra
阿賓甯卓拉 Abanindra
杜真卓拉 Dwijendra
維斯瓦 - 帕拉提 Viswa-Bharati

注釋

《吉檀迦利》Gitanjali
拉達克里斯南 S. Radhakrishnan
《泰戈爾的哲學》
The Philosophy of Rabindranath Tagore
羅伊 B. K. Roy
《泰戈爾：這個人和他的詩》
Rabindranath Tagore : The Man and His Poetry
《佛陀和佛教的教義》
Buddha And The Gospel Of Buddhism
阿南達．庫瑪拉斯瓦尼
Ananda K. Coomaraswamy
阿賓甯卓拉 Abanindra Nath Tagore

第 30 章

尼古拉斯．羅瑞克 Nicholas Roerich
無明 avidya
亞瑟．愛丁頓
Sir Arthur Stanley Eddington
《自然界的本質》
The Nature of the Physical World
克林頓．大衛森 Clinton J. Davison
利斯特爾．德莫爾 Lester H. Germer
德布洛伊 De Broglie
詹姆斯．金斯 James Jeans
《神祕宇宙》The Mysterious Universe
特羅蘭 L. T. Troland
宇宙導演 Cosmic Director

注釋

阿爾漢格爾 Archangel
斯洛維斯堡 Slovetsby
杜威拿 Dvina
馬可尼 Marconi
史賓諾沙 Spinoza
《倫理學：用幾何原理進行的論證》
Ethics Demonstrated in Geometrical Order

第 31 章

施瑞瑪蒂・凱西・摩妮
Srimati Kashi Moni
廷庫利 Tincouri
杜庫利・拿希里 Ducouri Lahiri
翠藍加 Trailanga
巴尊納斯 Badrinath
凱達爾納斯 Kedarnath
阿瑪爾納斯 Amarnath
帕蘇帕汀納斯 Pasupatinath
巴勒克波爾 Barackpur

注釋

密爾頓 Milton

第 32 章

聖聖夏瑪・夏藍・拿希里・瑪哈賽
Sri Sri Shyama Charan Lahiri Mahasaya
那迪亞 Nadia
戈爾尼 Ghurni
箚南濟河 Jalangi
戈爾尼濕婆神聖蹟 Ghurni Shiva Site
烏都語 Urdu
喬伊納拉揚 Joy Narayan Ghosal
那格巴特 Nag-Bhatta
瑞尼凱特 Ranikhet

注釋

摩訶迪瓦 Mahadeva
納塔拉甲 Nataraja

第 33 章

阿梵達 avatara
悉達 siddha
吉凡穆塔 jivanmukta
帕拉穆塔 paramukta
奧瑪・海亞姆 Omar Khayyam
《魯拜集》Rubaiyat
阿格斯提亞 Agastya
坦米爾語 Tamil
摩訶阿梵達 Mahavatar
達薩沙美 Dasasamedh
丹拿浦爾 Danapur

注釋

泰勒斯 Thales

第 34 章

莊吉里山 Drongiri
莫拉達巴德 Moradabad
哈盧亞 halua
阿拉哈巴德 Allahabad
大壺節 Kumbha Mela

注釋

阿摩拉 Almora
南達迪維 Nanda Devi
愛德華・楊 Edward Young
《夜思》Night Thought

第 35 章

奉獻瑜伽 Bhakti-yoga
實踐瑜伽 Karma yoga
智慧瑜伽 Jnana yoga
帝王瑜伽 Raja yoga
克里希納佳爾 Krishnagar
比斯奴浦爾 Bishnupur
維斯克阿南達・薩拉斯瓦堤
Vhaskarananda Saraswati
迪歐高爾 Deogarh
巴爾阿南達・布拉瑪查理
Balananda Brahmachari
潘嘉隆・巴特阿查爾亞
Panchanon Bhattacharya
阿利亞傳道會 Arya Mission Institution
苦楝油 neem oil
凝視眉心第三眼契合法 Sambhadi Mudra

聖夏瑪・夏藍・迪瓦・沙文
Sri Shyama Charan Deva Sharman

注釋

《勝論》Vaisesika
《正理》Nyaya
勝論瑜伽 Yoga Vasishtha
《桌邊談話》Table-Talk
瑪丹・摩罕・馬拉威亞
Madan Mohan Malaviya
卡亞・卡帕 Kaya Kalpa
阿育吠陀 Ayurveda
聖卡帕查爾亞・畢參達斯甲尊者
Sri Kalpacharya Swami Beshundasji
薩亞 salya
薩拉克亞 salakya
卡亞曲奇薩 kayachikitsa
布塔維迪亞 bhutavidya
庫瑪拉 kaumara
阿佳達 agada
洛薩亞那 rasayana
維吉克洛那 vagikarana
希波克拉提斯 Hippocrates
苦楝樹 margosa
紐曼・布朗 W. Norman Brown
卡萊爾 Carlyle
《衣服哲學》Sartor Resartus

第 36 章

吠陀教義 Sanatan Dharma
至上上師 Param-Guru-Maharaj
《聖人森巴》Sadhusambad
吉德波爾 Kidderpore
曼尼卡尼卡 Manikarnika

注釋

菩提伽耶 Buddh Gaya
吠陀教義 Sanatan Dharma
雅利安瓦塔 Aryavarta
馬克斯・穆勒 Max Muller
至上上師 param-guru

第 37 章

國際自由宗教大會
International Congress of Religious Liberals
美國一神論協會
American Unitarian Association
《靈魂之歌》Songs of the Souls
《從永恆來的耳語》
Whispers From Eternity
加利庫爾奇 Amelita Galli Curci
艾瑪・拉撒路 Emma Lazarus
〈流亡的母親〉Mother of Exiles

注釋

普雷馬南達師父 Swami Premananda
荷馬・塞繆爾 Homer Samuels
《加利庫爾奇歌唱生涯》
Galli-Curci's Life of Song

第 38 章

路德・貝本 Luther Burbank
聖塔羅莎 Santa Rosa
《人類植物訓練》
The Training of the Human Plant
《東方與西方》East-West

注釋

丹尼爾・亨丁頓 Daniel Huntington

第 39 章

德雷絲・紐曼 Therese Neumann
法蘭西斯・楊豪斯本
Francis Younghusband
卡克斯頓廳堂 Caxton Hall
哈利・勞德 Harry Lauder
柯能路斯 Konnersreuth

基督的小花 The Little Flower
聖女小德蘭 St. Teresa
阿拉姆語 Aramaic
傅里茲·德里克 Fritz Gerlick
艾斯特 Eichstatt
伍爾茲 Wurz
阿西西 Assisi
客西馬尼園 Gethsemane
各各他山 Calvary
拉撒路 Lazarus

注釋

弗里德里希·里特·馮拉瑪
Friedrich Ritter von Lama
《德雷絲·紐曼：我們時代的聖痕者》
Therese Neumann: A Stigmatist Of Our Day
《德雷絲·紐曼深入紀事》
Chronicles Of Therese Neumann
優西比烏 Eusebius
亞里士多塞諾斯 Aristoxenus

第 40 章

冦爾 Kols
聖淘斯 Santals
曼達斯 Mundas
米德納波爾 Midnapore
伊瑪利查克 Ejmalichak

注釋

維嘉亞拉哈瓦查理 T. Vijayaraghavachari

第 41 章

邁索爾 Mysore
伽蒙迪女神廟 Chamundi Temple
克里希納拉甲·瓦迪亞爾四世
H. H. Sri Krishnaraja Wadiyar IV
優瓦拉甲王太子 H. H. the Yuvaraja
雀提 Chetty
克里希納拉甲·薩加大壩
Krishnaraja Sagar Dam
海德拉巴 Hyderabad
哥達瓦里河 Godavari
尼爾吉里 Nilgiris
安達拉王朝 Andhra kings
艾洛拉 Ellora
阿旃陀 Ajanta
凱拉薩 Kailasa
奧斯馬尼亞大學 Osmania University
麥加清真寺 Mecca Masjid Mosque
貝魯爾 Belur
維希奴瓦爾漢那 Vishnuvardhana
阿育王 Asoka
俾路支 Baluchistan
旃陀羅笈多孔雀王 Chandragupta Maurya
塞琉古 Seleucus
巴特納 Patna
梅嘉蘇德尼斯 Megasthenes
麥克藍道 J. W. M'Crindle
阿里安 Arrian
狄奧多羅斯 Diodoros
普盧塔克 Plutarch
史特拉波 Strabo
塔席拉 Taxila
第歐根尼 Diogenes
歐涅西科里托斯 Onesikritos
丹達密斯 Dandamis
史非尼斯 Sphines
卡莉諾斯 Kalanos
斯洛凡那比拉葛拉 Sravanabelagola
可梅提斯瓦拉 Comateswara
薩曼阿梵達 Thayumanavar
特拉凡科 Travancore
摩奴 Manu
因陀羅 Indra
波羅那 Varuna
馬德拉斯省 Madras Presidency

康吉布勒姆 Conjeeveram
帕拉瓦 Pallava
首陀羅 Sudras
吠舍 Vaisyas
剎帝利 Kshatriyas
婆羅門 Brahmins
拉曼效應 Raman Effect
薩達西瓦・布拉門 Sadasiva Brahman
普杜科泰 Pudukkottai
尼爾 Nerur
卡威利河 Kaveri River
馬都拉 Madura

注釋

柯拉金礦 Kolar
巴占瓦提 Bhadravati
沙卡 Benoy Kumar Sakar
《創造性的印度》Creative India
《歷代印度的文化》
Indian Culture Through the Ages
維納提斯瓦拉 S. V. Venatesvara
巴霍巴利 Bahubali
愛欲 kama
利益 artha
佛法 dharma
解脫 moksha
屬性 guna
惰性 tamas
變性 rajas
悅性 sattva
《往世書》Purana Samhita
聖薩達西瓦卓拉・薩拉斯瓦提
Sri Sadasivendra Saraswati
斯里吉利精舍 Sringeri Math

第 42 章

亞伯特會堂 Albert Hall
山多斯 Santosh
曼尼普爾 sankirtans
克里斯多達 Kristo-da
帕拉宏撒 Paramhansa
基德波爾 Kidderpore
梵行者 brahmacharis
布拉格拉・查克舒 Pragla Chakshu
經典大師 Shastri
竹姆那河 Jumna River
阿格拉 Agra
卡塔雅尼佩思道場
Katayani Peith Ashram
拉維達斯 Ravidas
卡比爾 Kabir
吉多爾 Chitor
《甘露市場報》Amrita Bazar Patrika
聖人協會 Sadhu Sabha

注釋

蘇摩 soma
納西克 Nasik
烏疆 Ujjain
喬安卓拉・布利 Joyendra Puri
法蘭西斯・博爾陀斯 Francis Birtles

第 43 章

希蘭亞洛卡 Hiranyaloka
中脈 sushumna
因果的思想力量 causal thought forces
虛無 Measureless Amplitude
至上的現象 His phenomena
非物質化 dematerialization

第 44 章

瓦爾達 Wardha
瑪岡瓦地 Magannvadi
聖雄 Mahatma
不合作主義 Satyagraha
瑪德琳・斯萊德 Madeleine Slade
巴巴薩黑・得沙穆克
Babasaheb Deshmukh

布塔耶納 Bhuta Yajna
皮崔耶納 Pitri Yajna
耐耶納 Nri Yajna
卡斯特拉拜 Kasturabai
杜羅悉陀 Tulsidas
《羅摩衍那》Ramayana
威廉・佩恩 William Penn

注釋

摩汗達斯・卡藍謙德・甘地
Mohandas Karamchand Gandhi
瑪格麗特・烏卓・威爾遜
Margaret Woodrow Wilson
朋迪榭里區 Pondicherry
聖奧羅賓多・高緒 Aurobindo Ghosh
筏馱摩那 Mahavira
印度斯坦語 Hindustani
烏爾都語 Urdu
《我對真理的實驗》
The Story of my Experiments with Truth
浦那 Poona
梭羅 Thoreau
拉斯金 Ruskin
馬志尼 Mazzini
左羅亞斯德 Zoroaster
斯泰茵梅茨 Charles P. Steinmetz
巴森 Roger W. Babson

第 45 章

極樂之母 Joy-Permeated Mother
涅瑪拉・德維 Nirmala Devi
阿南達摩伊瑪 Ananda Moyi Ma
詹謝浦爾 Jamshedpur
德拉敦 Dehra Dun

第 46 章

吉利・芭拉 Giri Bala
南第 Sthiti Lal Nundy
宜佳浦爾 Ichapur
納瓦剛 Nawabganj
巴爾達曼 Burdwan
布魯利亞 Purulia
朗巴達爾 Lambadar Dey
比兀爾 Biur
班庫拉 Bankura

注釋

克賴爾 George W. Crile
威廉・勞倫斯 William L. Laurence

第 47 章

懷特菲爾德公理會教堂
Whitefield's Congregational Church
卡克思頓大廳 Caxton Hall
孟加拉牛奶球 rasagulla
凱歐拉花 keora
辨喜 Vivekananda

第 48 章

《波斯祆教聖典》Zend-Avesta
《宇宙頌》Cosmic Chants
全信仰自悟堂
Self-Realization Church of All Religions
友誼高地 Friendship Heights
〈東方智慧系列〉
The Wisdom Of The East Series
克蘭默 L. Cranmer Byng

世紀經典 07

一個瑜伽行者的自傳

作　　者　帕拉宏撒・尤迦南達
譯　　者　王　博
封面設計　黃耀霆　**內文排版**　游淑萍
副總編輯　林獻瑞　**責任編輯**　林獻瑞

出 版 者　好人出版／遠足文化事業股份有限公司
新北市新店區民權路108之2號9樓
電話02-2218-1417　傳真02-8667-1065
發　　行　遠足文化事業股份有限公司（讀書共和國出版集團）
新北市新店區民權路108之2號9樓
電話02-2218-1417　傳真02-8667-1065
電子信箱service@bookrep.com.tw　網址http://www.bookrep.com.tw
郵撥帳號 19504465　遠足文化事業股份有限公司
讀書共和國客服信箱：service@bookrep.com.tw
讀書共和國網路書店：www.bookrep.com.tw
團體訂購請洽業務部(02) 2218-1417　分機1124
法律顧問　華洋法律事務所　蘇文生律師
印　　製　成陽印刷股份有限公司　電話02-2265-1491

初　　版　2021年7月21日　**定價**　500元
初版四刷　2023年10月20日
ISBN　978-986-06375-7-1

國家圖書館出版品預行編目(CIP)資料

一個瑜伽行者的自傳／帕拉宏撒・尤迦南達作；王博譯. -- 初版. -- 新北市：遠足文化事業股份有限公司好人出版：遠足文化事業股份有限公司發行, 2021.07
面；　公分. --（世紀經典；07）
譯自：Autobiography of a Yogi
ISBN　978-986-06375-7-1（平裝）
1.尤迦南達（Yogananda, Paramahansa, 1893-1952.）　2.傳記　3.印度

783.718　　110010983

讀者回函QR Code
期待知道您的想法